KB041939

**THE MESSY MIDDLE**

# 어도비 CPO의
# 혁신전략

### 불확실함을 극복하는
### 리더의 3단계 노하우

# THE MESSY MIDDLE

# 어도비 CPO의 혁신전략

### 불확실함을 극복하는
### 리더의 3단계 노하우

스콧 벨스키 지음 | 안세민 옮김

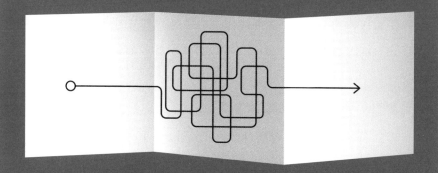

해의시간

# 누구에게나 '메시 미들'은 있다

무에서 유를 창조하는 여정에는 많은 변화가 생기기 마련이다. 우리는 여정의 시작과 끝을 이야기하길 좋아하지만 실은 거론하지 않은 중간 단계가 매우 중요하다. 그러나 이에 대해서는 거의 논하지 않을 뿐만 아니라 그 가치를 인정하지 않는다.

당신은 고난의 시기를 견뎌내며 중간 단계에서 살아남았고 절정의 시기를 최대한 활용하며 번창했다. 다른 사람들에게서 배운 것과 스스로 발견한 것을 조화시킬 때만 당신은 가야할 길을 찾을 수 있을 것이다.

때론 길을 잃을 수도 희망을 잃을 수도 있다. 그러나 항상 호기심을 잃지 않고 자신을 인식하면 통찰과 신념이 나침반이 될 것이다.

출구가 보이지 않아 혼란스런 중간 단계인 '메시 미들'은 우리가 견뎌내기 힘들게 하고 서두르고 싶은 유혹에 빠지게 하더라도, 그 단계에

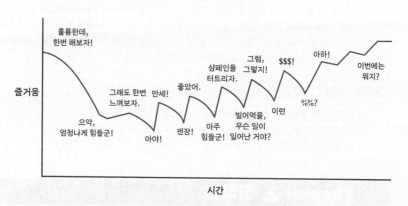

중간 단계|Messy Middle

는 자신의 역량을 형성하는 모든 발견이 들어 있다. 그리고 커다란 변화
를 일으키는 예상하지 못했던 혜택을 제공한다.

사람을 피하면 대담한 해결 방안을 피하게 된다 •팀의 면역 시스템을 강화하고 때로는 그 것을 억누른다 •인재를 접목하는 것은 뽑는 것만큼 중요하다 •도제식 교육을 활용한다 •좋은 것을 유지하기 위해 나쁜 것을 버린다 •정상 상태는 지속 가능하지 않다, 사람들이 계속 옮겨 다니게 하라을 잘라내야 한다 •대단하다고 생각하지 않으면 그만둔다 •익숙함을 손상하는 창조성에 주의한다 •지나치게 관찰하면 문제가 발생한다 •최고의 디자인은 눈에 보이지 않는 것이다 •제품 경험의 '첫 마일'을 정교하게 다듬는 작업을 결코 멈춰선 안 된다 •게으르고 자기 과시적이고 이기적인 사람을 위해 처음 30초를 최적화한다 •실행한다 > 보여준다 > 설명한다 •신기함이 효용을 우선한다 •핵심 가정에 문제를 제기함으로써 점진주의를 타파한다 •면전에서 일어나는 혁신을 증진해야 한다

# Chapter 3. 마지막 마일

● 마지막 마일의 의미 ●

# 들어가는 글

---

'대담한 프로젝트와 기업가의 여정'의 중간에 관한 책을 쓴다고 하면, 당연히 나의 경험을 가지고 출발할 거라고 기대할 것이다. 나는 지난 5년에 걸쳐 혼자 힘으로 사업을 꾸려가며 기업가로서의 도전의 결과로 정당한 몫을 가져갈 수 있었고, 이제는 내가 배운 모든 것을 공유할 기회가 온 것 같다는 생각이 든다. 그러나 아무것도 기억나지 않는다. 그렇다고 기억상실증에 걸린 것은 아니다. 다만 지난 일들이 흐릿하게 보일 뿐이다.

따라서 최근 닥치는 대로 생각했던 것들이 무엇이었는지를 떠올려줄 출처에 의지했다. 바로 스마트폰이었다. 기억을 더듬기 위해 여러 해에 걸쳐 찍었던 사진들을 넘겨보며, 처음 설립한 '비핸스Behance'를 키워가던 시절인 시기적으로 중간에 해당하는 시절로 되돌아가봤다. 나는 2006년 8월에 비핸스를 설립했고, 2012년 12월 '어도비Adobe'가 비핸스를 인수하는 계약서에 서명했다. 따라서 스마트폰으로 2009년을 더듬고 있다면, 그 중간의 한가운데에 있는 셈이다. 수천 개에 달하는 아주 작은 이미지가 내 스마트폰에 저장되어 웹사이트 오류와 잘못된 복사, 소셜 미디어에서 우리와 경쟁자에 대해 언급한 내용, 다양한 제품 아이디어와 변경을 기록한 캡처 화면을 표시했다. 이것들은 수년에 걸쳐 생성되었고, 어떤 달에는 내가 찍은 사진보다 더 많이 저장되어 있었다. 어마어마한 양의 캡처 화면이 매일 밤마다 우리가 만든 제품을 면밀히 살펴보고, 무엇인가를 애타게 찾았지만 그것이 정확하게 무엇인지는 전혀 모르는 채로 잠이 들곤 했던 날들을 떠올리게 했다.

고객이 보낸 메시지와 피드백을 캡처한 이미지도 찾을 수 있었다. 이것들을 직원들과 공유했던 기억이 난다. 나에게도 이런 메시지와 피드백이 필요했다. 이것들을 꼭 붙잡고서, 어느 누구도 여기에 관심을 갖고 있지 않을 때 처음부터 그 대가와 의미를 부여하려고 했다.

조금 더 스크롤하면, 대학 동창들과의 재회, 아내와 내가 태국으로 신혼여행을 가서 코끼리와 마주하던 특별한 순간도 나온다. 긴장된 표정으로 웃음 짓는 모습이 당혹스럽기도 했다. 지난 기억들이 순식간에 스쳐 지나갔다. 일생에 단 한 번 있는 날들을 즐겁게 보내고 싶은 심정과 본국에서는 현금이 바닥나서 불과 몇 달이 지나면 직원들에게 월급조차 줄 수 없는 상태에 놓인 회사를 꾸려가야 하는 현실 사이에서 긴장했던 순간이 떠올랐다. 이런 회사를 떠나 멀리 태국까지 와 있는 나 자신을 생각하며 완전히 무책임한 사람이라는 생각도 들었다. 그리고 이런 부담은 내가 어디에 있든 늘 따라다녔다. 계속 스크롤하면, 어느 식당 주방에서 직원들이 다 함께 식사 준비를 하며 단합대회를 열었던 사진이 나온다. 당시 우리는 그럴 만한 형편이 되지 않았다. 하지만 나는 직원들의 단합이 가장 중요하다고 생각했다. 직원들과 함께 찍은 사진들을 계속 스크롤하다가, 당시 상황이 좋지 않았고 서로 다른 점이 많았는데도 모두 친하게 지내며 회사에 헌신하던 시절에 빠져들었다. 상황이 안 좋게 흘러가고 매출과 수익이 신통치 않을 때는 팀과 그 구성원들의 관계가 달라진다. 중요한 것은 일이 아니라 생존과 자기 발견에 관한 것이다.

사진들을 보니 당시 미래가 불확실한 상태에서 무엇인가 대단한 것을 이루고야 말겠다는 굳은 결심을 하고서 모든 에너지를 쏟아부었던 시절을 떠올릴 수 있었다. 어쩌면 이처럼 분투하던 시절에는 선입관과 감정이 마음속에 크게 자리 잡고있어 사건 자체가 흐릿하게 보일 수도 있다. 어쩌면 우리가 중간 단계를 기억하기를 원하지 않기 때문에 기억 못할 수도 있다.

아마도 당신은 대단한 여정을 떠나려고 이 책을 읽을 수도 있다. 혹은 이미 여정의 중간 단계를 지나고 있을 수도 있다. 당신이 작가든 스타트업 설립자든 대기업의 혁신 담당자든 예술가든, 이런 종류의 희망과 두려움을 상당 부분 공유하고 있을 것이다.

당신은 다국적기업이나 규모가 작은 비영리기관, 창작 공간에서 일을 하거나 자영업자로 일할 수도 있다. 당신이 무엇을 창조하거나 변모시키든 성공한 여정에 대한 신화는 아이디어에 대한 기대감에서 출발해서 수많은 고난을 맞이하고, 그다음에는 결승선을 향해 선형으로 점

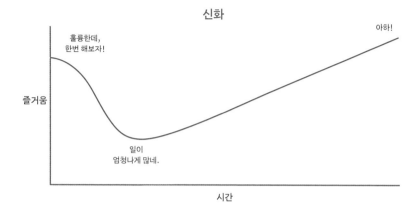

신화

훌륭한데,
한번 해보자!

아하!

즐거움

일이
엄청나게 많네.

시간

진적으로 발전한다는 것이다.

그러나 대단한 여정은 결코 선형으로 전개되지 않는다. 대담한 아이디어를 가지고 일관되게 점진적으로 발전한다는 것은 불가능한 일이다. 선형으로 전개되는 덜 불안정한 여정을 추구하는 사람이 여전히 성공할 수도 있다. 그러나 때로는 새로운 것을 창조하려면 분투해야 한다.

실제로 중간 단계는 몹시 불안정하다. 온갖 기복과 팽창과 수축이 끊임없이 일어난다. 새로운 여정을 떠난 이후로 밀월 기간이 지나면 냉엄한 현실에 부딪히게 된다. 당신은 상실감을 갖고 새로운 방향을 모색한다. 다시 말하자면, 앞으로 나아가다 휘청거리게 된다.

앞으로 나아갈 때마다 새로운 약점이 드러난다. 좌절을 겪고 돌파구가 될 만한 새로운 깨달음을 얻는다. 기껏해야 두 걸음 전진하고 한 걸음 후퇴한다. 가장 나쁘게는 처음 몇 달 동안 완전히 잘못된 길을 걷고 있다는 사실을 깨닫는다. 실제로 여정은 그런 모습으로 전개된다.

나는 여정을 '상대적인 즐거움'을 창출하는 과정이라고 부르고 싶다. 현실에서 벌어지는 들쭉날쭉한 부침을 겪으며 전체적으로는 긍정적인

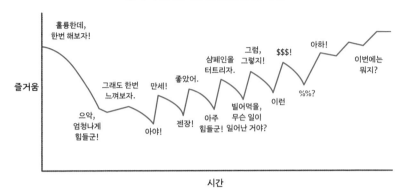

상대적인 즐거움을 창출하는 과정

기울기를 얻기 위해 안 좋은 시기를 견뎌내고 좋은 시기를 최대한 활용해야 한다. 여기서 대체로 안 좋은 시기는 이전의 것보다는 조금 더 좋아지고, 좋은 시기도 이전의 것보다 조금 더 좋아진다. 당장에는 좋은 시기 혹은 안 좋은 시기만 눈앞에 펼쳐지겠지만, 시간이 지나면서 올바른 방향으로 계속 전진하는 것을 보여주는 중앙값이 있다는 사실을 깨닫게 될 것이다.

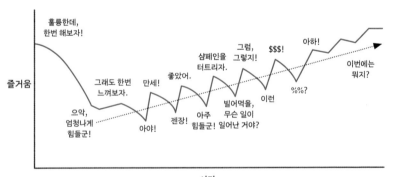

상대적인 즐거움을 창출하는 과정

이런 줄다리기가 갖는 불안정성을 견뎌내기는 쉽지 않다. 매일 일어나는 점진적인 발전보다는 전체적으로 긍정의 기울기를 얻는 데 관심을 가져야 한다. 그리고 이것은 당신이 '메시 미들'을 어떻게 항해하는가에 따라서만 결정된다.

## 시작과 끝에 관한 문제가 아닌 여정의 문제

기업가들은 소름 끼칠 것 같은 배신의 순간을 여러 번 맞이한다. 이런 순간들은 주로 여정을 시작하거나 끝내는 시기에 발생한다(혹은 처음부터 다시 시작하거나 도중에 잘못된 끝내기를 할 때도 발생한다). 우리는 이 순간들을 이야기하는 것을 좋아한다. 하지만 이 이야기들은 여정 그 자체에 대해서는 거의 말해주지 않는다.

우리는 시작에 관해 이야기하는 것을 좋아한다.

시작은 낭만적이다. 시작에는 실체와 투쟁의 복잡한 관계가 없고 그 자체가 감동을 주기 때문에 이에 관해 이야기하는 것을 좋아한다. 계획이 갖는 순진하면서도 원대한 비전이 아드레날린을 분출시킨다. 당신은 목적지를 떠올리며 감동을 받지만, 어떻게 하면 그곳에 도착할 수 있을 것인가에 대해선 아무런 생각을 갖고 있지 않다. 마음속에 품고 있는 해법은 장밋빛으로 가득하다. 아직은 어떻게 하면 불리한 상황에 놓이게 되는가에 대해서는 아무것도 알고 있지 않다.

이런 경우에는 무지가 축복일 뿐만 아니라 이성의 _끄트머리_에서 해법을 꿈꾸게 한다. 아무런 제약이 없다.

또한 우리는 끝에 관한 이야기를 하는 것을 좋아한다.

우리는 돌격, 체력 고갈, '결국에는 해냈다'는 자부심을 떠올린다. 이것이 바로 우리가 창조를 위한 분투 과정에서 꿈꾸던 것이 아닌가? 드디어 '워크아웃'(workout, 미국 '제너럴 일렉트릭'의 잭 웰치 회장에 의해 대중화된 용어로, 구조조정을 통한 경쟁력 강화의 의미로 사용된다-옮긴이주)이 끝날 때 우리는 안도의 한숨을 쉬게 될 것이다. '끝'은 여정의 다양한 부분에서 발생할 수 있다. 제품을 출시하거나 책을 출간하거나 자금을 모집하거나 주요 이정표에 도달하거나 다른 기업에 인수되거나 공장을 폐쇄하거나 주식상장을 하거나 분기를 마감하는 것 등이 여기에 해당한다. 언론은 이런 식으로 헤드라인 뽑는 것을 좋아하고, 우리는 이것을 읽는 것을 좋아한다. 그러나 이와 같은 최고의 찬사는 이것이 그저 추상적인 이정표에 불과하다는 사실을 깨닫지 못하게 한다. 우리는 이런 순간이 중요한데도 이로부터 배우는 것이 별로 없다.

기업가로 살아가는 데서 가장 이상한 부분은 시작과 끝에 사로잡혀 있는 공동체의 일원이 된다는 것이다. 투자자들은 (투자할 수 있을 때는) 시작에만 그리고 (수익을 돌려받을 때는) 끝에만 관심을 갖는다. 마찬가지로 오직 공개된 변곡점에 관한 이야기만 글로 작성된다. 기업가나 대기업 CEO들 사이에서조차도 후원자들의 네트워크가 일종의 반향실(echo chamber, 특정한 정보에 갇혀 새로운 정보를 받아들이지 못하는 현상을 내포한다-옮긴이주)의 역할을 한다. 어느 누구도 자기회의自己懷疑와 이것을 촉진하는 불안정에 관해 이야기하려고 하지 않는다. 모든 기업은 실패하기 전까지는 잘나가고 있다. 도중에 장애물이 나타나면 고립된 상태로 견뎌낸다. 여정 그 자체의 대부분은 유쾌하지도 않고 보이지 않던 것들을 너무 많이 드러내기 때문에 사건의 순서대로 기록되지 않는다.

젊은 기업가로서 나는 시작과 끝에만 집중하는 것이 항상 곤혹스러웠다. 경영자로서 특별한 성과보다는 여정을 추구하는 사람을 찾으려고 했다. 스타트업 세계에 깊이 빠져들수록, 기업을 선정적으로 경영하려 하지는 않았다. 여정이 힘든 현실을 고스란히 보여주면, 잠재력은 더욱 분명하게 나타난다.

나는 기업 성장의 다양한 단계에 있는 수십 명의 기업가들과 함께 투자자로도 활동했다. 여기서는 시작과 끝을 집중적으로 조명하는 것이 실제로는 얼마나 해로운 것인가가 분명하게 드러났다. 우리는 다른 사람의 성공을 축하하며 미들을 배제한 채 과감하게 편집한 스토리에서 교훈을 얻어내려 하기 쉽다. 여기서 '미들'이란 무엇인가? 그것은 헤드라인이 될 만한 가치는 없지만, 그럼에도 매우 중요한 것들, 자기회의와의 전쟁, 점점 더 커져가는 성공과 실패의 롤러코스터, 평범한 시합, 아무런 특징이 없는 것을 의미한다.

그러므로 '메시 미들'은 좀처럼 그려지지 않고, 모든 게 체력이 고갈되어 흐릿한 상태에서 함께 뒤섞이는 상태를 말한다. 우리는 자아와 인상적인 한마디를 위해 편집되는 진실에 관한 피상적인 버전을 갖게 된다. 성공은 우리가 잊으려고 하는 순간보다는 기억하려고 하는 순간 덕분인 것으로 잘못 이해된다. 가장 안 좋은 것은 주변 모든 사람이 시작부터 끝까지 선형으로 발전한다는 신화를 영원히 믿으려고 할 때, 우리의 여정이 똑같게 보이기를 기대하게 된다는 것이다. 성공한 여정은 논리적이라는 잘못된 인식을 갖게 된다. 그러나 결코 그렇지가 않다. 다른 사람들의 스토리가 여정에 대한 당신의 이해를 왜곡하게 내버려둬서는 안 된다. 다른 사람의 스토리를 모방하는 것은 중간 페이지가 전혀 없는 각본을 따르는 것과 같다.

우리는 스스로 만들어가는 데 따르는 혼란, 절망에서 취하는 행동을 자랑스럽게 여기지 않기 때문에 메시 미들에 관한 이야기를 하지 않는다. 우리의 시련을 나누는 것은 우리의 자아를 뒤흔든다. 그리고 결정적으로는 여정의 미들이 훌륭한 헤드라인을 뽑는 데 도움이 되지 않는다.

미들은 흥미롭지는 않지만 계시적이다. 그리고 처음에 시작했던 것이 무엇이 되었든, 그것을 끝내는 데 반드시 필요한 깨달음으로 가득하다. 이제 미들에 관해 이야기할 때가 되었다.

재화와 서비스를 창출하기 위한 여정은 전혀 예상하지 못했던 방식으로 그 성과에 반영된다. 이것은 굉장히 중요한 사실이다.

일상생활에서 사용하는 제품을 생각해보자. 그것은 간단한 제품인가? 아니면 복잡한 제품인가? 너무나도 많은 기능을 갖고 있는가? 아니면 원하는 기능만 갖고 있는가? 다루는 것이 즐거운가? 아니면 잡일에 불과한가? 누군가가 만든 제품을 사용하는 경험은 그 사람이 그것을 만들기 위해 선택한 경로에서 나온다. 성공한 제품이나 서비스를 만드는 것은 플라스틱, 금속 혹은 픽셀이 아니다. 오히려 그것은 제작자의 친절한 배려와 힘든 선택, 팀의 활력, 인내, 조직 설계(그리고 재설계), 여러 제약, 전투, 경로의 선택을 지배하는 가치관이다.

이 책은 당신의 팀과 제품, 자아를 개선하기 위해 불안정과 절망의 깊이에서 나오는 모든 통찰을 파헤치기 위한 것이다. 또한 당신이 관심과 인정을 받지 못하고 입지를 잃어갈 때, 창조적 과정에서 살아남을 수 있도록 도움을 주기 위한 것이다.

몇 년 전에 나는 설립자들과 대담하고 새로운 프로젝트의 리더들이 그들이 말하지 않는 여정 전반에 걸쳐 무엇을 하고 있는지를 알게 되었다. 나는 통증 관리 기법, 최적화를 위한 방법, 팀이 시작부터 끝까지 여정에서 생존하고 번창하는 데 도움이 되는 직관을 기록하려고 했다.

이 책은 지난 7년 동안 손으로 휘갈겨 쓴 노트, 분주하게 돌아다니며 캡처한 핸드폰 메모, 기억을 돕기 위한 짤막한 표현들을 모아놓은 것이다. 더불어 이사회 회의실에서, 어려운 결정을 앞두고 불면의 밤을 보내던 시절에 위기를 해결하기 위해 팀원들과 한밤중에 했던 전화 통화에서, 기업가들과의 브레인스토밍 세션(brainstorming session, 무엇에 대해 여러 사람이 동시에 자유롭게 자기 생각을 제시하는 회의-옮긴이주)에서, 때로는 장거리 비행기를 타고 몽롱한 상태로 생각에 잠겨 있던 순간에 듣고 깨달은 통찰을 다룬다. 이 책의 관점은 기업가에서 작가, 그리고 소규모 기관과 스타트업에서 기업 가치가 수입 억 달러에 달하고 자기가 속한 산업을 변모시키고 있는 대기업에 이르기까지 다양한 사람과 기관과의 경험에서 나온 것이다. 나는 나 자신을 매료시키는 전술과 견해가 나올 때마다 피드백이나 더 나은 아이디어를 얻기 위해 그것을 캡처하여 다른 사람들과 공유했다. 그리고 이들 중 기대에 부응했던 것들을 여기에 썼다. 다음에 나오는 섹션들에서는 다른 사람들과의 인터뷰, 나 자신의 치열한 노력과 성과, 지난 수년 동안 내게서 조언을 얻었던 수많은 기업가와 함께 일한 경험에서 얻은 통찰을 다룬다. 여러 섹션으로 구성되어 있지만, 이 책은 여섯 종류의 음식이 제공되는 코스보다 뷔페에 더 가깝다. 나는 독자들이 차례를 이용해 지금까지의 여정에서(어떤 부분이 되었든) 가장 가장 공명하는 부분을 찾아서 읽어볼 것을 권장한다.

이런 통찰이 나에게 그랬듯 독자들에게도 자신감을 불어넣고 계획을 공고히 하고, 자신이 한 가정에 대해 의문을 제기할 수 있기를 바란다. 당신이 자신에게 가장 중요한 것에 영향을 미치고자 한다면, 이 책은 시작부터 끝까지 당신이 가는 길을 조명하는 데 도움이 될 것이다.

## 스토리만으로는 부족하다

2006년 나는 크리에이티브 전문가들을 연결하고 그들에게 힘을 실어주는 기업인 '비핸스'를 설립했다. 팀원들과 내가 해결하려는 문제는 간단했다. 크리에이티브 업계는 지구상에서 가장 무질서한 공동체 중 하나인데 사진작가의 작품을 추적할 수 있는 방법이 없고, 누가 특정 제품을 디자인했는지를 확인할 길이 없고, 특정 캠페인의 배후에 있는 아티스트나 감독을 찾아낼 방법이 없었다. 우리는 창조적인 사람, 팀, 나아가 공동체를 조직하는 데 도움이 되고 싶었다.

문제는 간단했지만 해법은 결코 그렇지 않았다. 몇 차례에 걸친 간헐적인 시도가 있고 나서 어렵게 교훈을 얻었다. 5년에 걸쳐 (벤처 자본이 아니라 매출에 의존하는 기업을 만들기 위해) 독자적으로 노력한 끝에, 우리는 다방면에서 활동하는 기업을 일구었다. 비핸스 네트워크는 1200만 명이 넘는 크리에이티브 전문가들이 자기 작품을 전시하고 서로 연대해서 협업하고, 일자리를 찾게 해줄 수 있을 정도로 성장했다. 지난 수년에 걸쳐 창의적인 활동을 선도하는 온라인 플랫폼이 되었고, 나한테는 대규모 디자인 및 기술 팀으로 키울 기회를 제공했다. 당시 우리는 크리에이티브 커뮤니티를 위한 콘텐츠와 이벤트를 온라인과 오프라인으로 제공하고 일종의 싱크탱크와 웹사이트를 개설하고 2007년에는 99U라는 연례 회의를 개최해 비핸스의 사업을 확대했다. 99U는 토마스 에디슨이 했던 "천재는 1퍼센트의 영감과 99퍼센트의 노력으로 만들어진다"는 유명한 말에서 영감을 받아 아이디어 자체보다는 그것의 실천을 위해 헌신한다.

2012년 말, 크리에이터들을 위한 다양한 제품 중 특히 포토샵, 일러스트레이터, PDF 같은 제품으로 널리 알려진 세계 최대 규모의 기술 기업 '어도비'가 비핸스를 인수했다. 팀 전체가 예상하지 못한 놀라운 성과였다. 우선 나 자신부터가 회사를 꾸려가기 위해 종이 제품을 디자인하고, 프리랜서 디자이너들을 위한 세미나를 운영하면서도 전혀 생각지도 않았던 결과였다. 나는 어도비에서 제품 담당 부사장이 되어, 이 회사의 모바일 및 클라우드 자산 전략을 이끌었다. 이후로 3년이라는 세월은 내가 예상하지 않았던 방식으로 깨달음을 얻는 시간이었다. 나는 이전 제품의 생산을 단계적으로 축소하면서 신제품을 출시하도록 독려해야 했고, 엄청난 불확실성과 변화의 시기를 맞이해 여러 팀을 이끌어야 했다. 그로 인해 대기업에서 나타나는 마찰을 제대로 이해할 수 있었다. 즉 마찰이 어떻게 상처를 주고 어떻게 도움을 주는가, 어떻게 배가 계속 조금씩 전진하게 되는가에 대한 이해였다.

디자인과 기술의 교차점에서 일하는 기업가에게는 동료 기업가들이 팀, 브랜드, 제품을 설계하도록 지원하는 투자가 겸 자문가로서 온갖 종류의 기회가 발생한다. '핀터레스트Pinterest, 우버Uber, 와비 파커 Warby Parker, 스위트그린Sweetgreen, 페리스코프Periscope' 같은 기업들 중 일부는 처음에 시작했던 사업을 최소한 어느 정도는 달성하여 지금은 성공적으로 영업하고 있다. 다른 기업들은 여전히 여정의 미들에서 정처 없이 떠돌고, 험난한 시기를 견뎌내고, 상승 국면을 모든 방법을 동원하여 최대한 활용하려고 한다. 그러나 이런 단계와는 무관하게 '변화'는 유일한 상수다. 나는 내가 설립한 회사가 결승선을 지나가는 모습을 흡족한 마음으로 바라보았고, 어도비에서 3년을 근무했다. 이후로 2년 동안 전임 투자가 겸 자문가로 일했고, 때로는 공동 설립자가 되어 동료 기업가들과 협력하며 그들이 자신의 여정을 잘 항해할 수 있도록 지원했다. 2017년이 지나갈 무렵에는 어도비의 CPO(최고제품책임자)가 되어 크리에이티브 전문가들을 위해 제품과 서비스를 생산하는 전쟁터로 되돌아왔다.

나는 비핸스 시절의 스토리를 다른 사람들과 공유하면서, 시작과 끝 사이에 존재하던 시련과 개인적 성장의 시기를 건너뛰곤 했다. 내가 하던 스토리는 주로 다음과 같이 전개되었다.

우리가 만든 '비핸스 네트워크'가 마침내 관심을 끌기 전까지 5년에 걸쳐 사업을 독자적으로 꾸려갔습니다. 비핸스 네트워크 덕분에 최고의 벤처캐피털로부터 자금을 모집할 수 있었고, 이것이 우리가 드림팀을 구성하여 세계 도처에 존재하는 크리에이티브 플랫폼을 구축할 기회를 제공했습니다. 어도비가 무료로 제공하던 포토샵과 기타 소프트웨어 서비스를 구독 서비스로 전환하면서, 그들은 우리가 가진 네트워크가 필요했습니다. 타이밍과 기회가 아주 좋았습니다. 그래서 어도비가 우리 회사를 인수하게 된 거죠. 이것은 팀 전체를 위해서는 대단한 성과였습니다. 이후로 우리는 여러 해에 걸쳐 즐거운 마음으로 함께 일했습니다.

그리고 엄청난 갈채와 함께, 10년에 걸친 일에 나비 모양의 매듭이 지어졌다.

내가 전하는 스토리는 초라하게 출발했지만, 발전을 거듭해 마침내 성공을 이뤄냈다는 다른 간결한 성공스토리와도 많이 닮았다. 그러나 비핸스에게는 우리 팀 외에 우리가 하는 일을 이해하거나 관심을 갖는 사람이 아무도 없던 시절이 있었다. 모든 것이 무너지기 직전처럼 보일 때도 있었다. 실제로 초기에는 항구토제가 내가 식욕을 유지하기 위한 유일한 수단이었다. 모두가 (관심이라도 있었다면) 우리를 의심했다. 그리고 나는 여러 번에 걸쳐서 자기회의를 견뎌내야 했다. 현실을 바라보는 시각을 바꾸게 할 정도로 오랜 시간에 걸쳐 인내하는 것은 생각보다 훨씬 어려웠다. 현재의 상황에 문제라도 제기하는 것이라면 그것이 무엇이 되었든 힘든 싸움으로 변질되었고, 새로운 아이디어를 죽이는 거부라는 자연력이 선과 악을 구분하지 못하게 만들었다. 혁신은 힘든 역풍을 맞이했고 순풍을 맞이하는 경우는 좀처럼 없었다.

첫해에는 겨우 4명으로 출발했다. 우리는 앞으로의 여정에 대해 아무 준비가 되어 있지 않았다. 그러나 경험이 부족하다는 사실이 아이디어에 대한 사랑과 그것을 실현하기 위해 무엇이 요구되는가에 대한 완전한 무지에서 나오는 자신감과 결의를 뒤흔들지는 않았다.

마티아스 코레아는Matias Corea는 바르셀로나에서 살다 최근에 뉴욕시로 왔는데, 그래픽 디자인 경험이 3~4년에 불과했다. 처음 만났을 때 그는 어느 색소폰 제조업체로부터 주문받아 디자인한 작은 브로셔를 보여주었다. 마티아스는 재즈와 타이포그래피(typography, 편집 디자인 분야에서 활자 서체나 글자 배치 따위를 구성하고 표현하는 시각 디자인 전체를 의미한다-옮긴이주)에 관심이 많았다. 그러나 웹사이트 디자인은 한 번도 해본 적이 없었다. 데이브 스타인Dave Stein은 대학을 졸업하자마자 우리와 함께 했다. 그는 심리학을 전공했고, 학비를 벌기 위해 기숙사에서 간단한 웹사이트를 제작한 경험이 있었다. 그가 이력서와 함께 자신을 소개하려고 보낸 웹사이트는 뉴욕 북부에 위치한 속옷 가게를 위해 제작한 것이었다. 내가 세 번째로 고용한 사람은 크리스 헨리Chris Henry였는데, 그는 대학 졸업 이후 1~2년 동안에 웹사이트를 서너 개 제작한 경험이 있었다. 하지만 검색 애플리케이션이나 데이터베이스를 제작한 경험은 전혀 없었다. 나는 어떤가? 낮에는 '골드만삭스Goldman Sachs'에서 일했다. 대학 시절에 디자인 수업을 들었지만 엔지니어는 아니었다. 그리고 회사를 경영해본 경험이 전혀 없었다. 금융과 조직 개발의 영역을 정처 없이 떠돌았지만 진정한 포부는 크리에이티브 업계에 종사하며 디지털 제품을 만드는 것이었다.

이처럼 신출내기들만 모아놓은 팀을 구성해 크리에이티브 산업을 연결하기 위한 아이디어 개발에 나섰다. 성공할 가능성은 거의 없었다. 그 당시 우리는 이런 사실을 모른 채 10년에 걸친 여정에 첫발을 내디뎠다. 이것이 전혀 상상하지 못했던 방식으로 우리가 함께 하는 글로벌 크리에이티브 공동체를 형성하는 결과를 낳았던 것이다.

이제 진지하게 말해보자. 우리가 듣는 간결한 성공스토리는 중요한 무엇인가를 놓치고 있다. 내가 했던 비핸스에 관한 스토리도 마찬가지로 중요한 것을 놓치고 있다. 팀원들이 월급도 제대로 못 받으면서 5년 동안 어떻게 함께 지낼 수 있었는가? 당신이 하는 일을 다른 사람들에게 말할 때 그들이 멍한 표정으로 바라보던 무명시절을 어떻게 견뎌냈는가? 준비가 되어 있지 않은 팀원들이 어떻게 (때로는 우리보다 더 자격을 갖춘) 뛰어난 자격을 갖춘 사람들을 모집하고 관리하고 유지할 수 있었는가? 아무것도 모르는 산업에서 어떻게 오랫동안 살아남아서 전문성을 갖출 수 있었는가? 직원들의 사기를 떨어뜨리지 않고서 사업 부문을 어떻게 변화시킬 수(때로는 제거할 수) 있었는가? 그리고 경험이 없는 팀이 어떻게 이런 일을 해냈는가?

어느 누구도 여정에서 메시 미들에 해당하는 불안정한 지형에 관해서는 말해주지 않는다. 이것이야말로 진정한 스토리인데도 말이다. 우리는 여정의 미들을 혼자 힘으로 꾸려가면서 어려운 시절을 조용히 견뎌내고 좋은 시절을 최대한 활용했다. 극복하기 힘든 문제가 발생했을 때에는 팀에 동기를 부여하는 방법을 실험했다. 우리는 갈등에 고민했고 드라마를 쓰려고 했다. 동료들이 실제로는 그렇지 않더라도 조금씩 발전해가고 있는 것처럼 느끼게 하려고 마치 마법사처럼 행동했다.

기업가들이 인정하기 싫어하는 작은 비밀은 성공과 실패 사이의 경계가 뚜렷하지 않다는 것이다. 메시 미들이 당신을 성공시킬 수도 있고, 무너뜨릴 수도 있다. 그리고 결국 이러한 경계에서 당신이 원하던 쪽에 있게 되는 것은 당신이 그 사이에서 모든 것을 어떻게 관리했는가에 달려 있다. 그것은 엄청난 인내, 자기인식, 장인정신, 전략을 요구한다. 또한 행운도 요구하는데, 행운이 닥칠 때마다 움켜쥘 수 있어야 한다.

우리는 힘든 시절을 겪으며 통찰을 얻었다. 고난은 우리가 최적화하게 만든다. 본능은 연마되고 직관은 날카로워진다. 여정에서 얻는 이 보물은 앞으로 어떤 일이 닥치든 이에 더 잘 대처할 수 있게 해준다. 그리고 이런 보물이 나의 삶에 커다란 변화를 가져왔다.

# 시작, 인내와 최적화, 끝, 다시 시작

## -시작

시작은 자신이 무엇을 모르는지와 앞에 놓인 고통스러운 장애물에 대해서도 모르는 상태라 아주 즐거운 경험이다. 스타트업 세계에서는 비어 고글(beer goggles, 술에 취해 상대방이 실제보다 더 매력적으로 보이는 상태를 말한다-옮긴이주) 효과가 처음에는 중요하게 작용한다. 그렇지 않으면, 여정을 시작하려는 집념을 가진 사람이 거의 없기 때문이다.

그러나 새로운 아이디어가 주는 흥분이 사라지고 나면 현실이 밀려온다. 실행 계획에 빠져들고 모르는 것에 위축된다. 당신은 혹사당한 시냅스를 안정시키려고 미친 듯이 애를 쓰게 될 것이다. 그리고 바닥이 어디 있는지도 모른 채 한없이 추락하게 될 것이다(이때가 바로 역풍이 불기 시작하는 순간이다). 모두가 당신을 의심하게 될 것이다. 당신은 발전을 위해 몸부림을 치며, 당신이 속한 산업, 팀, 경쟁 기업 그리고 사회까지도

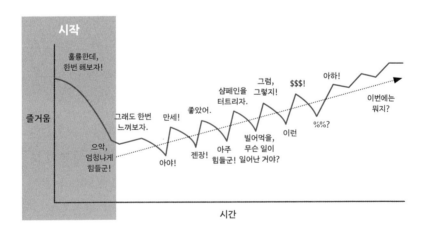

변화를 싫어한다는 사실을 깨닫게 될 것이다. 심지어 고객조차도!

그런 다음 마침내 바닥이 보이기 시작하고 당신은 세차게 내동댕이쳐진다. 자신이 어디에 있는지를 확인하고 너무 많은 시간과 돈 혹은 체면까지 잃지 않으려고 힘들게 기어오른 다음에야 비로소 당신 앞에 모습을 드러내는 엄청나게 높은 정상을 올려다볼 수 있을 것이다.

바로 이 지점에서 진정한 여정이 시작된다.


**–미들: 인내하고 최적화한다**

여정의 미들은 어려운 시절을 참아내고, 좋은 시절을 최대한 활용하는 것이 전부다. 계획을 수립하던 때의 흥분이 가라앉고 나면, 목표는 모든 좌절이 예전의 것보다는 덜 힘들고, 모든 회복이 당신을 예전에 있던 곳보다는 더 높은 곳으로 올라가게 만드는 것이 되어야 한다.

달성하기 힘든 긍정의 기울기를 달성하려면, (서서히 침몰하면서 고난을 겪게 되는) 어려운 시절을 견뎌내야 하고 (무엇이든 유효하게 작동하는 것으로 보이는) 좋은 시절을 최대한 활용해야 한다. 발전을 통해 보람을 느끼겠지만, 이것은 최근에 겪은 고난에 비해 상대적으로 그렇다는 것이다. 당신이 할 수 있는 최선은 경사로를 올라가며 옳은 방향으로 계속 나아가는 데 필요한 통찰들을 얻고 이들을 통합하는 것이다.

불안정성은 속도를 내는 데 효과가 있다. 빠르게 움직이면서 실수를 많이 할수록 경쟁자보다 높은 곳에 도달하는 데 필요한 추진력을 얻을 기회가 많아진다. 속도를 내는 것은 실험(대부분은 실패로 끝날 것이다)을 많이 하고 (당신을 포함한) 팀이 현기증을 느낄 만한 급회전을 자주 하는 것을 의미한다. 불안정성은 사기를 떨어뜨릴 수 있고, 불안을 일으킬 수

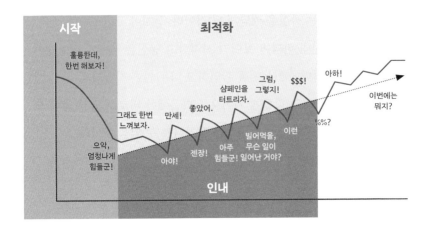

있다. 그러나 뛰어난 실적을 올릴 기회는 더 많아진다.

여정의 미들은 몹시 고통스러운 투쟁이다. 그러나 당신이 만든 제품에 구현된 팀의 DNA를 보면서, 진심으로 감사의 말을 전하는 고객을 만나면서, 새로운 문화가 형성되고 당신이 고용한 사람이 이전과는 완전히 다른 리더로 발전하는 모습을 보면서 진한 감동을 느끼는 것처럼 여정 전반에 걸쳐 계속 앞으로 나아가게 만드는 잠시 회복의 순간도 있다. 이런 순간이 상당히 자주 발생한다. 당신은 어려운 시절을 견뎌내고 유효하게 작동하는 모든 것을 최대한 활용하기만 하면 된다.

**-끝**

'끝'이란 여정의 마지막 마일일 때도 있고, 어느 한 프로젝트와 그다음 프로젝트 사이에 존재하는 회복의 시간일 때도 있다. 언제 끝을 맞이하는지 알기는 어렵다. 모든 프로젝트가 자신에게서 결코 떨어져나가지 않는 자기의 한 부분을 가지고 있기 때문이다. 이렇게 보면 끝이란 마음의 상태 이상의 것이다.

그러나 모든 프로젝트에는 모든 것이 변하게 되는 변곡점이 있다. 당신은 자신이 만든 것을 세상에 내놓기도 하고, 본인 회사를 매각하기도 하고, 집필한 책을 출판하기도 한다. 비록 경주는 계속되지만 더 이상 시간을 다퉈 달리지는 않기 때문에 끝이 온 것처럼 느껴진다. 불안정성이 사라지거나 관심이 사라진다. 혹은 이 두 가지가 동시에 사라지기도 한다. 그러면 페이스가 변하고, 마침내 휴식을 취하기로 하고서 변화를 준다.

끝은 다양한 규모와 형태로 다가오고 결코 겉으로 보이는 것만큼이나 분명하지는(혹은 바람직하지는) 않다. 실제로 끝을 내는 것이 최종 목표가 되어서는 안 되고, 진정으로 끝을 낸 기분을 느끼기를 바라서도 안 된다. 도전이 사라지면 삶의 가치도 사라진다.

비핸스 시절에 창립멤버들은 시작을 하면서 끝을 염두에 두지는 않았다. 물론 나는 우리가 수익을 내고, 놀라운 팀을 만들고, 대단한 영향

력을 발휘하고, 자랑스러운 브랜드를 가진 기업을 경영하는 먼 미래의 어느 날을 상상한 적은 있었다. 그러나 애초에 다른 기업에 인수되는 것은 잠재의식에도 존재하지 않았다.

결국에는 비핸스 인수가 어느 한 챕터의 끝을 표시하는 자연스러운 마침표를 제공했다. 여정에는 온갖 종류의 끝이 나온다. 그리고 여러 가지 면에서, 당신은 결코 끝나지 않는다. 항상 또 다른 챕터를 쓸 수 있다.

▭▭▭▭▭▭

이 책을 쓰게 된 동기 중 하나는 대담하고 창조적인 프로젝트나 새로운 벤처 사업을 실제로 있는 그대로 드러내는 것이었다. 그것은 끊임없이 인내하고 최적화하는 것이다.

이제 이런 통찰을 '인내'에 관한 파트와 '최적화'에 관한 파트로 나눠서 전개하려 한다. 이 두 가지 보완적인 힘들은 어떤 대담한 프로젝트에서든 메시 미들을 정복하는 데 도움을 줄 것이다. 인내를 다루는 부분은 읽기에 불편하고 때로는 좌절감을 맛보게 할 거라고 미리 경고하고 싶다. 나는 '상처, 고통, 의혹'을 듣기 좋은 말로 표현하기보다는 이런 감정과 고통스러운 순간을 전면에 내세우려고 했다. 이처럼 피할 수 없는 고난에 익숙해지고 다른 사람들은 어떻게 헤쳐나갔는지를 이해하는 것이 중요하다. 그다음에는 이보다는 더 낙관적이고 실천적인 '최적화'를 다루는 부분이 당신을 맞이할 것이다. 여기서는 자신의 강점을 최대한 활용하고 자신의 팀과 제품, 자아에 관한 모든 측면을 개선하기 위한 내용을 다룬다. 인내와 최적화는 무엇인가를 만들어가기 위한 리듬이다. 즉 모든 여정에서 겪게 되는 온갖 우여곡절의 패턴이다. 이 리듬은 직업적인 포부에도 분명히 적용되지만 인생 전반에 걸쳐서도 적용된다.

독자들이 이 책을 통해 얻길 바라는 한 가지 깨달음은 불안정성과 미래를 향한 각오 사이의 관계다. 그 이유는 실제로 존재하는 곳과 온갖 고난에도 불구하고 존재하기를 바라는 곳 사이의 거리가 멀기 때문이다. 그리고 좋은 시절과 안 좋은 시절은 가치 있는 방식으로 서로 도움을 준다. 석가모니는 '너 자신이 그 길이 되지 않고서는 그 길을 갈 수 없으리라'라고 말한다. 오직 메시 미들을 이해함으로써 자신이 가야할 길을 찾게 될 것이다.

가장 쉬운 길은 운명이 미는 방향으로 그저 따라가기만 하는 것이다. 그러나 상황에 좌우되는 삶은 자신의 스토리에서 수동적인 참여자만 될 뿐이다. 운명(현재의 상황)에 맞서 싸우지 않는 당신은 예상을 뛰어넘는 모험을 결코 하지 않을 것이다. 여정이 갖는 불안정을 견뎌내고, 온갖 난관을 회피하지 않고, 당신이 만든 제품과 소속된 팀, 자아의 모든 측면을 최적화할 때만 잠재력을 확대할 수 있다.

# CHAPTER ONE
# 인내
## ENDURE

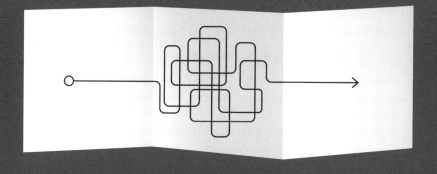

3년이 지났다. 어쩌면 2년 혹은 4년인지도 모른다. 나도 잘 모르겠다. 미들에 해당하는 해들이 마구 뒤섞이고 있다. 나는 비핸스의 발전이 몹시 더디게 느껴졌고 모든 것을 힘들게 배웠기 때문에 그 당시를 "잃어버린 시절"이라고 불렀다. 우리가 살아남은 것만도 놀라웠다.

우리 팀은 우리만의 작은 세상이다. 우리는 상상력과 시적 자유를 가지고, 제품을 만드는 것과 같은 방식으로 목표와 자부심도 만들어냈다. 싸움과 즐거움은 모두가 우리의 지어낸 세상을 온전하게 유지하는 드라마의 한 부분이었다. 우리는 사업을 겨우 유지하고 있었고, 고객들 중 대다수가 우리에게 호의를 베풀었다. 오직 우리의 관계, 미래에 대한 희망만이 우리가 뚜렷한 가치를 갖고 만들어가는 것들이었다.

그럼에도 나는 사무실을 나올 때마다 상당히 위축되곤 했다. 그곳은 유니온 스퀘어Union Square에서 몇 블록 떨어진 내가 사는 아파트에서 출입을 통제한 곳에 자리잡고 있었다. 뉴욕시는 항상 바쁘게 움직이는 사람들로 북적였다. 길거리에서 과일 파는 사람이 우리보다 고객이 더 많았다. 밤이 되면, "지금 무슨 일을 하고 있니?"라고 묻는 말에 움츠러들곤 했다. 나는 내가 하는 대답(창조적 세계가 체계적으로 움직이도록 지원하는 기업을 설립했다)이 멍한 표정을 짓게 한다는 것을 잘 알고 있었다. 사람들은 내가 직장에서 해고당한 것이라고 생각하지는 않을까? 내가 가진 비전을 이야기하면, 실패했을 경우 나를 어떤 눈으로 바라볼까?

가족들과 친구들은 항상 나를 도와주려고 했다. 그러나 그들이 할 수 있는 것은 아무것도 없었다. 결정을 할 때마다 어깨가 무거웠다. 그리고 나와 함께 일하려고 다니던 직장을 그만둔 사람들의 미래도 내 어깨를 무겁게 했다. 오직 나만이 감당해야 하는 무게였다.

잃어버린 시절을 돌이켜보면, 내 곁에는 아무도 없다는 생각에 우울하고

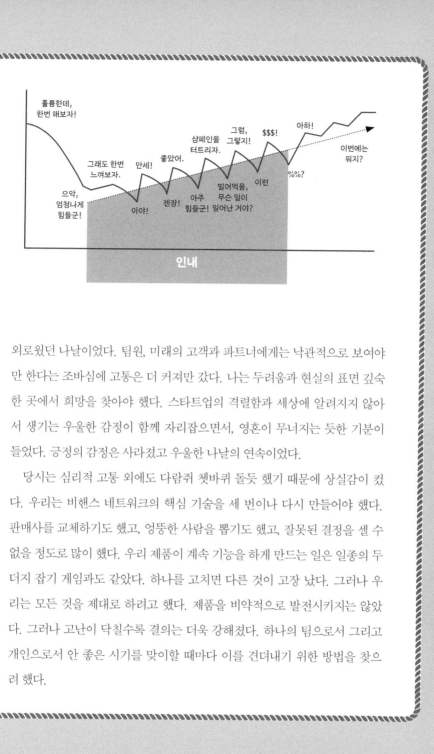

외로웠던 나날이었다. 팀원, 미래의 고객과 파트너에게는 낙관적으로 보여야만 한다는 조바심에 고통은 더 커져만 갔다. 나는 두려움과 현실의 표면 깊숙한 곳에서 희망을 찾아야 했다. 스타트업의 격렬함과 세상에 알려지지 않아서 생기는 우울한 감정이 함께 자리잡으면서, 영혼이 무너지는 듯한 기분이 들었다. 긍정의 감정은 사라졌고 우울한 나날의 연속이었다.

당시는 심리적 고통 외에도 다람쥐 쳇바퀴 돌듯 했기 때문에 상실감이 컸다. 우리는 비핸스 네트워크의 핵심 기술을 세 번이나 다시 만들어야 했다. 판매사를 교체하기도 했고, 엉뚱한 사람을 뽑기도 했고, 잘못된 결정을 셀 수 없을 정도로 많이 했다. 우리 제품이 계속 기능을 하게 만드는 일은 일종의 두더지 잡기 게임과도 같았다. 하나를 고치면 다른 것이 고장 났다. 그러나 우리는 모든 것을 제대로 하려고 했다. 제품을 비약적으로 발전시키지는 않았다. 그러나 고난이 닥칠수록 결의는 더욱 강해졌다. 하나의 팀으로서 그리고 개인으로서 안 좋은 시기를 맞이할 때마다 이를 견뎌내기 위한 방법을 찾으려 했다.

벤처 사업에서 미들에 해당하는 부분은 모호성, 불확실성, 두려움, 배신, 위기, 불화, 끝없이 벌어지는 일상의 싸움으로 가득하다. 엉킨 것을 풀고 궁지에서 벗어나는 길을 찾을 때마다 얼마 지나지 않아 또 다른 궁지에 빠져든다. 이것은 메시 미들에서 필연적으로 겉보기에는 끊임없이 나타나는 국면이며, 이 시기를 어떻게든 견뎌내야 한다.

인내는 밤늦게까지 살아남는 것과 아무런 보상도 없이 애를 쓰는 것보다 훨씬 더 커다란 의미를 지닌다. 인내는 재생 가능한 에너지원의 개발을 의미하며, 이 능력은 선천적으로 타고나는 것이 아니다. 고객 혹은 발전의 증거가 없다면, 팀원들에게 동기를 부여하기 위해 사업을 계속 정당화하거나 장려할 수는 없을 것이다. 꾸준한 보상이 지급되지 않으면, 당신은 공허한 기분을 느낄 것이다. 공허함을 지어낸 낙관론으로 채워야 한다. 또한 무명시절, 끊임없는 좌절을 견뎌내야 한다. 자신의 계획과 자아에 가하는 타격을 관리하며 자신에 대한 특별하고 고유한 신념을 가져야 한다. 당신이 해결하고 있는 문제에 대한 열정은 확실히 도움이 된다. 그러나 헝그리정신으로 마라톤 경기에 참가하려면, 이번 챕터에서 논의하게 될 몇 가지 중요한 통찰과 신념의 형태를 띠는 초자연적인 자양물을 섭취해야 한다.

큰 성공과 실패 사이의 경계는 뚜렷하지 않다. 당신은 중요한 일들을 제대로 해냈지만, 그럼에도 충분히 오랫동안 인내하지 못해 실패할 수도 있다. 비핸스에서 사업을 혼자 힘으로 꾸려가던 시절을 돌이켜보면, 우리가 몇 번씩이나 거의 무너지기 직전까지 갔던 적이 떠오르면서 스스로 잔뜩 움츠러들기도 한다. 우리는 하나의 팀으로서 여정의 안 좋은 시기를 잘 견뎌냈다. 서로 의지하며 가장 힘든 순간에도 이를 가볍게 받아들이려고 했고, 고난의 시기를 견뎌내기 위해 현실을 어떻게든 잘 헤쳐나가려고 했다.

여기에 나오는 통찰들은 여정의 미들에서 겪게 되는 혼란에 대비할 수 있도록 해줄 것이다. 또한 당신이 혼자가 아니라는 것을 깨닫게 해줄 것이다. 그러나 우리는 혼란에 정면으로 부딪혀야 하고, 불안정성을 견뎌내고 없애는 방법을 배워야 한다. 잃어버린 희망과 불확실성, 고갈의 현장을 탐사하면, 그런 상황에 더욱 익숙해지며 견뎌낼 수 있고 어쩌면 관리하는 데도 도움이 된다.

# 고통과 미지의
# 세계를 뚫고 앞으로!

## 보상 시스템을
## 어떻게든 꾸려가야 한다

동기 부여를 가장 많이 하는 것 중 하나가 발전의 신호다. 하는 일이 외부 평가나 금전적 보상을 통해 인정을 받을 때 고난을 견뎌내기 더 쉬워진다. 그러나 오랜 여정에서 전통적인 의미에서의 발전은 좀처럼 나타나지 않는다. 당신에게 고객과 청중이 없을 때 그리고 당신이 무엇을 만들고 있는지를 알고 있거나 알려고 하는 사람이 없을 땐 동기 부여를 가장 많이 하는 것을 어떻게든 만들어내야 한다.

나는 모험을 추구하는 비핸스를 이끌어가던 처음 몇 년을 동기를 만들어내는 데 치중하던 시기라고 규정하고 싶다. 2007년과 이후 몇 년 동안 우리는 매력, 매출, 언론의 관심을 포함해 그 밖의 기념할 만한 전통적인 형태의 발전을 거의 경험하지 못했다. 우리는 창조적 전문가들을 위한 블로그와 간단한 네트워크를 운영했다. 어느 누구도 이에 대해 알고 있거나 알려고도 하지 않았다. 비핸스를 검색하면 처음 나오는 결과가 ""enhance'를 의미합니까?"였다. 구글조차도 우리가 실수한 것으로 생각했다.

우리는 무에서 출발해 살아남기 위해 애쓰고 있던 터라 인터넷 사업에 대한 전통적인 평가 지표(페이지 조회수, 고객수, 구독자수, 매출)에서 높은 점수를 얻지 못했다. 나는 팀의 리더로서 팀원들이 일에 몰입할 수 있게 하는 것이라면 다 해보았다. 우리는 우선순위에 근거해 특정한 기념비적인 성과를 언제 달성할 것인가로 내기를 걸곤 했다. 평생 채식주의자로 살아온 나는 우리가 그만한 성과를 달성하면 육류를 먹겠다고 약속했다(이상하게도 이런 말이 팀원들에게 동기를 부여했다). 우리는 비록 그 수는 얼마 되지 않지만 새로운 고객을 맞이해 이를 기념하는 행사도 열었다. 벽에 걸은 과제의 한 부분을 완수하거나 소프트웨어에서 찾기 힘든 버그를 해결할 때 싸구려 샴페인으로 축하행사를 가졌다. 우리가 기념비적인 성과라고 부를 수 있는 것이라면 무엇이든 그렇게 하려고 했다.

초기에 기념비적인 성과라고 불렀던 것 중 구글의 'Behance/enhance' 에러 메시지를 해결하는 것도 있었다. 우리는 제대로 된 검색 결과를 원했다. 이것이 해결되려면 구글의 검색 알고리즘에 영향을 미치기 위해 백 링크(back link, 자신의 사이트에 타 사이트의 링크를 달아놓고 사용자들에게 추천하는 것-옮긴이주) 확산에 승부를 걸어야 했다. 우리가 작성한 블로그 포스트와 고객들이 업로드한 포트폴리오가 많아질수록 우리 고객이 아니라 구글의 디지털 게이트키퍼에 의해 인터넷상에서 더 많은 인정을 받게 될 것이라는 사실을 알고 있었다. 목표는 단기적인 것이었고, 이를 달성하기 위한 과제들은 모두 실행 가능한 것들이었다. 다만 시간과 노력이 걸릴 뿐이었다. 나는 팀원들을 이런 말로 납득시켰다. "언젠가는 구글이 더 이상 우리가 실수한 것으로 생각하지 않을 것입니다."

그러던 어느 날 팀의 누군가가 구글 사이트에 들어가선 놀랍게도 검색어를 수정하라는 메시지가 없이 처음부터 '비핸스'가 뜨는 것을 확인했다. 우리가 이겼다. 드디어 우리의 존재를 확인했던 것이다. 이것은 우리가 발전이라는 외양을 느끼게 하는 방법으로서 만들어낸 작은 승리였지만 그 울림이 컸다.

이후로 2008년이 되며 농담이 아니라 가수 비욘세Beyoncé가 인기를 끌었다. 그리고 우리는 또 실수로 인식됐다. 구글은 "'Beyoncé'를 의미합니까?"라고 물었다. 그러나 우리는 단념하지 않았다. 또다시 제대로 된 검색 결과를 얻는 데 몇 주일이면 될 것으로 생각했다.

혼자 힘으로 희망과 자존감을 회복하기는 쉽지 않다. 따라서 발전의 외양을 찾아서 짜내고는 이를 기념해야 한다.

초기 단계의 스타트업은 피드백과 보상이 없는 상태를 어떻게든 감내해야 한다. 이것은 아주 중요한 사실이다. 유럽, 중동, 아시아 지역의 스타트업들이 매년 모이는 웹 서미트Web Summit와 같은 스타트업 컨퍼런스에 참석했을 때 그 사실이 분명하게 다가왔다. 미국은 스타트업, 인큐베이터, 벤처캐피털, 엔젤 투자자(angel investor, 창업한 지 얼마 되지 않은 기업에 투자하는 개인 투자자-옮긴이주)로 이뤄진 생태계가 확립되어 있지만, 다른 지역은 기업가와 투자자가 함께 참석하는 웹 서미트 같은 거대 컨퍼런스에서 혜택을 본다. 나는 웹 서미트에서 스타트업 전시관을 거닐며 1미터도 안 되는 공간에서 자기 말에 귀를 기울이려는 사람들의 마음을 사로잡기 위해 최선을 다하는 수천 개의 스타트업들을 보며 힘을 얻곤 했다.

초기 단계에서 수많은 아이디어를 접하는 것도 흥미로운 일이다. 그러나 이런 활력에도 불구하고, 나 역시 고통과 절망을 느낀다. 모든 것을 걸고 있을 때 사업과 수완은 당신의 정체성과 자존감과 뒤얽히게 된다. 세상에 1미터도 안 되는 공간에서 두 번 다시 눈길을 주지 않는 사람들에게 당신의 미래를 설명하는 것처럼 자신을 초라하게 만드는 일은 없을 것이다.

익명성은 당신이 실수를 해도 어느 누구도 실망시키지 않고 제품을 과감하게 변경할 수도 있다는 것을 의미한다. 누구도 당신과 당신의 제품에 관심을 갖지 않기 때문이다. 익명성을 타개하는 것은 일종의 인내력 게임이다. 따라서 매출, 신규 고객 목표처럼, 당신이 주로 의존하지만 실현되지 않은 단기적 보상이 다른 무엇인가에 의해 대체될 수 있도록 보상 시스템을 어떻게든 꾸려가야 한다.

우리는 어린 시절부터 강력한 단기적 보상 시스템에 의해 지배를 받아왔다. 유아기에는 부모에게서 사랑을 받고 기쁨을 주는 방식으로 행동했다. 학창시절에는 열심히 공부해서 좋은 성적으로 보상을 받았다. 우리는 좋은 성적에는 부모, 교사, 친구에게서 인정받는 보상이 따른다는 사실을 곧 알게 되었다. 또한 직장 생활을 하며 매달 월급과 상여금을 받는다. 그리고 전설적인 벤처자본가 프레드 윌슨Fred Wilson이 99U 연례 회의에서 말했듯, "인생에서 가장 심각한 중독 두 가지는 헤로인과 월급이다."

《The Entrepreneurial Instinct(기업가 본능)》의 저자 모니카 메타

Monica Mehta는 기업가정신에서 뇌화학brain chemistry의 역할을 조사했다. 그녀는 《앙트레프레너Entrepreneur》에서 이렇게 설명한다. "매번 성공할 때마다, 우리의 뇌는 도파민이라는 화학물질을 분비한다. 도파민이 뇌의 보상 경로(즐거움, 배움, 동기 부여를 담당하는 부분)를 흘러가면, 우리는 더욱 집중할 뿐만 아니라 처음 이 화학물질을 분비하게 했던 행위를 다시 경험하고 싶어 한다." 이것이 도파민 분비를 촉진하고, 여기서 생기는 자신감은 단기적 보상이 중독성을 갖게 한다. 즉 "우리가 실패할 때마다 뇌에서는 도파민이 고갈되고 결과적으로 집중하기 어려워질 뿐만 아니라 실패를 통해 배우는 것도 어려워진다." 따라서 우리는 생리학적으로 지연된 만족이 근심과 불안의 원인이 되기 때문에, 신속하게 성과를 낼 것 같은 행동, 의사결정, 프로젝트를 강력하게 선호하게 되어있다.

인류의 여명기에 평균 수명이 얼마나 짧았는지를 생각해보면, 우리가 단기적 보상에 대해 편향된 생각을 갖는 것도 당연하게 여겨질 것이다. 17세기가 지나갈 무렵만 하더라도, 뉴잉글랜드 지역 주민의 평균 수명은 25세에 불과했고, 그들 중 40퍼센트는 성년에 되기 전에 이미 사망했다. 초기의 인류에게는 (아무리 대단하다고 하더라도) 최종 목표를 달성하기 위해 5년 혹은 10년 동안을 열심히 노력하는 것이 합리적으로 여겨지지 않았다. 당연히 장기적 목표에 계속 매달리는 것은 쉽지 않은 일이다. 우리는 생물학적으로 단기적 보상을 받는 조건으로 이러한 노력을 포기하도록 설계되어 있다.

단기적 타당성에 대한 우리의 집착이 너무나도 깊이 뿌리내린 나머지, 이를 거부하게 만드는 것은 불가능한 일이다. 이런 사실을 받아들여야 한다. 많은 사람이 팀원들에게 대단한 장기적 비전을 그려 보이기는 하지만, 장기적 보상에 대한 기대가 장기적으로 동기를 부여하는 데는 충분하지 않다. 장기적 목표를 추구하는 것은 고결한 것이다. 그렇지만 고결한 벤처기업이라고 해서 점진적인 발전을 느끼게 하고 이에 대해 보상을 지급하는 것을 면제받을 순 없는 노릇이다. 당신은 단기적 보상의 필요성을 두고서 다툴 것이 아니라 이를 제공하기 위해 보상 시스템을 어떻게든 꾸려가야 한다.

팀 문화를 조성할 때는 당신이 정의하는 승리에 대한 문턱을 낮춰야 한다. 신규 고객을 얻는 것에서 골치 아픈 문제를 해결하는 것에 이르기까지, 무엇이든 기념해야 한다. 금전과 같이 셀 수 있고 축적할 수 있는 전통적인 보상이 갖는 문제점은 이것이 상상력을 거의 요구하지 않는다는 것이다. 여정에서 필요에 의해 스스로 보상을 만들어내야 하는 시기를 최대한 활용해야 한다. 이렇게 함으로써 임금을 인상하거나 상여금을 지급할 때보다 더욱 활력이 넘치는 팀을 만들 수 있다. 발전과 직접적으로 관련되는 기념비적인 성과는 다른 어떠한 것들보다 더욱 효과적으로 동기를 부여한다.

## 현실을 무시하며 긍정적인 피드백을 얻으려거나 가짜 승리를 기념해선 안 된다

초기에 승리를 기념하거나 만들어내는 것은 중요하지만, 이것이 가짜 승리가 되지 않도록 주의해야 한다. 확증을 얻으려고 하는 것도 이해할수는 있지만, 긍정적인 피드백을 적극적으로 얻으려고 하다보면 잘못된 긍정을 얻게 된다. 긍정적인 것을 계속 얻으려다보면 찾을 수는 있을것이다. 그러나 이보다 더 중요한 진실을 찾지 못할 때도 있다.

비핸스를 설립하고 독립 전문가를 위한 추천 네트워크 '프리퍼Prefer' 같은 다른 기업의 출범을 지원하던 초기, 나는 매일같이 우리 제품을 분석하고 있었다. 오늘은 어제보다 더 많은 사람이 등록했는가? 이번 주는 지난주보다 더 많은 사람이 등록했는가? '트위터Twitter'에서 팔로워를 얼마나 더 많이 확보했는가? 이러한 것들은 계속 살펴봐야 할 중요한 지표들이다.

그러나 나는 모든 추세를 객관적으로 바라보지 않고, 오직 긍정적인 추세만 바라보고 있었다. 무엇보다도 나는 확증을 얻으려고 했다.

제품 관리자이자 기술 기업가인 벤 에레즈Ben Erez는 몇몇 스타트업이 겪었던 일들을 돌이켜보며 긍정적인 피드백에서 비롯되는 위험에 대해 다음과 같이 경고했다.

기업을 설립하면, 긍정적인 피드백으로 여겨지는 것이라면 무엇이든 맛있는 스테이크처럼 보인다. 나는 회사를 설립하던 시절에 내 아이디어가 대단하다는 이야기를 어느 때보다도 더 많이 듣고서 즐거워했다. 아이를 가져본 적은 없지만, 나한테 스타트업이 있다는 사실이 아이가 태어난 것만큼이나 무척 자랑스러웠다. 사람들에게 신이 난 부모가 되기라도 한 것처럼 스타트업에 관해 이야기하면, 그들은 이 소식을 듣고 축하의 말을 건네면서 앞으로 모든 일들이 잘될 것이라고 말해준다. 지나고 나서 보니, 긍정적인 피드백을 구하는 것은 우리가 올바른 길을 가고 있다는 인상을 주기 때문에 중독성이 있다.

자신의 창조물이나 제품의 성능을 객관적으로 살펴보려면, 다른 사람의 입장에서 생각해봐야 한다. 다양한 견해를 통해서만 진실에 가까운 것을 짜맞출 수 있다. 회의적인 투자자가 당신의 실적을 어떻게 바라보고 있는가? 참을성이 부족한 새로운 고객이 당신의 제품을 어떻게 다루는가? 경쟁 기업이 당신의 제품에 대해 어떻게 평가하는가? 당신의 미래가 당신이 갖는 강점뿐만 아니라 약점에 의해서도 결정되기 때문에 긍정적인 추세뿐만 아니라 부정적인 추세도 적극적으로 살펴봐야 한다.

나쁜 것을 좋게 말하려는 유혹이 너무나도 강렬하게 작용한다. 언론의 찬사와 마찬가지로, 타성은 정신을 산만하게 하는 데 특별한 효과가 있다. 그러나 긍정적인 지표를 찾거나 언론의 찬사를 받는 것이 냉엄한 현실이 사라지게 하진 않는다. 좋은 소식을 갈망하다보면 그것에 집중하게 되고, 더 나쁘게는 그것을 지어내게 된다. 때로는 리더가 직원들에게 자신감을 심어주고 북돋우려고 하면 실제로는 현실을 직시하고 어려운 결정을 하기 위해 가해야 할 자극을 무디게 할 수도 있다.

나는 리더들이 회사가 직면한 문제를 가리기 위해 직원들에게 긍정적인 이야기를 퍼뜨리는 모습을 자주 본다. 내가 투자자가 되어서 후원하는 기업들이 배포하는 주주들을 위한 최신 정보에서 이런 모습을 보게 된다. 그런 정보는 거의 항상 "상황이 정말 좋아지고 있다!"라는 문장으로 시작된다. 그다음에는 팀을 2명으로 줄이고, 그들이 지금 함께 일하는 곳에서 나와야 하고, 앞으로 5개월이 지나면 월급을 주기 어렵다는 소식은 최신 정보의 5쪽에 묻혀 있다. "그러나《포브스Forbes》는 지난달에 이들에 대해 대단한 논평 기사를 썼다." 이것은 찡그린 이모티콘과도 같은 형상이다.

벤처캐피털 '안드레센 호로위츠Andreessen Horowitz' 설립자이자 제너럴 파트너인 벤 호로위치Ben Horowitz는 언젠가 어떤 블로그에 이에 관해 다음과 같은 글을 올린 적이 있다. "진실을 말하는 것에 관한 진실은 이것이 어느 누구에게든 쉽게 다가오지는 않는다는 것이다. 이것은 자연스럽지도 않고 유기적이지도 않다. 자연스러운 것은 사람들에게 그들이 듣고 싶어 하는 것을 말하는 것이다. 그렇게 하면 적어도 잠시 동안은 모두가 즐거운 기분을 갖는다. 반면에 진실을 말하는 것은 어려운 일이면서 수완을 요구한다." 그는 임원 해고, 대량 해고 계획, 매출 감소를 비롯해 그 밖의 위험한 상황처럼 전달하는 데 고통이 따르는 메시지 종류를 열거했다. "당신은 회사를 무너뜨리지 않고 진실을 말해야 합니다. 이렇게 하려면, 진실을 바꿀 수 없다는 사실을 인정해야 합니다. 당신은 진실을 바꿀 수 없습니다. 그러나 진실에 의미를 부여할 수는 있습니다." 벤은 받아들이기 힘든 진실에 의미를 부여하기 위한 세 가지 방법을 제시했다.

사실을 분명하고 솔직하게 말한다 ── 실적 문제를 일거에 해결할 수 있다고 말하거나 힘들게 고용했던 사람이 없이도 회사가 좋아진다고 말해서는 안 된다. 진실을 바꿀 수는 없는 일이다. 당신이 알고 있다는 것을 모두가 알게 하는 것이 중요하다.

당신이 그런 결과를 초래했다면, 그처럼 안 좋은 일이 어떻게 일어날 수 있었는지를 설명해야 한다 —— 회사를 더 빠르게 확장하기 위해 채택했던 의사결정 과정은 어떠했는가? 이러한 사태가 또다시 발생하지 않게 하려면 앞으로 어떻게 해야 하는가?

그러한 조치가 그처럼 큰 과제에 반드시 필요한 이유는 무엇인가, 그 과제는 얼마나 중요한가를 설명해야 한다 —— 일시 해고는 적절하게 시행되면 회사를 살릴 수 있고, 모두가 원하는 주요 방침과 과제를 이행하는 데 필요한 조치다. 리더라면, 회사가 일자리를 잃은 사람들에게 아무것도 주지 않고서 해고하도록 내버려둬서는 안 된다. 회사로부터 보상이 나오게 해야 한다.

어떤 유혹이 있더라도, 무엇이 나빠지고 있는가, 나쁜 소식을 어떻게 전할 것인가를 무시하고 좋은 소식을 전하는 것에만 집중해선 안 된다. 긍정의 에너지와 희망에 크게 의존하는 여정에서, 무엇이 제대로 되지 않는가에 사람들이 집중할 수 있는 시간과 공간을 일관되게 만드는 것은 상당히 중요하다. 이것은 정기적으로 열리는 월간 회의 혹은 팀원들이 의심하는 부분을 공유하기 위해 사외에서 열리는 회의가 될 수도 있다. 어떤 팀은 팀원들이 가장 심각하게 우려하는 부분을 익명으로 조사하여 그 결과를 공유하기도 한다. 어떤 방법을 동원하든, 팀원들이 알아야 할 내용을 둘러대서는 안 된다. 솔직해야 하고, 그다음에는 계획을 공유해야 한다. 어떻게 하면 패배할 가능성이 가장 높은가를 알지 못하면 승리할 수 없다.

그리고 기념해야 할 가치가 있는 것을 발견하면, 팀원들이 또다시 해주기를 바라는 발전과 행위에 찬사를 보내기만 하면 된다. 일정한 대가를 지급하고 언론의 조명을 받거나 당신의 영향력과 무관한 상을 받는 것처럼, 생산성과 아무런 관련이 없는 상을 주거나 이런 상황을 기념하는 것은 위험하다. 어쨌든, 가장 흥미로운 추구가 아직은 기자들의 보도나 포상과는 관계 없다. 위험한 가짜 승리의 또 다른 사례는 자금 모집과 관련된다. 자금 모집을 기념해서는 안 된다. 그것은 오히려 당신을 초조하게 만든다. 이것은 잃을 것이 더 많아지고, 책임져야 할 사람이 더 많아지는 것을 의미한다. 강한 기업의 경우에는 자금 모집이 하나의 전술이지만 약한 기업의 경우에는 이것이 하나의 목표다.

팀원들이 자존감을 높이고 고난을 견뎌내게 하려고 속임수를 쓰는 것은 자신의 가치를 떨어뜨리게 된다. 가짜 승리가 주는 보상은 코카인과도 같다. 팀원들의 사기를 인위적으로 부풀리지만 그 후에는 어쩌면 처음 시작했을 때보다 더 낮은 곳으로 당신의 가치를 떨어뜨릴 것이다.

그러면 무엇을 기념해야 하는가? 그것은 발전과 영향력이다. 팀원들이 추진해야 할 일들을 시작하면, 때로는 그들이 자신의 발전을 구체적으로 느끼기 어려울 때가 있는데 이럴 때 보상을 해야 한다. 과감하게 설정한 납기일을 충족시키거나 이보다 앞서서 달성하는 순간을 기념해야 한다. 당신이 한 일이 실제로 영향력을 발휘할 때 샴페인을 터뜨려야 한다. 신제품이나 새로운 기능을 사용하는 고객이 불과 몇 명에 지나지 않더라도 그들이 기념해야 할 진정한 이정표가 될 수도 있다.

# 불확실성을 처리해야 하는
# 부담을 받아들인다

우리는 확실성을 간절히 바라지만 그것 없이 활동하는 방법을 배워야 한다. 하루에 와인 한 잔 마시는 것이 확실히 몸에 좋다는 식의 말을 우리는 듣고 싶어 하지만 인생은 그처럼 단순하지 않다. 확실한 답을 찾으려고 생각을 뒷받침하는 전문가의 주장이나 연구 결과가 전하는 통찰을 골라낸다. 불확실성을 피하고 신속한 답을 간절히 원하면서, 미숙하거나 정확하지 않은 답을 받아들이기 쉽다. 불확실성을 받아들이는 방법을 배울 때만 이것이 전개되는 과정과 이를 밝혀내기 위한 실험을 인정할 수 있다.

터키 이스탄불에 위치한 오즈예긴대학교Ozyegin University 경영학과의 행동과학자 겸 조교수 엠레 소이어Emre Soyer은 불확실성을 능숙하게 다루면서 의사결정을 하는 리더들을 연구했다. 그는 이렇게 말했다.

"불확실성을 받아들이는 리더들은 자기가 항상 정답을 갖고 있다고 주장하기보다는 개방적인 자세로 다양한 아이디어를 실험하고 다른 사람에게도 이를 실험하게 합니다."

우리가 안정을 추구할 때는 미지의 것에 대한 두려움을 없애기 위해 중요한 절차를 건너뛰거나 진정한 쟁점을 무시하게 된다. 이에 관해 덧붙였다.

"우리는 때로 전문가들이 불확실성을 이해하고 일관되게 정확한 예측을 하여 우리가 무엇을 해야 하는지 말해주길 기대합니다. 그렇지만 이것은 확실성에 관한 그릇된 생각과 통제에 관한 환상에 이르게 하고,

결국에는 쓸모 없고 심지어는 해롭기까지 한 것으로 밝혀지는 전략 혹은 조치에 투자하게 만듭니다." 대신 우리는 뇌가 회색 지대(불확실한 상황)를 수용하고 해답에만 치우치지 않도록 훈련시켜야 한다. 그는 덧붙였다.

"리더나 관리자의 주요 책무는 의사결정을 훌륭하게 하는 것입니다. 그러나 불확실성이 과제를 어렵게 만듭니다. 불확실한 상황에 대한 지나친 통제가 결국에는 리더의 평판에 안 좋게 작용할 수 있습니다. 반면 불확실한 상황과 조화롭게 지내는 리더는 때로는 운이 나빠 결과가 만족스럽지 않더라도 공정하고 유능한 리더라는 평판을 들을 수 있습니다."

회색 지대의 수용이 반드시 필요하지만 어려운 과제가 되는 것은 우리가 일상적으로 불확실성에 맞서 싸우기 때문이다. 나는 혼자 힘으로 비핸스를 꾸려가던 시절에 불확실성과 씨름했다. 당시에는 끝이 보이지도 않았고, 어디로 가고 있는지도 몰랐다. 지금도 불확실성과의 단절을 위해 씩씩하게 싸우던 수많은 나날들이 생각난다. 크리스마스, 결혼식 주간, 심지어는 딸이 태어나던 때도 그랬다. 그리고 이 모든 날을 맞이하여 내가 그 자리에 있는 동안에도, 머릿속의 20퍼센트는 불확실성과 단절해야 한다는 생각이 이미 자리잡고 있었다. 머릿속을 떠나지 않는 것은 특정한 거래나 쟁점이 아니었다. 오히려 나 자신을 끊임없이 괴롭히던 내가 잘 모르는 것들, 즉 불확실한 것들이었다. 앞으로의 항해를 위한 지도가 없다는 사실이 실존적 고뇌를 일으켰고, 이것은 나 자신이 한쪽 눈만 가지고 방향을 살피면서 잠도 자야 한다는 생각을 하게 만들었다.

벤 에레즈는 자신의 경험을 바탕으로 이렇게 말했다. "당시에 저는 사생활과 직장 생활을 구분해야 한다고 생각했습니다. 그렇지만 이런 생각이 기업가정신에 부합되는 것은 아닙니다. 여러분이 회사를 설립할 때, 삶의 많은 부분이 어느 한 부분을 다른 부분과 구분할 수 없도록 서로 맞물리는 사고의 혼합 과정을 거칩니다. 저는 회사를 설립하려면 이 일에만 푹 빠져야 한단 말을 듣긴 했지만, 서로 맞물리는 정도가 제가 감당할 수 없는 수준이었습니다." 이러한 "사고의 혼합"은 정답이 없는 해결되지 않은 문제들이 지속적으로 등장하는 과정이다. 불확실성의 지속적인 과정은 당신이 거부할 수 없는 직업 활동의 한 부분이다. 뇌의 깊숙한 곳에서 다양한 시나리오를 통해 깊이 생각하고 데이터를 처리하는 것에 대한 지름길은 없다.

따라서 당신이 널리 퍼져 있는 불안을 휘젓고 다니면서 특정한 문제에 집중할 수 있을 때 병렬 처리 기법을 배우고 실천해야 한다. 불안을 진정시킬 순 있지만 이것을 거부할 순 없다(그리고 당신은 거부하기를 원하지도 않는다. 자신의 통찰을 천천히 만들어가고 있는 것이다). 내가 아는 사람들 중에는 명상을 실천하는 이도 있고, 자신의 뇌를 가차없이 구획할 수 있는 능력에 자부심을 가진 이도 있다. 내가 바라는 것은 문제에 집중하며 그럼에도 여전히 큰 그림을 놓치지 않고, 나 자신에게 팀과 함께 해야 한다는 사실을 상기시키는 것이다. 마음 한구석에 자리잡은 것이 무엇이든, 앞에 놓인 문제나 만난 사람에게 호기심을 가져야 한다. 배우고 해결해야 할 것을 찾음으로써, 지금 걱정하고 있는 것에서 관심이 멀어지게 해야 한다.

창조적 활동이 무엇이 되었든, 불확실성은 여러 곳에 계속 남아 있을 것이다. 불확실성과 그로 인해 당신과 팀에 생겨나는 불안에서 빠져 나올 방법은 없다. 불확실성이 손상시키도록 내버려두기보다는 그것을 지속적으로 처리하기 위해 노력하고, 집중력을 손상시키지 않고서 이 런 부담을 받아들여야 한다.

## 고통에 몰입하고 저항에 맞서 싸운다

사회는 새로운 아이디어를 억누르기 위한 거대한 면역 체계다. 물이 흐 르게 하고 그 밖에도 생명에 반드시 필요한 것들을 유지하기 위해 독창 적인 것에 대한 사회의 자연 저항이 의혹, 냉소, 순응 압박의 형태로 드 러난다. 저항을 극복하려면 엄청난 인내가 요구된다.

이에 맞서 싸우려면 열정과 공감 이상의 것들이 요구된다. 자신의 아 이디어가 결실을 맺는 데 필요한 고통에 수년에 걸쳐 기꺼이 몰입해야 한다. 고통을 기꺼이 받아들이려는 의지를 가져야 할 뿐 아니라 고통에 몰입해야 한다. '루프 벤처스Loup Ventures'의 투자자 더그 클린턴Doug Clinton은 기업 설립자들은 최소한 5년은 고통에 몰입해야 한다고 주장 한다. 그는 이렇게 적었다. "이 말이 필요 이상으로 극단적으로 들릴 수 도 있다. 그러나 기업을 설립하는 것은 고통의 롤러코스터와도 같다. 당 신은 '아니요'라는 대답을 계속 듣는 데 익숙해야 한다. 이 말이 당신의 의지를 꺾어서는 안 된다. 당신은 예상하지 못한 고객 혹은 종업원의 이

탈, 투자자의 거절, 세금 고지서, 공동설립자와의 불화와 같은 불가피하게 나타나는 어려운 국면을 견뎌내야 한다. 기업가가 어려운 시기를 반드시 즐길 필요는 없다. 그러나 그것은 도움이 된다. 보통은 사업이 제대로 굴러가고 있다는 것을 보여줄 만한 견인력을 갖추려면 적어도 2년은 걸린다. 이후로도 일종의 해자처럼 보이는 것을 만들기 위해 성장을 촉진하는 데도 몇 년이 더 걸린다. 그 후에 숨을 돌릴 수 있다. 그것도 잠시."

고통에 몰입하면 팀이 고난의 시기를 견뎌낼 수 있고, 예를 들어 모든 것을 버리고 다시 시작하는 것처럼 정신적으로 힘든 상황을 극복할 수 있다. 스타트업 혹은 제품팀이 지금까지 해낸 것이 아무것도 없다는 사실을 깨닫고서 모든 것을 바꾸기로 결정할 때, 완전히 처음부터 다시 시작해야 한다는 생각과 함께 잃어버린 세월에 따르는 상실감은 영혼이 무너지는 기분이 들게 할 것이다. 그런데도 오늘날 우리가 알고 있고 좋아하는 기업들 중 일부는 처음과는 완전히 다른 아이디어를 구현한 기업들이다. 유튜브는 원래 데이트 사이트로 출발하여 사람들을 끌어들이기 위해 끈질기게 노력했지만 인기를 얻지 못했다. 트위터는 '오데오Odeo'라는 팟캐스팅 네트워크로 출발했지만 성공하지 못했고, 인스타그램은 '버븐Burbn'이라는 사용하기 어려운 체크인 서비스로 출발했다. 오늘날 우리가 알고 있는 인스타그램은 버븐이 사용하기 어려운 방식이라는 것을 깨닫고 이에 반응해 극단적으로 단순하게 설계하여 상황을 해결하기 위한 시도에서 나왔다. 이와 같은 사례들에서 우리는 신념을 버리지 않고 처음부터 다시 시작하는 것이 얼마나 어려운 것인지는 헤아리지 않고서 그런 획기적인 제품을 찬양하는 경향이 있다. 나는 인스타그램의 공동설립자 케빈 시스트롬Kevin Systrom이 비록 버븐이 성공하지는 못했지만, 그런 결정을 하는 데 얼마나 큰 어려움이 따르는지 이야기하는 것을 들었다. 대담한 조치는 정신적으로 힘들다. 그리고 상식과는 다른 제안일 수도 있겠지만, 당신은 그런 고통에 몰입해야 한다.

어떤 조치와 전략을 채택하든 계속 고통 받을 것이다. 사회의 면역체계는 강력하고 무분별하다. 고통은 피할 수 없는 것이다. 그러나 이것을 예상하면 당신과 팀의 기대를 관리할 수 있다. 당신은 제품 그 자체에 관한 문화만큼이나 제품을 함께 만든 경험에 관한 문화를 조성할 수 있다. 이렇게 하면 최소한 동료들과 함께 고통을 겪는 자신의 작은 세계에 있게 된다. 함께 일할 사람을 고용하면서, 그들의 능력과 관심뿐만 아니라 앞으로 현실과 사회가 당신에게 가하게 될 자기회의와 속이 뒤틀리는 고통에 맞서 계속 싸우기 위한 인내력과 몰입 능력도 함께 평가할 수 있다.

## 마찰은 우리를
## 더 가깝게 만든다

장애, 좌절, 불화를 비롯한 저항을 혐오하는 것은 이런 마찰이 미래의 마찰에 대비하는 인내력을 형성하기 때문에 조금은 아이러니하다. 우리는 마찰을 받아들이고 활용하기보다는 이를 회피하는 데 너무나도 많은 에너지를 소비한다.

"마찰이 돌을 반짝이게 한다"는 옛 속담은 틀리지 않았다. 마찰은 성격을 보여줄 뿐만 아니라 만들기도 한다. 우리는 갈등을 회피함으로써 아이디어와 계획의 거친 모서리를 매끄럽게 만들지 못한다. '모노클Monocle'에서 디자인 에디터를 지냈던 휴고 맥도날드Hugo Macdonald는 마찰에 대해 《쿼츠Quartz》에 다음과 같이 주장했다.

우리는 마찰에 대해 생각하는 것만으로도 신경이 곤두설 수도 있다. 그러나 마찰은 곤경과 동의어가 아니다. 언어학적 표준 정의는 이 사실을 인정한다. '문지르다rub'를 의미하는 라틴어 **프리카레**fricare에서 나왔고, (중략) 일반적으로는 두 물체 사이의 상대 운동을 억누르는 힘을 의미한다. 어떤 대상에 대항해 문지르는 것은 본능적으로 불화, 투쟁, 싸움처럼 바람직하지 않은 경험으로 들린다. 그리하여 시간이 지나면서 마찰이 부정적인 의미를 내포하기에 이르렀다.

그러나 대체로 어떤 대상들을 함께 문지르는 것은 파괴가 아니라 창조를 낳는다. 마찰은 우리에게 열과 불을 제공한다. 마찰은 말 그대로 산을 움직이게 한다. 두 사람이 함께 문지르는 것은 논쟁을 낳지만, 아이를 낳기도 한다. 마찰은 정확하게 말해서 우리가 어떤 대상에 대항할 때만 전진하는 방법을 배우기 때문에 삶의 다양한 영역에서 긍정의 힘을 의미한다. 개인적으로나 사회적으로 전진하려면 삶에서 더 많은 마찰이 필요하다.

마찰이 없는 경험을 열망하면, 멀리 내다보지 못하게 된다. 모든 투쟁을 회피하거나 거부하는 진정으로 마찰이 없는 경험은 머리를 쓸 것을 요구하지 않는다. 마찰은 당신의 과정에서 질감을 느끼게 하고, 질감이 경험한 것을 기억하는 데 도움을 준다. 마찰이 없다면 팀원들은 너무 빠르게 움직이기 쉽고, 모서리가 너무 매끄러워서 지속 가능한 결속을 이뤄내지 못한다.

고난은 팀을 결속하고 오랫동안 인내할 수 있게 해준다. 평범한 삶을 뒤흔드는 것은 사람들에게 그들의 다양성을 간과하게 하고, 공동의 대의를 중심으로 단합하게 한다. 역경을 통해 형성된 결속은 재난이 닥쳤을 때 가장 뚜렷하게 드러난다. 전시이든 자연 재해이든, 공동의 투쟁은 사람들을 한데 묶는다. 2003년에 뉴욕시에서 대규모 정전 사태가 발생했을 때, 사람들이 소호 거리로 나오고 가게에서는 음료수를 제공하고 시민들이 교통정리를 하고 모두가 함께 대화를 나누던 모습을 떠올려 보자.

마찰은 협동이 갖는 최대한의 잠재력을 보여준다. 어떤 계기가 발생했을 때 우리 조상들은 고립보다는 협동을 통한 집단 생존을 우선시하며 이해관계를 강력한 방식으로 일치시키려고 했다.

워싱턴주립대학교의 리처드 태플링거Richard Taflinger 교수는 이렇게 설명한다.

"생존이 개인의 책무일 때 뿐만 아니라 종족의 다른 구성원들이 개인이 생존할 수 있도록 도울 때 모든 구성원이 살아남을 가능성이 높아진다. 그 반대의 경우도 마찬가지다."

집단이 협동할수록, 축적할 수 있는 자원이 많아지고 방어할 수 있는 영역이 넓어지고 포식자로부터 자신을 보호할 가능성이 높아진다. 협동하지 않는 자는 다수의 안전을 위협하여, 그들로 하여금 이러한 자를 제거하려는 동기를 갖게 한다. 협동은 타고난 본능이며, 마찰은 본능을 표면으로 끄집어내는 역할을 한다.

뇌신경이 발달한 동물일수록 사회적 집단을 이루는 것이 생존 가능성을 높여준다. 인간은 신체적으로나 정신적으로 보호받기 위해 함께 모여서 지낸다. 생물학자 E. O. 윌슨Wilson은 《뉴스위크Newsweek》칼럼에서 다음과 같이 썼다.

"선사 시대와 역사 시대의 고대에는 부족이 공동체를 통해 위안과 자부심을 갖게 했고, 경쟁 집단에 맞서 자기 집단을 지켜내기 위한 수단을 제공했다. 현대의 집단은 고대의 부족과 정신적으로 다르지 않다. 현대의 집단은 무리를 이루고 살던 원시인과 선행 인류의 후손이다."

사회적 집단이 아무리 복잡해지더라도 우리의 정신은 지금도 여전히 집단이 곧 안전을 의미한다는 믿음에 빠져 있다. 따라서 우리는 혼자 역경에 맞서기보다는 위안과 회복을 위해 본능적으로 집단을 찾게 된다.

저명한 조직심리학자이자 와튼 스쿨 교수인 애덤 그랜트Adam Grant는 〈하버드 비즈니스 리뷰 아이디어캐스트HBR IdeaCast〉에 출연하여 셰릴 샌드버그Sheryl Sandberg와 함께 쓴 《Option B: Facing Adversity, Building Resilience, and Finding Joy(옵션 B: 역경을 맞이하여 회복력을 구축하고 즐거움을 찾는다)》를 소개하며 집단의 지원이 일에 대한 동기 부여를 하게 된다고 설명했다. 애덤 그랜트는 이렇게 말한다.

"회사가 직원들이 (자연 재해로 집이 무너지거나 가정에 우환이 닥쳤을 때처럼) 예상하지 못한 역경을 맞이했을 때 재정 지원을 하거나 휴가를 주는 제도를 갖추고 있으면, 이것은 직원들이 자신을 배려해주는 회사에 소속감을 갖는다는 측면에서 실제로는 회사가 그들에게 배당금을 지급하는 것과 마찬가지입니다. 직원들은 회사가 정말 인간적으로 잘해주기 때문에 회사에 자부심을 갖습니다. 따라서 회사에 더욱 헌신하게 됩니다."

'페이스북' 최고운영책임자인 셰릴 샌드버그에게는 남편 데이브 골드버그Dave Goldberg와의 갑작스런 사별이 《Option B》를 위한 자극이 되었다. 그녀는 이렇게 기억한다. "저는 마크 저커버그Mark Zuckerberg가 없었더라면 이런 고난을 헤쳐나가지 못했을 것입니다. 제가 멕시코에서 돌아오던 날, 마크는 저희 집에서 아이들과 함께 있었습니다. 사실상 마크가 데이브의 장례식을 준비했다고 해도 과언이 아닙니다. 장례식을 치를 때도 항상 제 곁에 있었습니다. 일터로 되돌아왔을 때는 제가 마치 유령과도 같은 존재라는 생각이 들었습니다. 어느 누구도 저에게 말을 걸지 않았습니다. 일단 저는 마크의 회의실에 숨어 있었습니다. (중략) 우리는 친구들에게나 이런 식으로 정서적인 면에 도움을 주지만 직장 동료들에게도 그렇게 할 수 있습니다. 그러면 함께 일하는 동료들과도 더 가까워집니다. 저는 이것이 훨씬 더 강한 조직을 만들 수 있다고 생각합니다."

집단은 삶에서 발생하는 마찰을 관리하는 데 도움을 준다. 그리고 우리가 맞이하는 역경은 집단을 결속시켜준다. 당신은 역경을 피해가거나 감추려고 하기보다는 직면한 마찰을 팀이 서로 협력하고 역경을 다루기 위한 역량을 개발하는 데 활용해야 한다. 무엇을 하든 긴장과 대립을 두려워해서는 안 된다. 수동적인 자세는 팀의 역량을 개발하는 데 방해가 된다. 역경에 맞서는 투쟁을 통해 한 단계 더 성장하여 다른 사람들의 의견을 더욱 폭넓게 이해하고, 마침내 최선의 해결 방안을 찾아낼 수 있다. 그리고 때로는 위기를 통해 분명한 길을 찾을 수 있다. 로마 황제 마르쿠스 아우렐리우스Marcus Aurelius는 이런 말을 했다. "행동에 방해가 되는 것이 행동을 하게 만든다. 행동에 방해가 되는 것이 오히려 길이 된다." 우리가 직면하는 마찰은 직접 부딪히려고 하는 한, 더 나은 길을 찾는 데 확실히 도움이 된다.

mmmmmmmmm

# 미래를 전망하는
# 관리인이 되어야 한다

벤처 사업의 중간 단계는 창문이 없는 자동차를 타고 장거리 여행을 가는 것과 같다. 랜드마크도 없고 지금까지 얼마나 전진했는지, 지금 어디에 있는지, 앞으로 얼마나 가야 하는지도 모르는 상태에서 계속 길을 가는 것은 정신적으로 몹시 괴로운 일이다. 시간관념은 왜곡되고 조바심은 커지게 된다.

팀원들은 자기들이 지금 어디에 있는지, 얼마나 전진했는지를 알고 싶어 한다. 당신이 리더라면 팀의 창문이 되어야 한다. 길을 가며 랜드마크를 알려줘야 하고, 이미 지나왔던 영역을 끊임없이 강화해야 하고, 팀원들을 위해 지도를 미리 준비해야 한다.

이 작업에서 사실을 보고하고 기대를 관리하는 것은 작은 부분에 불과하다. 더욱 중요하게는 스토리텔러가 되어야 한다. 지난 역사를 다시 이야기할 때는 실제로 일어난 것보다 더욱 흥미롭고 의미 있게 만들어야 한다. 결국 여정의 미들에서는 흐릿하고 평범한 광경이 펼쳐진다. 이 정표 사이에서 나타나는 엄청난 공허함을 극복하기 위해 지침을 제공해야 한다. 당신은 여정의 해설자가 되어야 한다.

'애플' 설립자 스티브 잡스와 수년 동안 함께 일했던 사람들은 그의 '현실 왜곡장(Reality Distortion Field, 상상이 전염되면 그것에 대한 확신이 생겨나 결국에는 이뤄진다는 믿음-편집자주)'이 어떻게 직원들이 새로운 아이디어를 떠올릴 수 있도록 그들의 전망, 가정, 한계를 바꿀 수 있는지를 이야기한다. 어쩌면 스티브가 자신의 전망을 너무나도 확고하게 믿었기 때문에 그를 둘러싼 현실이 그의 강력한 신념에 의해 왜곡되었을지도 모른다. 열정과 신념을 가지고 자신의 전망과 가정을 분명하게 제시하면, 현실이 당신이 원하는 방식대로 왜곡되기 시작한다. 당신은 전망을 거짓으로 말하거나 꾸며대지 않는다. 자신의 전망을 선전하고 있는 것이다. 당신은 다른 사람들이 믿게 만드는 스토리를 만들어내지 않는다. 자신에게 했던 스토리를 그들에게 다시 이야기할 뿐이다.

이런 효력이 팀원들이 또 다른 형태의 현실, 즉 끝이 보이지 않는 상태에서 일을 하는 상황을 견뎌내는 데도 도움이 될 수 있다. 이러한 상황에서는 당신의 현실 왜곡장이 사람들이 혼자 힘으로는 끝을 볼 수가 없을 때 희망의 메시지를 전한다. 예를 들어 당신은 지금 견뎌내고 있는 어려운 나날들을 팀을 위한 인격 수양과 훌륭한 제품의 원천으로 인식할 수 있다(지금은 전혀 그렇게 느끼지 않더라도 말이다). 지금 당신은 전진하지 못한 것을 아쉬워하는가? 아니면 살아남게 된 것 혹은 새로운 활력을 얻게 된 것에 기뻐하는가? 고된 일을 힘들게 여긴다고 선전하는가? 아니면 이것을 훌륭한 제품을 만들기 위한 과정이라고 선전하는가? 팀이 지난 몇 개월 혹은 몇 년 동안 고된 일을 하면서 힘들게 보낸 나날들을 회상하면서, 가장 흥분시켰던 전망을 떠올리며 이것을 팀원들과 공유해야 한다. 스토리텔러는 비록 지난 과거가 무미건조하고 미래와는 무관하게 보이더라도 이것을 미래와 연관시킬 수 있어야 한다.

마찬가지로 대화를 통해 해결 방안을 찾을 것이라는 확신이 들지 않더라도, 미래의 전망을 관리하는 것은 당신에게 주어진 의무다. "예" 혹은 "아니요"라는 대답만을 구하는 것은 훌륭한 대화가 아니다. 종결을 재촉하기보다는 팀을 자기 발견의 과정으로 이끌어가는 데 목표를 두어야 한다.

단기적 실천 혹은 해결 방안이 없는 대화는 약점, 난점, 예상하지 못한 위기와 같은 문제의 표면만 드러낸다. 그러나 적어도 팀원들이 대화에 적극적으로 참여할 수 있도록 동기를 부여하면, 모호하거나 언급하기 꺼리는 민감한 문제를 파고들게 된다. 모든 팀원이 대화에 의욕적으로 참여함으로써 자신의 운명을 지배하고 있다는 생각을 갖게 된다.

특히 실패나 좌절을 경험할 때는 팀원들로 하여금 이를 극복할 수 있도록 힘을 불어넣어야 한다. 예를 들어 신제품을 널리 판매하기 위해 여러 해에 걸쳐 노력했는데 정부가 갑자기 몇 해에 걸쳐 그 제품에 판매 금지를 명령했다고 생각해보자. 이것은 유전자 검사 전문업체 '23앤드미23andMe'의 공동설립자이자 CEO 앤 위치츠키Anne Wojcicki에게 일어난 일이었다. 2006년에 설립된 23앤드미는 고객들이 소형 튜브에 뱉은 침으로 조상들에 관한 방대한 양의 유전자 정보, 질병에 걸리기 쉬운 유전적 소인素因, 그 밖의 유전적 통찰을 몇 주 뒤에 얻을 수 있도록 했다. 회사 초기에는 이 제품에 관심이 많은 고객들과 실리콘 밸리의 대형 투자자들을 유치해 크게 성장했다. 그러나 2013년이 되자 미국 식품의약국Food and Drug Administration, FDA은 고객들이 정확하지 못한 의학적 결과를 얻게 될 가능성을 우려하며 갑자기 게놈 서비스의 제공을 중단할 것을 명령했다. 23앤드미는 FDA의 우려를 불식하기 위한 연구를 2년 동안 진행하여, 2015년 10월에 FDA 승인을 받은 새로운 게놈 서비스를 제공하게 될 예정이라고 발표했다.

돌이켜보면 이처럼 사업과 직원들의 사기에 중대한 타격을 가한 것은 23앤드미의 초기 역사에 발생한 일시적인 현상에 지나지 않는다. 그러나 당신이라면 좌절을 어떻게 관리했을까? 앤이 기억하듯, 23앤드미 직원들은 각자가 맡은 일에 최선을 다하다보니 좌절에도 흔들리지 않았다고 한다. 그녀는 이렇게 설명한다.

"당신이 목표에 대한 열정을 갖게 되면 목표를 향해 가는 것이 어렵게 느껴지지 않습니다. 지금 옳은 일을 하고 있다는 확고한 신념이 있다면, 좌절을 장애물이 아니라 과정의 한 부분으로 생각할 것입니다. 우리는 사람들이 우리를 인정하지 않거나 좋아하지 않는 데 익숙합니다. 따라서 항상 '우리가 무엇을 잘못하고 있는가?'에 대해 '우리가 그들에게 입증해보여야 한다'는 자세를 취하고 있습니다. 강한 신념을 갖게 되면 모호한 상황을 헤쳐나갈 수 있습니다."

앤은 직원들이 좌절을 견뎌내는 데 필요한 확고한 신념을 유지하게 만드는 요소는 당신이 고용한 직원이 어떠한 사람인가, 당신이 커뮤니케이션을 어떻게 하는가와 결단력에 달려 있다고 믿는다.

"처음부터 우리는 회사가 추구하는 목표에 대한 믿음이 강한 사람을 원했습니다. 소외 불안 증후군fear of missing out, FOMO을 가진 사람이라면 다른 곳을 알아보라고 했습니다. 우리는 사람들의 삶에 영향을 미치고 헬스케어 부문을 변화시키고 있습니다. 여기서 일하는 직원들은 모두 목표를 정확히 이해하고 있고, 자기가 하는 일이 그것을 반영한다고 생각합니다. 식품의약국이 규제를 가해올 때도, 우리는 많은 사람을 잃지 않았습니다. 저는 사내를 돌아다니면서 직원들에게 이렇게 말했습니다. "그래도 우리가 역사의 올바른 쪽에 서 있습니다." 이것은 우리의 주문呪文이 되었습니다. 그리고 우리는 또 다른 길을 가기로 했습니다. (중략) 처음 가던 길이 잘못되었지만 목표가 잘못된 것은 아니었습니다. 우리가 망설인 것은 종착역에 도달하기 위한 방법이었지 종착역 그 자체가 아니었으니까요."

화려한 직책 혹은 최고의 보상이 아니라 목표를 가지고 직원들을 유치하면, 그들이 애초에 바라던 목표를 달성하기 위해 기꺼이 또 다른 길을 가고자 하는 지속 가능한 팀을 꾸릴 수 있다. 그런데도 가장 힘든 시기에는 직원들이 자기회의에 맞서도록 하는 데 당신의 전망이 도움이 된다. 집중을 방해하거나 힘든 상황이 벌어지면 그것을 인정하고 고난이 당신 앞에 펼쳐지는 폭넓은 기회에 비하면 무색해질 수 있도록 전후 사정을 다시 구성해야 한다. 직원들에게는 당신이 방심하고 있지 않다는 사실을 상기시켜야 한다. 그들은 당신의 전망을 믿고서 특별한 것을 만들고 싶어 함께 일하기로 결정한 사람들이다. 당신의 스토리는 생각보다 더 강한 흡입력이 있다. 당신이 해야 할 일은 직원들이 팀의 전략, 즉 그들이 무엇을 보고 무엇을 하고 무엇을 향해 가고 있는지를 이해할 수 있도록 도와주는 것이다. 팀의 미래 전망에 대한 관리인이 되어야 한다. 그리고 당신이 그것을 설명하는 한, 앞으로 나아가기 위한 방법은 항상 있다.

# 모든 대화에 활력을
# 불어넣는다

새로운 사업을 하든 지금까지 하던 사업에 변화를 가하든, 아무런 결론을 내지 못하고도 고통스러울 정도로 장시간에 걸친 대화를 해야 하는 상황에 끊임없이 직면할 것이다. 결론이 없는 대화는 에너지를 고갈시킨다. 사람들은 결론을 원한다. 그들은 명료한 계획이 주는 확신과 동기를 원한다.

리더라고 하더라도 항상 정답을 제공할 수는 없는 노릇이다. 그리고 정확한 해결 방안을 얻기에는 아직 시기가 무르익지 않았기 때문에, 그렇게 해서도 안 된다. 그러나 대화에 활력을 불어넣는 것은 언제나 할 수 있는 일이다. 나는 항상 부정적인 대화를 긍정적인 대화로 전환시킬 수 있는 능력을 가진 사람을 존경한다.

예전에 나와 함께 일한 데이비드 와드와니David Wadhwani는 이 점에서 특히 뛰어난 데가 있다. 그는 실리콘 밸리의 소프트웨어 기업 '앱다이나믹스AppDynamics'의 CEO로 부임하기 전 어도비에서 디지털 미디어 부문을 맡았는데, 나는 어도비가 비핸스를 인수하고 나서 이 부문에 합류했다. 당시 어도비는 상자 포장된 소프트웨어를 판매하는 전통적인 소프트웨어 기업에서 고객들에게 매월 구독료를 받고 일련의 서비스를 제공하는 서비스 기업으로의 역사적인 전환을 시작한 지 얼마 되지 않았다. 어도비는 전환을 추진하기 위해 최초로 주식 상장을 했던 몇 안 되는 소프트웨어 기업 중 하나였고, 이런 시도에는 엄청난 위험이 따랐다. 데이비드에게는 어도비 제품에 요구되는 변화를 실현하기 위해 어도비에서 10년 이상 근무한 베테랑들로 구성된 팀들을 이끌어가는 막중한 임무가 부여되었다. 어도비가 회사의 목표를 수정했지만 여기에 거부감을 갖는 직원들은 여전히 많았다. 변화는 광범위하게 전개되었고, 몇몇 제품 관리자들은 준비가 되어 있지 않았거나 제품에 대해 다시 생각하려는 의지가 없었다.

팀들은 맹렬하게 전개되는 변화에 준비되어 있지 않았다. 매주 화요일에 데이비드가 주재하는 회의가 열릴 때마다 문제에 대한 해결 방안을 얻기 위해 의논했다. 우리는 상황이 더 나빠질 것이라는 사실을 깨달았다. 회의 때마다 나오는 모든 옵션이 안 좋은 것들이었지만 계속 전진하려면 조치를 시도할 필요가 있었다.

상황이 이러했고 직원들이 엄숙한 자세로 회의에 임했지만, 데이비드는 회의 때마다 활력을 불어넣는 방법을 알고 있었다. 그는 직원들에게 그들이 하는 일이 왜 중요한지 그리고 목표가 무엇인지 싱기시키면서도, 우리에게 어려운 과제가 주어진 사실을 인정했다. 뚜렷한 결론도 없이 몇 시간에 걸쳐 진행되는 고통스럽기만 한 회의가 끝날 무렵이 되면, 데이비드가 나서서 그 자리에 모인 모든 사람에게 다음과 같은 말로 활력을 불어넣고 결속을 다지곤 했다. "힘든 일이고, 우리에게 어려운 과제가 주어진 것을 잘 압니다. 그렇지만 우리에게는 훌륭한 계획과 좋은 사람들이 있습니다." 여기에다 그는 직원들의 기를 살리는 재미난 이야기를 곁들였다.

당신은 에너지를 뽑아가는 사람이 아니라 불어넣는 사람이 되어야 한다. 내가 존경하는 설립자 혹은 리더들은 모두가 그랬다. 그들 중에서 '버즈피드BuzzFeed' 사장 출신으로 뉴스미디어 네트워크 '체다Cheddar'

를 설립한 존 스타인버그John Steinberg가 가장 두드러진다. 존을 아는 사람들은 그가 일종의 자연력force of nature을 지녔다고 말한다. 그는 격려 연설을 할 때마다 왜 케이블 뉴스라는 예전 모델에는 한계가 있고 체다가 업계의 미래를 선도하게 될 것인지에 통찰과 에너지를 주입한다. 직원들 중 누군가에게서 뛰어난 아이디어가 나오면, 그는 당장 그것을 실현하기 위해 회사가 나아가는 방향을 급격하게 전환한다. 나는 체다 이사회 이사로 있으면서, 그가 직원과 이사회 이사, 고객에게 어떤 식으로 동기를 부여하는지를 직접 관찰할 수 있었다. 존과 교류하며 항상 느끼는 것은 그가 자기 일에 모든 것을 쏟아붓고 있다는 사실이다. '던킨도너츠'가 체다의 대형 고객이 되자, 존은 회의 때마다 던킨도너츠 마크가 새겨진 옷을 입고 던킨의 도넛과 커피를 제공했고, 주말에는 그 매장에서 가족들과 함께 찍은 사진을 인스타그램에서 공유했다. 파트너십에 활력을 불어넣고 체다가 현재와 미래의 고객들에게 충성과 서비스에 가치를 둔다는 분명한 메시지를 전달하는 데 이보다 더 나은 방법이 어디에 있겠는가? 그는 획기적인 사건이라면 그것을 기념하기보다는 활력의 원천으로 인식했다. 과거의 기록이 깨지면 그는 이렇게 말하곤 했다. "정말이지 훌륭합니다. 어느 누가 이런 목표를 달성하겠습니까? 추세선을 보십시오. (중략) 저는 매우 힘들었을 것으로 짐작합니다. 그렇지만 대단한 성과를 거두었습니다. 우리 모두가 책임감을 갖고서 훌륭한 콘텐츠를 제작하고, 시청 횟수와 계약 건수, 생방송 시간을 늘리기 위한 노력을 기울여야 합니다. 더욱 열심히 밀어붙입시다. 이 추세를 계속 유지합시다!" 존과 함께 회의실에서 나오거나 그의 이메일을 받으면 처음보다 훨씬 더 많은 에너지를 갖게 된다.

특히 중간 단계에서 상황이 어려워지고 끝이 보이지 않을 때는 직원들에게 활력을 불어넣어야 한다. 당신이 직면한 시련과 불확실성을 인정해야 한다. 그 후에는 어떤 방식으로 전진하고, 무엇을 성취할 것인가를 다시 설명하고, 이를 위해 직원들이 단결해야 하는 이유를 상기시켜야 한다. 그리고는 열정과 자신감을 보여줘야 한다. 회의나 대화가 끝날 무렵에는 사람들에게 목표를 다시 한 번 상기시키고 이를 달성하기 위한 활력을 불어넣어야 한다.

## 조직의 관리 방식이 마음에 들지 않으면 당파를 초월해야 한다

대기업은 온갖 비난에도 불구하고 세상을 뒤흔들 만한 엄청난 기회를 가지고 있다. 덩치가 크면 클수록 새로운 아이디어를 실현하기 위한 강력한 힘을 갖는다. 그러나 덩치가 해롭게 작용하는 경우가 많다. 역도 선수의 불룩하게 튀어나온 이두박근이 역기를 들어올리는 데는 훌륭한 역할을 하지만 자신의 등을 긁는 데는 해롭게 작용하는 것과 마찬가지로, 규모가 큰 기업이 지나칠 정도로 몸집을 키우다가는 자기 무게를 감당하지 못하고 넘어지는 수가 있다.

나는 이것을 '기업 비만'이라고 불러왔다. 규모가 큰 기업에서 일해봤다면, 다음과 같은 현상을 목격했을 것이다.

- 직원들이 무엇을 어떻게 실현할 것인가에 대한 논의보다는 누가 어떤 권한을 갖고 누가 누구에게 보고할 것인가에 대한 논의가 더 많이 벌어진다.
- 이메일은 문제를 어떻게 해결해야 할 것인가 보다는 누가 해결할 것인가에 관한 것일 때가 많다.
- 팀원들은 일을 추진하는 것에서 모든 직원과 협력하기보다는 다른 팀들을 피해가기 위한 방법을 찾는 데 많은 시간을 허비한다.
- 숨은 참조로 보내는 이메일이 지나친 낭비를 초래한다. 그리고 이메일은 주로 수동적 공격성(passive aggressive, 겉으로 드러나지 않는 고의적 지연 같은 소극적인 형태의 적대감 혹은 공격성-옮긴이주) 혹은 명백한 공격성을 띠는 발언이나 빈정거리는 질문으로 마무리된다.
- 사람들이 회의에서 일정한 방식으로 행동하지만, 회의장을 나오면 이와는 전혀 다른 방식으로 행동한다.
- 누군가에게 질문을 하면, 그 사람을 건설적인 토론에 끌어들이기보다는 불쾌하게 만든다.
- 때로는 보복이 두려운 나머지, 누군가의 생각에 동의하지 않더라도 고개를 끄덕이거나 그냥 침묵을 지킨다.

이런 행동과 경향이 심한 곳에서 일을 하면, 발전은 고통스럽게 기어가는 것처럼 더디게 진행되고 유능한 사람들은 활력과 상상력을 잃어버린다. 대기업이라고 해서 모두가 기업 비만을 앓는 것은 아니다. 그러나 대기업은 리더가 직원들에게 건강한 식단을 제공하는 데 각별히 신경 쓰지 않으면 질병에 걸리기 쉽다.

어도비가 비핸스를 인수한 이후 그곳에서 근무한 지 6개월이 지났을 때 나는 크리에이티브 클라우드Creative Cloud 사업부의 모바일 서비스 부문을 맡게 되었다. 당장 누가 무엇을 맡아야 하고, 누구와는 함께 일하고 누구와는 함께 일하지 말아야 하는가를 둘러싼 문제에 빠져들다 다음과 같은 결정에 직면했다. 내가 맞닥뜨린 관리 계층과 지휘 계통을 존중하면서 사내에 깊이 뿌리내린 정치 상황 속에서 행동해야 하는가? 아니면 조직 전체에 걸쳐 적합한 인재를 찾아 그들이 누구에게 보고하는가와는 상관없이 그들에게서 이야기를 들어야 하는가? 당시로서는 확실한 결정을 내리기 어려웠다.

규모가 큰 기업에서 일하는 것 자체가 큰 압박으로 다가올 수 있어서 그냥 적응하고 조직의 기존 정치 구조를 존중하고 당파를 초월하지 않으며 남의 감정을 건드리지 않으려는 유혹에 빠져들기 쉽다.

나는 내가 확인한 운영 체제를 무시하기로 결심하고 그것을 만들어 갔다. 우리의 목표를 달성하는 것에 도움이 되는 사람들이 있으면, 그들로 하여금 위계 문화와 관료주의로부터 벗어나게 하는 방법을 찾아야 했다. 우리는 조직의 다른 부서에서 근무하는 주요 인사들을 끌어들이기 위해 보고 체계와는 무관하게 그들을 우리가 주관하는 회의에 참석시켰다. 관련된 모든 당사자가 누구에게 보고하는가와는 무관하게 우리의 커뮤니케이션 라인에 포함되도록 했다. 모든 부서의 리더보다는 관련 기술을 가장 많이 알고 있고 부서에서 존중받는 사람들의 참여를 이끌어내는 것에 집중했다. 디자인 회의에서는 제품팀장이 디자인을 발표하기보다는 디자이너가 참석해 자기 작품을 직접 발표하게 했다. 함께 일하는 간부 직원들에게는 이해가 되지 않는 것이 있다면 당장 털어놓고 말하도록 독려했다. 그리고 모든 직원에게도 동의하기 힘든 부분이 있으면 속시원히 말하게 했다. 가끔씩 일이 중단되기도 했지만 수백 명이 하나의 목표를 향해 전진하는 대단히 유능한 팀으로 성장했다.

나는 조직의 정치가 직원들에게 논란이 많은 중요한 문제를 해결하기보다는 분열을 일으키지 않는 작은 승리에 집중하게 만든다는 것을 깨달았다. 관리 계층을 자세히 들여다보며 커뮤니케이션 지체 현상을 파헤치는 것보다는 갈등이 그냥 머물러 있게 하는 것이 더 쉽다. 우리는 앞으로 나아가기 위해선 조직을 깨뜨리지는 않으면서 장벽을 허물어야 한다. 조심스럽게 싸움을 걸어야 한다. 물론 대부분은 조직의 리더가 실행하는 것이 더 쉽지만, 하위 직원들에게도 이런 원칙을 적용할 수도 있다. 이것은 조직 전체에 걸쳐 다양한 팀에 소속된 사람들과의 관계를 형성하고, 사절使節의 역할을 적극적으로 수행하고, 문제를 신속히 해결할 수 있는 사람들과 교류하는 것에서 출발한다.

이후 1년 남짓 지난 2015년에 특별한 순간이 다가왔다. 아이패드 프로iPad Pro의 출시를 알리는 애플 신제품 발표회가 열리던 날, 우리 제품 팀의 선임 디자이너 에릭 스노우덴Eric Snowden이 무대에 올라 신제품을 시연했던 것이다. 그날 사업부의 엔지니어링을 총괄하는 고빈드 발라크리슈난Govind Balakrishnan은 내게 다가와, "모두 하나가 되어 움직였다는 사실이 여전히 믿어지지가 않는다"고 말했다. 우리는 가장 힘들었던 순간을 회상하며 모든 것이 화이트보드에 그려놓은 밑그림에 불과하던 시절에 우리가 얼마나 많은 두려움에 떨었는지를 떠올려봤다. 그렇다, 인원을 확보하기 위한 투쟁, 보고 체계와 모든 팀에 걸쳐 우선순위에 관한 논쟁도 있었다. 그러나 우리는 조직이 우리 편에 서서 영향력을 발휘할 수 있을 만큼의 충분한 사람들을 끌어들였다. 이제 팀은 완전히 새로운 애플리케이션과 분명한 전략을 가지고 애플 신제품 발표회에 참여하게 되었다. 애플과 어도비 사이에서 플래시Flash를 두고 일어난 오랜 분쟁이 이제는 지나가 버린 과거 일이 된 것을 생각하면, 이것은 또 다른 중요한 의미가 있었다.

규모가 큰 기업에서는 변화가 엄청난 혼란을 일으키고, 때로는 많은 사람이 자리를 옮기게 하고 업무 절차를 바꾸게 한다. 따라서 기존의 관례, 위계 문화, 절차를 고수하는 것이 안전하게 여겨질 수 있다. 그러나 이렇게 하면, 목표를 달성하기에 적합한 사람들의 참여를 이끌어내기 어려워진다. 절차를 준수하는 것보다는 협력을 하는 것이 더 중요하다.

조직의 정치와 부담스러운 절차가 목표 달성에 방해가 되지 않는다면, 규모는 장점이 된다. 방해가 된다면, 규모가 큰 기업은 활력을 잃고 그들이 속한 산업의 미래에 아무런 영향을 미치지 못하게 된다. 물론 이 모든 것이 리더 자신과 그들이 전통적인 역할에서 벗어날 수 있도록 도와주는 조직 문화의 존재 여부에 달려 있다. 이제 우리는 목표 달성에 적합한 사람들이 한곳에 모일 수 있게 하고 업무 절차에서 정치색을 없 앰으로써, 기업 비만에 맞서 싸워야 한다.


## 싫은 일이라도
## 할 일은 해야 한다

모든 여정에는 괴롭고 온 신경을 집중해야 하는 순간이 있다. 직원들을 해고하는 것, 홍보와 관련된 문제를 해결하는 것, 법적 분쟁에 빠져드는 것 등이 바로 그것이다. 이런 상황에서는 진흙탕을 헤치고 나아가기 위해 악전고투해야 한다. 당신은 분쟁의 후유증으로 몹시 괴로울 것이다. 특히 자신의 결정으로 사람들이 일자리를 잃고 상처받게 되는 일은 하기 싫을 것이다. 당신은 더 많이 따져보고 실행을 미루고 상처를 덜 주기 위한 온갖 방법을 찾으려고 할 것이다. 그러나 많은 상황에서 정답은 분명하다. 그리고 이에 따라 조치를 취해야 할 사람은 바로 당신이다.

싫은 일이더라도 해야 할 일은 해야 한다.

괴로운 미팅, 초조하게 만드는 협상, 직원을 해고해야 하는 결정을 하기 전에, 나는 자신에게 꼭 이런 말을 하곤 했다. 당장은 고통스럽지만 더 나은 결과를 가져다 주는 조치를 어쩔 수 없이 취해야 할 땐 이렇게 속삭였다. "스콧, 싫더라도 네가 해야 할 일은 해야 한다."

전전긍긍하는 자신을 질책할 필요는 없다. 다른 사람을 실망시키기 전에 갈등을 피하려고 하고 주저하는 것은 약점이 아니고 양심에서 나오는 감정이다. 관계는 중요하다. 그리고 어떠한 관계나 조직 문화라도 여기서 나타나는 급격한 변화가 낳은 피해는 상당히 크다. 그러나 감기가 폐렴으로 발전할 수도 있듯이 그냥 슬그머니 넘어가다보면 조직 내의 감염이 확대될 수 있다. 당신은 감염을 감지하고 그것이 바이러스성 감염인지를 밝히고 만약 맞다면 초기에 그 싹을 잘라야 한다.

힘든 시기를 여러 번 겪으면서 조직을 이끌어가다보면, 쇠뿔도 단김에 빼야 하는 때가 있는 법이다. 어느 누구도 조직에 고통을 가하기를 원하지 않는다. 그러나 신속하게 통제된 고통은 오래 끄는 감염보다 더 낫다. 기다림이 주는 피해가 신속한 실행이 주는 혜택보다 더 크다면,

지금 당장 실행해야 한다. 싫은 일이더라도 당신이 해야 할 일은 해야한다.

2017년 중반에 소셜 비디오 부문에서 빠르게 성장하는 스타트업의 공동설립자이자 CEO가 나에게 도움을 받으려고 찾아왔다. 우리는 예전에 겨우 한두 번 만났고 당시 난 그 회사의 투자자도 아니었는데 나에게서 몇 가지 조언을 얻고 싶다고 했다. 우리는 뉴욕시의 소호 거리에 위치한 작은 커피숍에서 그가 직면한 어려운 문제를 논의하기 위해 만났다. 그는 자기 회사의 간부 직원이 부하 직원들에게 부적절한 행동을 하여 비난받게 되었는데, 간단한 조사를 통해 이 사실을 확인할 수 있었다고 했다. 이사회 이사들은 곧 투자설명회가 있을 예정이고 최근에 회사가 투자자들의 관심을 끌고 있기 때문에 그에게 지금 당장은 결정을 미루도록 설득했지만, 그렇게 하는 것이 옳지 않다는 생각이 들었다. 그는 자기가 직감으로 아는 반드시 해야 하는 것과 커다란 동요를 일으키게 될 결정에 따르는 불안과 투자자들에게서 나오는 온갖 소문들 사이에서 고민하고 있었다. 우리는 기다림이 주는 피해와 혜택, 이런 주제의 대화를 어떻게 시작할 것인가의 관점에서 이야기를 나누면서, 나는 그가 그 사람을 해고하는 데 더 이상의 근거가 필요하지 않다는 생각이 들었다. 그는 자기가 이미 옳다고 생각하는 결정에 따르는 반발과 불안을 계속 고민하기보다는 그냥 그런 결정을 하기만 하면 되었다. 그는 스스로 결론에 도달했고, 나는 그와 헤어지며 "싫은 일이더라도 당신이 해야 할 일은 해야 합니다"라고 말했고 그는 고개를 끄덕였다. 어쩌면 그에게 필요한 것은 리더는 고민을 중단하고 결정할 용기가 생겼을 때가 되어서야 비로소 중요하고 어려운 과제를 처리해야 한다는 사실을 상기시키는 것이었다.

당신은 힘든 시기를 지내는 동안 평정심을 잃지 않고 목표를 향해 계속 전진하려고 노력할 것이다. 직원들이 회사의 미래를 의심하면서 희망을 품지 않을 때, 당신은 중심을 잃지 않고 그들에게 믿음을 줘야 할 것이다.

내가 오랫동안 존경하는 기업가 중에는 키건 쇼웬버그Kegan Schouwenburg가 있다. 그녀는 3D프린트 제조업체 '쉐이프웨이즈Shapeways'에서 얼마간 근무하다가 주문형 의료 보조기구를 설계하는 회사 '솔즈SOLS'를 설립했다. 이후로 그녀의 회사는 힘든 시기를 맞이했다. 키건은 공동설립자를 해고해야 했고, 주력 사업을 몇 차례나 변경해야 했고, 하드웨어 스타트업이 자금을 모집하기 어려운 시기에 투자설명회를 개최했다. 나는 그녀가 바라던 결과는 아니었지만 결국 회사를 매각하던 과정에서 보여준 인내와 긍정의 마인드에 깊은 인상을 받았다. 키건은 사업을 하면서 가장 힘들었던 시절을 떠올리고는 말했다. "예전에 함께 일했던 직원이 최근에 저와 이야기를 나누다, 제가 혼잣말로 '그냥 계속 가는 거야'라고 되뇌곤 했다는 말을 전했습니다. 솔직히 말해서 저는 그냥 그래야만 했습니다. 직원들이 저한테 의지하고 있었기 때문에 저는 그곳에 나타나서 자리를 지키고 있어야 했습니다. 직원들이 당신의 리더십에 기대를 걸고 당신이 하는 말에, 심지어는 당신이 그들에게 지금 하고 있는 일에 대한 믿음을 불어넣기 위한 몸짓 하나하나에도 눈을 떼지 않고 귀 기울이고 있을 때, 책임감이 불확실한 상황을 헤치고 나아가기 위한 활력을 불어넣어줍니다."

그리고는 이렇게 말했다. "용기를 잃지 않고 직원들을 실망시키지 않고 겸손한 자세를 유지하면 엄청나게 많은 것을 이룰 수 있습니다." 실제로 가장 어렵고 힘든 시기에 '그냥 계속 가는 거야'라는 말을 되뇌면서 싫은 일이더라도 해야 할 일은 해야 한다는 자세를 계속 유지하면 가능성은 무궁무진해진다.

# 굳은 결의를 보여줘라

## 사업에서 유일하게 지속 가능한
## 경쟁 우위는 자기인식이다

정상에 있거나 골짜기에 있을 때 자기인식이 달라진다. 좋은 시절에는 우쭐대는 자기인식을 하기 쉽다. 우리는 실제로 더 많은 정당성을 부여한다. 지금까지 계속하고 있던 것을 그냥 계속하면 된다는 일종의 방어기제 겸 신념은 주변에서 주는 충고나 신호를 무시하게 만든다. 우리는 다른 사람들이 좋게 이야기하는 것을 믿기 시작하면서, 자신의 능력을 과신하고 현실을 제대로 파악하지 않으려는 경향이 있다.

마찬가지로 안 좋은 시절에는 동기를 부여받고 앞으로 나아가야 할 방향을 찾기 위해 분투한다. 이럴 때도 자기인식을 제대로 못 할 수 있다. 스트레스를 받으면 퇴보한다. 강점이 약점이 되고 상처받기 쉬울 때 우리의 초능력은 자신에게서 등을 돌린다. 우리는 자신의 신념을 유지하고 계획의 타당성을 뒷받침하기 위한 방편으로 주변 사람들과 세력을 탓한다.

- **자기인식은 당신이 정상에 있거나 골짜기에 있을 때 자아가 가장 위대한 것은 아니라는 사실에 대한 깨달음에서 출발한다.**

  상황이 좋을 땐 자아가 자신을 능가한다. 상황이 안 좋은 땐 관련된 모든 이에게 불안이 만연한다. 우리는 우리 자신과 주변 사람들에게 나타나는 이러한 변화를 인식할 때만 그것을 관리할 수 있고, 온전한 판단과 행동을 계속해나갈 수가 있다. 그러한 상황이 발생하게 된 원인이 반드시 우리 자신에게 있다고 말할 수는 없지만, 그것을 어떻게 바라보는가의 원인은 자신에게 있다. 관점은 희망이 되기도 하고 위험이 되기도 한다. 당신이 이러한 통찰을 갖게 되면, 상황이 아주 좋아지거나 나빠질 때 자신이 어떻게 반응하고 결정할 것인가를 더욱 신중하게 검토할 수 있다. 유능한 자문가와 이사회 이사들은 어려운 문제들이 분명하게 드러나지는 않지만 결정적으로 작용할 때 가장 많은 도움이 된다.

- **자기인식은 무엇이 자신을 괴롭히는지를 이해할 수 있을 정도로 자신의 감정을 충분히 이해하는 것을 의미한다.**

  당신을 좌절하거나 화나게 만드는 것이 무엇이 되었든, 그것은 당신이 열렬히 지지하거나 반대하는 것으로서 당신이 생각하는 핵심 가치에 뿌리를 두고 있다. 예를 들어 불의가 나를 괴롭히고 있다고 해보자. 나는 불의를 볼 때마다 그것을 바로잡아야만 직성이 풀린다. 내가 누군가로부터 이용당하고 있다면 불의를 바로잡으려고 할 것이다. 그렇게 하는 데 따르는 경제적 피해가 그냥 내버려두는 것에 따르는 경제적 효과를 능가하더라도 말이다. 내가 이 행동으로 피해를 입을 수도 있고 그 행동은 내가 생각하는 핵심 가치에 뿌리를 두고 있다. 그러나 나 자신이 이 사실을 인식하고 있기 때문에 감정이 끓어오르는 것을 알고 그것을 누그러뜨리기 위한 방법을 배운다. 최소한 나는 그런 노력은 한다. 어떤 행동을 하게 만드는 것이 무엇인지를 인식하면 그것에서 손을 떼는 데 도움이 된다.

## • 자기인식은 수용할 수 있다는 것을 의미한다.

나와 함께 일했던 동업자들 중에서 부정할 수 없는 특징은 남의 의견을 받아들이는 사람이 성공할 가능성이 더 높다는 것이다. 개방적인 자세로 상대방의 의견을 받아들이고 선별적으로 통합할 수 있는 사람이 그렇지 않은 사람보다 항상 뛰어난 성과를 보였다. 나는 피드백을 적극적으로 받아들였던 설립자와 디자이너들을 높이 평가한다. 그러나 마음을 열고서 건설적인 비판을 수용하는 것이 쉬운 일은 아니다. 당신은 비난받고 있거나 공격받고 있다는 생각이 들면 어떻게 반응할 것인가? 그 자리에서 당장 자신의 입장을 변명할 것인가? 공격적인 태세로 전환하면서 반격을 가할 것인가? 관계를 끊고 갈등을 완전히 회피하려고 할 것인가? 입장을 더욱 완강하게 고수할 것인가? 아니면 좌절하고 쉽게 휘둘릴 것인가? 자기인식은 반응들 사이에서 균형을 유지하는 데 도움이 된다. 어떤 반응을 했을 때 그것을 인정하고 무엇이 그런 반응을 하게 만들었는지를 살펴보면, 다른 사람들에게서 올바른 통찰을 얻는 데 더욱 개방적인 자세를 가질 수 있을 것이다.

## • 자기인식은 오랫동안 형성된 행동 성향에서 나온다.

어려운 시기에 나타나는 불안, 경솔한 반응, 자기회의는 오래 전에 시작되고 형성된 반사행동이다. 내가 존경하는 리더들은 자신의 심리와 과거를 분석하는 데 많은 시간을 투자했다. 경영자 코칭 혹은 정신 분석을 통한 것이든 몇 가지 형태의 집단 요법을 통한 것이든, 마음이 어떻게 작동하는가를 이해하기 위해 노력하는 것은 힘든 시기에 자기인식을 확실히 하기 위한 유일한 방법이다.

자신의 부정적인 성향의 원천을 이해하는 것도 다른 사람의 행동을 이해하는 데 도움이 된다. 분석 심리학을 개척했던 정신 분석학자 카를 융Carl Jung은 다양한 근거를 바탕으로 이렇게 말했다. "자신의 어두운 면을 이해하는 것은 타인의 어두운 면을 이해하기 위한 최선의 방법이다." 자신의 결점을 알면 결점이 있는 타인에게 도움을 줄 수 있다. 자신의 결점을 이야기하면 다른 사람들에게도 그렇게 하도록 권할 수 있다.

• **자기인식은 자신이 우월하다는 생각과 다른 사람들이 당신을 신뢰한다는 환상을 떨쳐버리는 것을 의미한다.**

우리는 성공하게 되면 이에 대한 자신의 역할을 과대평가하고 다른 사람들과 운의 역할은 과소평가하기 쉽다. 그래서 성공에 기여한 사람들과는 멀어지고 관계를 덜 맺게 된다. 우리는 자신에게 더 많이 집착하고 다른 사람들에게는 관심을 덜 갖는다. 나는 내가 아는 다수의 성공한 예술가와 기업가들을 살펴보고는 그들이 널리 알려지면서 더욱 소외되고 편집증에 빠져드는 것을 확인했다. 아마도 그들은 자기 주변 사람들의 동기를 의심하거나 자신이 우월하다는 믿음을 갖기 시작한다. 어쨌든 그들과 그들이 그 일을 시작할 수 있도록 도와준 사람들과의 순수했던 관계가 단절되고, 이와 함께 공감 능력을 상실하게 된다. 타인이 직면한 문제에 대한 공감 능력이 없으면, 그들이 생각해낸 아이디어를 실행에 옮기기가 어려워진다.

비결은 겸손이 몸에 배도록 하는 것이다. 이것은 열린 마음을 갖게 해주는 정신적 성향이고, 현실적인 사람이 되게 해주는 요소이며, 탐구적인 자세를 갖게 해주는 끝없는 호기심이라 할 수 있다. 자신의 성공은 주변 사람의 공으로 돌리고 실패에 책임을 져야 할 때는 가장 먼저 나서야 한다.

결론적으로 자기인식은 건전한 판단을 하고 주변 사람들과의 관계를 유지하고 현실적인 사람이 되는 것과 관련 있다. 계획 혹은 포부가 아무리 크더라도, 여정은 일련의 의사결정에 지나지 않는다. 여러 번의 결정으로 성공할 수 있지만, 언제든지 단 한 번의 결정으로 실패할 수 있다. 명료성은 중요하다. 자신과 주변 환경을 더 많이 인식할수록, 자신의 의사결정에 도움이 되는 정보를 더 많이 가질 수 있고 더욱 뛰어난 경쟁력을 갖게 될 것이다.


## 기존의 것에 맞추려고 하면
## 아무도 기억 못하거나 영감을 못 받는다

새로운 사업을 시작할 땐 만드는 제품을 '마사지 업계의 우버', '면도기 업계의 애플'과 같이 손쉽게 연관시킬 수 있는 수단으로 이미 존재하는 것으로 설명하려는 유혹을 받기 쉽다. 이 압박은 누군가를 이해시키고자 하는 자연스러운 욕망에서 비롯된다. 그러나 기존의 모델에 맞추는 방식으로 연관성을 통해 무엇인가를 얻으려고 하면, 방목을 통한 혁신 기회를 놓치게 된다.

이런 주제에 관해 내가 좋아하는 사상가 중에는 차세대 디자이너를 육성하는 데 자기 삶의 한 부분을 헌신했던 널리 존경받는 디자이너 제임스 빅토르James Victore라는 사람이 있다. 제임스가 자기 제자들을 위해 개최하는 워크숍에 참석한 적이 있는데, 여기서 그는 기존의 것에 맞추려고 하는 욕구에 저항하라는 메시지를 전하고 싶어 했다. 나는 제임스에게 그가 왜 다른 사람들이 이상하게 여기는 작품을 추구하는지, 그것을 어떻게 설명할 수 있는지를 물어봤다.

저는 제가 그렇게 해야 하기 때문에 그렇게 합니다. 어쩔 수 없어요. 그렇게 타고났습니다. 어느 누구에게든 거짓말을 할 수가 없어요. 요즘 트렌드와 분위기가 어떠한지 압니다만, 그것에 영향을 받지 않습니다. 자신에게 다른 사람들처럼 지금 유행하는 상업적인 스타일에 어울리는 작품을 만들라고 강요할 수 없습니다. 트렌드는 변합니다. 그리고 제가 이렇게 했기 때문에 제 작품이 지금도 여전히 현대적인 의의가 있다고 생각합니다. 제가 자기 것을 만드는 유일한 사람이기 때문이죠.

'별난 사람'으로 타고났다는 표현은 스타 선수로 타고났다는 표현처럼 재능을 부여받았다는 것을 의미합니다. 자신의 재능을 부정하는 것은 죄가 될 수도 있죠. 제가 별난 사람인 것은 강력한 힘을 발휘합니다. 우선 제 자신을 눈에 띄게 해주니까요. 이것이 사람들을 끌어들이기도 하지만 밀어내기도 한다는 것을 잘 압니다. 그런 점에는 침착하려고 하죠. 저는 모든 사람을 위해서가 아니라 당신처럼 멋진 사람들만을 위해 작품 활동을 하니까요.

유일하게 자기만 매혹시키는 주변부에 있는 것을 추구하면, 관련이 없는 사람들을 밀어낼 수 있다. 당신은 기피인물이 될 수 있다. 그리고 많은 사람이 당신을 이해하지 못할 것이다. 그러나 미래는 항상 주변부에서 시작된다. 미래를 선도하는 비결은 많은 사람에게 즐거움을 주는 것보다는 당신 작품을 좋아하는 소수의 사람들에게 즐거움을 주는 것에 있다.

제임스는 우리가 자신이 별난 사람이라는 것을 편하게 받아들이기를 바란다. 다른 사람들은 이해하지 못하지만 자신이 가장 자랑스럽게 여기는 것을 받아들여야 한다. 이것이 유명해지는 방법이기 때문이다. 그러나 더욱 중요하게는 제임스가 별난 사람이 되는 것과 이에 따르는 거부반응을 독창성에 대한 지표로 활용하도록 권장한다는 것이다. 자신의 프로젝트가 금방 인정받길 원하는가? 다른 사람들이 이해하지 못해 너무 위축되고 있진 않은가? 당신이 만들고 있는 것을 표준화하고 있지는 않은가? 그리고 이 과정에서 평균을 향해 회귀하고 있지는 않은가?

일반적이고 익숙한 것이 되게 하는 세상의 힘에 굴복해서는 안 된다. 메시 미들에서 가장 안 좋은 것은 신선한 통찰력이 평균을 향해 회귀하는 것이다. 자신에게 이런 일이 일어나게 해선 안 된다. 세상이 순응하기를 바라더라도 당신은 세상의 틀을 깨고 남들과는 다르게 보면서, 다른 모든 사람을 위해 더 나은 삶을 지향해야 한다. 언젠가 미국인 예술가 솔 르윗Sol LeWitt이 말했듯이 "가끔은 세상을 향하여 '엿 먹어'라고 말할 수 있어야 한다." 하고 싶은 것을 해야 한다.

# 오베칼프를 투약하고
# 자신에 대한 불신을 걷어낸다

나의 아버지는 뉴욕시의 벨뷰Bellevue 병원에서 외과 레지던트로 의사 생활을 시작하셨는데, 약물을 과다복용하거나 생명이 위급한 상태에 있는 환자들로 가득 찬 응급실에서 밤새도록 근무하시곤 했다.

당신께선 응급실에서 근무하던 시절, 신체적 혹은 정신적 고통에 따르는 불안에 시달리는 환자들에게 '오베칼프OBECALP'를 정맥 주사나 알약 형태로 투약한다고 말씀해주셨다. 많은 사람이 오베칼프를 투약하고 나면 안정을 되찾고 의료진과 차분하게 대화를 나눌 수가 있었다.

물론 오베칼프는 '플라세보placebo(위약)'를 뒤집어서 쓴 것이다.

지난 20년 동안 많은 임상 실험에서 플라세보의 이상한 효과가 점점 강해지고 있다는 것을 보여주었다. 2015년에 《페인Pain》이라는 저널에 발표된 연구에 따르면, 1996년에는 진짜 약이 플라세보보다 고통을 27퍼센트 더 많이 완화시켜준 것으로 나왔다. 그러나 2013년에는 격차가 9퍼센트로 줄어들었다. 더욱 이상한 것은 이 효과가 오직 미국에서만 관찰된다는 것이며, 이것이 임상실험을 통해 제약회사들이 새로운 진통제를 개발하기 위해 노력을 기울이는 이유다. 그럼에도 플라세보는 강력한 효과를 나타낸다. 때로는 환자들이 플라세보를 투약하고 완쾌될 수 있다는 희망을 가져도 된다.

미래의 전망이 어둡게 느껴지고 희망이 사라지는 어려운 시절에는 정신 상태도 상황을 더욱 악화시킬 수 있다. 당신은 사업 아이디어에 의문을 제기하고서 자신이나 직원들의 능력이 부족하다는 생각을 가질 수 있다. 자신이 스스로에게 가장 나쁜 적이 되고, 자신의 계획이나 능력을 더 이상 신뢰하지 않을 것이다. 이럴 땐 오베칼프 20그램을 투약할 필요가 있다. 당장 그렇게 해야 한다.

잠깐 이런 생각을 해보자. 모든 자기회의는 단순히 순응하지 않는 행동을 말살하려는 사회의 면역 시스템에서 나온 것일 수도 있다. 당신은 남들과는 다른 것을 하고 있고, 사회는 당신에게 그런 것을 하지 말라고 요구하기 때문에 자기회의에 빠져들고 있다(당신의 몸이 편안한 생체 항상성을 깨뜨리는 있는 것을 거부하고 있다). 일관성을 유지하고 사람들이 규정을 준수하는 세상에서는 혁신과 변화에는 한계가 있다. 발전은 새로운 계획이 동반된 비전이라는 사실을 명심해야 한다. 당신이 느끼는 절망은 발전을 선행하는 공통적인 단계다. 때로는 면역 시스템이 작동하기 직전에 우리는 가장 큰 절망을 느낀다. 이런 시기를 헤치고 나아가기 위해 오베칼프를 복용할 필요가 있다. 자기회의를 극복하는 데 가장 중요한 부분은 자신에 대한 불신을 걷어내는 것이다. 당신은 의사결정을 할 때 현실적인 사람이 되고 싶어 한다. 그러나 때로는 새로운 가능성을 상상하기 위해선 현실이 끌어당기는 힘에서 벗어날 필요가 있다.

'구글'의 공동설립자이자 CEO 래리 페이지Larry Page와 함께 일했던 어떤 친구가 직원들이 래리가 보는 앞에서 제품과 사업 목표를 발표할 때, 래리는 때로 이런 반응을 보였다고 했다. "어떻게 하면 지금 제안한 것의 100배를 달성할 수 있습니까?" 물론 이것은 완전히 비현실적인 이야기다. 이런 질문은 직원들을 미쳐버리게 만들 수도 있지만 이처럼 완전히 다른 규모의 성과를 요구하다보면 몇 가지 중요한 부수적인 효과를 얻을 수 있다. 첫째, 직원들이 어떤 의문을 품고 있든, 그 자리에 새로운 관심이 들어오면서 갑자기 사라져버린다. 둘째, 직원들은 그들이 갖는 핵심 가정에 의문을 제기하며 현실이 끌어당기는 힘에서 스스로 벗어나게 된다. 어떤 면에서 보면, 래리가 직원들의 불신을 걷어내고 그들의 야망을 키우기 위해 오베칼프를 처방한 것이다.

이제 당신은 자신의 플라세보를 처방하는 방법을 개발해야 한다. 어쩌면 이것이 팀원들이 황량한 벌판에서 미래의 제품을 완성하기 위해 보고 느끼는 것을 재연하는 대담한 이야기일 수도 있다. 또는 팀원들이 두려움을 느끼지 않으면서 앞으로 나아갈 수 있도록 비상 계획을 알리기 위한 당신의 노력일 수도 있다. 불신을 걷어낸 상황에서 가능한 것들을 그려볼 때 이전까지 고민했던 사소한 문제들로부터 자유로워질 수 있다. 이 목표를 명심하고 나면 그것을 최대한 현실적인 자세로 실천해야 한다.

당신은 자신이 무엇을 할 수 있는지를 알지 못한다. 그것이 새로운 직업을 찾는 것이든 새로운 사업을 하는 것이든 질병을 극복하는 것이든, 자신에게서 불신을 걷어내기 위한 플라세보를 처방하는 것은 발전을 위한 가장 중요한 요소다.

## 포기하기 전에
## 새로운 관점에서 시도해본다

정말 어려운 상황을 맞이하면 지금까지 하던 일을 언제 계속해야 하고 언제 포기해야 할까?

앤절라 더크워스Angela Duckworth는 20대 후반 뉴욕시에서 중학교 수학을 가르치려고 경영 컨설턴트 생활을 중단했다. 그녀는 학생들의 성공이 다른 무엇보다도 그들의 노력에 의해 결정되는 것을 확인했다. 더크워스는 이 사실에 관심을 갖고, 왜 어떤 사람들이 다른 사람들보다 훨씬 많이 노력하는가를 연구하기 시작했고 펜실베이니아대학교 University of Pennsylvania 심리학 박사과정에 입학했다. 2016년 그녀는 이전까지의 연구 결과들을 모아《그릿: 열정과 끈기의 힘Grit: The Power of Passion and Perseverance》(비즈니스북스, 2019)이라는 저작을 내놓았고, 성공과 실패를 결정하는 것은 장기적 목표를 성취하려는 열정과 끈기의 특별한 조합이라 할 '그릿'이라고 설명한다.

그녀는 2013년에 열린 테드 강연TED talk에서 이렇게 말했다. "그릿은 끈기를 갖는 것을 의미합니다. 일주일 혹은 한 달이 아니라 몇 년 후를 의미하는 당신의 미래를 포기하지 않고 미래를 현실로 만들기 위해 언제나 정말 열심히 노력하는 것을 의미합니다. 그릿은 단거리 선수가 아니라 마라토너와 같은 삶을 사는 것을 말합니다."

그러나 열심히 노력하는 것이 고통이 없는 척하는 삶이나 만사가 잘 돌아가고 있는 척하는 삶을 의미하진 않는다. 앤절라 더크워스는《뉴욕타임스New York Times》와의 인터뷰에서 분명히 말했다. "당신이 건전하고 성공하고 도량이 넓은 사람을 보면, 그들이 엄청난 초인지 능력을 갖춘 사람이라는 것을 알게 됩니다. 그들은 특정한 상황에서 이렇게 말할 수 있습니다. '이런, 오늘 오전에 나는 자제력을 완전히 잃어버렸어.' 이처럼 자기 자신을 되돌아볼 수 있는 능력이 그릿의 특징입니다."

여정의 미들에서 그냥 포기해야 할 것인가를 고민할 수도 있다. 그런 순간을 맞이하는 것이 상당히 힘들 것이다. 그러나 당신의 노력이 경쟁 자와 모방자로부터 자신을 지켜낼 수 있는 새로운 것을 발견하는 것을 의미할 수도 있다. 문제는 프로젝트가 티핑 포인트(tipping point, 어떤 상황이 처음에는 미미하게 진행되다가 어느 순간 갑자기 모든 것이 급격하게 변하기 시작하는 극적인 순간을 의미한다-옮긴이주)에 가까워지고 있는 상황에서, 당신이 겪는 어려운 일들이 당신을 그냥 힘들게 하는가 혹은 그것들이 최종적인 전망에 대해 당신이 갖는 진정한 믿음에 정당한 의문을 제기하게 만드는가에 있다.

한창 진행 중인 프로젝트를 중단시키고 처음부터 다시 시작하는 것은 상당히 어려운 일이다. 그러나 대담한 프로젝트는 여러 번에 걸친 리셋을 요구한다. 우리 생애에서 가장 도전적이고 중요한 소비재의 개발 사례로 아이팟과 이후에 나온 아이폰을 들 수 있다. 따라서 니는 온도 조절기를 만드는 '네스트Nest'를 창업하기 전에 스티브 잡스에 의해 애플에 불려와 아이팟과 아이폰의 개발을 주도했던 토니 파델Tony Fadell 에게 어떻게 하면 직원들이 막다른 골목에 몰리고도 그때까지 하던 일을 계속할 수 있었는지를 물어봤다.

토니는 이렇게 답했다.

"두 종류의 리셋이 있었던 것으로 기억합니다. 하나는 고객의 요구를 충족시키기 위한 방법이 아니라 제품 사양에 관한 것이었고, 다른 하나는 사내 혹은 사외에서 현재의 팀이나 기술을 가지고 프로젝트를 수행하기 위한 방법이 아니라 엔지니어링에 관한 것이었습니다. 우리는 아이팟에서 아이폰으로 가는 과정에서, 아이팟에서 아이팟 폰, 대형 스크린을 장착한 아이팟, 터치 스크린을 장착한 맥 그리고 그다음에 이 모든 것을 결합해 아이폰을 내놓기까지 수많은 리셋을 했습니다. 이 과정에서 항상 기술과 사용자 경험의 적절한 조합을 찾으려고 했습니다."

돌이켜보면 이것이 정상적인 과정처럼 들리지만, 한 가지 방향으로 가다가 리셋 버튼을 누르기까지 몇 년은 아니더라도 몇 개월을 보내다 보면 직원들을 힘들게 하고 사기를 꺾을 수 있다. 그러나 토니는 우리가 이런 상황에서도 믿음을 갖고서 교훈을 얻는 한, 새로운 활력을 얻을 것이라고 생각했다.

"많은 경우, 제품이나 서비스가 존재해야 하는 근본적인 이유가 여전히 유효하다면 직원들은 과제가 어렵더라도 떠맡으려고 할 것입니다. 당신이 많은 시간과 돈을 헛되이 써버리진 않을 것이고 이것이 교훈을 얻기 위한 (때로는 말도 안 되고 예상하지 못한 방법이기도 하지만) 현명한 방법이라고 생각하면서 말입니다. 우리 모두가 하나의 팀으로서 각각의 '리셋' 혹은 제가 '학습 단계'라고 부르는 것이 끝날 무렵에 그동안 무엇을 배웠는가, 어떤 가정이 변했는가 혹은 변하지 않았는가를 살펴보고 또 다른 리셋을 하기 위한 활력을 얻기 위해 의식적인 재평가 작업을 합니다."

비결은 당신이 배운 것과 힘들게 노력한 것을 떼어놓고 생각하는 데 있다. (고객이 제품을 원하지 않거나 당신이 잘못된 것을 만드는 것처럼) 가정이 잘못되었다는 것을 알았다면, 자신에게 이런 질문을 해봐야 한다. 내가 이 모든 것을 알고도 이번 프로젝트를 처음부터 다시 추진할 것인가? 내가 이 문제를 해결하기 위해 지금까지 왔던 곳까지 처음부터 다시 오기 위해 돈과 에너지를 투자할 것인가?

대답이 "그렇다"라면 포기하지 말고 계속 가야 한다. 여전히 믿음을 갖고 있는 한, 과정에서 성과가 없어서 조바심을 갖거나 위축되는 것은 아무런 문제가 되지 않는다.

그러나 대답이 "전혀 그렇지 않아. 혼란에 빠져들기 전으로 되돌아갈 수 있다면 완전히 다른 방향으로 갔을 거야"라면 무엇 때문에 계속 시도하고 있는가를 스스로 물어봐야 한다. 매몰 비용 때문에 포기하지 못하는 것은 아닌가? 단지 지금까지 너무 많은 비용을 투자했기 때문에 지금도 계속 시도하는 것은 아닌가? 자존심 때문인가? 그동안 얼마나 많은 노력을 기울였는가, 포기하면 얼마나 많은 피해를 입게 되는가에 근거해 지금까지 해왔던 것을 평가하려고 해서는 안 된다.

나는 '승자는 결코 포기하지 않는다'는 주문을 좋아하지 않는다. 이 말이 내가 성공한 많은 스타트업을 통해 배운 것과는 배치되기 때문이다. 그들은 처음 가졌던 아이디어를 포기함으로써 위대한 성공을 이뤄냈다. '트위터, 핀터레스트, 에어비앤비'를 포함해 수많은 기업들이 성공하기 전에는 지금과는 다른 접근 방식 또는 아주 다른 제품을 가지고 출발했다. 확신을 잃었지만 지금까지 투자한 것이나 이뤄낸 것 때문에 방향을 바꾸길 거부한다면, 그것은 확실히 잘못된 생각이다.

어떤 문제를 완전히 포기하지 않고 새로운 접근 방식으로 해결할 것을 고민하고 있다면, 잘못된 것으로 입증된 과거의 결론에서 손을 떼는 것이 중요하다. 애플에서 수년 동안 근무했던 친구는 스티브 잡스가 더 나은 접근 방식이 나오면 갑자기 마음을 바꾼다고 했다. 스티브는 단지 지금 진행하고 있다는 이유만으로 현재의 운영 방식에 집착하지 않는다. 그는 자기 의견이 분명한 사람으로 유명했지만, 그것에서 빠져나올

줄도 알았다. "자기 의견을 분명하게 가져야 하지만 그것에 집착하지는 말라"는 유명한 조언을 몸소 실천했다.

집착하지 않음으로써, 포기하기 전에 사업을 새로운 관점에서 시도해볼 수 있다.

◁◁◁◁◁◁◁◁◁◁◁◁◁◁

## 앞으로 존재할 것을 창조하려면
## 이미 존재하는 것에 대한 지속적인 관심을 버려라

2015년 봄은 알렉사 본 토벨Alexa von Tobel에게 힘들기는 했지만 신나는 시절이었다. 그녀가 미국 가정의 재무 설계를 지원하기 위해 정확하게 5년 전에 설립한 '런베스트LearnVest'가 3500만 달러의 자금을 모집한 지 얼마 되지 않아 여러 곳으로부터 인수 제안을 받았던 것이다. 그녀의 회사는 성장을 위한 중대한 기로에 서 있었고, 경영진을 방금 재편성해놓은 상태였다. 첫째 아이도 곧 태어날 예정이었다. 게다가 직원들을 관리하느라고 여전히 바빴고 회사의 대표 역할을 계속하고 있었으며, 시간이 지나면서 금융 산업을 대표하는 인물이 되었다.

알렉사는 내게 이렇게 말했다. "이상하게도 열성적으로 일하면 문제 해결을 위한 균형 감각과 판단력이 훨씬 더 높은 수준에 가 있어요. 저는 철인 3종 경기를 하고 있다는 생각이 들어요. 헤엄을 쳐서 몇 마일을 가거나 자전거를 타고 100마일을 달려가는 것에 크게 스트레스를 받아서는 안 되요. 그다음에는 마라톤이 남아 있기 때문이죠. 이처럼 극단적인 일들이 한꺼번에 일어난다는 사실이 실제로 무엇이 중요한지를 상기시켜주고 직면한 시련에 사로잡히지 않도록 해 균형 감각과 평정심을 갖게 하죠. 우리가 균형 감각을 잃어버릴 때 잘못된 판단을 한다면, 인생에서 이 모든 중요한 순간들을 한꺼번에 맞이하는 것이 바람직합니다. 역설적으로 말하면, 바쁘면 바쁠수록 균형 감각이 더 좋아지기 때문에 더 나은 결정을 할 수 있어요. 인생을 이런 세상으로 가져오면 당연하게 균형 감각도 가져오게 됩니다."

알렉사는 많은 시련을 맞이하면서도 이것들에 압도되지 않았다. 시련들을 분류하고 미래를 내다보며 한 번에 하나씩 집중할 수 있었다. 그녀는 회사를 매각하려는 결정을 하며 자신이 봉사했던 후원자들인 주주와 직원, 고객에 집중했고, 이들 모두에게 바람직한 것으로 입증된 절차를 주도했다. 알렉사는 수요일에 런베스트를 3억 5000만 달러를 받고 노스웨스턴 뮤추얼에 매각하고 나서 일요일부터 출산의 진통을 겪었다.

알렉사는 장기적 전망을 계속 유지하고 각각의 시련을 자기 스스로 관리했다. 그녀의 최종 목표인 어머니가 되고, 회사를 경영하고, 회사가 좋은 성과를 이루어내는 것의 관점에서 바라보면 일상적인 문제는 사소하게 보인다.

직업 활동에서 이 시기를 맞이하면, 각각의 상황들을 개별적으로 분류하고 몹시 힘든 날에는 자신에게 미래는 더 좋아진다는 것을 상기시켜야 한다. 분류하는 것이 감정적인 고통을 감추거나 부정하는 것을 의미하지는 않는다. 이것은 한 번에 한 가지 시련에만 대처하고 다른 시련들에 대처하기 위한 더 나은 전망을 제공하기 위해 각각의 시련을 활용하는 것을 의미한다. 폭풍은 지나가는 기상 패턴에 불과한데도 그들만의 작은 세상처럼 여겨지는 경향이 있다.

분류하는 것이 최악의 상황을 겪는 것처럼 항상 힘들게 느껴질 것이다. 주어진 책임이 더 많을수록, 당신이 갖는 총체적인 우려가 생산성을 더 많이 제한할 것이다. 이럴 때 근심과 불안에서 벗어나서 앞으로 나아가기 위해선 소비하는 에너지를 조절하며 스스로 모든 것이 좋아질 것이라는 확신을 가져야 한다.

## '불안정 작업'을 메모한다

나는 수년에 걸쳐 일일 판매 데이터, 웹사이트 트래픽 추세, 트위터에서 사람들이 말하는 내용, 고객 분석, 팀별 프로젝트 진척 상황 등을 포함한 많은 것을 점검하며 시간을 보내고 있단 사실을 알게 되었다. 당신이라면 예산을 다루기 위해 스프레드시트에 몰두하거나 답장이 없는 이메일을 계속 훑어볼 것이다. 하는 일에 대해 불안을 느낄 때 상황을 점검하는 것보다 더 나은 즉효약은 없다. 문제는 하루 종일 상황을 점검하는 데 시간을 보내면서 그것을 변화시키는 데는 아무것도 하지 않을 수도 있다는 것이다.

하는 일이 다음과 같을 때 "불안정 작업insecurity work"이라 할 수 있다.

1. 의도하는 결과가 없다.
2. 어쨌든 앞으로 나아가지 않는다.
3. 하루에도 그것을 무의식적으로 여러 번 신속하게 한다.

불안정 작업은 당신을 편안하게 해주지만, 실제로는 실행한 것이 아무것도 없다.

이에 대한 해독제는 자각, 자제, 위임의 조합이다. 당신이 같은 검색어를 가지고 계속 반복해서 구글링을 하든 서류함을 마치 물이 끓는 냄비라도 되는 것처럼 확인하든, 이 행동을 확인하고 중단해야 할 필요가 있다. 특정한 질문에 대답하기 위해 토끼굴을 30분 동안 파고 들어가면 자신에게 이렇게 물어봐야 한다. "이런 질문이 왜 중요하고 그 답을 어떻게 실행할 수 있는가?" 그 대답이 자기 확신에 불과하고 실행 가능하지 않으면, 아마도 그것은 불안정 작업일 것이다.

불안정 작업을 확인하면 스스로 몇 가지 지침과 의식儀式을 정립해야 한다. 예를 들어 하루 일과가 끝날 무렵 30분과 같은 일정한 시간을 투자해 알고 싶어 했던 것들의 목록을 검토할 수 있다. 가려운 것들을 모두 한곳에 모아놓고 한꺼번에 시원하게 긁는 것이 좋다.

불안정 작업에 쓰는 시간을 줄이면 이전의 것들을 확인하는 대신 정신을 자유롭게 하여 새로운 아이디어를 창출하고 이것을 실행에 옮기기 위한 활력과 시간을 얻을 수 있다.

## 계속해서 전방을 응시한다

가장 어려운 시절을 관리하든 단지 일상적인 변화를 관리하든, 미래에 집중하고 이미 일어난 일에는 지나칠 정도로 많은 관심을 두지 말아야 발전할 수 있다.

최근 나는 일본을 여행하며 암석 정원과 그 디자인 방식을 살펴보려고 불교 사원에서 시간을 보낸 적이 있었다. 이 정원에서는 작고 섬세하게 썻어낸 암석들이 모여 마치 갈퀴로 긁은 것처럼 직선과 곡선을 완벽하게 이루며 정원의 닻과 같은 역할을 하는 바위 주변에서 멋진 디자인을 연출하고 있었다. 선종 불교의 원리는 암석 정원에서 갈퀴로 선들을 만들어가는 과정에 있다. 이 과정에서 각각의 선에만 집중하면 그것은 직선이 되지 않는다. 대신 갈퀴질을 하며 직선을 유지하기 위해 전방에 집중해야 한다.

나는 선종 불교의 원리가 리더가 장기적 전망에 충실하며 일상적인 도전 과제를 통해 팀을 이끌어가는 데 적용되는 것을 확인하고는 깊은 인상을 받았다. 우리가 고개를 숙이고 발밑에서 전개되는 돌의 선을 항상 걱정하며 갈퀴질을 하면 선은 미친 듯이 날뛸 것이다. 우리가 날마다 하는 불안정 작업은 어디를 향해 가고자 하는가에 집중하지 않고 (발밑을 보면서) 지금 당장 걱정하고 있는 것에만 집중하며 여정을 이끌어가는 것과 같다. 그러나 당신이 아이디어들을 분류하고 전방을 바라보고 일상적인 작업에 대한 걱정을 덜 하게 되면, 결국에는 후방을 바라볼 때 그려놓은 선이 직선에 훨씬 가까워지는 것을 확인할 수 있을 것이다. 품고 있는 비전에 훨씬 더 가까이 다가갈 것이다.

<hr />

## 명료한 답이 나오지 않을 때는
## 질문을 바꿔봐라

중간 단계를 견뎌내는 시기에는 주로 불확실성으로 가득할 것이다. 당신은 깊이도 모르고 어떤 동물이 서식하고 있는지도 모르는 (어둠 속에서) 미지의 바다를 힘들게 항해하는 기분이 들 것이다. 그러나 가끔은 빛이 들어온다. 그것은 수평선을 밝히는 투광 조명이 아니라 상황을 알리고 위안을 주는 한 줄기 광선이다. 드문 순간에, 갑자기 자신이 어디에 있는지, 뒤에는 무엇이 있는지, 그다음에는 무엇이 나타날 것인지를 알게 된다.

지난 수년 동안 내가 지도하고 조언했던 직원들은 명료한 순간에 엄청난 발전을 이뤄냈다. 그들은 이런 순간에 최고의 브랜드를 확정짓고, 차별적인 기능을 고안하고 프로젝트의 방향을 완전히 바꾸는 중요한 의사결정을 했다. 그러나 어떻게 하면 조명 스위치를 찾아 기회의 번쩍임으로 잠깐 눈이 부셔서 앞을 보지 못하는 것을 방지할 수 있을까? 무엇이 이처럼 명료한 순간을 촉발하는가? 그리고 어떻게 하면 이런 순간을 활용할 수 있는가?

나는 '페리스코프Periscope'가 실시간 영상을 제공하는 제품을 출시하기 앞서, 2014년 초에 바로 이런 순간이 이 회사에 찾아온 것으로 기억한다. 이처럼 잠깐 번쩍이던 빛이 그들 제품에서 철저한 변화가 일어나게 했고, 결국에는 트위터가 나서서 이 회사를 인수하면서 훨씬 유명해졌다.

페리스코프 설립자 케이본 베익포어Kayvon Beykpour와 조 번스타인 Joe Bernstein을 처음 만났을 때 그들은 바운티Bounty라는 독특한 제품을 만들고 있었다. 바운티의 원래 아이디어는 사람들이 특별한 장소나 사건을 담은 사진을 요청하고 가까운 곳에 있는 사람이 돈을 받고 그것을 찍게 하는 것이었다. 이 아이디어는 가능성이 있었다. 그러나 사내에서 일련의 브레인스토밍을 거치며 소셜 미디어의 범위가 확대되고 실시간 영상이 새로운 분야로 떠오르는 사실을 확인하고는 불과 며칠 만에 회사의 설립 근거를 변경하기로 했다.

당시 소셜 미디어는 주로 사진과 미리 녹화된 영상 전송에 사용되었다. 페이스북, 트위터, 스냅챗을 사용할 때 당신이 보는 사진과 영상은 누군가가 이미 찍은 것이었다. 따라서 실제로 그곳에 있는 것처럼 느끼질 못했다. 당신이 어떤 사건을 직접 목격하면 주변 사람들과 연결해 공감할 수 있다. 그러나 미리 녹화된 영상이나 심지어는 상호 작용할 수 없는 실시간 텔레비전 영상을 보는 것은 당신을 단순한 관찰자가 되게 한다.

나는 페리스코프 사람들과 무선 단말기의 대역폭을 개선하는 것과 관련해 이런 생각을 서로 주고받으며 질문을 해봤다. "실시간 영상 송출이 실현 가능해지면, 어떤 종류의 소셜 미디어 경험이 진실을 널리 알리고 공감을 증진할 것인가?" 이처럼 중요한 질문이 누구라도 다른 사람의 눈을 통해 어떤 경험을 목격하고 자신이 본 것에 영향을 미치기 위해 실시간 영상의 송출자와 상호 작용할 수 있는 순간 이동 teleportation의 세계를 떠올리게 했다. 순간 이동의 개념은 이 회사의 방향을 바꾸는 순간이 되었다. 케이본과 조는 불과 며칠 만에 새로운 부서를 만들고 영상 엔지니어를 모집했다. 페리스코프는 이처럼 새로운 비전을 가지고 자금 모집에 나섰고, 이후 어떤 일이 벌어졌는지는 세상 사람들이 다 안다.

페리스코프의 경우에는 이런 직관이 적절한 질문을 하게 했던 시장 분석에서 나왔다. 돌이켜보면, 회사의 방향을 전환하기 전의 모호한 상태가 토론과 주의 깊은 관찰을 더 많이 하기 위한 단서가 되었다. 마침내 적절한 질문을 하게 되면서 모든 것이 명료해질 수 있다.

나는 명료하지 않거나 이러지도 저러지도 못하는 상황에 놓인 팀을 만날 때 그들이 처음 제기한 질문에 관한 더 나은 답을 찾는 대신 새로운 질문을 하며 이런 상황을 돌파해나가는 모습을 자주 보게 된다. 제한된 시간과 자원 (그리고 스트레스) 속에서 의사결정을 할 때 우리는 질문조차 하지 않거나 먼저 해결하려 했던 문제에 관해 의문을 품어보지도 않고 신제품이나 기능을 만들기 위해 처음의 전제를 받아들이고 앞으로 나아가기 쉽다.

작가가 절필감으로 고통을 받든 기업가가 스타트업을 경영하며 고객을 만족시키는 데 어려움을 겪든, 이 상황에서 빠져나오려면 질문을 변경해야 한다. 처음 제기했던 질문인 "왜 사람들은 우리 제품을 구매하지 않을까?"가 당신을 계속 괴롭히고 있다면 "어떤 사람들이 우리 제품에서 가장 많은 혜택을 입을까?"가 더 나은 질문이 될 수 있다. 모호한 상태에서 어찌할 바를 모른다면 처음과는 다른 질문을 해보자.

질문은 우리가 깨닫는 것 이상의 답을 준다. 톰 브로코Tom Brokaw나 케이티 쿠릭Katie Couric 같은 뛰어난 저널리스트를 보면, 위대한 질문이 그 자체로 예술이라는 사실을 깨닫게 될 것이다. 토론이 편향성을 띠지 않도록 하려면, 이미 가능한 답이 나와 있는 질문을 하는 것을 자제해야 한다. 공격적인 질문은 대답하는 사람이 방어적인 태도를 취하게 한다. 미사여구를 동원한 질문은 대안이 되는 답을 얻을 수 없다. "예" 혹은 "아니요"식의 질문은 그 이상의 토론을 촉발하지 않는다.

완벽한 질문은 명료성을 위한 열쇠다. 그것은 진실을 밝히고 마음을 열게 한다. 그리고 고객의 어려움에 공감하고 문제의 근원을 밝히기 위해 매몰 비용과 과거의 가정을 잊어버리게 함으로써 정제된 표현으로 완성된다. 새로운 무엇인가를 만들고 있다면 올바른 대답을 얻는 대신 올바른 질문을 하는 데 집중해야 한다.

## 때로는 리셋이
## 앞으로 나아가는 유일한 방법이다

모든 일이 제대로 되지 않고 사기가 바닥에 떨어졌을 때 어떻게 하면 회복될 수 있을까? 혹은 프로젝트가 실패로 끝나거나 해고되었을 때 어떻게 하면 새로운 출발을 할 수 있을까?

뉴욕에 위치한 구직 플랫폼 '더 뮤즈The Muse'의 공동설립자 캐스린 민슈Kathryn Minshew는 예전에 자기가 설립했던 '프리티 영 프로페셔널즈Pretty Young Professionals(이하 PYP)'에서 해고된 적이 있었다.

그녀는 2010년에 '맥킨지McKinsey'에서 근무하며 젊은 동료 여직원 3명과 굽이 뾰족한 분홍색 하이힐을 신은 여성들의 네트워킹 사이트 PYP를 설립했다. 2010년 12월에는 이들 중 맥킨지를 가장 먼저 그만두고 PYP에서 무급 CEO 겸 편집장으로 상근하기로 했다. 그녀는《포브스》의 피터 코헨과의 인터뷰에서 이런 결정을 하던 2010년을 회상하고는 이렇게 말했다. "젊은 직장 여성들에게 힘을 실어줄 만한 유용한 콘텐츠를 제공하는 것은 엄청난 가능성이 있습니다. 똑똑한 여성들은 똑똑한 콘텐츠에 목말라 하고 있습니다." 이러한 목표가 현재 이용자수가 5000만 명에 달하고 이들 중 여성이 65퍼센트가 넘는 더 뮤즈의 등장을 정확하게 예고했다.

그러나 PYP의 설립 과정은 온갖 우여곡절과 공동설립자들 간의 분쟁으로 가득했다. 회사의 경영 방침에 관한 의견 차이로 여러 번에 걸쳐 새롭게 고치는 과정을 겪으면서, 캐서린은 회사가 설립된 지 1년도 안 되어서 어려운 결정을 해야 했다. 그녀는 《앙트레프레너》와의 인터뷰에서 이렇게 말했다. "저는 지금 다니는 회사를 상대로 맹렬하게 싸울 것인가 아니면 독립해서 새로운 일을 시작할 것인가를 두고 결론을 내기 위해 옆으로 쪼그리고 누운 자세로 있다가 화이트보드로 향해 달려가기를 3주 동안 계속했습니다." 마침내 지분이 가장 적은 공동설립자 2명이 소송을 위협하면서 CEO인 그녀를 해고하는 데 성공했다. 캐서린은 이렇게 기억한다. "저는 불의의 일격을 당했습니다. 그것은 엄청난 충격으로 다가왔습니다." 그녀가 물러난 이후로 그들은 PYP를 재정비하여 '레보 리그Levo League'라는 상호로 새 출발을 했고 지금도 계속 영업하고 있다.

자기 연민에 빠져들어 꿈을 버릴 수도 있었지만 그녀는 리셋했다. PYP에서 쫓겨난 이후 불과 몇 달 만에 지금은 더 뮤즈가 된 구직 플랫폼 '더 데일리 뮤즈The Daily Muse'를 설립하고 자기 길을 갔던 것이다. PYP 공동설립자 1명과 주로 캐서린이 고용했던 PYP 직원들이 그녀와 함께 했다. 이 플랫폼은 한 달 만에 방문자수가 PYP가 최고치를 기록했을 때보다 더 많았다. 그녀는 《앙트레프레너》와의 인터뷰에서 다음과 같이 말했다.

"당시는 힘들었습니다. 그러나 새롭게 시작할 수밖에 없었다는 것이 우리에게는 특별한 선물이 되었습니다. 우리는 함께 많은 일을 겪었기 때문입니다. 힘든 시절을 극복하면서 그 어느 것도 우리 사업을 중단시키지는 않을 것이라는 자신감을 갖게 되었습니다." 2011년 11월, 더 뮤즈는 와이 콤비네이터 액셀러레이터 프로그램(Y Combinator accelerator program, 와이 콤비네이터는 시드머니와 자문, 인맥을 제공하는데, 매년 3개월짜리 액셀러레이터 프로그램을 두 번 운영한다-옮긴이주)의 지원을 받기로 되어 있었다.

오늘날 더 뮤즈는 '골드만삭스Goldman Sachs, 웰스 파고Wells Fargo, 갭 Gap, HBO, 콘데나스트Condé Nast, 블룸버그Bloomberg'를 포함한 수백 개 기업의 구인 광고와 프로필을 게시해 밀레니얼 세대가 가장 신뢰하는 구직 플랫폼으로 자리잡았다. 캐서린은 유튜브 영상 '앤트로폴로지 Anthropologie'의 〈우먼 오브 캐릭터Women of Character〉에 등장하여 이렇게 말했다. "현실 세계에서 제가 생각하는 영웅은 난관을 통과하거나 엄청난 장애를 극복하는 사람입니다. 그것은 자신에게 뿐만 아니라 만인을 위해 그들이 가야할 길을 열어주는 사람을 말합니다." 분명히 그녀는 이런 사람들 중 하나다.

그녀의 스토리는 흔한 사례에 해당한다. 갈등이 실망을 낳고, 그다음에는 새로운 생각과 자아에 대한 성찰이 뒤따르고, 마지막에는 새로운 목적의식을 갖고 또 다른 시도를 하게 된다. 리셋을 이끌어려면 다음의 여섯 단계를 따르는 것이 좋다.

• 첫 번째 단계: 분노를 느낀다.

분노와 실망으로 끓어오르면 스스로 그것을 느끼게 한다. 이 감정은 실제로 존재하는 것이고, 부정하면 계속 화가 나거나 감정이 훨씬 더 악화되어 삶의 다른 부분으로 스며든다.

## • 두 번째 단계: 자신을 배제한다.

이 단계에서는 자신에게 몇 가지 새로운 생각이 들어올 공간을 부여한다. 무엇인가가 잘못되었고 당신은 화가 나고 당황한다. 그러나 인생은 누구에게나 오직 한 번뿐이다. 다시 뛰어들어 스스로 정당성을 입증하고 싶은 욕구가 생길 수도 있지만, 뇌(그리고 판단)는 우선 상황 전환으로부터 혜택을 얻을 것이다. 속한 상황에서 자신을 배제하기 어려울 수도 있다. 그러나 잠깐 쉬는 시간(1주일 동안 해외여행을 하거나 바닷가로 떠날 수도 있다)을 가질 때 놀라울 정도로 회복할 것이다. 당신은 자유로워지고 활력이 넘친다. 명심하라.

## • 세 번째 단계: 상황을 분석한다.

분노가 가라앉고 당신과 당신을 부추기는 사건 사이에서 일정한 거리를 유지하고 나면, 이제 맑은 정신과 새로운 관점을 가지고 상황을 분석할 때가 되었다. 도대체 무슨 일이 일어났는가? 그런 일이 일어날 것이라고 예상했는가? 어떻게 예상할 수 있었는가? 혹은 왜 예상하지 못했는가? 마음속으로 지난 일들을 돌이켜보자. 누가 무엇을 왜 이야기했는가? 다른 외부적인 요인이 작용했는가? 그렇다면 그것은 무엇인가? 동료, 배우자, 친한 친구에게서 어떻게 생각하는지를 물어봐라. 그들이 놀라워하는가? 그들은 어떤 일이 일어난 것으로 생각하는가? 이것은 학습을 하는 과정이다. 누군가에게 책임을 물으려고 해서는 안 된다. 단지 무슨 일이 일어났는지를 이해하려고 해야 한다. 당신은 급하게 결론짓지 말고 최대한 많은 정보를 모으기 위해 범죄 현장을 편견을 갖지 않고 자세히 살펴보는 형사가 되어야 한다.

**• 네 번째 단계: 자신의 역할을 인정한다.**

일단 상황을 완전히 이해하고 나면, 그 속에서 자신의 역할을 인정해야 한다. 돌이켜보면 어떤 결정이 잘못되었는가? 어디서 커뮤니케이션 문제가 발생했는가? 누구 그리고 무엇에 대해 과소평가 혹은 과대평가했는가? 만약 당신이 다르게 했더라면, 어떤 식으로 했을까? '무엇인가를 하기만 했더라면'이란 표현은 양방향에서 작용한다는 것을 명심해야 한다. 당신은 문제 해결을 어렵게 만드는 외부 요인들과 사람들을 살펴보고는 "그들이 무엇인가를 다르게 했더라면"이라고 반성해야 할 뿐만 아니라, 자신도 똑같이 살펴보고는 "내가 그와는 다르게 했더라면"이라고 반성해야 한다. 교훈을 얻으면서 미래의 가능성을 최적화하게 된다. 오해했던 사람들과의 관계도 정확히 매듭짓는 것이 좋다. 고통을 준 동료, 고객 혹은 투자자에게 다가가 당신의 생각을 말해야 한다. 필요하다면 잘못을 인정하고 사과해야 한다. 이렇게 관계를 매듭짓는 것은 그들뿐만 아니라 당신을 위한 것이다. 책임을 지고 소원한 관계를 해결할 때만 지난 일을 깨끗이 털어버릴 수 있다. 이렇게 매듭짓지 않으면 죄책감이나 분노에 사로잡혀 정신적 에너지를 계속 소모하게 될 것이다.

**• 다섯 번째 단계: 자기 이야기를 써본다.**

이제 경험을 미래를 위한 계획에 반영할 때가 되었다. 지금까지 어떤 일이 발생했고 무엇을 배웠는지 기록하는 것으로 시작한다. 이것은 이야기를 정교하게 만드는 것이라기보다는 지금까지 어떤 일이 일어났고, 이를 통해 무엇을 배웠고 미래에는 무엇을 하길 원하는지를 종합하기 위한 것이다. 이 구성은 미래의 프로젝트가 시작되면서 자신에게 들려주는 이야기를 형성할 것이다. 또한 앞으로 수년 동안 자신의 과거와 앞으로의 노력이 일정한 맥락을 형성하면서 다른 사람들과 그 이야기를 함께 연출하게 될 것이다. 당신의 회복력과 이제까지 배웠던 교훈이 실패를 기회로 전환시켜줄 것이고, 다른 사람들로부터 신뢰와 존경을 받으면서 그들에게 영감을 불어넣을 것이다. 나는 직업을 바꾸거나 좌절을 겪는 사람들에게 자신의 이야기를 다른 사람들에게 보여주지는 않더라도 블로그에 써보거나 여러 장의 편지지에 써볼 것을 항상 권한다.

• **마지막 단계: 경기에 복귀한다.**
이제 힘들게 얻는 교훈과 분명한 이야기를 바탕으로 다시 현장에 복귀하여 새로운 계획을 실행에 옮길 때가 되었다. 새로운 방향으로 나아가기 위해선 몇 걸음 물러서야 한다는 것을 명심해야 한다. 때로는 이것이 눈높이를 낮추라는 것을 의미할 수도 있지만 그럼에도 틀림없는 발전이다. 정말 관심이 있는 분야에서 앞으로 나아가고 있고 스스로 쓰임새가 있는 사람이라고 느낀다면, 옳은 방향으로 가고 있는 것이다. 마음이 과거를 떠돌고 자신에게 의문을 품고 있더라도, 이제는 눈앞에 놓인 것들을 극복해나갈 능력이 예전보다 더 나아졌다는 사실을 명심해야 한다. 모든 폭풍은 우리가 미래를 더 잘 대비하게 해준다. 실패를 겪고 나서 다시 시작하는 것은 결코 쉽지 않다. 그러나 중요한 것은 다시 시작하는 것이다.

당신은 회복하여 번창할 것이다. 이제 이 단계를 한 번에 하나씩 밟아가면 된다.

# 장기전 돌입

## 장기전에 돌입하면 생산성보다
## 다른 면들을 평가받는다

인간의 마음은 상당히 근시안적이다. 우리는 원인과 결과를 파악하고 자신의 행동이 단기적으로 갖는 의미를 예상하는 데는 뛰어난 능력을 보여준다. 그러나 연쇄 반응이 일어나고 미래의 기회를 위한 기반을 조성해야 할 때는 어려움을 느낀다. 따라서 장기전에 돌입해 이를 견뎌내려면 예전과는 완전히 다른 지표를 설정해야 한다.

장기전에 돌입하면 때로는 생산성에 관한 기본 원칙과 단절해야 한다. 예를 들어 단기적으로 거래를 성사시킬 수 있는 미팅에만 신경쓰는가? 아니면 지금부터 몇 년 후에 협력할 수 있는 관계를 형성하기 위해 힘쓰는가? 아무리 바쁘더라도 브레인스토밍 자체를 위해 기꺼이 시간을 쓰려고 하는가? 지금 당장 자신이 원하는 것을 줄 수 있는 사람에게만 시간을 쓰려고 하는가? 아니면 지금보다는 미래에 성공할 가능성이 더 많은 사람이지만 신뢰가 가는 사람에게 기꺼이 시간을 쓰려고 하는가? 많은 사람이 장기적 조치가 중요하다고는 말하지만 그럴 만한 인내력을 가진 사람은 별로 없다.

호기심은 장기전을 지속하기 위한 연료와도 같은 것이다. 어떤 대상에 진정한 호기심을 갖고 있다면, 전통적인 방식으로 생산성을 평가하지는 않을 것이다. 그 대신 단지 해야 할 일들만 확인하지 않고, 혼란스러운 상태에 있는 것을 좋아하고, 새로운 것을 배우는 일에서 만족을 얻을 것이다. 당신은 긍정적인 결과를 얻으려고 하기보다는 관심을 충족시켜주는 모든 옵션을 검토할 것이다.

내가 아는 가장 뛰어난 벤처 투자자들은 유별날 정도로 호기심이 강한 사람들이었다. 예를 들어 나는 지난 몇 년 동안 '오픈테이블 Opentable', '스티치 픽스Stitch Fix', '질로우Zillow', '우버'의 투자자로 유명한 빌 걸리Bill Gurley와 알고 지냈는데, 그가 빡빡한 일정에도 관심 분야에 몰두하는 모습을 보고는 항상 깊은 인상을 받았다. 그는 운송 산업이든 종양학이든 긴급한 헬스케어 산업이든, 언제 적절한 투자 기회가 올 것인가에는 관심을 갖지 않고서 (혹은 그러한 기회가 오게 되더라도) 몇 달 혹은 몇 년에 걸쳐 이 분야를 깊이 파고들었다. 그는 시간을 다퉈 투자하지 않았으며, 그냥 배우는 데만 몰두했다.

다른 사람들이 개입될 경우에는 장기전이 훨씬 더 힘들어진다. 장기전을 '제대로' 치르면서 당장의 기회를 무시하면 아마도 주변 사람들이 곤혹스러워질 것이다. 장기적 인간관계, 호기심을 충족시키기 위한 탐구, 사고思考 실험 등과 같은 당신이 뿌리고 있는 씨에 대해선 다른 사람들이 사회적, 금전적 지원을 하는 데 난색을 표명할 것이다.

아마존 설립자이며 자신의 장기적 비전으로도 유명한 제프 베조스 Jeff Bezos는 2009년에 아스펜 연구소Aspen Institute에서 이렇게 강연했다. "발명은 오랫동안 진가를 인정받지 못하게 되는 것을 기꺼이 받아들이려는 의지를 요구합니다. 정말 믿고 있는 것, 즉 오랫동안 확신을 갖고 있는 것을 하면 주변 사람들이 선의를 가지고 그 노력에 대해 안 좋은 말을 할 수도 있습니다." 이럴 때 자기 생각을 뒷받침하기 위해 찬사를 구하거나 이해를 구하려고 해선 안 된다. 장기전은 당신의 용기와 인내력, 관심이 얼마나 진정성 있는지를 시험하는 것이다.

## 전략은 인내력으로
## 강화된다

세상에는 산업을 변모시키고 유명 브랜드를 창출할 만한 아이디어를 가진 사람들이 많다. 그러나 자신의 비전을 실현하기 위해 한 가지 전략을 오랫동안 계속 유지하는 사람은 별로 없다. 우리는 뛰어난 전략을 시간과 현실을 뛰어넘는 진공 상태에서 매우 신속하게 떠올릴 수도 있지만, 그것을 실행하는 데는 오랜 시간에 걸친 반복, 고통, 냉혹한 현실(메시 미들!)이 뒤따른다. 전략을 펼쳐 보이기 위해서는 직원들이 함께 인내력을 계속 유지할 수 있도록 하는 문화를 조성하고 조직 구조를 개발하면서 자신의 기대, 발전 정도의 평가 방식을 다시 고려할 필요가 있다.

기업은 사람만큼이나 인내력이 부족하다. 규모가 큰 조직이 당신이 추진하는 프로젝트를 주시하고 때로는 분기별 실적을 평가하고 있으면, 당신의 대담한 전략을 실현하는 데 필요한 시간과 공간을 확보하기 상당히 어려워질 수 있다. 따라서 조직은 문화적으로나 구조적으로 인내력을 강화하기 위한 시스템을 만들어야 하고, 당신은 장기전에 기꺼이 돌입할 의지가 있어야 한다.

## 인내력을 강화하기 위한 문화적 시스템

아마존이 상장기업이 되던 1997년, 제프 베조스가 투자자들에게 보낸 유명한 편지가 있다. 그는 편지의 도입부에서 자신의 전략이 시장 선도자가 되는 것이라고 했다. 다음은 그가 보낸 편지에서 발췌한 일부다. "우리는 장기적 전망을 강조했기 때문에 사업에 관해 여타 기업들과는 다른 방식으로 의사결정과 평가를 할 수도 있습니다. 따라서 이런 방식이 주주 여러분의 투자 철학에 부합되는지를 확인할 수 있도록, 회사의 경영과 의사결정의 기본 방침을 공유하려고 합니다." 이후 그는 투자자들에게 투자 개요를 설명하고, 더욱 중요하게는 직원들에게는 이 편지가 정확하게 무엇을 의미하는지를 설명했다. 이는 전략을 가지고 인내력을 강화하기 위해 기업 문화를 어떻게 조성할 수 있는가를 생각하는 데 도움이 된다.

우리는 고객에게 끊임없이 집중할 것입니다.

단기 이윤 혹은 월스트리트의 단기 반응보다는 장기적으로 시장을 선도한다는 목표를 가지고 투자 결정을 할 것입니다.

만족스러운 수익을 제공하지 않는 사업을 포기하고 최선의 결과를 가져다주는 사업에 투자를 늘리기 위해 프로그램과 투자 효과를 분석적으로 평가할 것입니다. 우리는 성공과 실패를 통해 계속 배워나갈 것입니다.

시장 선도자가 될 가능성이 충분한 사업의 투자 결정은 대담하게 할 것입니다. 투자 중 일부는 기대했던 성과를 낳겠지만 나머지는 그렇지 않을 것입니다. 그리고 어떤 경우에도 소중한 교훈을 얻게 될 것입니다.

회계상으로 드러나는 결과를 최적화하는 것과 미래 현금 흐름의 현재 가치를 극대화하는 것 사이에서 선택을 해야 할 때는 미래의 현금 흐름을 선택할 것입니다.

(경쟁력이 허용하는 범위에서) 대담한 선택을 할 때 전략적 사고 과정을 여러분과 공유할 예정이니, 우리가 장기적으로 시장을 선도하기 위한 합리적 투자를 하고 있는지를 스스로 평가할 수 있을 것입니다.

우리는 효율적으로 지출하여 린 경영(lean culture, 자재 구매에서 생산, 재고 관리, 유통에 이르는 모든 과정에서 손실을 가장 적게 하여 경영을 최적화하는 기법-옮긴이주) 문화를 유지하기 위해 열심히 노력할 것입니다. 특히 순손실이 발생하는 사업에서 비용을 절감하는 문화를 지속적으로 강화해나갈 것입니다.

장기적 수익성과 자본 운용을 강조한 성장에 집중하면서, 균형을 유지할 것입니다. 지금 단계에서는 우리 사업 모델의 잠재력을 확보하는 데는 규모가 중요하다고 판단했기 때문에 성장을 우선시하기로 결정하였습니다.

다재다능하고 뛰어난 인재를 확보하는 데 집중하고 그들의 보수에서 현금보다는 스톡 옵션의 비중을 지속적으로 강화할 것입니다. 우리의 성공이 동기 부여가 되어 있고 각자가 회사의 주인처럼 생각하고 실제로 주인이어야 하는 직원들을 유치하는 데 달려 있다는 사실을 인식하고 있습니다.

지금까지 말씀드린 내용이 가장 정확한 투자 철학이라고 대담하게 주장하진 않겠지만, 어쨌든 이것이 우리의 투자 철학입니다. 그리고 우리가 지금까지 채택했고 앞으로도 계속 채택하게 될 접근 방식이 명료하게 다가오지 않는다면, 이는 우리가 일을 제대로 하지 않았기 때문입니다.

제프는 이 편지를 이후로도 모든 아마존 주주에게 보내는 편지의 부록에 포함시켰다. 그는 모든 투자자와 직원에게 기회가 있을 때마다 이 원칙을 몇 번이고 반복해 분명하게 밝히려고 했다.

아마존 초기에 분기 실적이 아주 뛰어났을 때 그가 직원들에게 했던 또 다른 이야기도 상당히 인상적이다. 직원들에게 축하의 말을 전하기는 했지만 이런 점을 일깨워주었다. "이번 분기 실적이 좋기는 했지만 그것은 우리가 3년, 4년, 5년 전에 했던 일 덕분이지 이번 분기에 한 일 덕분은 아닙니다." 위대한 혁신과 성과 사이에는 엄청난 시차가 있다. 새로운 프로그램은 널리 확산되고 실행에 옮겨지는 데 수많은 개선과 최적화 작업뿐만 아니라 시간의 자연스러운 경과도 요구한다.

아마도 아마존은 전략이란 시간을 두고 인내력을 발휘해 실행하는 것임을 보여주는 가장 훌륭한 기업 사례가 될 것이다. 아마존에서 일하는 내 친구들은 제프가 대외적으로 장기적 사고를 강조한 것이 어떻게 하여 사내에서 위험을 받아들이고 장기적 전략을 추진하는 것의 가치를 끊임없이 강화하게 되는지를 설명한다. 1년도 지속되지 않았던 아마존 휴대폰처럼 실패작이 나왔을 때, 제프는 자신이 회사가 충분한 혁신을 하려면 이보다 훨씬 더 큰 실패작이 나온다는 것을 미리 예상했음을 분명히 밝혔다. 그리고 음성 인식 사용자 인터페이스라 할 알렉사와 같은 새로운 기술에 대해선 당장의 수익성이나 활용 가능성에 관한 평가를 거치지 않고도 개발이 허용되었다. 직원들이 장기적 전략에 대해 신뢰하는 한, 이런 평가는 유보되었다. 그는 아마존 문화를 통해 전략과 인내력을 강화하면서, 당장의 수익과 성장에 대한 단기적 평가를 바라는 인간의 자연스러운 욕망을 철저하게 견제했다.

## 인내력을 강화하기 위한 구조적 시스템

'구글'과 같은 일부 기업은 전략을 가지고 인내력을 구조적으로 강화한다. 규모가 큰 기업이 매출의 90퍼센트 이상을 광고로 창출하게 되면서, 이 기업은 대담하고 새로운 계획을 핵심 사업의 견인력으로부터 떼어놓기 위해 과감한 조치를 취했다. 2015년에 회사 전체를 알파벳Alphabet으로 개명하고 구글 자신을 지주회사에 속한 많은 기업 중 하나에 불과한 것으로 취급하기로 했던 역사적인 결정은 장기적 전망을 가진 새로운 프로젝트들을 구글이 운영하는 사업으로부터 독립적인 기업이 추진하게 하여 이들을 구조적으로 보호하기 위한 노력의 일환이었다.

그 결과, 우리는 자율주행 자동차 기술을 개발하는 '웨이모Waymo'와 같은 기업들을 알게 되었다. 이들은 단기적 가치를 창출하고 분기별로 자신의 존재를 합리화해야 한다는 요구로부터 해방되었다. 일부 기업들은 '누구에게 보고하는가, 물리적으로 어디에 위치하고 있는가, 분기별로 수익과 단기적 효과를 입증해야 하는 요구로부터 자유롭게 하기 위해 어떤 방식으로 평가해야 하는가'의 관점에서 특정 팀들을 분리하게 될 것이다.

인내력을 증진하기 위해 프로젝트 또는 기업의 구조를 설계하는 것은 궁극적으로는 전통적인 단기적 지표를 가지고 발전을 평가하는 데 집착하는 인간의 자연스러운 성향을 억제하기 위한 노력의 일환이다. 인내력은 나태나 더딘 발전을 참아내는 것을 의미하지는 않는다. 인내력은 행동의 효과를 측정하기 위한 대안이 될 만한 지표를 인정하는 것을 의미한다. 클라우드 스토리지cloud storage 업체 '박스Box'의 설립자 겸 CEO 아론 레비Aaron Levie는 트위터에서 이를 가장 잘 표현했다. "스타트업은 오랫동안 조급해 해야 승리한다."

성공스토리는 인내력을 중시하지 않는다. 대개들 발전 속도를 인위적으로 묘사하는데, 당신이 이것을 믿으면 일찍 포기하기 쉽다. 예를 들어 많은 사람이 '넷플릭스Netflix'의 온라인 스트리밍 서비스가 블록버스터의 비디오와 DVD 대여 서비스를 확실히 대체한 것으로 생각한다. 그러나 이처럼 겉으로 보기에는 어떤 추세에서 다른 추세로 옮겨가는 단순한 과정이 "비디오를 물리적 가게에서 빌려보지 않고 온라인으로 빌려본다"는 단순한 전략을 10년 동안 지속적으로 실행하게 했다.

이 전략의 첫 번째 단계는 고객이 가게에 들러서 DVD를 빌리다가 우편으로 받게 하는 것이었다. 1990년대 후반에는 2시간짜리 비디오를 온라인으로 스트리밍하는 것이 사업자나 고객에게 기술적으로는 악몽과도 같았다. 대량의 정보를 저렴한 가격에 고속으로 전송하는 브로드밴드가 등장하면서, 넷플릭스의 디지털 구독 서비스가 많은 사람에게 실행 가능한 옵션이 되었다.

넷플릭스는 여러 해에 걸쳐 산업 분석가들에게 의문시되고 심지어는 조롱의 대상이 되었다. 2000년 당시에는 넷플릭스가 주로 DVD 우편 대여 서비스를 제공하고 있었는데, CEO 리드 헤이스팅스Reed

Hastings가 '블록버스터'의 CEO 존 안티오코John Antioco에게 찾아가서 자기 회사를 5000만 달러에 팔려고도 했었다. 《버라이어티Variety》는 넷플릭스가 아주 작은 틈새시장에서 영업하고 있다고 생각한 안티오코는 좋은 기회를 걷어찼다고 했다. 2010년에 블록버스터가 파산했고, 이글을 쓰고 있는 지금 넷플릭스는 시가총액이 1500억 달러에 달하는 기업이 되었다. 넷플릭스의 전략이 제대로 전개되고 상황을 역전시키는데 거의 20년이 걸린 셈이다.

겉으로는 신속하게 보이는 승리는 그 뿌리가 상당히 깊다. 당신은 직원들이 의혹, 모호성, 오해를 오랫동안 견뎌낼 수 있도록 조치를 취해야 한다. 직원들의 갈망과 욕구가 먼 미래를 향하도록 하는 것은 인내력의 궁극적인 형태가 될 것이다.

생산성을 단기적으로 평가하면서 당신이 포기한 것은 단기적으로 집중력을 증대시킨 것으로 보상받을 수 있다. 〈원더 우먼Wonder Woman〉을 리메이크한 영화감독 패티 젠킨스Patty Jenkins는《비즈니스 인사이더Business Insider》와의 인터뷰에서 다년간 프로젝트에 깊이 집중해야 할 필요성에 대해 이렇게 말했다. "저는 오랫동안 집중하는 것이 가장 어려운 부분이라고 생각합니다. 비전을 갖고 그것을 유지하기 위해 노력하고 주변에서 수많은 요소가 매일같이 변할 때 그것을 변경하지 않으려면 중심을 잃지 않는 것이 중요합니다." 장기적 전략을 실행할 수 있도록 팀의 구조를 철저하게 바꾸기로 결정했더라도, 당신이 가진 비전에서 중요한 요소만큼은 유지해야 한다.

## 인내력을 키우려면 그만큼의 대가가 필요하다

우리가 인내력을 가지고 전략을 실행하는 것이 중요하다는 사실을 논리적으로는 정확하게 이해하더라도, 인내력의 대가를 기꺼이 지불하려는 사람은 별로 없다. 우리는 협상을 할 때 지금도 여전히 단기적인 위험이 가장 적으면서 가장 빠른 보상을 받기 위해 최적화를 시도한다. 구조적이고 장기적인 관점에서 투자의 논리적 근거를 신뢰하더라도, 시장이 매일 요동치는 동안에는 이에 대해 조바심을 갖는다. 그리고 어떤 프로젝트를 진행하는 데 1년을 보낼 예정일 때 어떤 아이디어가 적절하다는 소리를 듣거나 어떤 브랜드가 인정을 받을 수 있도록 충분한 시간을 갖기보다는 이 프로젝트가 진행된 지 불과 몇 주가 지나서 이에 대해 의문을 품기 시작할 것이다.

안타깝게도 자기가 일한 것에 대한 성과를 내는 데 충분히 인내할 수 있는 사람은 별로 없다. 뛰어난 팀은 정상에서 경치를 만끽할 뿐만 아니라 골짜기를 힘들게 통과하면서도 강인한 힘과 회복력을 얻는다. 그렇다고 하더라도 스타트업은 힘든 문제가 생기면, 사람들을 잃는다. 이런 문제들이 (그것을 해결하려고 할 때) 궁극적으로는 당신을 뛰어나게 만들고 자신을 방어할 수 있는 해자가 될 것이다. 지속적인 인내력과 불굴의 정신은 이처럼 대단한 경쟁 우위가 될 수 있다. 최고의 전략, 사람, 자원을 확보하고 있더라도 발전을 하는 데는 시간이 걸린다.

자기 자신과 관리하는 직원들을 대상으로 인내력을 강화하려면, 목표에 도달하기 위한 속도를 정하고 이에 따라 일정한 페이스를 유지해야 한다. 지금까지 지속해왔던 것들을 도중에 가끔씩 보여주는 단기 실적만큼이나 자주 기념해야 한다. 프로젝트나 팀에서 전통적인 생산성 지표에 집착하기보다는 비전과 끊임없는 발전에 가치를 두는 문화를 조성해야 한다. 직원들이 일상적인 활동을 뛰어넘어 장기 프로젝트를 추구할 수 있는 구조를 확립해야 한다. 그리고 어떤 전략을 장기적으로 고수하는 것이 매우 드물다는 사실을 명심해야 한다. 규모와는 상관없이 어떤 팀이라도 끊임없이 집중하고 협력하면서 앞으로 나아가기 위해 인내력을 발휘한다면, 지금 말하는 경쟁 우위를 확보할 수 있을 것이다.

## 쉬운 길은 혼잡한 곳으로 안내할 뿐이다

제품을 만들기 위해 사용하게 될 기술을 선택하는 것처럼 장기적 효과에 근거하여 의사결정을 할 때는 당신이 쉽게 얻을 수 있는 것들은 다른 사람들도 쉽게 얻을 수 있다는 사실을 명심해야 한다. 내가 어도비에서 제품팀과 함께 로드맵을 가지고 의논을 하거나 어떤 제품의 기술 구조에 관한 의사결정을 할 때는 원하던 기능의 대부분을 제공하는 쉬운 옵션과 힘들고 시간과 노력이 많이 소요되고 결국에는 한 단계를 도약해야 하는 최선의 옵션이 있었다. 나는 항상 이런 질문을 한다. 우리가 쉬운 옵션을 선택하면 경쟁 기업이 얼마나 신속하게 우리를 따라잡겠는가? 이것이 우리 자신을 다른 기업과 구분지을 수 있도록 다른 기업에는 없고 우리에게만 있는 투자 기회라 할 수 있는가? 시장 선도자가 되고 싶다면 때로는 어려운 길을 갈 필요가 있다. 저항이 거의 없는 길은 경계해야 한다. 그 길이 단기적으로는 매력적으로 보일 수도 있지만 장기적으로는 자신의 차별성을 입증하거나 자신을 방어하기 어려울 수도 있다. 쉬운 길은 장기적으로는 만족을 얻기 어렵다. 장기전은 가장 힘든 전쟁이지만 승리하면 가장 많은 것을 얻을 수 있는 전쟁이다.

# 장기전을 여러 단계로
# 구분한다

많은 기업이 최소 기능 제품Minimum Viable Product, MVP 출하에만 집중한다. 그러나 '핀터레스트' 공동설립자 겸 CEO 벤 실버만Ben Silberman은 많은 사람이 기업을 최근의 헤드라인, 화려한 기조, 발전을 과시하는 것으로 판단하는 산업에서 과소평가되고 주목받지 않는 데 만족하고 있었다. 벤은 사업에서 매출 창출 부분을 활성화하는 것이라면 팀과 제품이 준비될 때까지 기다리는 데 엄청난 (그리고 일부 투자자들에게는 고통스러울 정도의) 인내심을 발휘했다. 벤의 인내력과 규율은 해당 산업의 나머지 기업들과 비교해 이례적인 시간 척도를 적용하는 데서 나온 것이다.

벤 실버만은 이렇게 설명했다. "실리콘 밸리(그리고 전체적으로는 기술 산업)는 제가 성장기를 보내던 때의 시간 척도와 비교해 상당히 단축된 시간 척도를 가지고 있습니다. 저희 집안 사람들은 기술을 배우기 위해 인생에서 7~12년이나 보내고서 겨우 수련의가 되었고, 저는 그런 가정에서 자랐습니다. 따라서 그런 삶의 방식을 핀터레스트에도 적용했습니다. 물론 우리는 속도에 가치를 둡니다. 그러나 산업이 빠르게 변한다고해서 우리가 항상 빠르게 움직이는 데 집착할 필요는 없습니다. 저는 기술 기업의 모범 사례에 관한 한, 산업 전체가 아직은 상대적으로 덜 성숙했다고 생각합니다. 왜 우리가 산업의 평균적인 관행이나 시간 척도를 따라야 합니까? 저는 그보다 길게 잡습니다."

그는 회사의 모든 기간을 여러 단계로 구분했다. 각각의 단계는 출발, 목표, 반성, 보상의 시기가 있다. 예를 들어 설립 이후 몇 년이 지나 핀터레스트 웹사이트의 충성스러운 사용자가 빠른 속도로 증가하면서 모바일 서비스업체가 되는 새로운 단계로 진입했다. 당시 핀터레스트는 주로 웹사이트로 알려져 있었는데, 벤은 자기 회사가 모바일 서비스를 우선시하는 쪽으로 방향을 전환해야 한다고 생각했다.

그다음 단계는 글로벌 서비스업체가 되는 것이었다. 다시 말하지만 이렇게 되려면 특정 지역들에 집중하고, 다양한 국가의 사용자들에게 서비스를 제공하기 위한 전략을 개발하고, 다양한 언어권의 사용자들이 핀터레스트 사이트에 들어올 수 있도록 회사 전체가 변해야 한다.

이후로 1년 정도 지나, 다음 단계는 현금 흐름이 호조를 띠는 서비스업체가 되는 것이었다. 이것은 제품 경험을 향상시키고 확장성이 높은 사업 모델을 개발하는 것을 의미했다. 이번 단계는 새로운 선도자, 파트너십을 예고하고 제품의 우선순위에 변화를 일으켰다.

벤의 단계별 접근 방식에서 내가 좋아하는 점은 각각의 단계가 모든 직원에게 적용되고, 전술이 아니라 목표 구현에 있었다. 각각의 단계는 제품에 관한 신선한 시각, 제품 사용자와의 새로운 공감, 당신이 보유한 팀과 필요로 하는 팀에 대한 솔직한 평가를 요구한다. 또한 각각의 단계는 그것이 왜 중요한지를 강조하는 분명한 목표를 가지고 있고, 모든 팀이 이에 따라 전술을 결정한다. 그는 각각의 단계가 종료되면서 팀들이 반성을 하고 보상을 받아야 한다고 생각했다.

각각의 단계는 특별한 제품을 만들기 위해 적용하게 되는 장기적 시간 척도를 분석하는 데 도움이 된다. 벤은 자신이 전문적인 이야기꾼이라고 주장하진 않았지만 기억에 남을 만한 말을 하는 것을 좋아했다.

"그것은 꿈이고, 드라마이고, 온갖 우여곡절로 점철되어 있습니다. 우리 모두가 참여하는 순간이고 스토리이기도 합니다. 그러나 당신에게는 각각의 단계를 이끌어가는 데 필요한 수많은 작은 스토리를 창출해야 하는 사명이 요구됩니다."

분명한 사명이 없이는 우리 모두 길을 잃어버리기 쉽다.

<hr>

## 전문가가 되려면
## 꽤나 오래 살아남아야 한다

지금까지 전문가들이 의지하는 길, 전술, 가정은 낡은 것이 되게 마련이다. 전문성을 가지면 가질수록 기존의 규범에서 벗어나는 것이 더욱 어려워진다.

지금 업계 리더들의 몸이 기억하고 있는 이처럼 강력한 감각은 당신이 뛰어들 수 있는 기회를 제공한다. 스타트업이 업계를 뒤흔들기 위한 최선의 방법은 해당 산업에서 타성에 젖어 있지 않고 변화를 향한 강력한 의지를 갖고서 이론으로 무장한 아웃사이더가 되는 것이다. 그다음에 전문가가 되기 위해 충분히 오랫동안 살아남아 당신이 가진 특별한 기술과 기량을 바탕으로 경쟁을 할 수 있다. 어떤 사람은 이것을 두고서 "성공할 때까지 아는 척하는 것"이라고 말한다. 그러나 나는 이것이 더 나은 길이 될 것이라는 희망을 가지고 문제를 해결하기 위한 새로운 길을 개척하는 것이라고 생각한다.

에어비앤비와 우버는 이것을 해냈다. 이들의 설립자들은 아웃사이더 였지만 변화를 향한 강력한 의지와 비전을 가졌다. 그 후 그들은 전문 가가 되기 위해 충분히 오랫동안 살아남아 더 나은 기술, 우월한 판매 경로, 낮은 비용 구조를 바탕으로 경쟁했다.

에어비앤비의 공동설립자 조 게비아Joe Gebbia는 회사 설립 당시에는 숙박 산업에 대해선 아는 것이 거의 없었다. 그는 이렇게 기억한다. "저 는 참 순진했습니다. 제가 어느 정도로 준비되어 있는가에 1에서 10까 지 점수를 매긴다면, 아마도 3점 정도였을 것입니다." 조와 그의 직원들 은 용감하게 사업을 시작했지만 이후로 오늘날 우리가 알고 있는 성공 모델을 개발하는 데는 수년이 (그리고 수차례의 시도가) 소요되었다. 그 러나 살아남는 것은 쉽지 않은 일이다. 시대에 뒤떨어진 정부 규정이 당 신을 죽일 수도 있다. 수년에 걸쳐 무명생활을 하다 물러날 수도 있다. 기술력이 부족하면 살아남는 것이 몹시 힘든 싸움이 된다. 업계의 아웃 사이더일 때는 회복력이 당신이 가진 가장 중요한 특징이다.

당신과 직원들은 전문성이 언제 장점이 되고 단점이 되는지를 알아 야 한다. 이 모든 것은 당신이 문제를 제기하는 업계 규범 그리고 주요 역학이 이런 규범을 뒤집을 수 있는가 없는가로 귀결된다. 당신은 단지 현재의 기업보다 더 잘할 수 있다고 믿기보다는 다른 모든 기업이 잘못 하고 있다고 믿는 것에 대해 당신의 전략을 정립해야 한다. 더욱 중요하 게는 직원들은 전문성을 증진하고, 속도를 높이고, 장기적 전략을 전개 하기 위해 충분히 오랫동안 서로 협력하는 것에서 나오는 혜택에 가치 를 둬야 한다.

지금 와서 설립 당시의 비핸스를 돌이켜보면, 우리가 자격을 제대로 갖추지 않은 것이 놀랍기만 하다. 사명에 관한 것이라면, 우리 모두가 협력했고, 우리가 생각하는 것이 창조적인 산업에서 변화를 일으켜야 했다. 그러나 우리 중 어느 누구도 창조적인 산업의 베테랑은 아니었다. 또한 온라인 앱을 대규모로 만드는 데 경험이 부족했다. 당신은 우리가 이런 문제점 때문이 아니라 그럼에도 불구하고 비핸스를 거대한 플랫폼으로 발전시키는 데 성공했다고 주장할 수도 있다. 그러나 그 당시 창조적인 산업에서 활동하던 기업들 사이에서 몇 가지 공통적인 관행들이 있었는데, 이것들이 우리의 정보에 어두운 전략과 배치되었다.

예를 들어 당시에는 '데비안트아트DeviantArt, 마이스페이스Myspace, 사치Saatchi'의 디지털 커뮤니티 같은 대부분의 온라인 아트 쇼케이스들이 단순히 이미지의 컬렉션을 가지고 온라인 프로필을 제공하기만 했다. 당시 이것은 수많은 이미지와 아주 작은 구조물로 이뤄진 창조적 웹이었다. 일반 통념에 따르면, 이미지가 더 많을수록 페이지 조회수와 매출이 더 많았다.

이에 반해 비핸스의 첫 번째 버전은 온라인 포트폴리오를 작품 이면의 스토리 전달에 도움이 되는 이미지, 텍스트, 그 외 형태의 미디어, 잘 정돈된 정보로 이뤄진 일련의 프로젝트가 되도록 구성한 것이었다. 경쟁자들은 이미지의 컬렉션으로 이루어진 온라인 갤러리가 되려고 했지만, 우리는 창조적 전문가들이 그들의 작품 포트폴리오에 관한 개인적인 스토리를 전달하는 데 도움을 주려고 했던 것이다. 이것이 대단하게 들릴수도 있겠지만 이런 접근 방식은 비핸스에 이미지를 추가하는 작업이 다른 온라인 포트폴리오 사이트와 비교해 시간이 더 많이 걸리는 결과를 낳았다. 따라서 초기에 창조적 전문가들이 별도의 노력이 주는 혜택을 인식하기 전에는 우리가 사용자들을 유치하는 데 어려움을 겪었다.

멍청하지 않았더라면 아마도 안전하게 갔을 것이다. 운 좋게도 우리가 멍청했기 때문에 비핸스는 창조적인 작품을 전시하고 발견하기 위한 더욱 전문적이고도 잘 정돈된 플랫폼으로 알려지게 되었다.

경험이 부족했던 직원들은 가정과 계획이 실현되는 것을 보기 위해 서로 오랫동안 협력했다. 향후 몇 개월이 상당히 불확실하게 여겨질 때는 이런 문제와 우리가 원하던 최종적으로 바람직한 결과에 대한 신념에만 의문을 제기했다. 장기적 신념은 결코 사라지지 않았다. 죽을 고비를 몇 번 넘기기도 했지만 이것이 우리가 똑똑해지고, 더욱 중요하게는 긴밀한 유대를 형성하게 했다. 7년이 지나서도 처음 함께 출발했던 직원 중 열 명이 여전히 함께 일했다. 확실히 직원들이 보여준 충성, 관용, 인내, 사명에 대한 공동의 헌신은 우리가 잘 모르는 분야에서 일하는 데 유일한 강점이 되었다. 프로젝트 매니지먼트 소프트웨어 기업 '베이스캠프 Basecamp'의 공동설립자 제이슨 프리드Jason Fried는 스타트업에게 최선은 죽지 않고 살아남는 것을 의미한다고 주장했다. 그가 말했듯이 "오랫동안 살아남는 것은 당신이 할 수 있는 가장 경쟁력이 있는 방법이다."


〰〰〰〰〰〰〰〰〰

## 누구의 일인지는 상관없이
## 기꺼이 하라

그 일이 당신이 해야 할 일이 아니더라도 단지 그 일을 하는 것은 아주 훌륭한 선택이다. 규모가 큰 기업에서는 사람들이 자신을 탓하지 않고 자신이 동의하지 않는 전략이나 제품의 결함을 불평하는 경향이 있다. 규모가 작은 기업의 직원이거나 프리랜서인 경우에는 고객이나 상황을 탓하는 경향이 있다. 사람들은 자신이 불평하는 것들을 주도적인 자세로 해결하기보다는 실망을 나타내는 데 너무나도 많은 에너지를 소모한다.

모두 자기 의견을 가지고 있지만 그 일에 관해, 특히 공식적인 업무 범위를 벗어난 경우에는 무엇인가를 기꺼이 하려는 사람은 별로 없다. 사람들이 의욕을 가지고 자신의 일상적인 역할을 벗어난 일을 할 때는 놀라운 일들이 벌어진다. 회사의 마케팅이 끔찍하게 진행되고 있다고 생각하는가? 그러면 이에 대한 보고서를 쓰고 다른 직원들과 공유하라. 또 다른 동료 직원의 제품을 개선하기 위해 통찰하는 시간을 가져봐라. 다른 직원들에게 공이 돌아가더라도 그 일을 당신이 직접 하라. 그 공은 시간이 지나면서 자연스럽게 자기가 가야할 곳을 찾아가게 마련이다.

나는 지금까지 많은 직원과 일하며 누군가가 다른 사람들에게 분명하게 주어지지 않은 근본적인 일을 적극적으로 할 때 아이디어가 금방 나오는 모습을 보며 놀란 적이 많았다. 자신의 업무 범위를 벗어난 일을 기꺼이 하려는 사람들이 많을 때 아이디어가 나오고 발전을 이룩한다. 자기에게 주어진 일이 아니더라도 적극적으로 기여하려는 사람이 새로운 일에서 리더십을 발휘한다.

자신의 업무 범위를 벗어나 힘든 일을 하려는 사람이 별로 없는 건 그만한 이유가 있다. 그 일이 힘들기 때문이다. 우리는 에너지를 소모하거나 자기 삶의 다른 부분에서 뒤처지는 위험을 감수해야 한다. 최전선에서 활동하고 새로운 것을 주도할 기회를 갖는 데는 피해가 따를 수 있다. 당신은 기존 시스템에서 하나의 톱니가 될 수도 있고 새롭고 더 나은 시스템의 설계자가 될 수도 있다. 물론 산업을 변모시키고 세상에 가치 있는 흔적을 남기고 싶은 욕망이 있다면 자신을 구속하는 모든 시스템에 문제를 제기해야 한다. 무엇인가가 잘못되고 있다면 그것을 고치기 위해 주도적으로 나서야 한다.

'LCD 사운드시스템Soundsystem'을 결성하고 리더로 활동하는 제임스 머피James Murphy가 다음과 같이 잘 표현했다.

"불만을 가장 잘 표현하는 것은 새로운 일을 꾸미는 것이다."

당신이 좌절하거나 위기의 순간을 맞이할 때 이런 에너지를 끊임없는 창조를 위해 쏟아야 한다. 당신의 일이 아니더라도 어쨌든 그 일을 하라. 주어진 일이 아니더라도 당신의 입장을 뒷받침하기 위해 연구하고 실험하고 보고서를 써서 발표하라. 그러면 미리 정해진 업무에서 느낄 수 없는 만족을 얻을 수 있을 것이다.

대기업에서 기업가와 혁신가의 공통적인 특징은 미리 정해진 역할에 문제를 제기하는 것이다. 미래는 자신에게 주어진 일이 아닌 것을 하는 사람에 의해 만들어진다. 본인이 그런 사람이 되어야 하고, 또한 그런 사람을 고용해야 한다. 많은 사람이 의심을 많이 하고 말을 많이 하지만 실행은 적게 한다. 말을 앞세우지 말고 실행을 해야 한다. 이것저것 가리지 말고 관심을 가져야 한다. 그것을 기꺼이 하려는 의지를 갖고 있다면 단순히 자기 일만 하려는 사람보다 더 많은 영향력을 발휘할 것이다.

# CHAPTER TWO
# 최적화
## OPTIMIZE

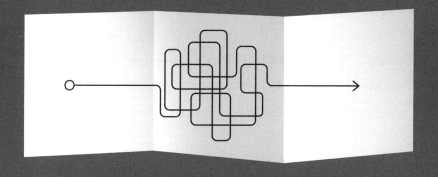

메시 미들은 단지 불가피하게 발생하는 하락 국면과 가까운 재앙을 견뎌내는 것에만 국한되진 않는다. 그것은 추진력을 얻고 효과적으로 작동하는 것이라면 무엇이든지 확인하고 이용하기 위해 여정에서 상승 국면을 활용하는 것에 관한 이야기이기도 하다. 골짜기에서 힘들게 교훈을 얻는다면 그것이 정상을 찾아가는 데 도움이 될 것이다. 새로운 작업 방식이 생산성을 증진하고 중요한 결정이 직원들의 능력을 향상시키고 제품을 약간 변경한 것이 고객에게 만족을 주는 것처럼, 무엇인가가 실제로 효과적으로 작동할 때 다음과 같이 집요하게 검토해야 한다. 그것은 왜 효과적이었는가? 어떻게 하면 재현할 수 있는가? 어떻게 하면 직원들에게 널리 확산시키는가?

여정의 미들에 나오는 이처럼 긍정적인 상승 국면이 사전에 계획되는 경우는 드물다. 계획은 타이밍과 사람들과 같은 현실 세계의 마찰이 없는 진공 상태에서 나온다. 새로운 길을 개척하면 할수록 시도하는 것들의 효과를 예상하기 더욱 어려워진다. 철저하게 계획된 의사결정이 중요하게 작용하지 않는다면, 사소한 변화가 상당히 중요하게 작용할 것이다. 예상하지 못한 사건에 개방적이어야 하고, 그것이 왜 발생했는지에 미친 듯이 호기심을 가져야 하고, 관심을 끄는 모든 것을 최대한 최적화해야 한다.

미래에 뛰어난 제품을 만들려면 현재에 더 나은 결과를 내기 위해 끊임없이 노력해야 한다. 만든 제품의 모든 측면이 훨씬 더 많이 개선되어야 한다. 직원들의 능력이 더욱 뛰어나야 한다. 제품을 판매하고 설명하는 방식이 더욱 설득력 있어야 한다. 작업 방식과 과정이 더욱 효율적이어야 한다. 자신이 이뤄놓은 것에 결코 만족해선 안 되지만 자부심을 가져야 한다.

최적화는 더 잘할 수 있다는 믿음에서 비롯된다. 그것은 고장난 것을 수리하는 것이 아니라 이미 잘 작동하는 것은 개선시키는 것을 의미한다.

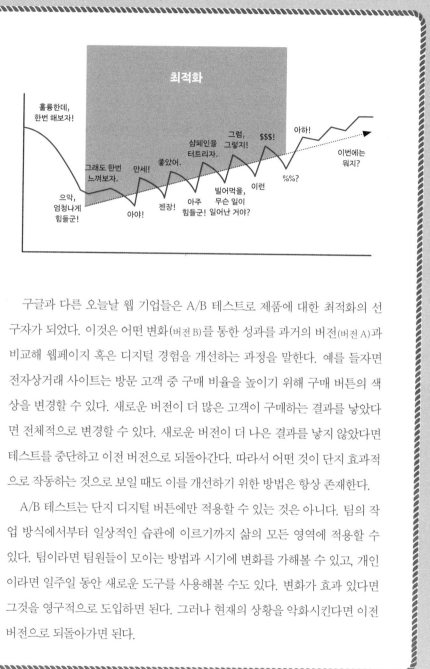

구글과 다른 오늘날 웹 기업들은 A/B 테스트로 제품에 대한 최적화의 선구자가 되었다. 이것은 어떤 변화(버전 B)를 통한 성과를 과거의 버전(버전 A)과 비교해 웹페이지 혹은 디지털 경험을 개선하는 과정을 말한다. 예를 들자면 전자상거래 사이트는 방문 고객 중 구매 비율을 높이기 위해 구매 버튼의 색상을 변경할 수 있다. 새로운 버전이 더 많은 고객이 구매하는 결과를 낳았다면 전체적으로 변경할 수 있다. 새로운 버전이 더 나은 결과를 낳지 않았다면 테스트를 중단하고 이전 버전으로 되돌아간다. 따라서 어떤 것이 단지 효과적으로 작동하는 것으로 보일 때도 이를 개선하기 위한 방법은 항상 존재한다.

A/B 테스트는 단지 디지털 버튼에만 적용할 수 있는 것은 아니다. 팀의 작업 방식에서부터 일상적인 습관에 이르기까지 삶의 모든 영역에 적용할 수 있다. 팀이라면 팀원들이 모이는 방법과 시기에 변화를 가해볼 수 있고, 개인이라면 일주일 동안 새로운 도구를 사용해볼 수도 있다. 변화가 효과 있다면 그것을 영구적으로 도입하면 된다. 그러나 현재의 상황을 악화시킨다면 이전 버전으로 되돌아가면 된다.

최적화를 가장 잘하는 사람들은 무엇인가가 왜 효과가 있는지를 항상 고민한다. 핀터레스트의 벤 실버만은 그 과정을 '과거를 항상 되돌아보고 미래를 향해 구체화하는 것'이라고 설명했다.

"실제로는 자신의 실패보다 성공에서 훨씬 더 많은 것을 배울 수 있다고 생각합니다. 사람들은 왜 실패하게 되었는지에 수만 가지 이유를 댑니다. 그러나 성공에 대한 이유는 별로 말하지 않습니다. 예를 들어 우리가 뛰어난 달리기 선수가 되고 싶다면 느리게 달리는 선수를 연구할까요, 빨리 달리는 선수를 연구할까요? 저는 (당신의 성공이든 다른 사람의 성공이든) 왜 성공하게 되었는지를 이해하기 위한 시간은 그만한 값어치가 있다고 생각합니다. (중략) 정말 잘 진행되고 있는 일에 대해 왜 그런지를 질문할 때 가장 많은 것을 배울 수 있습니다. 이런 것들을 배우고 더 많이 실행해야 합니다."

잘 진행되고 있는 것들에 호기심을 가져야 팀과 제품이 가진 독특한 강점을 발견할 수 있다. 이것은 확실한 원칙으로 들리지만, 이미 잘 진행되고 있는 것들을 개신하는 데 시간을 쓰는 사람은 별로 없다. 문제를 해결하고 급한 불을 끄는 데 거의 모든 시간과 에너지를 쓰기보다는 이미 앞으로 나아가고 있는 것들을 최적화해야 작업 속도를 높일 수 있다.

업계 종사자들 중에는 자신의 성공이 최적화를 위한 노력을 제한하기 때문에 지위를 잃는 사람이 많다. 규모가 큰 기업들은 그들이 대기업이 되게 했던 것들을 개선하기보다는 당장의 문제를 해결하고 사업 유지에 시간을 많이 쓴다. 결과적으로 단기적으로는 주주들을 즐겁게 해주지만 장기적으로는 당연히 시대에 뒤떨어지게 되는 정상 상태(steady state, 운동 상태가 시간의 흐름과 더불어 변화하지 않는 상태에 있는 것을 의미한다-옮긴이주)에 들어간다. '충분히 좋은 것'은 언제든지 다른 사람들이 당신이 만든 것보다 더 나은 것을 만들게 해주는 초대장과도 같은 것이다.

효과적으로 작동하는 믿을 만한 방법을 갖고 있을 때 최적화를 달성하는 것이 가장 어렵다. 운전을 예로 들자. A지점에서 B지점으로 가는 최단경로를 찾아냈다고 생각하더라도, 항상 그 지역의 택시운전사들이 더 빠른 길을 알 것이다. 이미 답을 알고 있다고 생각할 때는 오직 효율성을 위해서만 다른 옵션을 실험하지 않는다. 규모가 크고 자원이 많은 기업이 갖는 문제는 그들이 모든 것에 대해 잘 정의된 방법을 갖고 있고 많은 직원이 그것을 분명하고 광범위하게 적용한다는 것이다. 따라서 이미 알려진 방법이 굳건하게 자리잡게 되면서 새로운 방법을 찾을 가능성은 시간이 지날수록 사라진다.

우리는 국지적인 지식이 아니라 피상적인 지식을 가지고 인생을 살아가고 사업을 한다. 선택에 의한 것이든 우연에 의한 것이든, 우리가 한 가지 분야를 고수하고 깊이 파고들 때만 더 나은 방법을 찾을 수 있다.

이번 챕터에서는 메시 미들에서 효과적으로 작동하는 것들을 기념하고 그것들을 활용하는 방법을 다룬다. 우선 고장이 나지 않은 것을 수리하는 작업이 불편하게 여겨질 수도 있다. 때로는 그것을 해체해야 하기 때문이다. 그러나 최적화는 탁월한 제품을 만들기 위한 유일한 방법이다. 여정에서 정상이 점점 더 높아지는 양의 값을 띠는 경사는 팀, 제품, 자신을 더 나아지도록 평가하고, 해체하고, 만드는 과정을 반복한 것에서 나온 결과다.

## 팀을 최적화하라

뛰어난 팀은 뛰어난 사람들을 모으는 것보다 더 많은 것을 요구한다. 즉 뛰어난 팀은 궁극적으로 모으는 것이 아니라 성장하는 것이다. 뛰어난 팀은 끝없이 반복되는 역할, 문화, 과정, 구조를 통해 만들어지고, 장애물이 등장할 때마다 이를 극복한다. 뛰어난 팀을 만들기 위한 유일한 길은 팀원들이 협력하는 방법을 끊임없이 최적화하고, 문제 해결을 위한 길을 명료하게 하는 데서 나온다.

기업 안에서 목표보다는 팀을 우선시해야 하고 제품보다는 팀을 먼저 생각해야 한다. 팀이 좋지 않은 상황에 있거나 사무실 분위기가 침체되어 있으면 가장 가치 있는 자원이 뛰어난 제품을 만들 수 없을 것이고, 장기적으로는 목표를 달성하지 못할 것이다.

팀은 당신이 만들고 있는 것만큼이나 진정으로 중요하다. 나는 제품에만 사로잡혀 팀원들을 강압적으로 다루는 설립자들을 많이 봐왔다. 그들 중 대다수가 실패했다. 팀이 우선이다.

# 조직을 구성하고,
# 고용하고, 해고한다

## 자원보다는 지혜

하는 사업이 날로 번창하고 계획이 더욱 원대해지면서 팀도 성장하길 바랄 것이다. 규모를 확대하는 것에 관한 한, 리더들이 가장 손쉽게 생각하는 방법은 사람들을 고용하는 것이다. 머릿수와 손이 많아지면 더 많은 일을 할 수 있다. 그러나 훌륭한 관리자는 팀의 규모를 확대하는 것이 항상 정답은 아니란 사실을 잘 알고 있다. 너무나도 많은 팀이 이미 보유하고 있는 직원들을 최적화해야 할 때도 또 다른 사람들을 고용한다. 당신은 언제라도 더 많은 자원resources을 가질 수 있다. 그러나 지혜resourcefulness는 경쟁 우위를 갖게 해준다. 자원은 사라지지만 지혜는 그렇지 않다.

나는 이러한 스펙트럼의 양끝에서 지내본 경험이 있다. 자금 모집에 나서기 전 5년 동안 팀을 혼자 힘으로 꾸려갔던 것이 생산성 증진을 통해 규모를 키울 수밖에 없도록 했다. 심지어는 직원을 더 많이 뽑는 것이 정답일 때도 말이다. 다른 한편으로는 이후 어도비에서 몇몇 팀의 관리자로 있을 땐 직원을 더 많이 뽑는 것이 규모를 확대하기 위한 가장 손쉬운 방법이었다. 그리고 이것이 항상 문제를 해결해준 것은 아니었다.

비핸스 설립 초기에 회사 확장과 손익분기점 도달 사이에서 균형을 이루려고 노력하던 시기에 겪었던 고통을 지금도 생생하게 기억하고 있다. 우리 엔지니어들은 반드시 고용해야 할 필요가 있는 사람들의 명단을 가지고 있었다. 디자인팀, 관리팀, 업무 지원팀도 마찬가지였다. 신입 팀원을 뽑을 때 (순위를 결정하는 것은 두말할 것도 없었고) 어디에 우선순위를 둘 것인가를 결정하는 일이 매우 고통스러웠다.

당시 사업본부장이던 윌 알렌Will Allen은 항상 팀장들에게 기존의 작업 방식대로 일할 사람을 뽑아달라고 요구하기 전에 먼저 작업 방식을 바꿔보라고 했다. 그는 이렇게 말하곤 했다. "혁신하고 또 혁신하세요. 그러고 나서 사람을 뽑아 달라고 하세요." 팀장들은 그들이 뽑고 싶은 사람들의 직위를 가지고 회의실로 들어왔지만, 팀원들과 프로세스 개선안을 내놓으라는 숙제를 가지고 나갔다.

팀에 직원들을 충원하기 전, 먼저 팀원들이 일하는 방법을 최적화해야 한다. 채택할 수 있는 더 나은 도구는 없는가? 작업의 일부를 자동화하거나 외주를 줄 수는 없는가? 시간이 많이 소요되는 프로세스를 제거하는 방법은 없는가? 지금 와서 돌이켜보면 나는 우리가 처음 몇 년 동안 자원을 가지지 못한 것이 감사할 따름이다. 그런 여건에서 나오는 인간의 지혜가 우리 팀을 더욱 똑똑하게 만들었다. 윌과 항상 팀원들과 이런 문제들을 검토할 때마다 비효율적인 측면과 생산성을 증진하기 위한 놀라운 기회를 찾아내곤 했다. 우리는 규모를 키우기 전에 먼저 효율성을 증진했다. 이처럼 일의 진행을 순조롭고 만족스럽게 하는 근로 윤리의 부산물로서, 우리가 더욱 유능한 사람들을 데려와서는 계속 근무할 수 있게 했다. 효율적인 사람은 효율적인 작업 환경에서 일하고 싶어 한다.

또한 지혜는 당신이 창조적인 사람이 되게 해준다. 훌륭한 디자이너는 창조성을 제약하는 요소가 아이디어 창출 과정에 도움이 된다고 말한다. 이것은 자원이나 선택할 수 있는 대상이 적을수록 지금 보유한 것만 가지고도 더욱 창조적인 사람이 될 수 있다는 뜻이다.

이를 보여주는 가장 적절한 사례가 바로 '스카이박스Skybox'일 것이다. 이 회사는 가격이 저렴한 인공위성을 제작하여 글로벌 이미징업체와 위성기반 서비스업체의 비용을 대폭 줄이게 했다. 스카이박스가 등장하기 전에는 인공위성을 제작하고 발사하고 관리하는 데는 (수십억 달러는 아니더라도) 수억 달러가 소요되었다. 스탠퍼드 대학원생 4명은 이런 비용 제약이 있는 상황에서 이미 있는 부품들을 사용해 인공위성을 제작하려고 했다. 2013년 그들이 제작한 첫 번째 인공위성 스카이셋SkySat-1이 발사되었는데, 제작비용이 200~500만 달러였던 것으로 알려져 있다. 그들의 성공은 주로 스스로가 부과한 제약의 산물이며, 결국 2014년에 구글은 스카이박스를 5억 달러에 사들이기로 했다.

자원을 갑자기 투입하는 것은 지혜로운 생각을 방해하기 위한 가장 효과적인 수단이다. 기업이 설립 초기에 있을 때 투자자들 사이에서 흔히 발생하는 논쟁은 사업의 각 단계에서 투자 자금이 얼마나 되어야 지나치게 많은 것이 되는가에 관한 것이다. 자금 모집에는 막대한 숨은 비용이 따라오기 때문이다.

세계적으로 널리 알려진 인큐베이터이자 스타트업 투자자인 '와이 콤비네이터'의 공동설립자 제시카 리빙스톤Jessica Livingston은 연례 회의에서 투자 자금을 너무 빠른 시일 내에 지나치게 많이 모집하는 데 따르는 위험에 관해 이렇게 말했다.

저는 스타트업들이 투자 자금을 모집하고 나서는 적은 자원으로 많은 일을 하던 기업이 많은 자원으로 적은 일을 하게 되는 모습을 많이 봐왔습니다. 현금으로 문제 해결 방안을 사들일 수 있다고 생각하기 쉽습니다. 제품을 판매하고 사용자들에게 전화하는 것이 싫으세요? 영업사원을 고용하세요. 아무도 회사 제품을 사용하지 않는다고요? 그것은 사람들이 그것을 알지 못하기 때문입니다. 입소문을 내기 위해 비싼 돈을 들여 광고 회사에 맡기세요. 스타트업이 이렇게 하는 것은 일하기를 싫어하는 것이고, 따라서 잘못된 것입니다.

자금을 충분히 확보하지 못하면 이런 상황이 당신을 숭고한 사람이 되게 합니다. 충분히 확보했다면 스스로 숭고한 사람이 되어야 합니다.

혁신을 일으키려면 자원만이 아니라 지혜를 갖춘 팀이 되어야 한다. 언론은 자금 조달을 찬양하며 이 사실을 덮어버린다. 사업 초기 단계에서의 제약이 견실한 운영, 높은 마진, 대기업에서 (그리고 자금이 풍부한 스타트업에서) 찾아보기 힘든 자기인식을 위한 길을 닦게 만든다. 다른 방식으로는 이 교훈을 얻기가 어렵다.

너무 일찍 자금 모집에 나서는 데 따르는 위험으로는 당신이 좋아하지 않는 일, 진정으로 신뢰하지 않는 일을 해야 하는 상황에 몰리게 된다는 것이다. 이성과의 첫 만남에서 아이를 갖거나 부모가 되는 상황을 원하지 않듯, 당신이 좋아하는 일에 헌신할 수 있을 때까지 기다려야 한다. 자금 모집에 나서기 전에 여러 제약과 함께 오랫동안 사랑에 빠질 수 있는 일을 해야 한다. 시작부터 끝까지 여정에서 살아남으려면 좋아하는 일을 해야 한다.

자원은 왔다가도 사라지는 것이지만 지혜는 사업 전반에 걸쳐 힘을 발휘하게 하는 근육과도 같다. 지혜가 없다면 자원을 효율적으로 사용할 수 없다. 팀이 지혜를 갖는 일에 집중해야 한다.

<hr />

## 경험보다는 패기

직원을 모집할 때 사업 아이디어에 흥미를 갖고 당장 조직에 헌신하고 일을 배워나갈 수 있는 능력을 갖춘 사람을 찾아야 한다. 팀의 부족한 경험은 패기로 보완할 수 있다. 성공한 기업가들이 공통적으로 믿는 원칙은 경험을 가진 사람보다는 패기를 가진 사람을 고용하라는 것이다. 이력서를 맹신하고 일류 기업에서 근무한 경력을 가진 사람을 뽑고 싶은 유혹이 있지만 초기 단계의 스타트업이 가진 특별한 공감대는 무엇이든 배우려고 하고 그것을 신속하게 적용하려고 하는 패기와 의지를 가진 팀에서 형성된다.

## 정말 패기가 경험을 능가할까?

경험은 부족하지만 패기가 넘치는 똑똑한 사람은 대부분 기대를 뛰어넘는 실적을 보여준다. 그러나 경험이 아주 많은 사람은 기존의 전제를 무시하고 새로운 것을 배우기 훨씬 어렵다. 전문가라는 사람들은 문제를 재구성하고 새로운 해결 방안을 찾기보단 과거에 효력을 발휘했던 방안을 그대로 사용하려고 한다. 그러나 경험이 아니라 패기로 뭉친 팀원과 함께 있으면 호기심으로 불타오른다. 숙련도가 부족한 것은 대체로 일반 통념이 부족한 데서 비롯되는데, 이것은 그와는 다르게 생각하는 데 도움이 된다. 전문가를 고용할 때는 그들의 동기가 가장 빠른 해결 방안을 내놓으려는 욕구가 아니라 새로운 것을 배우려는 욕구에서 나온 것인지를 확인해야 한다.

패기는 전염성이 강하지만 전문 지식은 그렇지 않다. 예를 들어 내가 비핸스를 경영하던 시절, 마음에 드는 젊은 직원들 중 맬컴 존스Malcolm Jones라는 친구가 있었다. 처음 맬컴은 직원들 사이에서 늘 활짝 웃는 표정으로 무엇이든 할 수 있다는 긍정적인 자세를 가진 사람으로 알려졌다. 비핸스에 입사하기 전 엔지니어링 경험은 별로 없었지만, 우리는 처음 면접을 하고는 그에게 홀딱 반해 있었다. 맬컴은 비핸스 플랫폼의 기반 시설, 안정성, 보안을 담당하는 엔지니어들로 이뤄진 '개발 및 운영팀(dev-ops, 개발development과 운영operation의 합성어-옮긴이주)'의 세 번째 직원으로 입사했다. 그 팀은 스팸메일 문제, 보안상 결함, 매일 수백만 명이 방문해 수백만 개의 포트폴리오를 전송하는 데 따르는 지체 현상처럼 악몽과도 같은 상황에서 최전선에 있었다. 비핸스 사이트가 다운되면 개발 및 운영팀이 문제를 진단하고 해결해야 했다. 하루 종일 불을

끄러 다니고 (회사가 내연성을 갖게 하고) 사방에서 터져 나오는 문제
와 우려에 시달리는 것은 아주 힘든 일이었다.

과거의 경력만 놓고 보면 맬컴이 그 자리에 적임은 아니었다. 그러나
어떤 일이라도 기꺼이 맡아 숙달하려는 열정이 자신의 성공뿐 아니라
개발 및 운영팀의 사기를 크게 드높이는 데도 도움이 되었다. 맬컴은 팀
을 변모시켰고 모두가 존경하는 리더가 되었다. 기술은 공유할 수 있다.
그러나 패기와 여기서 나오는 에너지와 열정은 팀의 문화를 조성하고
이것이 순식간에 퍼져 나가는 데 기여한다.

## 어떻게 패기만 보고 고용할 수 있을까?

과거에 보여준 패기는 미래에 보여줄 패기의 최고 지표가 된다. 이력서
에 있는 것만 보려 하지 말고 지원자들에게 그들의 관심 분야와 그것을
추진하기 위해 지금까지 무엇을 했는지를 물어봐야 한다. 그들의 관심
분야가 분재 재배든 시 쓰기든 무엇인지는 전혀 중요하지 않다. 대신 자
신의 관심 분야에서 자기 계발을 적극적으로 했던 이력이 있는지를 살
펴봐야 한다.

패기는 집착에서 온다. 무엇인가에 집착하면 할수록 그것을 더 많이
알게 된다(혹은 찾아내기를 원한다). 어떤 산업에 집착하면서 전문 지식을
갖추고 판도를 완전히 뒤집을 만한 새로운 기술을 활용하기 위해 오랫
동안 살아남기 위한 방법을 찾는 아웃사이더들이 그 산업에서 가장 큰
파열을 일으킨다. 전문 지식이 당신에게 자격을 갖추게 하지만, 집착은
당신의 능력을 총동원하여 전문가들을 훨씬 더 능가하게 만든다.

# 다양성은
# 차별성을 촉진한다

자사 제품이 갖는 고유 특성이 경쟁사와의 차이를 나타낸다. 특성은 의견 충돌과 규범에서 벗어나는 사고방식을 통해 만들어진다. 모든 시장이 자연스럽게 평균을 향해 회귀함에 따라, 즉 광범위하게 자리잡은 모범사례가 될 때까지 평준화됨에 따라 차별성을 촉진하고 유지하기 위한 최선의 방법은 팀이 다양성을 띠게 만드는 것이다.

지난 몇 년간 만났던 위대한 팀들은 다양하고 특별한 사람들로 구성되어 있었다. 팀이 더욱 다양해질수록 제품도 더욱 다양해지고 혁신적이게 된다.

합리적 사고는 예전에 보았고 했던 것들에 의해 형성된다. 이는 우리가 지금까지 있어 왔던 곳에 계속 머물게 한다. 그러나 삶을 바꾸는 가장 위대한 제품은 예전의 문제를 새롭고 언뜻 보기에 합리적이지 않은 방식으로 생각하는 팀이 만든다. 팀원들이 처음에는 완전히 비합리적으로 보이다가 점점 획기적인 해결 방안으로 보이는 아이디어나 전망을 공유하게 될 때 당신은 충분히 다양한 사람들로 이뤄진 팀을 갖게 된다는 사실을 알게 된다. 혁신은 이성의 *끄트머리*에서 일어난다. 그리고 똑같은 사람들로 이뤄진 팀을 가지고는 *끄트머리*에 도달할 수 없다.

생각의 차별성을 얻기 위한 손쉬운 방법으로, 테이블에 성격, 성별, 인종, 국적, 배경, 학력, 경력이 다양한 사람들을 모으면 직면한 모든 문제의 해결 범위가 확대된다.

우리는 창조성을 생각하는 데 많은 시간을 보내지만 그것을 발휘하게 될 팀을 구성하는 데는 많은 노력을 기울이지 않는다. 과학기술자 니콜라스 네그로폰테Nicholas Negroponte는 나의 오랜 멘토인 존 마에다John Maeda와의 블로그 인터뷰에서 이 현상을 잘 표현했다.

"새로운 아이디어는 어디에서 나올까요? 답은 간단합니다. 다양성에서 나옵니다. 창조성은 예상하지 못했던 만남에서 나옵니다."

마에다는 이렇게 말한다. "이것은 정말 간단한 아이디어입니다. 그런데도 내가 믿는 모든 것을 구현합니다. 배경이 다른 사람들을 한데 모아놓으면 모든 사람이 예상하지 못했던 결과가 나옵니다. 그리고 그 결과는 창조성이 갖는 중요한 본질의 바탕이 됩니다." 이것이 바로 다양성이 주는 경쟁 우위다.

다양성의 부족은 벤처캐피털 기업이 갖는 전형적인 약점이다. 2015년에 벤처캐피털 '소셜 캐피털Social Capital'이 발표한 연구보고서에 따르면, 일류 기업의 고위직 투자 전문가들 중 남성이 92퍼센트, 백인이 78퍼센트인 것으로 나타났다. 집단 사고의 폐해와 함께 이런 상동성은 이성의 끄트머리에서 세상 사람들이 전혀 보지 못했던 무엇인가를 발견해야 할 때는 주요 약점으로 작용한다. 나는 똑같은 이유로 엔젤 그룹을 좋아하지 않는다. 이것은 스타트업들이 제품을 선전하는 것을 듣고 서로 토론하며 하나의 집단으로 투자하려는 사람들의 모임이다. 따라서 끔찍한 모델이다. 집단은 특히 비슷한 사람들로 구성되어 있으면 지나치게 합리적으로 생각하게 만든다. 집단이 절차를 진행하기 위해 구성원들의 동의를 구할 때는 혁신에 투자하면서 오히려 혁신을 훨씬 더 많이 파괴한다.

관점의 범위가 최고조에 달하는 강한 팀을 결정하려면 성별, 인종,

성적 취향, 정치적 견해의 다양성이 반드시 요구된다. 그러나 여기서 그쳐서는 안 된다. 팀이 사용하는 언어처럼 명백하게 드러나지 않는 다른 요소들도 고려해야 한다.

브리스톨대학교 언어연구소 연구위원이자《Linguanomics: What Is the Market Potential of Multilingualism (링구아노믹스: 다중 언어의 사용이 갖는 시장 잠재력은 무엇인가)》의 저자이기도 한 가브리엘 호건 브룬Gabrielle Hogan-Brun은 다중 언어 사용이 뇌에 미치는 영향과 그 사용자가 팀에 미치는 영향을 주로 연구한다. 그녀는 단일 언어 사용자의 뇌 구조가 이중 언어 사용자의 그것과는 다르다는 것을 보여주는 다양한 연구 결과들을 제시한다. 예를 들어 이중 언어 사용자의 뇌는 주로 추상적 사고를 할 때 사용하는 좌하위 두정 피질의 밀도가 높고 회백질이 더 많다. 팀 구성원들이 다양한 어휘를 갖고 있으면 좀 더 다양한 방식으로 문제에 접근할 수 있다. 호건 브룬은《쿼츠》에서 다음과 같은 사례를 제시했다.

독일어 사용자들은 영어 단어 'put'을 가지고 다양한 이미지를 떠올린다. '레겐legen'은 수평으로 놓는 것을 의미하고, '제쩬setzen'은 어떤 대상을 앉히는 것, '스텔렌stellen'은 수직으로 세우는 것을 뜻한다. 이런 의미들은 그들이 무의식적으로 실제 문제에 접근하기 위한 새로운 방법을 떠올리게 한다. 여러 사람이 함께 일하면서 이런 다양한 언어를 사용하면, 특히 복잡한 과제를 처리할 때 새로운 연관 관계를 찾아낼 수 있다.

그리고 이것이 단지 생리적, 팀워크 측면의 혜택만을 의미하지는 않는다. 사업 측면에서도 명백한 혜택이 있다. 호건 브룬은《더 컨버세이션The Conversation》에 실린 자신의 논문 〈"Why Multilingualism Is Good for Economic Growth": If your strategy is to trade only with people that speak English that's going to be a poor strategy(왜 다중 언어의 사용이 경제 성장에 도움이 되는가: 당신의 전략이 영어를 사용하는 사람들만을 대상으로 거래하는 것이라면, 이것은 나쁜 전략이 될 것이다)〉에서 경제학자 래리 서머스Larry Summers를 인용했다. 다중 언어 사용자를 고용하면 조직의 실현 가능한 범위가 당장 두 배로 확장된다. 베른대학교 연구 결과에 따르면, 스위스가 갖는 다중 언어 사용의 장점을 경제적 가치로 환산하면 GDP의 10분의 1에 달한다. 호건 브룬은 또 다른 논문에서도《더 이크노미스트the Economist》가 다국적기업 임원 572명을 대상으로 실시한 설문 조사 결과를 인용해 이들 중 3분의 2가 다문화주의를 통해 팀의 혁신 잠재력이 커졌다고 대답한 사실을 강조했다.

제2언어를 배우는 것은 항상 뇌에 좋게 작용한다. 그러나 이중 언어 사용에는 다양한 유형이 있다. 예를 들어 학교에서 사용하는 언어와 다른 언어를 사용하는 가정에서 자라는 것은 학교에서 제2언어를 배우는 것과는 큰 차이가 있다. 마찬가지로 태어날 때부터 2개의 언어를 유창하게 말하는 것은 성인이 되어 외국에 가서 제2언어를 유창하게 말하게 되는 것과 비교하면 뇌에 다른 효과를 미친다. 그러나 차이가 있더라도 당신과 다른 언어로 생각하는 사람을 고용하는 것은 강점이 된다. 펜실베이니아주립대학교의 앤절러 그랜트Angela Grant는《이언Aeon》에 발표한 〈The Bilingual Brain: Why One Size Doesn't Fit All(이중 언어 사용자의 뇌: 왜 누구에게나 적용되는 것이 존재하지 않는가?)〉라는 제목의 글에서 이중 언어 사용에서 생물학적 혜택의 일부가 때로는 과장될 수도 있지만 "인지적 혹은 해부학적으로 장점이라고 알려진 것과는 무관하게, 이중 언어 사용자는 상호 작용하는 공동체, 경험하는 문화, 읽는 신문의 양에서 다른 사람보다 2배 더 많다는 사실을 기억해야 한다. 그리고 이것이 장점이 아니라면 무엇이 장점인가?"라고 주장했다.

나와 함께 비핸스를 설립했던 마티아스 코레아는 바르셀로나 출신으로 젊은 나이에 미국에 오기 전에는 주로 스페인어를 사용했다. 설립 초기에 다른 직원들도 모국어가 스페인어 혹은 프랑스어였다. 나는 이 장점을 직접적으로 경험할 수 있었다. 여러 언어를 사용하는 다양한 문화를 조성한 것과 함께, 우리의 디자인이 갖는 미학과 설립 초기부터 국제적인 공동체에 참여할 수 있는 능력을 갖춘 것이 (그것은 우리가 실제보다 더 크게 보이게 했다) 비핸스를 그렇게 성장시키는 데 도움이 되었다.

벤처기업 초기 단계에서는 친구들, 당신과 비슷한 사람들을 참여시키고 싶겠지만 나태해지고 주변 사람만 고용하려는 경향을 거부해야 한다. 우연히도 주변에 있는 사람들은 당신과 비슷하게 사물을 바라보고, 비슷하게 생각하고, 비슷한 기술을 가지고 있기 쉽다. 이런 사람들을 고용하면 안전하고 편안한 기분이 들겠지만 제품의 차별성 부여에는 불리하게 작용할 것이다. 주변에 당신과는 다른 사람들이 많이 있으면 똑같이 사물을 바라보고 생각하는 사람들이 많이 있을 때와 비교해 당신의 적응 능력이 더 높아질 것이다. 다양성을 갖춘 팀은 다양한 상황들을 이겨내고 광범위한 도전에 직면했던 경험이 풍부한 사람들과 함께 일을 함으로써 옵션과 상황의 폭넓은 스펙트럼을 견뎌낼 수 있다. 어떻게 하면 제품이 인구통계학적으로 다양한 사람들에 의해 인식될 수 있을까?

제품을 판매하기 위한 노력에서 어떠한 문화적 성향을 활용할 수 있을까?(혹은 문화적 민감성을 고려할 수 있을까?) 다양성을 갖춘 팀은 다양한 관점에서 새로운 전망을 내놓는 것과 역발상을 할 가능성이 더 많다.

직원을 고용할 때는 무의식적으로 가질 수 있는 편견에 주의해야 한다. 정확하게 어떤 측면에서 문화적으로 적합하지 않은지를 확인하기 위해 깊이 파고들지 않고서 그냥 "적합하지 않다"는 식으로 결론을 빠르게 내려서는 안 된다. 고용 과정의 전반부에서 해야 할 일을 표준화하는 것도 도움이 된다. 그러면 친숙하게 보이는 지원자가 있더라도, 편견에 덜 취약하고 진지하게 고민할 가치가 있는 자격을 갖춘 지원자를 계속 실어나르기 위한 파이프라인을 건설할 수 있다. 원칙을 정하고 팀이 그것을 폭넓게 수용하도록 해야 한다. 다양한 사람들로 팀을 질적으로 향상시키면 오랫동안 그렇게 하기가 더욱 수월해질 것이다. 그러면 친숙함이 수용으로 이어진다.

나이가 훨씬 더 많거나 훨씬 더 적은 사람, 다양한 지역 출신으로 다양한 말씨를 가진 사람들과 일하는 데 익숙해지면, 생각과 고용 원칙도 가능성에 더욱 개방적이게 될 것이다.

<hr>

## 역경을 견뎌낸
## 사람을 고용한다

다양성에는 사람들이 과거에 겪었던 경험도 포함된다. 따라서 인생에서 역경을 견뎌내고 엄청난 난관을 극복한 경험이 있는 사람들로 구성된 팀을 만들도록 해야 한다. 이것은 팀의 DNA에 강점과 내성을 심어준다.

'워커 앤드 컴퍼니 브랜즈Walker & Company Brands'의 CEO이자 설립자 트리스탄 워커Tristan Walker는 자신의 성장 경험이 기업 문화에 반영된 것에 관해 말했다.

"우리는 용기에 최우선의 가치를 부여합니다. 제가 용기를 가장 중요하게 생각하는 이유는 이것이 없이는 어떤 가치도 일관되게 실천할 수 없다는 데 있습니다. 제가 용기를 갖게 된 것은 뉴욕 퀸스에 있는 빈민가에서 자란 데 있습니다. 저는 살인과 총격 사건도 직접 목격했습니다. 그 과정에서 벌어지는 모든 것을 봤습니다. 저한테 최악의 시나리오는 그곳으로 돌아가 살아남는 것입니다. 따라서 제 주변 사람들은 이렇게 말합니다. "빌어먹을 트리스탄이 이걸 견뎌내려고 지옥 끝까지 가려 하는군." 이 말은 상당히 고무적입니다. 저는 이 말이 실제로는 제가 그런 빌어먹을 상황에서 빠져나오기 위해 무엇을 하게 만드는지를 잘 압니다. 그리고 그런 상황을 겪은 것은 사람들이 제가 어떻게 해서 남들과는 다르게 결정하는지를 생각하게 만듭니다."

어떤 경험이 나를 가장 성숙하게 만들었는지를 돌이켜보면 대학 졸업장, 일류 기업에서 일한 경력이 아니라 살아오며 직면했던 역경이었다는 생각이 든다.

일생 동안 겪었던 역경은 여동생 줄리와의 관계였다. 줄리는 뇌에 산소가 부족한 상태에서 심각한 뇌손상을 입은 채로 태어났다. 어린 시절에는 말하기와 기본적인 사회 활동을 할 수 있는 능력을 개발하기 위해 몇 년 동안 특수교육을 받아야 했다. 어린 시절 내내 행동 전반에 걸쳐 주변 사람들의 많은 보살핌과 인내가 요구되었다.

확실히 줄리의 삶이 평범하지는 않았지만 장애인 동생과 함께 어린 시절을 보내야 하는 나 역시도 많은 영향을 받았다. 한편으로는 엄청난 죄책감에 시달렸다. 나의 가능성과 잠재력은 줄리의 것과 비교하면 무한하게 여겨졌다. 그리고 내가 가족들에게서 받은 기회와 축하에는 항상 슬프고 공평하지 않다는 감정이 뒤따랐다. 한편으로는 나 자신이 이런 사실을 인정하고 싶지 않더라도, 화가 났다. 물론 줄리의 잘못은 아니지만 동생은 나한테서 평범한 삶을 앗아갔다. 나는 줄리와의 관계를 감수해야 했던 어린 시절과 이후의 삶을 돌이켜보며 타오르는 죄책감과 분노가 나에게 자극이 되고 자립심을 키우며 다른 사람들과 함께 일하면서 그들을 이끌어가는 데 많은 영향을 끼쳤다는 생각을 하게 된다. 확실히 역경은 사람을 성숙하게 만든다.

용기, 불확실성에 대한 내성, 자립심, 자신을 입증하려는 욕구는 특별한 경력을 가진 것보다 성공을 위한 더욱 강력한 요인이라 할 수 있다. 인재를 뽑고 그들에게 투자를 할 때 나이나 수상 경력은 전혀 중요하지 않다. 나한테는 사람이 얼마나 성숙했는가, 어떤 생각을 하고 살아가는가가 중요하다.

팀을 구성할 땐 역경을 견뎌낸 경험이 있는 사람을 찾도록 해야 한다. 팀원들에게 가장 힘든 역경을 겪으며 어떤 생각을 하게 되었는지를 물어봐라. 인생은 시간보다 훨씬 더 빠르게 성숙한다. 아주 짧은 시간에 다양한 인생이 펼쳐질 수 있다.

# 토론을 단계적으로
# 발전시킬 수 있는 사람을 찾는다

간결하고 인상적인 발언과 세련된 언변이 난무하는 세상에서 항상 서로의 생각을 발전시킬 수 있는 사람을 찾아야 한다.

지원자와의 두 번째 대화는 첫 번째 대화보다 훨씬 더 흥미로워야 한다. 첫인상이 상당히 중요하기는 하지만 여기서 나오는 활력을 계속 이어갈 수 없다면 관계가 첫인상을 뛰어넘어 지속되지는 않을 것이다. 나는 이처럼 활력을 일으키는 능력을 '단합된 활력'이라고 부를 것이다. 이것은 생각은 변하더라도 활력 수준과 미션에 대한 가치는 변하지 않는 상태를 의미한다. 또한 이것은 처음 불꽃이 일고 계속 타들어가게 하는 불씨의 원천이다.

나하고 '스텀블어폰StumbleUpon, 우버, 엑스파Expa'의 공동설립자 개릿 캠프Garrett Camp와의 친분은 항상 그런 식으로 느껴졌다. 그리고 내가 핀터레스트에 투자하기 전 벤 실버만, 페리스코프와 관계를 맺기 전의 케이본과 조와의 친분도 마찬가지였다. 그들과의 대화는 항상 이전보다 흥미로웠다. 이것은 내가 만났던 대부분의 다른 기업가들과는 뚜렷하게 대비되었다. 그들과 처음 만났을 땐 불꽃이 타올랐지만 다음에 만났을 땐 금방 꺼져 버리거나 조그마한 의혹이 생기기도 했다. 회사를 설립하고 직원들을 뽑을 때 혹은 당신이 고용되어 일하고 싶은 사람 혹은 투자하고 싶은 사람을 평가할 때는 단합된 활력만 살펴보면 모든 것이 명백해진다.

최고의 팀원이 되려면 자기가 금방 떠올린 미완성의 아이디어라도 기꺼이 내놓으려는 의지가 있어야 한다. 그런 것들이 다른 아이디어를 떠올리는 데 도움이 되기 때문이다. 자기 생각을 먼저 정리하기 전에는 새로운 생각을 내놓지 않는 사람은 창조적인 폭죽을 터뜨릴 수는 있지만 이것이 장기적으로는 좋은 팀원이 되는 것에는 도움이 되지 않는다.

스탠드업 코미디(stand-up comedy, 대중들과 대화하는 듯한 느낌을 주지만 주로 코미디언이 독백으로 꾸미는 코미디 쇼-옮긴이주)계에서는 이것이 "예! 그리고요...(Yes! And...)" 원리로 알려져 있다. 뉴욕의 즉흥 코미디 그룹 '임프로브 에브리웨어Improv Everywhere'의 설립자 찰리 토드Charlie Todd는 언젠가 이렇게 설명했다.

"당신이 무대에 취약하지만 아이디어가 많을 때 가장 싫은 상황이 사람들 앞에서 아무 생각이 나지 않는 것입니다. 이런 상황은 희극을 빨리 끝내게 할 뿐만 아니라 엄청나게 굴욕적인 경험을 하게 만듭니다. 이럴 때 나서서 배우가 어떤 난국이나 상황에 빠져들더라도 그것을 항상 너그럽게 받아주며 거기에 추임새를 넣어야 합니다. 그게 바로 '예! 그리고요...'입니다. 그만두라고 하거나 다른 방식으로 이야기를 중단시켜서는 안 됩니다."

물론 아이디어를 개발하려면 모두 서로 하는 일을 알고 있어야 한다. 이해하기 힘든 것을 쉽게 설명해주는 사람을 찾아야 한다. 채용 담당자들이 직면한 가장 어려운 문제는 자기만의 기술적인 전문성을 가진 사람들을 평가하는 것이다. 예를 들어 당신이 암호화폐나 데이터 과학에 관한 전문 지식이 없는 상태에서 이 분야 전문가들의 능력을 어떻게 평가할 것인가? 물론 이 분야에 종사하는 제3자에게서 의견을 들을 수는 있다. 그러나 채용 과정이 비밀리에 진행되는 경우가 많고 지원자들이 다른 직장에서 근무하고 있기 때문에, 과정에 많은 사람이 관여하는 데는 제약이 따른다. 그러나 과학 기술 분야의 전문가라고 하더라도 (상당히 어려운 일이기는 하지만) 이 분야의 지식을 일반인들이 알아들을 수 있도록 설명할 수 있어야 한다. 겉으로 보이는 것과는 달리 단순성은 깊은 이해와 종합적인 지식을 요구한다. 어떤 분야에서든 위대한 사상가들이 명료하고 단순한 방식으로 문제를 설명하고 답을 제시할 수 있다. 그들은 유추를 하고 다른 사람들을 가르치고 기술적 개념을 설명할 수 있다. 천재는 복잡한 것을 단순하게 만들고 이해하기 쉽게 설명할 수 있다.

모든 대화를 이전보다 한 단계 더 흥미진진하게 해줄 수 있고, 복잡한 것을 단순하고 모든 사람이 이해하기 쉽게 설명해줄 수 있는 활력이 넘치고 똑똑한 사람들로 이뤄진 팀을 만들어야 한다.

## 의견을 양분하는 사람을 피하면
## 대담한 해결 방안을 피하게 된다

무에서 유를 창조하는 것은 몸싸움을 하는 스포츠 경기다. 견뎌내야 하는 끝없는 토론은 팀이 갖는 선입견을 없애고, 격렬한 논쟁이 인기 없는 옵션을 자세히 살펴보게 만든다. 그러나 토론과 논쟁은 동료가 열정을 가지고 당신과 끝까지 다투려는 확고한 의지가 있을 때만 유익한 결과를 낳는다. 서로 다투면 다툴수록 더 많은 것을 밝혀낼 수 있을 것이다.

자기주장을 강하게 표출할 수 있는 문화가 이로부터 필연적으로 발생하는 격렬한 논쟁에 대한 내성이 생기게 할 뿐만 아니라 강점으로도 작용한다. 사람들은 무엇인가에 깊이 몰두할 때만 자기 신념을 위해 싸운다. 논쟁을 좋아하고 자기주장이 강해서 의견을 양분하는 경향의 사람들은 익숙하거나 쉬운 해결 방안에 만족하지 않게 만들고 표준적인 것에 계속 의문을 제기하게 만들기 때문에 기업에서 중요한 역할을 한다. 이런 선동가들이 당신의 미션을 공유하는 한, 당신을 집단 사고와 타협이 갖는 폐해로부터 보호해준다.

당신과 다투려는 사람에게 내성을 갖는 방법을 배워야 한다. 지난 수년 동안 내가 고용했던 사람들 중에는 평판이 안 좋은 사람도 많았다. 나는 도덕과 진실성에 대해선 결코 타협하지 않았지만, 논쟁을 싫어하는 평화주의자로 이뤄진 팀을 만들려고도 하지 않았다. 위대한 창조자들은 악의 화신이었다. 결국 창조성이 투쟁으로부터 나온다면 그 잔존물에 대한 내성을 키워야 한다. 아집과 좌절은 천재들의 공통적인 특징이었다. 시대를 앞서가는 사람들은 시대에 뒤떨어진 사업 관행을 참지 못한다.

지난 수년 동안 비핸스와 어도비에서 고용했던 사람들 중에는 특히 다루기 까다로운 직원들이 몇 명 있었다. 그러나 그들은 다른 직원들과는 다르게 장벽을 돌파했다. 또한 그들은 많은 사람에게 분노를 표현했고, 내가 하는 일이 그들의 영향력을 무디지 않게 하고서 다른 직원들에게 가하는 고통을 무디게 하는 것이었다. 특히 규모가 큰 조직에서 과거의 문제에 관해 대담한 해결 방안을 관철시키기 위해 싸우려면 표준적인 절차를 거부하려는 의지가 있어야 한다. 이런 식으로 공격적인 자세를 취하는 것은 일종의 결함이 아니라 필요한 기능이다.

의견을 양분하는 사람과 함께 일한다면 그들의 역할과 투쟁의 원인을 인정해야 한다. 그다음에는 경멸을 공감으로 전환해야 한다. 나는 항상 카를 융Carl Jung이 했던 말을 인용한다. "다른 사람이 나를 거슬리게 하는 것은 자신을 더 잘 이해할 수 있게 해준다." 다른 사람들에게 당신이 갖는 반응은 그들에 대한 것만큼이나 당신에 대한 것일 수도 있다.

당신을 불편하게 만드는 사람을 다루기 위한 가장 손쉬운 방법은 그들의 허물을 들춰내는 것이다. 다른 사람들을 판단하는 것은 그냥 체념하고 인정하는 것보다 더 손쉽고 비겁한 방법이다. 대신 당신과 다투고 있는 사람에게 내성을 갖기 위해서는 두려움을 주는 그들의 행동이 무엇을 의미하는지를 자신에게 물어봐야 한다. 당신이 다른 사람에게 불쾌한 감정을 갖는 것과 똑같은 특징을 자신도 가졌거나 갖는 것을 두려워하는 것은 아닌가?

다른 사람의 허물을 들춰내려고 하면 그들에게서 교훈을 얻기가 어렵다. 그러나 까다로운 사람을 인정하고 공감하는 방법을 찾으면 더 많은 내성을 지닌 기업 문화를 조성할 수 있고, 당신이 만든 제품도 경쟁 우위를 가질 것이다. 팀을 결성하거나 팀에 투자를 할 때는 팀원들의 궁합을 지나칠 정도로 중요하게 생각해서는 안 된다. 팀원들에게는 갈등의 가치를 인정하고 격렬하면서도 예의를 지키는 논쟁에 내성을 키울 것을 주문해야 한다. 직원을 고용할 땐 기존 팀원들이 정말 잘 지낼 수 있는 사람을 찾으려는 태도를 버려야 한다. 이보다 더 나은 고용 기준은 "그들이 우리에게 도전할 것인가? 우리와 다른 견해를 제시할 것인가?"가 되어야 한다. 그다음에는 건전한 경계에서 불꽃 튀는 논쟁이 벌어질 때 팀원들에게 우리가 발전하고 있다는 사실을 상기시켜야 한다.

꙳꙳꙳꙳꙳꙳꙳꙳꙳꙳

## 팀의 면역 시스템을 강화하고
## 때로는 그것을 억누른다

모든 팀은 인간의 신체와 마찬가지로 다양한 목적을 충족시켜주는 자연적인 면역 시스템을 갖고 있다. 그것의 가장 중요한 역할은 전염병을 신속하게 인식하고 퇴치하는 것이다. 무엇인가가 제대로 돌아가고 있지 않다는 사실을 인식하고 그것에 강력하게 반응하지 않으면, 퇴치할 시간을 갖기도 전에 작은 문제가 순식간에 확대된다. 지난 수년 동안 나는 다양한 팀을 이끌면서 팀이 조화를 이룰수록 문제가 더욱 빠르게 표면으로 떠오르는 것을 확인했다. 우선순위에서 조정이 제대로 되어 있지 않거나 잘못된 의사결정이나 고용을 할 때 무엇인가가 잘못되고 있고 이에 대해 조치를 취해야 한다는 사실이 너무나도 빠르게 명백해지는 것이 상당히 인상적이었다. 그러나 팀원들의 공감대에 변화를 주려고 할 때 건강한 면역 시스템이 역효과를 낼 수도 있다.

비핸스에서 아주 중요한 임원을 초빙하던 일이 기억난다. 나는 여러 해에 걸쳐 윌 알렌을 우리의 최고운영책임자로 초빙하기 위해 노력했다. 그는 '테드TED'에서 파트너십을 관리하고 웹 오퍼링 개발을 지원했던 경력이 있었다. 2011년 말에 윌이 드디어 비핸스에 합류하기로 결정했다. 당시 비핸스는 빠르게 성장했고, 나는 개발 일정을 관리하고 각 팀의 업무가 순조롭게 진행될 수 있도록 금융과 법무를 포함한 사업 전반을 관리해줄 파트너가 절실하게 필요했다. 나는 윌이 비핸스에 엄청난 가치를 더해주는 지적 교양, 가치관, 관리 경험을 가지고 있다고 믿었다. 팀장들은 그를 기쁜 마음으로 반겼고, 윌은 사무실 문을 박차고 나와 제품 평가, 엔지니어링 기획 회의에 참여했고 내가 여러 해 동안 이끌었던 부서 중 일부를 넘겨받았다.

그러나 몇 주가 지나 팀의 면역 시스템이 가동되기 시작했다.

윌은 자신의 직위와 경험을 바탕으로 자기 목소리를 내면서 변화를 이끌어가고 있었다. 그는 업데이트가 필요한 업무 프로세스에 변경을 가하기 시작했고, 우리가 가장 소중하게 여기는 프로세스에서 비효율성을 지적했다. 그는 디자인팀과 내가 여러 해 동안 익숙해 있던 활동에 변화를 일으켰다.

이후로 몇 주가 지나 많은 직원이 나를 찾아와 그들이 우려하는 것들을 전하려고 면담을 요청했다. 확실히 윌은 몸에 생기를 불어넣은 데 필요한 새로운 기관이었다. 그러나 그는 강력하고 편의주의적인 면역 시스템에 의해 거부당하고 있었다. 처음에는 걱정되기 시작했다. 그러나 윌이 일으키고 있는 염증을 뛰어넘어 상황을 바라보고는 이것은 우리에게 익숙하지 않은 새로운 리더가 자리를 잡을 때 여러 가지 문제를 제기하고 이제까지 전혀 건드리지 않았던 영역에 영향을 미치면서 나타나는 증상에 불과하다는 것을 깨달았다. 나는 당장 내가 해야 할 일은 긴밀하게 작동하는 팀의 면역 시스템을 일시적으로 억누르는 것이라고 생각했다. 관련된 팀원들과 개인 면담을 하고서 그들이 장애라고 인식하는 것들의 가치를 이해하고 더욱 중요하게는 경계를 풀 것을 설득했다.

면역 시스템은 다양한 방식으로 작동한다. 때로는 관리자에 대한 불평을 늘어놓는 방식으로 반응한다. 다른 때는 적극적인 반대나 수동적인 저항의 방식을 띠기도 한다. 혹은 의미심장한 유머의 방식을 띠기도 한다.

내가 하버드대학교 MBA 과정에 있을 때 학생 90명으로 이뤄진 "스카이 덱스sky decks"라는 반에는 오랜 전통이 있었다. 주말마다 모두 모여 짤막한 인사말을 하고 나선 교대로 그 주에 일어난 일들을 조롱하는 풍자 글을 발표했다. 때로는 이 글이 사례 토론 동안 일어났던 어느 학생과 교수 간의 언쟁과 어느 학생의 우스꽝스러운 행동이나 눈에 띄는 또 다른 장난을 재연하는 식이었다. 이것은 바쁜 한 주를 보내면서 웃음거리를 만들고 울분을 발산하기 위한 좋은 방법이었다.

그러나 스카이 덱스의 좀 더 미묘하고도 어쩌면 잠재의식적인 목적은 사례 토론에서 말을 지나치게 많이 하는 사람 혹은 다른 학생들에게 발언 기회를 주지 않고 지나치게 자주 손을 드는 사람처럼 도를 넘는 행동을 하는 사람을 불러내는 것이었다. 스카이 덱스에는 리더가 없기 때문에 이것이 집단의 건강하고 균형 잡힌 활력을 증진하기 위한 자연스러운 면역 시스템의 한 부분으로 작용했다. 모두가 웃으면서 전하는 말을 들었다. 동료와의 직접적인 대립이 최선의 방법일 때도 있지만 팀원들과의 공감대를 다지기 위한 더욱 미묘하고 편안한 메커니즘이 존재할 때도 있다.

팀의 면역 시스템이 갖는 또 다른 역할은 팀이 궤도를 벗어나게 하기 쉬운 이질적이고도 위험한 아이디어를 근절하는 것이다. 강력한 면역 시스템이 없다면, 마감 시한을 전혀 준수하지 않을 것이고 새롭고 빛나는 것이라면 무엇이든 관심과 에너지를 끌어들일 것이다. 일반적으로 팀에서 A유형의 '행동가'는 적시성과 예산을 위태롭게 하는 새로운 아이디어를 억누르는 강력한 항체가 된다. 이에 반해 순진한 '몽상가'는 현재 상황에 문제를 제기하는 새로운 아이디어를 가져와서 팀을 전염시키는 이물질이다. 대부분의 경우 면역 시스템(A유형의 행동가)이 외부로부터 침입한 세균(몽상가)의 접근을 막아서 팀이 정상 궤도를 달리면서 생산을 계속 유지할 수 있도록 강력해야 한다. 그러나 가끔은 팀이 몽상가 혹은 새로운 아이디어를 가지고 나타난 새로운 리더가 팀에 신선한 아이디어의 형태로 장기 이식을 해주고 프로세스나 제품을 근본적으로 바꿀 수 있도록 면역 시스템을 억눌러야 한다. 마찬가지로 비핸스의 팀도 처음에는 새로운 장기라 할 월과 마찰을 빚었다.

팀을 구성할 땐 행동가와 몽상가를 같은 비율로 뽑아야 한다. 또한 그들에게 적절한 때 권한을 부여해야 한다. 일상적인 활동을 할 때는 행동가가 가장 큰 영향력을 지닌 가장 원대한 아이디어에 바탕을 둔 발전을 보장하기 위해, 새로운 아이디어에 의문을 제기하고 창조적이지만 일시적인 기분에 불과한 것을 억제할 수 있는 자리에 있어야 한다. 그러나 새로운 문제가 발생하거나 브레인스토밍이 시작되었을 때는 행동가(그리고 그들의 성향)를 억눌러야 하고 몽상가가 자기 역할을 해야 한다.

물론 우리 중에는 경우에 따라 행동가 성향을 드러내기도 하고 몽상가 성향을 드러내기도 하는 이가 많다. 가장 바람직한 팀은 두 가지 성향의 혼합을 최적화해야 한다. 당신에게 몽상가의 성향이 더 많다면 비록 지원자가 당신만큼 유쾌하거나 유연하게 보이지 않더라도 행동가를 고용해야 한다. 그들이 회사의 면역 시스템에서 중추를 이룰 것이고 그들이 없으면 당신이 궤도를 벗어나기 쉽다. 나는 몽상가 성향을 지닌 사람들이 설립한 창조적인 기관과 스타트업에서 이런 문제가 자주 발생하는 것을 보았다. 그들은 자기와 비슷한 사람을 고용하려고 했고 크리에이티브 기업은 창조적인 사람으로 구성되어야 한다고 믿었다. 오히려 성공한 기업은 설립 당시에는 대담한 비전과 그것을 제시한 창조적인 리더가 있었지만, 때로는 더욱 실용적이고 발전 지향적인 행동가가 관리를 담당하고 있었다. 자신의 성향에 반대되는 성향을 가진 사람들이 불편하게 여겨지더라도 그런 사람들을 고용하고 그들에게 권한을 부여해야 한다.

새로운 직원들이 들어올 때는 혁신과 실행의 모든 주기에서 팀의 면역 시스템에 주의를 기울여야 한다. 면역 시스템이 자기 역할을 하게 내버려두면서도 중요한 변화의 시기에는 그것을 억누르기 위한 조치를 취해야 한다.

<hr />

## 인재를 접목하는 것은 뽑는 것만큼 중요하다

강한 팀은 새로운 인재를 효과적으로 뽑는다. 그러나 팀이 더 강해질수록 새로운 인재, 특히 뛰어난 인재를 접목하는 것이 더 어려워진다. 리더는 인재를 뽑는 데 너무나도 많은 시간을 쓰지만 인재를 접목하는 데는 아주 적은 시간을 쓴다.

앞에서 설명했듯, 건강한 팀의 면역 시스템은 신입 팀원을 당연히 거부하는 경향이 있다. 신입 팀원이 나이와 경험이 많을수록 면역 시스템이 그를 거부하려고 할 것이다. 경험 많은 팀원은 자기만의 업무 처리 방식을 가지고 들어온다. 그러나 당신이 그 사람을 뽑는 데 성공하더라도 기존 팀원들이 그 사람을 거부할 수 있다. 신입 팀원이 들어올 때는 그 사람의 강한 의지, 과거의 경험을 통해 정립된 업무 처리 기준, 강력한 권한은 모두가 불화의 근원이다. 팀이 조정이나 수용을 하지 않으면 뛰어난 잠재력을 지닌 신입 팀원이 조직에서 실패할 수 있다. 장기적으로 이런 현상이 계속 발생하면 팀은 이 문제를 '해결'하기 위해 경험이 적은 지원자를 뽑기 시작할 것이다. 팀은 발전하지 못할 것이고 이는 파멸에 이르는 출발점이다.

단지 뛰어난 인재를 뽑으려고만 해선 안 되고 그들을 접목하려고 해야 한다. 이것은 신입 팀원 적응 프로그램보다 훨씬 더 많은 것을 요구한다. 그들의 경험을 확인하고, 그들의 강점을 부각하고, 그들에게 생각의 파트너, 코치, 지지자가 되는 것을 의미한다.

새로운 인재가 성공할 수 있는 여건을 만드는 것은 저절로 발생하지 않는 능동적인 과정이다. 인재를 접목하는 것은 공감, 동화, 심리적 안정, 실시간 커뮤니케이션을 요구한다.

## 공감

신입 팀원의 입장이 되어 그들이 어떤 일을 겪어야 하는지를 생각해보자. 기존 팀원의 도움 없이도 학습 곡선을 따라 올라갈 수 있을까? 방금 전에 다른 국가에서 살다가 가족과 함께 온 것은 아닌가? 지금도 여전히 모호한 직무 기술서를 갖고 있지는 않은가? 당신이 그들이 적응하는 동안 직면하는 어려움을 알게 되면, 다른 동료 팀원들도 이 사실을 인식하도록 노력을 기울여야 한다.

공감은 다양한 배경을 지닌 사람들로 팀을 구성할 때 훨씬 중요하다. 주로 나이, 인종, 성이 같은 사람들과 함께 있는가? 때로는 우리가 소수에 속하는 사람들에게 잠재되어 있는 불안에 공감하지 않고서 팀을 통합하고 권한을 부여하려고 한다. 단순히 모든 사람을 동등하게 취급한다고 해서 그들이 평등해지지는 않는다. 팀의 결속을 위해 모두에게 잠재되어 있는 불안과 우려에 공감해야 한다.

대부분의 신입 팀원이 적응에 어려움을 겪지만, 인종, 나이, 성별, 신념 때문에 부당하고 지나치게 의심받는 사람은 이보다 훨씬 더 커다란 어려움을 겪는다. 누군가가 새로운 것을 시도할 때 의심을 받을 수 있다. 그러나 여기에 더해 또 다른 편견에 근거해 의심을 받는 것은 이와는 완전히 다른 얘기다.

많은 요소가 편견을 낳게 한다. 팀은 프로젝트 초기 단계의 혼란스러운 상태에서는 누가 거기에 참여하는가, 표면 아래에서는 어떤 역학이 전개되는가를 찬찬히 살펴보지 않고서 그냥 뛰어들어 일을 진행하기 쉽다. 예를 들어 기술, 금융 그리고 기타 부문에서 활동하는 여성 기업가들은 사업의 모든 단계에서 상식에 어긋나는 받아들이기 힘든 행동에 직면할 때가 많다. 소수 집단에 속하는 사람들, 특히 나이가 어리거나 많은 사람도 자금을 모집하고 고객을 상대로 전화 영업을 하고 청중을 모으는 단계에서 그들이 의식하든 그렇지 않든 편견에 직면한다. 나는 흑인 기업가 주얼 벅스Jewel Burks가 설립한 '파트픽Partpic'에 투자한 적이 있는데, 그녀는 다양한 투자사 관계자와의 미팅에서 "다른 사람을 CEO로 고용하는 것을 생각해본 적이 있습니까?", "지금도 직원 대부분이 흑인인가요?"라는 식의 질문을 많이 받는다고 했다. 이 말을 듣는데 심장이 멎을 것만 같았다. 그리고 많은 사람이 거의 매일같이 편견에 시달리고 있는 것을 알게 되었다. 주얼의 회사는 최종적으로는 성공적인 출구를 찾았다. 그리고 그녀의 성공은 산업이 앞으로 나아가야 하는 방향과 이처럼 더 나은 방향으로 나아가기 위해서는 변화가 요구된다는 사실을 보여주는 사례다.

공정과 평등을 향해 나아가기 위한 가장 훌륭한 방법은 공감에 있다. 나는 지금까지 살아오며 나 자신이 성별, 인종에서 불균형이 존재하는 환경에 놓여 있다는 생각이 들 때마다 이 문제에 대해 잠시 고민하려고 했다. 이럴 때 나는 무엇이 소외감을 갖게 하는지를 조금 더 자세히 듣고 살펴보려고 했다. 사람들이 자기와는 다른 사람들을 따돌리려고 하는가? 불안한 마음으로 지내는 팀원은 없는가? 부당하게 혹은 상식에 어긋나게 행동하는 사람이 있다면, 내가 개입할 수 있는가? 팀에 새로운 인재를 접목할 때는 그들이 어떤 생각을 하고 있는지를 살펴보기 위해 최대한의 노력을 기울여서 행동해야 한다.

## 동화

새로운 인재가 성공적으로 자리잡게 하기 위한 최선의 방법은 처음부터 당장 그들이 가진 특별한 강점이 중요한 업무와 부합되게 하는 것이다. 접목은 신입 팀원이 팀에 작지만 부정할 수 없는 가치를 더해주는 것에서 출발한다. 이것은 주로 신입 팀원이 자신의 가치를 보여줄 수 있는 특별한 통찰력, 전문성, 인적 네트워크에 바탕을 둔다. 능력의 격차보다는 자신감의 격차를 좁히는 것이 더 중요하다. 장기적으로 공식적인 능력 개발 훈련을 제공할 수 있지만, 처음부터 자신감을 형성하는 것은 신입의 잠재력을 분출시키는 데 결정적인 요소다. 자신의 가치를 제공하고 있다는 생각을 하게 만드는 것은 팀의 면역 시스템을 누그러뜨리는 것에도 도움이 된다.

공식적인 적응 프로그램도 그들이 성공적으로 동화되는 데 도움이 된다. 스스로 알아서 지내도록 내버려둘 것이 아니라 그들에게 기본적으로 필요한 것들을 준비해 반가운 마음으로 맞이하는 것도 중요하다. 비핸스 설립 초기, 어느 신입이 노트북을 갖고 아무 일도 하지 않고 자기 자리에 그냥 앉아 있는 모습을 본 적이 있다. 간단한 인사말을 건네고 처음 며칠 동안 어떻게 지냈는지를 물어보고는 업무용 PC가 아직 도착하지 않은 것을 알게 되었다. 당시 우리는 인사부서가 없는 스타트업이었는데, 그 직원이 첫 출근을 하는 날까지 어느 누구도 컴퓨터를 주문할 생각을 하지 않았다는 사실이 몹시 부끄러웠다. 당시 신입을 위한 훌륭한 적응 프로그램은 없었지만 그 일로 배울 점은 있었다.

## 심리적 안정

잃을 것이 별로 없는 규모가 작은 기업은 위험과 끊임없는 실패를 잘 받아들인다. 이것은 성공을 위한 유일한 방법이다. 그러나 기업이 어느 정도 구조를 갖추게 되면, 위험과 새로운 사고방식을 받아들이는 포용력이 우선시되고 조직 내에 자리잡아야 한다. 이것은 저절로 되는 것은 아니다. 사람들이 상여금을 못 받거나 실적 평가에서 나쁜 점수를 받는 것을 두려워하기 시작하면 자기 의무를 제대로 이행하지 않을 것이다.

하버드 경영대학원의 에이미 에드먼슨Amy Edmondson 교수는 전국 병원의 의료팀을 대상으로 무엇이 가장 능숙하고 성공한 팀이 되게 하는지를 조사했다. 놀랍게도 성공한 팀이 실제로는 그렇지 않은 팀보다 실수한 것을 더 많이 보고한다는 사실을 확인했다. 그녀는 이 사실을 설명하기 위해 의료팀이 대인관계와 관련된 위험을 받아들이는 것에 대해 안전할 것이라는 공동의 믿음을 일컬어서 '심리적 안정psychological safety'이라는 용어를 만들었다. 최고의 팀이 실수를 가장 많이 하는 것은 아니지만, 다른 팀과 비교해 실수를 기꺼이 인정하고 이에 관해 의논하려고 했던 적이 더 많았다. 그녀는 1999년에 발간된 연구보고서에 이렇게 적었다. "심리적 안정은 팀이 실수를 털어놓고 말하는 사람에게 망신을 준다거나 응징하지 않을 것이라는 믿음에서 출발한다. (중략) 그것은 대인관계에서의 신뢰, 상호 존중을 특징으로 하고, 팀원들이 편안한 마음으로 자기 의무를 이행하는 팀 분위기를 말해준다."

작가이자 연구자, 찰스 두히그Charles Duhigg는 《뉴욕타임스》의 널리 인용되는 특집 기사 〈What Google Learned from Its Quest to Build the Perfect Team(구글은 완벽한 팀을 만들기 위한 탐색 작업에서 무엇을 배웠는가?)〉에서 구글의 가장 혁신적이고도 생산적인 팀을 규정짓는 특징은 심리적 안정에 있다고 말한다. 그는 이번 특집 기사에 이렇게 적었다. "아리스토텔레스 프로젝트(탐색 작업의 내부 명칭)가 구글 직원들에게 알려준 것은 어느 누구도 사무실에 도착해 일에 몰두하는 체하고 자신의 인격과 가정에서의 내면적 삶의 한 부분을 떼어놓는 것을 바라지 않는다는 것이다. 그러나 우리가 하루 종일 사무실에 있으면서 심리적 안정을 느끼려면, 때로는 우리를 놀라게 하는 것들을 불안이나 비난 없이 공유할 수 있을 정도로 충분히 자유로워야 한다. 불쾌감이나 슬픔을 주는 것을 말할 수 있어야 하고, 미쳐버리게 만드는 동료들과 진지하게 대화를 나눌 수 있어야 한다. 효율성에만 집중해서는 안 된다. 오히려 엔지니어팀과 협력하는 것으로 오전 업무를 시작해 마케팅팀에 이메일을 보내고 그다음에는 전화 회담을 할 때 이들이 우리가 하는 말을 정말 듣고 있는지 알고 싶다. 일이 단지 노동 이상이라는 것을 알고 싶다."

생산성을 증진하고 팀에 새로운 구조와 프로세스를 추가하려고 할 때는 위험을 받아들이려는 동기와 당신이 의욕적으로 일을 하게 만드는 독특한 생각을 표현하려는 동기를 꺾지 않도록 해야 한다.

## 실시간 커뮤니케이션

피드백을 공유하고 새로운 인재가 당신의 문화와 기대에 몰입하도록 지원하는 데는 실시간 커뮤니케이션이 가장 효과적이다.

문제는 새로운 관계를 맺는 데 솔직하고 지속적인 커뮤니케이션이 쉽지 않다는 것이다. 특히, 일상적인 업무의 소용돌이 속에서 솔직하고 시의적절한 피드백을 제공하는 것은 활력을 갉아먹는 불편한 일이다. 나는 관리자들에게 신입들이 어떻게 지내는 지를 정기적으로 살펴볼 것을 권장한다. 새로운 장기가 일으키는 거부 반응이 당신을 힘들게 할 수도 있다. 따라서 신입이 커뮤니케이션의 흐름 속으로 들어와서 새로운 동료 직원들과의 관계를 잘 형성하고 있는지를 확인할 필요가 있다.

피드백과 토론은 신입이 살펴봐야 할 데이터를 끊임없이 제공한다. 예를 들어 나는 내가 무엇을 기대하는지, 보고 있는지, 제안하는지에 관한 대화가 계속 이어지도록 했다. 나는 직원들이 하고 있는 것과 내가 기대하는 것 사이에 커다란 차이가 발생할 때는 그냥 기다리고 있기보다는 표현을 하는 쪽을 선택한다. 신입이 자신이 일을 어떻게 하고 있는지, 다른 사람들에게 어떤 인상을 주는지, 무엇을 특별히 할 수 있는지에 대해 잘 모르는 상태에서 혼자 힘으로 자신을 새로운 팀에 접목시킬 순 없는 일이다.

직원이 새로 들어올 때마다 팀이 갖는 DNA가 변한다. 새로운 인재를 영입할 때는 새로운 장기가 자리잡을 수 있도록 팀의 분위기와 문화가 어느 정도는 변해야 한다. 인재는 혼자 힘으로 접목할 순 없다. 당신이 그렇게 되도록 도와야 한다. 새로운 피가 당신을 죽일 가능성은 항상 있지만, 그것이 없어도 죽게 될 것이다.

## 도제식 교육을
## 활용한다

예전에는 일을 직접 하면서 배웠다. 좋은 교육은 자신을 문하생으로 받아줄 좋은 스승을 찾는 것을 의미했다. 당신이 대장장이가 되길 바라든 구두 수선공이 되길 바라든, 궁극적인 기회는 관계에서 비롯되었다. 관계의 대가로 자기 능력을 신장시킬 수 있었다. 당신은 실시간으로 배웠고 시행착오를 통해 지식을 흡수했다. 상거래를 이론이 아니라 실무를 통해 배웠다. 당신은 어디서 학위를 받았는지, 누구를 알고 있는지가 아니라 성과에 기초해서 네트워크를 형성하고 존경을 받았다.

도제식 교육은 이제 역사의 유물이 되었다. 어느새 우리는 효율성에 바탕을 둔 교육을 지향하여 그 규모를 키우기로 했다. 도제식 교육이 시간 집약적이고 친밀하게 진행되었던 반면, 지금은 지식 노동이 등장하면서 효율적인 교과 과정을 가지고 한꺼번에 많은 사람을 훈련시키게 되었다. 기술이나 공예 교육조차도 개인 지도가 아니라 획일적인 지도로 진행되었다. 우리가 교실 교육을 통해 규모를 확장하면서, 특정 분야에서 실시하던 집약적인 교육과는 타협을 해야 했다. 표준적이지만 실천적이지 않은 접근 방식의 교육을 위해 경험적 학습을 내놓아야 했다.

팀이 건전해지려면, 당장에는 생산성에 좋지 않은 결과를 초래하더라도 신입 엔지니어가 경험 많은 엔지니어와 함께 일할 수 있어야 한다. 신입 디자이너를 경험 많은 디자이너 옆에 앉혀놓는 것도 업무에 도움이 되는 주변 지식을 알려주는 데 도움이 된다. 건전한 팀은 신입 직원들이 회사의 다양한 곳에서 벌어지는 일들에 실시간으로 노출될 수 있도록, 일정 기간에 걸쳐 윤번제로 운영되는 프로그램을 갖추고 있다. 도제식 교육은 미래의 인재를 위한 일종의 투자이기 때문에 적극적으로 권장할 만하다.

나는 '파인 스트리트Pine Street'에서 3년 동안 일하며 경험에 바탕을 둔 교육의 가치에 매료되었다. 파인 스트리트는 골드만삭스 임원실에서 추진하던, 조직 전반에 걸쳐 간부 리더들의 능력 개발을 지원하기 위한 과제에서 출발한 기업이었다. 나는 리더십 개발의 뛰어난 전문가로서 골드만삭스에 합류하기 전에 '제너럴 일렉트릭General Electric'의 전 CEO 잭 웰치Jack Welch가 리더십 개발 센터 '크로톤빌Crotonville'

을 설립하는 작업을 포함하여 이 회사가 교육 프로그램을 확립하는 작업을 지원했던 스티브 커Steve Kerr와 같은 팀에서 일했다. 스티브와 일하면서 리더십 개발을 위한 70/20/10 모델을 알게 되었다. 이 모델은 리더를 대상으로 하는 교육에서는 10퍼센트만이 교실에서 정규 강의로 진행되고, 20퍼센트는 피드백 교환과 코칭의 형태로 진행되고, 나머지 70퍼센트가 경험에 바탕을 두고 진행되어야 한다고 주장한다. 일부 기업에서는 이 주장에 따라 직원들을 대상으로 '도전적 과제stretch assignment'라는 것을 만들었는데, 이것은 직원들을 해당 분야의 리더들에게 의도적으로 노출되게 하고 안전 지대comfort zone를 확장하고, 경험을 통해 배운 교훈에 대한 노출을 극대화하는 대담한 프로젝트였다. 경험에 바탕을 둔 직무 교육은 전문성을 개발하기 위한 가장 자연스러운 방법이다.

교실에서 진행되는 정규 강의는 우리에게 충분한 두움을 주지 못할 때가 많다. 우리는 이론 교육, 실망을 주는 교사, 일에 대한 열정이 아니라 점수로만 평가하는 보상 시스템에 의해서 기대를 버리게 된다. 리더로서 이런 일이 발생하지 않게 하려면 당신이 가진 에너지의 일부를 팀원들을 위한 멘토링에 써야 한다. 도제식 교육은 지속적으로 배우고 가르치는 문화를 조성하고 당신이 선임자의 역할을 충실히 하는 새롭게 떠오르는 리더가 되게 함으로써 서로 이익이 된다. 도제식 교육은 하나의 목표가 되어야 한다.

# 좋은 것을 유지하기 위해
# 나쁜 것을 버린다

직원을 해고하는 것은 상당히 어려운 일이다.

내 안에 존재하는 낙관주의는 사람들에게서 가능성을 보게 하고 그들이 성공할 수 있도록 도와주는 방법을 항상 생각하게 한다. 그러나 팀이나 프로젝트가 어려움에 처해 있을 때 결정을 신속하게 해야 한다.

당신이 팀원들을 친구처럼 대하는 만큼, 이와는 대립되는 것으로서 그들이 목표를 중심으로 단결하게 만들어야 한다. 팀의 리더로서 당신에게 주어진 역할은 목표를 향해 더욱 단결하고, 생산성을 더욱 높이고, 더 나은 성과를 함께 달성하기 위해 모든 개인과 전체로서 하나의 집단의 능력을 최적화하는 것이다. 이렇게 하려면 어려운 결정을 해야 한다.

나는 아일랜드 더블린에서 열린 파운더즈Founders라는 행사에서 '넷플릭스'의 리드 헤이스팅스가 집안과 스포츠 팀의 차이에 대해 했던 말이 생각이 난다. 집안에서는 우리가 그 구성원들을 있는 그대로 받아들일 수 있다. 그리고 그들을 변화시킬 수가 없다. 매년 추수감사절에 나타나서 술을 엄청나게 많이 마시는 삼촌이 있다면, 좋든 싫든 그분은 여전히 당신의 삼촌이다. 그러나 스포츠 팀에서는 상대방에게 높은 기대를 갖게 되고 집단 내부에서 작동하는 메커니즘을 변화시키거나 개선해야 할 의무가 있다. 모두가 공을 패스해야 할 의무가 있다. 포지션이 따로 정해지지는 않았지만 항상 승리하기 위해 출전한다. 자기 몫을 다하지 않는 수비수를 출전시키지 않을 수도 있지만, 집안에서 삼촌에게 추수감사절에 오지 말라고 할 수는 없다. 당신은 집안이 아니라 스포츠 팀의 구성원으로서 선수들을 관리해야 한다.

불안의 원인을 제거하지 않으면 핵심 선수를 잃을 위험이 있다. 사람들은 자기 삶에서 가장 좋은 일을 하기 위해 흥미진진한 프로젝트에 참여하거나 실적이 뛰어난 벤처기업에 입사한다. 그들은 자신이 훌륭하게 여기는 사람, 즉 팀원들과 일에 완전히 몰입하는 창조적인 사람과 함께 일하고 있지 않으면 미련 없이 떠나려고 할 것이다. 실적이 부진한 사람을 해고하는 데 주저한다면, 뛰어난 사람들에게 잠재력을 제한하는 벌을 주는 것이고 팀의 미래에도 안 좋은 영향을 미치게 된다. 실적이 부진한 직원을 해고하는 이유는 실적이 뛰어난 직원을 놓쳐서는 안 된다는 데 있다. 문제가 되는 사람을 해고하는 데 따르는 단기적 고통은 나머지 직원들을 계속 붙잡아두면 생기는 장기적 이익으로 상쇄되고도 남는다.

물론 강력한 면역 시스템을 갖춘 팀은 스스로 회복될 수 있고, 직원을 떠나보내는 것이 당장은 고통스럽더라도 그렇게 해야 할 필요가 있다. 모든 팀원을 계속 붙잡아두고 싶은 마음을 갖더라도, 때로는 그들이 다른 곳으로 가게 내버려두는 것이 최선일 수도 있다. 비핸스 초기 시절에 함께 일했던 젊은 프로젝트 관리자가 생각나는데, 그는 선의를 가지고 의욕이 넘쳤지만 팀에서 여전히 자기에게 맞는 역할을 찾고 있었다. 그는 나한테 여러 번 찾아와서 좌절감을 표출했다. 당시 나는 젊은 CEO가 되어 모든 직원을 붙잡아두는 것이 나의 책무라고 생각하고는 그들을 떠나보내려고 하지 않았다. 그들이 떠나기라도 하면 그들뿐만 아니라 나 자신도 실패한 것으로 생각했다. 나는 누군가가 떠남으로서 오는 좋지 못한 결과가 두려웠다. 다른 팀원도 이것을 비핸스에는 문제가 많다는 증거로 생각하고 떠날 생각을 하기 시작하는 것은 아닌지?

마침내 나는 그 사람에게 맞지 않는 일을 주면서 그를 붙잡아두려고 한다는 사실을 깨달았다. 결국 그 사람을 보내주기로 결심했다. 그러나 누군가가 해고 통지가 아니라 자기 의지에 따라 우리 곁을 떠났을 때 받았던 처음의 충격이 지나간 이후 회사의 면역 시스템이 훌륭하게 작동하는 것을 깨달았다. 팀에 잘 맞지 않는 사람을 보내고 나면 팀은 이전보다 더 강해진다. A급 선수를 계속 붙잡아두는 것이 B급 선수와 함께 있는 것보다 훨씬 더 낫다.

'23앤드미'의 앤 위치츠키는 이렇게 말한다. "당신은 팀원들을 끊임없이 재평가해야 합니다. 팀원들을 평가하는 것은 쉬운 일이 아닙니다. 누군가를 실패에 빠뜨리고 싶어 하는 사람은 없을 것입니다. 그렇게 하는 것은 그들과 회사에 상처를 입히기만 할 뿐입니다. 리더십에서 가장 힘든 부분이 사람에 연연하지 않는 것입니다. 당신이 가장 좋아하는 사람조차도 지나치게 전문화된 역할을 하거나 충분히 전문화되지 않은 역할을 하는 상황에 직면할 수 있습니다. 사람들을 항상 그들의 역할에 근거해서 평가해야 합니다. 그리고 변화를 일으키는 데 주저함이 없어야 합니다."

팀원들을 해고하거나 사직서를 제출하게 하는 것은 마음이 편치 않은 일이지만 장기적으로는 강한 팀을 만들기 위한 유일한 방법이다. 물론 지원과 지도가 필요한 사람이라면 누구에게든지 아낌없이 제공해야 한다. 그러나 역할에 맞지 않게 성장한 사람도 있고, 역할을 감당할 수가 없게 된 사람도 있다. 팀의 분위기를 망치거나 장애가 되는 사람도 있다. 당신이 해야 할 역할은 팀이 잠재력을 최고로 발휘할 수 있도록 팀의 현황을 정확히 파악해서 보내야 할 사람은 보내고 모셔와야 할 사람은 모셔오는 것이다.

## 정상 상태는 지속 가능하지 않다, 사람들이 계속 옮겨 다니게 하라

사람들은 자기가 앉아 있는 곳, 자기가 진행하는 프로젝트, 자기가 근무하는 팀에서 편안하게 지낸다. 리더에게는 모두가 자기 일을 즐겁게 하기만 하면 되는 드라마가 없는 날이 편안한 날이다. 따라서 리더는 조용하고 문제를 일으키지 않는 팀원들이 최고의 성과를 낳을 것으로 생각한다. 리더는 놀라운 사건이 일어나지 않고 팀원들이 지시에 따라 행동하는 정상 상태에 도달하기 위해 최적화를 한다.

그러나 평온함은 자기 만족을 낳기도 한다. 우리는 학습 곡선에서 정체기에 도달하면 학습 자체를 위한 학습에 더 이상 관심을 갖지 않고 호기심이 사라진다. 관심이 가는 대상을 자기 것으로 만들기 위해 그것에 몰두한다. 그러나 일단 그것을 자기 것으로 만들고 나서 관심이 사라지면 더 이상 그것에 관여하지 않는다. 정기적으로 발생하는 다양한 종류의 혼란이 새로운 전망을 제공하고 팀원들이 활력을 가지고 기민하게 움직이도록 한다.

따라서 강한 조직이 되기 위한 유일한 방법은 조직을 대규모로 개편하는 것이다.

젊은 관리자 시절에 나는 팀원들에게 그들 각자가 맡은 업무의 지속성을 보장하는 것이 나의 역할이라고 생각했다. 그러나 결국에는 경력 개발이 정체된 상태에 놓여선 안 된다는 것을 깨달았다. 사람들은 지금 자기가 있는 곳에서 평온하게 지내더라도 새로운 기회를 갖고 싶어 한다. 그들에게 이런 기회를 주지 않거나 수시로 이런 기회에 다가가도록 자극하지 않으면, 승진과 새로운 기회를 기다리는 젊은 직원들에게는 상승 욕구를 잃어버리게 하고 간부 직원들에게는 따분함을 느끼고 새로운 일을 찾게 만든다.

나는 이 모든 것을 알고 있었는데도 어도비가 비핸스를 인수하고 나서 처음 2년 동안 비핸스 출신의 팀원들을 두 차례 떠나보낼 땐 큰 상처를 받았다. 처음에는 버림받았다는 느낌을 들었다. 나는 우리 팀과 문화에 뚫려 있는 구멍을 어떻게 틀어막을 것인가에 대해선 생각해본 적이 없었다. 그러나 새로운 리더들이 승진하고 긍정적인 변화를 일으키는 모습을 보면서, 내가 팀의 인재 기용의 폭을 상당히 과소평가했다는 것을 깨달았다. 그들은 예상하지 못한 이동으로 자신뿐만 아니라 내가 생각지도 않았던 새로운 역할을 맡고 그것을 훌륭하게 수행했다. 그들이 원래 있던 팀에서 내가 바라던 대로 그냥 자리를 지키기만 했더라면 우리는 발전하지 못했을 것이다.

승진을 시키거나 다른 역할을 맡기는 것은 팀원들이 자기만의 안전지대에서 빠져나와 경력 개발에서 새로운 도약을 할 수 있게 해준다. 예를 들어 '제너럴 일렉트릭'은 터빈 사업부 리더들이 조명 사업부로 옮겨가는 식의 그들만의 순환 프로그램으로 유명하다. 이 프로그램은 모범 경영을 사업부 전반에 걸쳐 전파하고 리더십 역량을 개발할 뿐만 아니라 핵심 인재들을 계속 보유하기 위한 목적으로 설계되었다. 다른 기업들은 팀원들이 자신의 전문성과 안전지대에서 빠져나오게 하는 특별한 프로젝트로서 새로운 사업 기회나 분야를 개척하는 것과 같이 '도전적 과제'를 부과한다. 이는 팀원들을 기업 또는 산업의 다른 분야에 노출시키고 새로운 도전을 부과하고 학습 곡선을 가파르게 해서 그들을 계속 보유할 수 있게 해준다.

팀은 그들의 처한 환경과 업무 프로세스의 변화에서 혜택을 얻는다. 동료 팀원들을 관찰하고 사무실 주변을 대충 훑어보며, 한때 호기심을 자극했지만 이제는 평범하게 되어버린 것들을 찾아보자. 사무실 벽에 한때 진척 상황을 보여주던 유효 기간이 지난 도표가 있는가? 그것을 떼어내어 다시 작성하라. 정기적으로 개최되는 회의나 의식儀式이 이제는 당연시되고 있는가? 이제는 그 구성을 바꿔봐라. 직원들 자리를 바탕으로 소규모의 파벌이 조성되고 있는가? 그러면 좌석을 옮겨봐라. 직장에서 공동체 의식이 중요하다고는 하지만 팀원들이 소규모 집단 속에서만 교류하며 편안하게 지낸다면 우연한 만남에서 비롯되는 부서간 협업과 조직 전체에 걸친 팀 구성의 기회를 잃게 된다. 그러지 않으려면 9~12개월마다 (혹은 대기업의 경우에는 몇 년마다) 좌석 배치를 변경할 필요가 있다. 사무실에서 새로운 곳에 있는 새로운 자리에서 새로운 사람과 이웃하게 하는 것은 새로운 전망과 관계를 갖게 해서 새로운 활력을 불어넣기 위한 손쉬운 방법이다.

해결해야 하는 절박한 문제가 없을 때 변화는 고통스럽기만 하고 특히 달갑지 않은 일이다. 그러나 시기상조라고 느껴지는 적극적인 변화가 당신에게 가해지는 것에 반응하는 소극적인 변화보다 훨씬 더 낫다는 사실을 깨달아야 한다(그리고 이것을 팀원들에게 전달해야 한다). 내 친구이 자 작가인 티모시 페리스Timothy Ferriss가 말했듯 "당신의 삶이 자발적인 고난으로 점철될수록 비자발적인 고난이 당신의 삶에 영향을 덜 미칠 것이다."

당신이 해야 할 과제는 팀을 끊임없이 움직이는 상태에 두기 위한 건 전한 리듬을 개발하는 것이다. 가끔씩 인생에 변화를 주지 않으면 인생 이 당신을 뒤흔들 것이다. 지나칠 정도로 평온하게 지내는 것은 어떤 혼 란이라도 악화시키는 결과를 낳는다. 따라서 당신과 팀이 변화에 내성 을 갖게 하는 것은 강인한 힘을 키우는 데 장기적으로 훌륭한 전략이다.

# 문화, 도구, 공간

## 문화는 팀이 전하는
## 스토리로 조성된다

'문화'라는 표현은 그것이 의식적(예를 들어 이곳에서 칵테일파티를 하고 저곳에서 푸즈볼 게임을 하는 것)으로 만들어질 수 있는 것처럼 아무렇지도 않게 사용된다. 그러나 문화는 관리자가 통제할 수 있는 것은 아니다. 문화는 팀이 전하는 스토리를 통해 유기적으로 형성된다.

팀원들이 팀에 대해 기억하고 공유하는 스토리는 그들이 왜 그곳에 있고, 무엇이 팀을 특별하게 만드는가를 끊임없이 상기시켜주는 역할을 한다. 스토리는 사업의 기반과 팀원들을 한데 묶는 야심찬 요소들을 강화한다.

스토리는 교훈을 전하고 시간에 질감을 더해준다. 스토리 없이 과거는 희미한 기억에 불과하고, 누구도 되돌아보거나 정교하게 다듬으려 하지 않는다. 그러나 스토리가 있으면 과거가 당신이 의존할 수 있는 유형의 것이 된다. 스토리는 신입 팀원들의 적응을 돕고 조직에 관한 지식을 제공한다. 오랜 기간에 걸친 모호성과 불확실성 속에서도 스토리에 바탕을 둔 건전한 문화는 모든 사람이 힘을 합쳐 앞으로 나아가는 데 필요한 배경과 위안을 제공한다.

회사가 성장하면서 문화는 일상적인 스토리에 의해선 영향을 덜 받고 초기에 나온 스토리의 파편과 함께 떠다닌다. "태초에는"이라는 말로 시작되는 스토리는 이 모든 것이 왜 그리고 어떻게 처음 시작되었는 가에 대한 핵심적인 창업정신을 반영하기 때문에, 문화에 막대한 영향을 미치는 경향이 있다. 비핸스에서 10년이 넘는 동안 우리는 어떻게 해서 공동설립자 마티아스와 내가 어느 날 밤 유니온 스퀘어에서 만났는지, 첫 번째 엔지니어 데이브를 영입하기 위해 어떻게 저축을 했는지, 조금은 덜 볼썽사나운 청바지를 입고 아침 식사로 샐러드만을 먹게 되었는지와 같은 설립 초기 시절의 스토리를 다양한 형식으로 전하곤 했다. 이처럼 사소하고 겉보기에는 중요하지 않은 스토리가 우리의 문화를 이루는 한 부분이 되었다.

헌신, 기행, 결단이라는 우리의 핵심 가치는 이런 스토리와 함께 형성된 전통을 통해 전해졌다. 예를 들어 우리는 이정표에 도달하는 데 시간이 얼마나 걸릴 것인가를 두고 팀별로 내기를 걸었다. 평생 동안 채식주의자로 지내왔던 나는 우리 회원이 100만 명에 도달하면 고기를 먹겠다고 약속했던 적도 있었다. 2007년에는 비핸스 회원이 겨우 2만 명에 불과해서 상당히 안전했다. 그다음에는 주말 저녁 식사를 서너 차례 하고 나선 전 직원 앞에서 약속을 지켜야 했다(이후로 나는 치킨을 전혀 입에 대지 않았지만, 그날만큼은 우아하게 먹었다).

이런 스토리를 계기로 형성된 문화는 특별한 것이었다. 이런 기행은 각 팀을 차별화하는 요소다. 지금 와서 돌이켜보면 우리 문화가 우리가 의사결정을 하면서 집단적 직감을 개발하는 데 많은 도움이 되었다는 생각이 든다. 미래의 파트너십 혹은 새로운 아이디어가 비핸스 고유의 것이든 완전히 이질적인 것이든, 우리 문화는 우리가 옳고 그름을 구별하는 데 도움이 되었다.

내가 좋아하는 기술 분석 매체 《스트래테처리Stratechery》의 발행인 벤 톰프슨Ben Thompson은 설립 초기에 관한 스토리를 자주 들려주는 것의 가치에 관해 썼다.

> 문화가 성공을 낳는 것은 아니다. 오히려 문화는 성공의 산물이다. 모든 기업은 창업자의 신념과 가치와 함께 출발한다. 그러나 이런 신념과 가치는 올바르고 성공적인 것으로 입증될 때까지 논쟁과 변화의 여지가 있다. 그렇다고 하더라도 신념과 가치가 진정으로 지속적인 성공을 낳으면 어느덧 의식적인 것에서 무의식적인 것이 된다. 그리고 이 전환이 기업으로 하여금 그 규모가 커지더라도 초기의 성공을 계속 이어가게 하는 비결을 유지할 수 있게 해준다. 이제 설립자는 만 명에 달하는 직원들에게 자신의 신념과 가치를 더 이상 옹호할 필요가 없다. 사내 모든 직원이 크고 작은 의사결정을 할 때마다 신념과 가치를 따를 것이기 때문이다.

나는 문화가 설립자뿐만 아니라 팀의 초기 구성원들에 의해 조성된다고 생각하지만(누군가가 문화에 커다란 영향을 미쳤다면, 그의 직위가 아니라 성격 때문이다), 벤은 중요한 것을 지적했다. 시간이 지나며 스토리 자체가 잊히더라도, 신념, 가치, 기업 문화의 미묘한 차이는 모든 사람에 의해 집단적으로 유지된다.

스토리의 가치를 과소평가해서는 안 된다. 힘든 일상과 업무에 빠져들면서 스토리가 만들어지는 순간을 무시하거나 놓치거나 완전히 가로막기 쉽다. 비핸스는 매일 바쁘게 돌아가는 업무에도 잠시 틈을 내어 심각한 순간이나 축하 행사를 여는 순간에 팀원들의 개성이 고스란히 드러나게 함으로써, 스토리가 살아 움직이게 했다. 문화가 갖는 힘은 설립 초기 비핸스 팀원들이 어도비 뉴욕 사무실에서 10년이 지나서도 계속 협력한 것에서도 잘 나타난다. 기술 스타트업들이 모여 정신없이 바쁘게 돌아가는 현장에서 이처럼 관계가 오랫동안 지속되는 모습을 찾아보기가 어렵다.

특히 초기에 이러한 사례를 위해 존재하고 참여할 필요가 있다. 적절한 때 사례를 기억해야 한다. 그리고 팀의 등장인물들을 자유롭게 풀어주고 그들만의 스토리를 만드는 것을 허용해야 한다. 모든 팀은 위대한 스토리를 포착하여 다시 들려주는 데 뛰어난 능력을 발휘하는 '문화 매체'가 있다. 그들은 스토리가 표현하는 주제를 구체화한다. 조직은 팀의 문화를 강화하는 그들만의 특별한 능력을 장려하고 칭찬해야 할 것이다.

프로젝트의 입안자거나 팀의 설립자라면 스토리를 진지하게 받아들이고 (20년에 걸친 채식주의자의 삶에 흠집을 내더라도) 스스로 그 속으로 빨려들어가야 할 것이다. 스토리는 당신이 만드는 것이다. 따라서 시적 자유를 누리면서 팀 고유의 작은 보석을 얻기 위한 모든 경험, 영향력을 발휘하는 순간을 채굴해야 한다. 문화는 자연스럽게 발생하는 현상이며, 육성되고 장려되어야 하고, 많은 것을 포괄해야 한다. 설립 초기의 스토리는 문화가 영원히 지속되기 위한 토대를 형성한다.

◁▨▨▨▨▨▨▨▷

# '자유 라디칼'을
# 수용한다

화학에서는 양, 음, 영전하의 홀전자를 가진 분자를 "자유 라디칼free radical"이라고 부른다. 이들은 화학 반응성이 상당히 높아서 서로 혹은 다른 물질과 접촉했을 때 다양한 결과가 발생한다. 이들은 주변 환경에 따라 대단히 파괴적이거나 유익한 것으로 입증되었다.

나는 자유 라디칼이라는 용어가 21세기에 등장한 새로운 형태의 전문가 집단에도 잘 어울린다고 생각한다. 일터에서는 자유 라디칼이 전문가 집단의 무한한 에너지원이다. 그들은 동료들이 수동적으로 따르기만 하는 규정에 의해 움직이지 않고, 직장 생활을 자기 의지에 따라 하고 세상이 자신을 위해 움직이게 한다. 그들은 기회를 흘려보내지 않고 높은 보상을 얻기 위해 높은 위험을 받아들인다. 그들은 인구통계학으로는 설명이 되지 않지만(밀레니얼 세대만큼이나 베이비붐 세대에도 많이 분포한다), 사이코그래픽스(psychographics, 수요 조사 목적으로 소비자의 행동 양식, 가치관 등을 심리학적으로 측정하는 기술-옮긴이주)로는 설명이 된다. 그들은 회복력이 강하고, 자립심이 있고, 강한 영향력을 발휘한다. 그들이 혼자서, 작은 팀 속에서, 대기업에서 일하는 것을 볼 수 있지만, 얽매이지 않는 것을 확인할 수 있다. 그들은 도처에 있다. 그리고 미래를 만들어간다.

　나는 크고 작은 기업에서 오랫동안 일하면서, 이런 자유 라디칼들이 직장에서 얼마나 많은 오해를 받고 있는지에 관심을 갖게 되었다. 어떤 관리자들은 그들을 이기적인 밀레니얼 세대로 규정하고 무시했지만, 다른 관리자들은 그들을 후원하기 위한 혁신과 유지 프로그램을 개발했다. 언젠가 나는 창조적인 리더를 육성하기 위한 비핸스 99U 구상에서 리더들이 다루기 힘들지만 강한 영향력을 지닌 자유 라디칼을 수용하는 팀을 만들 수 있도록 많은 지원을 할 것이라고 선언했다.

**자유 라디칼이란 어떤 사람을 말할까요?**

무엇보다도 우리 자유 라디칼들은 본질적으로 가치가 있는 일을 하려고 합니다. 그러나 우리가 세상을 향해 영향력을 발휘할 때는 외부의 평가를 기대합니다. 단지 우리 자신만을 위해 제품을 만들지는 않습니다. 주변을 둘러싼 세상을 향해 실질적이고도 지속적인 영향을 미치기를 원합니다.

　기업에서 일하든 자영업을 하든, 우리는 실험을 하고 동시에 여러 프로젝트에 참여하고 자기 아이디어를 발전시키기 위한 자유를 요구합니다. 유연성을 발휘해서 성공을 이뤄내고 일에 완전히 몰입할 때 가장 높은 생산성을 보여줍니다.

　때론 가치가 없는 것을 만듭니다. 따라서 때론 실패도 합니다. 결국에는 도중에 경로를 수정하는 데 도움이 되는 작은 실패를 기대하고, 모든 실패를 체험 교육의 한 부분을 이루는 학습 기회로 받아들입니다.

　관료주의, 동창회, 시대에 뒤떨어진 사업 관행과의 마찰에 내성이 부족합니다. 우리는 표준 업무 절차에 문제를 제기하고, 자기주장을 합니다.

그리고 그렇게 할 수 없을 때도 현재 상황과의 마찰에 굴복하지는 않습니다. 대신 이를 극복하기 위한 현명한 방법을 찾습니다.

스타트업에서 일하든 대기업에서 일하든, 우리를 최대한 활용하기를 바랍니다. 우리가 기여하고 학습하는 것이 정체될 땐 미련 없이 떠날 것입니다. 그러나 관심을 갖는 대상에 영향을 미치기 위해 회사의 자원을 최대한 활용하고 있을 땐 기쁨에 겨워 신이 날 것입니다. 항상 최선을 다하고 강력한 영향력을 발휘할 수 있기를 기대합니다.

우리는 오픈 소스(open-source, 소프트웨어의 소스 프로그램이 공개되어 있는 것-옮긴이주) 기술과 API(application programming interface, 응용 프로그램에서 사용할 수 있도록, 운영 체제나 프로그래밍 언어가 제공하는 기능을 제어할 수 있게 만든 인터페이스-옮긴이주) 인터넷의 방대한 집단 지식이 우리의 무기고를 채워줄 것으로 생각합니다. 디자이너, 개발자, 사상가를 위한 위키피디아Wikipedia, 쿼라Quora 같은 오픈 커뮤니티들이 우리에 의해 그리고 우리를 위해 조성되었습니다. 가능하다면 언제든지 우리 자신과 고객들을 위해 더 나은 의사 결정을 할 수 있도록 집단 지식을 활용할 것입니다. 또한 선행 나누기Pay It Forward의 취지에 따라 오픈 리소스에 기여할 것입니다.

'네트워킹'이란 공유하는 것을 의미한다고 생각합니다. 사람들은 우리의 안목과 큐레이터 본능 때문에 우리가 하는 말을 듣고 우리를 따릅니다. 우리가 우리를 매혹시키는 것뿐만 아니라 우리가 창조한 것을 공유한다면, 우리에게 피드백을 제공하고 격려를 해주고 새로운 기회로 이끌어주는 서포터즈의 공동체를 확실히 조성할 수 있습니다. 바로 이런 이유와 그 밖의 여러 가지 이유로, (항상은 아니더라도) 가끔은 프라이버시보다는 투명성을 선택합니다.

좋아하는 것을 하기 위한 능력을 개발하기 위해 능력주의와 공동체의 힘을 중요하게 생각하고, 그렇게 그것을 훌륭하게 해내고 있습니다. 우리는 성공을 위해 최고의 아이디어(그리고 최고의 실행)를 원하기 때문에 경쟁을 위협이 아니라 긍정적인 동기를 부여하는 것으로 생각합니다.

우리는 좋아하는 것을 하면서 훌륭한 삶을 살아가고 있습니다. 스스로를 장인이자 사업가로 생각합니다. 많은 경우, 우리 자신이 회계 전문가, 광고 마케팅 전문가, 사업 개발 관리자, 협상가, 영업맨이 됩니다. 스스로 기업을 경영하기 위한 최선의 도구와 지식을 활용하며 자신에게 투자하는 데 필요한 자원을 기꺼이 소비합니다.


과거에는 자유 라디칼 성향을 지닌 사람들은 다루기 까다로운 독불장군과도 같은 존재로 치부되었다. 그들은 서부극에서나 볼 수 있는 자유분방한 인물로 묘사되었다. 그러나 오늘날에는 자유 라디칼들이 산업 전반에 걸쳐 굉장히 유능한 리더로 등장하고 있다.

규모가 큰 기업에서는 자유 라디칼들이 규범에 문제를 제기하며 지나칠 정도로 솔직하고 실천적인 인물로 여겨지고 있다. 그들은 시대에 뒤떨어진 정보 공유 프로세스 대신 슬랙Slack이나 구글 앱스Google Apps와 같은 간편하고 투명한 도구를 사용한다. 그들은 시장 통찰을 연구부서보다 더 신속하고 저렴한 비용으로 얻기 위해 소셜 미디어를 활용한다. 그들은 의미 없는 면담보다 의미 있는 창조에 가치를 두는 자유롭고 진취적인 업무 수행을 강조한다. 그들은 소동을 일으키고 변화를 강요할 수도 있지만, 결국에는 자기 자신, 자신의 프로세스와 제품을 발전의 길로 안내한다.

자유 라디칼들은 그 어느 때보다도 마찰과 장애물이 없는 환경에서, 21세기 새로운 아이디어의 훌륭한 보고가 되고 있다. 따라서 우리에게 엄청난 가치를 지닌 자산이다. 팀을 구성하고 관리하면서, 자유 라디칼을 수용하고 그들의 참여를 이끌어내기 위해 할 수 있는 것이라면 무엇이든 해야 한다.

## 침대, 의자, 공간, 팀을 제외하고는 모든 것에 절약한다

사업을 시작하는 과정(일반적으로는 인생을 살아가는 과정)에는 지출을 신중하게 관리해야 한다. 그러나 때로는 절약이 역효과를 내는 경우가 있다.

예를 들어 살아가는 시간의 30퍼센트를 침대에서 지내고 잠이 당신의 정신을 맑게 하는 데 큰 영향을 미친다는 사실을 생각하면, 침대에 인색하게 굴어서는 안 된다. 사무실 의자도 마찬가지다. 오늘날에는 침대에 누워서 보내는 시간보다 의자에 앉아 보내는 시간이 훨씬 더 많다. 따라서 찾을 수 있는 최고의 의자를 구매해야 한다. 의자뿐만 아니라 전체적인 작업 공간도 중요하다. 나는 사무실을 고급스럽게 꾸며야 한다고 생각하는 사람은 확실히 아니지만, 제품을 만들기 위해 사용하는 도구와 주변 환경에 어떤 생각을 하고 있는가가 제품의 품질에 영향을 미치는 것은 사실이다.

대부분의 기업들은 사무용품을 분류하는 것처럼, 사무 공간도 대수롭지 않게 생각하고 분류한다. 시설 관리자는 사무 공간이 그곳에서 생활하는 사람들의 심리에 미치는 영향을 고려하지 않고 단위 면적당 비용과 물류 효율성에만 관심을 갖는다. 그러나 당신의 작업 환경이 당신이 얼마나 집중하는가, 의욕적인가, 창조적인가에 영향을 미치기 때문에 사무 공간을 어떻게 설계하고 배치할 것인가는 팀의 역량만큼이나 중요하다.

사용하는 공간은 만드는 제품에 막대한 영향을 미친다. 나의 멘토 중 '넥스트Next, 애플, 픽사Pixar'에서 스티브 잡스와 오랫동안 함께 일한 적이 있는 제임스 히가라는 사람이 있는데, 그는 스티브가 사무 공간의 배치를 얼마나 중요하게 생각했는지를 자주 들려주었다. 스티브는 샘플 재료와 참고가 될 만한 구조물을 확인하기 위해 온 세상을 뒤지고 다녔고, 심지어는 저명한 일본계 미국인 예술가이자 조경 설계자인 이사무 노구치의 조각 작품을 입수하기도 했다. 따라서 애플 직원들은 로비에서 매일 아름다운 예술품을 접할 수 있었다. 또한 스티브는 고집 센 건축가들이 스티브 자신의 비전을 반영할 때까지 그들의 의지를 꺾는 데도 많은 시간과 노력을 들였다. 제임스는 픽사에서 그가 어떤 영향력을 행사했는지를 보여주는 한 가지 일화를 들려주었다. 스티브는 스토리텔링이나 픽사의 일상적인 업무에는 관여하지 않았지만 회사의 물리적 구조물과 공간 설계에는 적극적으로 관여했다. 당시 픽사에서 시설 관리자로 근무했고 나중에는 애플 신사옥 스페이스십Spaceship 건설에도 참여했던 톰 칼라일은 스티브와 매우 가까운 거리에서 일하면서, 픽사의 '타운 스퀘어 콘셉트town square concept'를 위한 비전을 제시했는데, 여기에는 건물 중앙에 화장실을 배치하는 것도 포함되어 있었다. 이 아이디어는 매일 사람들이 생리현상이 일어날 때 우연히 떠오르는 아이디어를 서로 주고받을 수 있도록, 싫든 좋든 모이게 하자는 취지에서 나온 것이다. 스티브는 다양한 팀에 소속된 직원들 사이에서 발생하는 충돌이 픽사의 창조적 과정에서 핵심이 되어야 한다고 생각했다. 제임스는 스티브가 픽사 직원들에게 픽사에서는 표현의 자유가 건물의 중앙에 있다는 것을 인식하고는 "당신의 작업 공간을 변경하고 일에 미쳐버려라"고 주문했던 것으로 기억한다. 스티브는 애플과 픽사에서 자기 시간의 대부분을 보내는 공간을 중요하게 생각했다. 그 이유는 그가 이것이 회사에 무엇을 의미하는지를 잘 알고 있기 때문이었다.

지금과는 다르게 처리해야 하는 모든 합당한 이유에도 불구하고, 대부분의 팀은 외부를 상대로 하는 생산과 수익 같은 '궁극적으로 중요한 것'에 집중하기 위해 시설 관리 업무와 그 밖의 사내 업무를 의도적으로 무시하거나 위임했다. 왜 이런 현상이 발생하는가? 결국에는 역량과 평가의 부조화가 발생한다. 정보기술 전문가들은 그들이 설계한 시스템이 호환성을 띠는가, 예산을 얼마나 잘 관리하는가에 따라 평가받는다. 시설 관리자는 건물 설계도에 대해서는 잘 알지만, 그들이 근무하는 곳의 창조적 문화에 대해서는 잘 알지 못한다. 그들은 〈토이 스토리 3(Toy Story 3, 누구나 겪는 성장 스토리를 장난감의 시선으로 전해주는 영화-옮긴이주)〉의 스토리 구성을 풍부하게 해줄 창조적 충돌이 발생하는가가 아니라 책상을 몇 개나 비치할 수 있는가와 같은 효율성에 따라 평가받는다.

결국 그리고 가장 중요하게는, 팀을 위한 지출은 절약하면 안 된다. 임금을 생각할 때 팀원들이 꼭 필요한 존재나 그렇게 될 가능성을 살펴봐야 한다. 많은 기업이 그들이 예전에 받았던 임금에만 집중하는 우를 범하고, 나이, 경력, 성별 등 꼭 필요한 존재가 되는 것과는 무관한 것들을 기준으로 무의식적으로 편향되게 정해놓은 임금 등급을 적용한다. 이런 기업들이 단기적으로는 누군가에게 아무 문제없이 임금을 적게 지급할 수는 있겠지만, 뛰어난 인재들은 시간이 지나면서 자신의 가치를 인식하기 시작한다. 그들이 그렇게 되는 순간, 팀은 그들을 붙잡아두기 위한 노력을 기울이거나 더 나쁘게는 대체하는 대가를 치러야 한다. 팀원들이 보살핌을 받고 있고 자신의 성과에 대해 최대한의 보상(그다음에는 조금 더 많은 보상)을 받고 있다는 생각을 갖게 해야 한다.

## 제품을 만들기 위해 사용하는 도구는
## 만든 제품에 영향을 미친다

대기업이나 거대 조직에서 낡고 거추장스러운 도구를 사용하는 모습을 보면 항상 괴롭고 슬픈 감정이 생긴다. 나는 컨설턴트로 일하며 '제너럴 일렉트릭', '프록터 앤드 갬블Proctor & Gamble', '아디다스Adidas' 같은 대기업과 CIA(이에 대해선 나중에 설명하겠다), 미국 육군U.S. Army 같은 정부 조직에서 거대하여 다루기가 힘든 작업 도구를 보게 되었다. 대학교 졸업 직후 '골드만삭스'에서 근무했던 적이 있는데 회사 전체가 구식 웹 브라우저와 낡은 커뮤니케이션과 인력 관리 도구만을 제한해 사용하고 있었다. 그리고 이보다는 더 작고 날렵한 비핸스 팀이 어도비에 합류했을 때 우리는 더욱 제한된 도구를 사용해야만 했다. 따라서 많은 기업과 조직이 혁신과 효율성을 강조하지만 직원들에게는 유연성을 제한하고 자원을 낭비하는 도구를 사용할 것을 강요한다.

때로는 사내에서 낡은 도구를 사용해야 하는 정당한 이유가 있다. 예산이 부족하고, 호환성 같은 문제가 선택을 제한하고, 교체에 따른 보안상의 위험이 따르기도 한다. 게다가 직원들이 그들에게 어떤 도구가 주어지더라도 대체로 감수하고 적응한다. 소비자와는 다르게 직원들에게는 선택권이 없다.

스타트업이라고 해서 이보다 훨씬 더 낫지도 않다. 그러나 그 이유는 다르다. 그들은 구식의 혹은 관료주의적 도구에 시달리기보다는 마구잡이식의 과대평가된 도구나 그것이 전혀 없는 상황에 시달린다. 스타트업이 제품을 밤낮없이 만들고 완성도를 높이기에 여념이 없는데, 어느 누가 새로운 사내 도구를 익히는 데 투자할 시간이 있겠는가?

우리는 우리가 사용하는 도구가 우리가 만드는 제품에 얼마나 큰 영향을 미치는가에 대해 엄청나게 과소평가한다. 화가의 그림이 화가의 재능과 화가가 사용하는 붓에 의해 직접적으로 영향을 받는 것처럼 우리가 브레인스토밍, 기획, 디자인, 일상적인 업무에 사용하는 도구는 우리의 노력이 낳은 최종 결과물에 엄청난 영향을 미친다.

이 원리는 내가 어도비에서 근무하던 시절에 포토샵이나 일러스트레이터 같은 자사 앱을 사용하는 많은 디자이너를 만나면서 분명하게 다가왔다. 그들은 제품의 사용자 인터페이스에 깊은 관심을 갖고 있었다. 바로 그곳에서 그들의 아이디어가 실현되기 때문이었다. 그들은 창조적 전문가들로서 자신이 작업을 하면서 사용하는 도구에 의해 (의식하든 못하든) 얼마나 많은 영향을 받고 있는지를 직접적으로 체험하고 있었다.

이것은 나 자신이 어도비가 제품을 최적화하는 데 얼마나 많은 압박을 받고 있는지를 깨닫게 했다. 디자이너들이 만든 창조물의 운명이 우리의 손에 달려 있었다. 어도비의 제품 디자이너들이 디자인이라는 더 넓은 세계에 얼마나 커다란 영향을 미치는지를 생각하면 놀랍기만 했다. 포토샵 혹은 XD와 같이 웹과 모바일 디자이너를 위한 도구 내에서 아이콘, 색상, 경사도를 변경하면, 디자인에 엄청난 영향을 미칠 수 있었다. 나는 새로운 지원자들에게 우리 팀에 합류하도록 설득할 때마다 디자인 도구를 설계하는 사람에게는 엄청난 기회와 책임이 따른다는 주장을 펼치곤 했다.

사내 시스템은 그 중요성이 아직은 과소평가되고 있기 때문에 항상 열정을 갖는 분야였다. 나는 마티아스와 함께 일하던 처음 몇 달 동안을 지금도 생생하게 기억한다. 당시 비핸스는 아직은 아이디어에 불과했지만 우리는 이 브랜드에 대한 스타일 가이드를 이미 개발하고 있었다. 그 이유는 우리가 단지 디자이너들을 위한 회사를 설립하기 때문이 아니라 전문가들이 신뢰하게 될 브랜드에 중요한 가치를 지녔다고 생각하기 때문이었다. 나는 우리의 사업 계획을 마이크로소프트워드를 사용한 평범한 문서가 아니라 타블로이드 사이즈의 한 쪽짜리 그래픽 문서로 작성하기로 결심했다. 나는 사내에서만 유통되더라도 시각적으로 관심을 끄는 문서를 원했다. 이후로 몇 년 동안 내가 팀 미팅을 위한 문서를 급하게 만들 때마다 마티아스가 아무리 바쁘더라도 그리고 보는 사람이 많지 않더라도 그것을 다시 디자인해야 한다고 주장하곤 했다. 그는 모든 사내 문서는 중요하다고 생각했다. 우리는 예산이 없었지만 우리가 "비핸스 경험"이라고 부르는 것에 대해선 신경을 많이 썼다. 우리가 일하는 환경이 만드는 제품과 고용한 사람에게 영향을 미친다는 사실을 잘 알고 있었다.

사용하는 도구와 사내 문서는 팀의 DNA에 중요하게 작용한다. 이 요소들은 팀과 제품에 피해를 입히거나 혜택을 줄 것이다. 사내 시스템은 바쁠 땐 가장 먼저 소홀히 취급하는 대상이다. 이것은 장기적으로 사내 시스템에 가치를 두고 질적으로 향상시킬 수 있다면 경쟁 우위가 된다는 것을 의미한다. 팀원들은 제품을 사용하는 고객 경험에 기쁨을 주는 것만큼이나 자신이 일한 경험에서 기쁨을 얻어야 한다.

팀이 사용하는 도구, 사내 커뮤니케이션, 작업하는 환경을 최적화하는 일에도 시간을 투자해야 한다. 그러지 않으면 훌륭한 제품을 만들기 어려워질 것이다.

<br>

## 적절한 사람에게
## 적절한 만큼의 신용을 부여한다

적절한 사람에게 적절한 기회를 부여하면 팀은 대단한 성과를 거둘 것이다. 자신에게 완벽할 정도로 잘 맞는 프로젝트를 맡아본 적이 있는가? 당신은 거기에 필요한 역량을 갖췄고 진정한 관심을 가졌으며 과거의 성과에 기초해 기회를 가졌다. 그리고 거기에는 당신의 능력을 맘껏 발휘하기 적당한 정도의 난제가 있지만, 창조성을 발휘할 수 있을 정도의 안정성도 있다. 이런 여건에서는 사람들이 자기 인생에서 가장 훌륭한 일을 하기 위한 준비가 되어 있다.

불행하게도 여기에 부합되는 경우는 드물다. 일상적인 업무에서는 관심, 역량, 장점보다는 직위 혹은 가용성에 기초하여 과제가 부과된다. 따라서 많은 프로젝트가 그것을 원하지 않는 혹은 그것에 어울리지 않는 사람들에 의해 진행된다. 이런 상황이 무관심을 낳고 팀의 잠재력을 최대한 활용하기 위한 노력에 방해가 된다.

일을 가장 적절한 사람에게 배정하는 데 도움이 되는 것으로서 근간이 되는 시스템은 속성을 부여하는 것이다. 당신과 당신의 팀원들이 누가 무엇을 하는 사람인지 알고 있을 때 전통적인 계층적 구조와는 무관하게 프로젝트와 사람과의 짝을 짓기 위한 직관이 자연스럽게 형성된다. 각 개인의 전문성이 뚜렷하게 부각되고 팀은 당연히 연공서열과는 무관하게 특정 프로젝트를 이끌어갈 권한을 부여받은 사람들을 지원하게 된다. 이에 따라 직급이 아니라 업무의 중심에 있는 사람이 존중받는다. 이렇게 업무를 배정하면 팀이 누가 무엇을 할 것인가에 대한 결정에 문제를 제기하기보다는 이를 뒷받침하게 된다.

여기에 팀 내에서 속성을 효율적으로 부여하기 위한 몇 가지 원칙이 있다.


- 모든 프로젝트의 리더만을 공식적으로만 인정하기보다는 프로젝트를 맡은 직원들도 명시해야 한다. 디자인, 엔지니어링, 법무 등 각각의 업무 영역을 담당하는 리더를 명시적으로 임명함으로써, 프로젝트에 참여하는 모든 직급의 직원들에게 만족을 주고 각 영역에서 나오는 산출물에 대한 담당자 확인에 도

움을 줄 수 있다. 그러면 신용을 얻을 만한 자격이 되는 사람이 신용을 얻을 수 있다.

- 일을 직접 했던 사람이 발표하게 한다. 예를 들어 제품 관리자가 팀의 디자이너가 작업했던 제품 모형과 와이어프레임(wireframe, 컴퓨터 그래픽에서 형상을 3차원적으로 나타내기 위해 쓰는 철골 형태의 선 표현-옮긴이주)을 발표한다면, 해당 디자이너가 자기가 작업했던 부분을 직접 발표하게 한다. 이것은 팀원에게 자기가 맡은 일에 대한 주인의식을 갖게 하고 가장 많이 아는 사람이 토론을 주도하게 한다.

- 잘못된 속성 부여는 팀에 재앙이 될 수 있다. 이것은 성공을 실력이 아니라 상황 덕분으로 여기는 것만큼이나 잘못된 사람에게 축하를 하는 것에도 적용된다. 우리는 효과가 있는 것으로 보이는 것이라면 무엇이든 최적화하기 위해 노력하면서, 상관 관계와 인과 관계를 혼동하기 쉽다. 일이 잘 진행되고 있더라도 이것이 누군가의 전술이 반드시 효과가 있다는 것을 의미하지는 않는다. 성공이 좋은 타이밍, 외부적인 시장의 힘, 뛰어난 실력과 실행 혹은 지금까지 거론한 것들의 조화에서 비롯되었는지를 이해하려면 한 단계 더 깊이 파고들어야 한다. 성공을 기본적인 단계인 결과에 기여하는 실력, 의사결정, 전술, 인간 관계, 노력에서 비롯되는 것으로 바라봐야 한다. 성공을 견인하는 사람을 무시하는 오류를 범해서는 안 된다.

신용은 요란하고 악용될 수 있는 통화다. 속성을 적절하게 부여하지 않으면, 팀의 실적을 견인하는 사람은 냉담하게 되고 궁극적으로는 분노하게 된다. 건전한 팀이라면 능력과 실적을 바탕으로 제대로 인정받은 팀원들에게 그들의 관심 분야에 적합한 새로운 업무를 부과해야 할

것이다. 그러나 우리는 모두 때로는 그렇게 되지 않는다는 것을 잘 알고
있다. 팀원들이 서로 인정하는 분위기를 자연스럽게 형성하려면 팀에
기여한 사람을 인정하는 방법을 최적화해야 한다. 최고의 팀은 신용을
얻으려고 하기보다는 공유하려고 한다. 이러한 팀은 누군가를 높은 곳
에서 집중적으로 조명하기보다는 신용이 아래로 멀리까지 흘러가게 하
려고 한다.

　신용을 적절하게 부여함으로써 공로를 인정해야 한다. 당신을 위해
일하는 사람에게 공로를 인정해주며 당신이 영향을 미칠 수 있는 사람
에게 신용을 부여해야 한다. 결국 당신은 당신에게서 보상을 받기 위해
일을 제대로 하는 사람을 원하고, 다음에는 더 많은 영향력을 갖는다.
신용을 부여하는 것을 보상에 관한 것이라고 생각할 수도 있지만 그것
은 실제로는 미래의 의사결정을 위한 영향력을 갖게 해준다.

# 구조와 커뮤니케이션

## 적절한 사람을 보유했을 땐
## 구조에 관한 규정이 필요 없다

스타트업 설립자와 대기업에서 신임 관리자가 된 사람에게서 가장 많이 받는 질문은 어떻게 하면 팀의 구조를 가장 잘 확립할 것인가에 관한 것이었다.

"재택 근무를 허용해야 할까요? 아니면 모든 직원에게 사무실 근무를 강력하게 요구해야 할까요?"

"마케팅을 위해 별도의 팀을 만들어야 할까요? 아니면 기존 팀을 확장하는 쪽으로 가야 할까요?"

"공동설립자와 제가 공동 CEO가 될 수 있을까요?"

"디자이너가 제품 관리자에게 보고해야 할까요? 아니면 그들도 제품 관리자가 되어야 하나요?"

"계층 구조가 없는 상태로 계속 가야 하나요? 아니면 관리자를 고용하거나 임명해야 하나요?"

우리가 팀의 구조를 확립할 때는 업무 처리 기준을 마련해 우리의 작업 방식을 주변의 다른 기업과 동등하게 만들려는 경향이 있다. 우리는 모든 팀이 리더 한 명을 둬야 하고, 디자이너들과 엔지니어들이 서로 다른 팀에서 근무하고, CEO는 단 한 명이어야 한다는 식으로 규정을 정해두려고 한다. 규정은 저마다의 장점이 있고, 나 자신이 다른 기업의 구조를 들여다보는 것을 좋아하는 사람이기는 하지만, 사람과 주변 상황을 고려하지 않고서는 이런 질문에 대답하기 어렵다는 것을 깨달았다. 팀들이 특별한 제품을 만들기 위해선 일반 통념에서 벗어나야 한다는 것은 특별한 조직을 만드는 것에도 마찬가지로 적용된다.

지난 수년 동안 내가 함께 일했던 가장 뛰어난 팀들은 모두가 규정에 몇 가지 두드러진 예외가 있는 구조를 지녔다. 나는 지역 농장에서 직거래한 제철 재료를 사용하는 레스토랑 체인 '스위트그린' 이사회에서 이사로 있으면서 이 회사의 공동설립자들인 조너선, 닉, 네이트가 3인의 공동 CEO로서 역할을 너무나도 잘하는 모습을 보며 깊은 인상을 받았다. 스위트그린 이사회에 처음 참여했을 때 주변 사람들은 이렇게 말했다. "정신 나간 짓이기는 하지만 어쨌든 행운을 비네." 그러나 이들 세 사람은 CEO가 하던 전통적인 역할에 변화를 일으키고는 독특한 방식으로 회사에 기여했다. 그들은 사내에서 대부분의 부서를 나눠 맡았지만 핵심 가치를 공유했고 누군가에 의해 의사결정을 할 때는 그들 중 한 사람이 해야 할 것인지 다 함께 해야 할 것인지를 직관적으로 알고 있었다. 이 구조에 관해 질문했을 때 조너선은 대답했다. "저는 우리가 회사 경영에서 책임을 공유할 수 있기 때문에 상당히 운이 좋은 사람들이라고 생각합니다. 문제를 해결하는 것은 한 사람만의 일이 아닙니다. 한 사람만이 모든 부담을 지는 것은 아닙니다." 여기에 닉이 거들었다. "우리 회사에서는 때와 장소에 따라 세 번에 걸쳐 CEO가 나타날 수 있습니다. (중략) 보통의 CEO가 한 번 다루는 것을 세 번 다룹니다." 일정 기간에는 이것이 장점이 되었다.

팀이나 기업에서 리더가 여러 명이 있을 때 나타나는 끔찍한 상황들에 관한 이야기는 많지만 이 구조가 갖는 강점에 관한 사례 또한 많다. 어느 쪽이 되었든 구조에 관한 규정이 따로 존재해야 하는 이유라도 있는가?

비핸스 초기 시절, 우리는 엔지니어링팀에 최고기술책임자Chief Technology Officer, CTO 1명을 두는 대신 리더 5명을 두었다. 내가 프런트 엔드 방식의 개발, 백 엔드 방식의 개발, 시스템 아키텍처, 모바일 같은 다양한 엔지니어링 업무를 확장하기 위해 서로 협력해야 할 지도부를 최적화하면서 팀에는 편안한 긴장이 흐르고 있었다. 리더들의 성격, 다양한 수준의 관리 경험도 지도부 구성에 고려 대상이 되었다.

내가 깨뜨렸던 또 다른 규범은 선임 디자이너들이 나한테 직접 보고하게 하는 것이었다. 보통은 디자이너들이 CEO에게 보고하지는 않지만, 우리 회사는 사정이 달랐다. 우리는 디자인 업계에 종사하고 있었고 디자인에 기반을 둔 회사였다. 내가 디자이너들과 가깝게 지낸 것은 직원들에게 디자인이 사업의 우선순위 중심에 있다는 사실을 일깨워주었다.

어도비가 비핸스를 인수한 이후, 내가 어도비에 처음 합류하고 나서는 직원 수가 거의 500명에 달하게 된 조직의 구조를 확립하는 것에 관한 한, 정해진 경계를 계속 넘어서려고 했다. 나는 몇몇 디자이너에게는 비핸스에서 그랬던 것처럼 디자인 부서가 아니라 나한테 직접 보고하도록 지시했다. 우선 대규모 전략 변화를 모색하기 위해 처음부터 모든 이해관계자를 포함시키지 않고 소규모의 팀들을 설치했다. 그다음에는 광고 카피와 제품의 비전이 조화를 이룰 수 있도록 제품팀 내에 마케팅 업무를 개발했다. 물론 대기업에서 규범을 깨는 것이 때로는 극심한 반대에 부딪히기도 한다. 따라서 나 자신부터 설득해야 한다. 그러나 나는 다른 방식이 아니라 우리가 하고 있는 일의 성격에 맞게 구조를 만들어가려고 했다. 경쟁 기업과 같은 규정이나 재료를 사용해 혁신을 이루는 것이 무척 어렵듯이, 과거나 최근에 나온 제품을 위해 확립된 구조의 한계 속에서 새로운 것을 만드는 것도 상당히 어렵다.

　적절한 사람을 보유했을 땐 팀이 어떤 구조를 가져야 하는가에 관한 규정이 따로 존재할 필요가 없다. 당신이 보유한 A 선수들이 A 경기를 하고 있으면, 당신은 그들이 일하는 방식과 더불어 창조적인 리더가 될 수 있다. 실제로 그럴 필요가 있다. 당신이 좋아하고 신뢰하는 대단한 재능을 가진 사람들은 자신이 얼마나 잘하고 있는지를 안다. 그리고 자기 방식대로 일하면서 성장한다. 리더로서 구조에 대한 요구와 팀의 자율성과 개성을 수용해야 하는 요구 사이에서 균형을 조심스럽게 유지해야 한다. 당신의 작업 방식을 최적화하는 것은 규범을 내려놓고 독특한 실험을 할 것을 요구한다.

　지금 와서 내가 스타트업들에 주는 조언이 어떤 성격을 갖는지 그리고 나 자신이 이런 조언을 얼마나 자주 거부했던가를 돌이켜보면, 규정을 너무나도 자주 거부했던 것이 놀랍기만 하다. 예를 들어 나는 당신이 경쟁 우위를 갖는 일을 외주로 돌려서는 안 된다고 확고하게 믿지만 때로는 최적의 디자이너나 기타 영역에서의 전문가가 프리랜서로 일하는 것을 고집할 수도 있다. 때로는 상황이 당신이 갖는 믿음을 버릴 것을 요구하기도 한다. 규정을 깨고 상황이 구조 속으로 스며들게 하려는 의지는 규정 그 자체만큼이나 중요하다. 예외가 자주 발생해서는 안 되지만 발생할 경우에는 뚜렷한 차별성을 일으키면서 당신의 성공에 중요하게 작용할 수 있다.

적절한 목표에 알맞은 적절한 사람을 보유하고 있는 한, 융통성을 발휘해야 한다. 슈퍼스타들이 재택근무를 고집한다면 그렇게 하도록 내버려둬야 한다. 서로 보완하는 역량을 가진 두 사람이 리더의 역할을 맡길 만한 뛰어난 후보라면 공동 팀장 체제로 가야 한다. 관찰하고, 배우고, 그런 다음에 조정해야 한다. 일반 통념에도 불구하고 규정을 바꿀 수 있다. 변경이 당신에게 도움이 될 수도 있고 해로울 수도 있지만 파격적인 성과를 얻기 위해서는 어느 정도의 위험을 받아들여야 한다. 업무 처리 기준을 변경이 필요할 때까지는 받아들여야 한다. 그런 다음에는 그것을 깨뜨려야 한다.

## 정렬이 흐트러지며
## 프로세스가 나온 것이다

스타트업에서 '프로세스'는 입에 담기 꺼리는 단어다.

당신이 일에 적합한 사람들을 데려올 때는 (그리고 그들 모두 적합한 이유로 스타트업에 동참할 때는) 거추장스러운 프로세스가 존재하지 않는다. 실시간 커뮤니케이션, 투명성, 긴급성에 대한 공감을 바탕으로 모두 같은 목표와 마감 시한을 향해 나아갈 때는 회사가 효율적으로 움직이고 있다는 생각이 들 것이다. 모두가 한자리에 모여 있을 때도 많을 것이다! 팀은 이런 초기 단계에서는 놀라울 정도의 생산성을 발휘한다. 규모가 작은 팀은 규모가 큰 팀을 훨씬 능가한다. 그것은 규모가 작아서가 아니라 정렬이 잘 되어 있어서 중간에 거추장스러운 것이 없이 오직 생각과 행동만 존재하기 때문이다. 아주 멋진 상황이다.

그러나 팀의 규모가 커지면서 정렬이 흐트러지기 시작한다. 팀원들마다 참여도가 달라지기도 한다. 어떤 팀원에게는 목표가 분명하게 다가오지만 다른 팀원에게는 그만큼 분명하지 않다. 그리고 목표가 정기적으로 바뀔 수도 있다. 마감 시한을 제안하기보다는 지시해야 할 필요가 있다. 모두가 한자리에 모여 있지 않았다는 사실 하나만으로도 커뮤니케이션이 예전보다 제대로 이뤄지지 않는다. 목표와 우선순위가 흐트러지면서 성과를 내기 어려워진다.

규모가 커지면서 나타나는 정렬이 흐트러지는 현상을 어떻게 해결할 것인가? 답은 당신이 초기에는 관심을 갖지 않았던 프로세스에 있다. 교육 프로그램, 일상적으로 열리는 회의, 조직 구조 도표, 승인 프로세스 등은 집단이 합심해서 생각하고 행동할 수 있도록, 정렬이 흐트러지지 않게 하기 위한 메커니즘들이다. 프로세스는 정렬이 자연스럽게 이뤄지지 않을 때 이를 해결하기 위한 방법을 말한다. 당신은 회의 일정을 짜고, 업무 흐름을 추적하고 책임을 추궁하기 위한 시스템을 심어놓고, 더 많은 관리자를 임명한다.

그러나 적절하게 시행하지 않으면 프로세스가 일의 진행을 늦추게 된다. 이것은 특히 지시를 삼가면서 성장한 팀이 충분히 성숙해져 있을 때는 고통을 줄 수 있다. 어느 누구도 실제로 일을 하는 데 장애물이 더 많이 생기는 것을 원하지 않는다.

프로세스는 우리 모두에게 어느 정도는 필요하지만 지나칠 정도로 많으면 치명적이라는 점에서 어려운 문제를 제기한다. 팀이 정렬이 잘 되어 있으면 프로세스가 덜 필요할 것이다. 이제 당신이 프로세스를 사려 깊게 적용하며 고려해야 할 몇 가지 원칙들을 제시하기로 한다.

- **당신이 아니라 팀을 위해 프로세스를 부과한다.**

낭비와 고통을 초래하는 다양한 프로세스는 불안에서 비롯된다. 리더들이 사업의 몇몇 부분을 직접 챙기지 못한 것에 불안을 느끼면 일의 흐름에서 병목현상을 일으키기 쉽다. 나는 불필요한 종료 회의를 개최하고, 업무 상황을 수시로 확인하고, 팀이 아니라 자신을 위해 마음을 평화를 얻으려고 또 다른 메커니즘을 시행하는 리더들을 많이 봐왔다. 그러나 프로세스는 창조성과 민첩성에 해를 입히기 때문에 문제를 예방하기 위해서만 부과되어야 한다. 마감 시한이 실종되고, 목표가 수시로 바뀌고, 법무와 재무 기능이 제대로 작동하지 않을 때는 프로세스를 부과할 필요가 있다. 그러나 팀에 프로세스를 부과할 땐 당신의 불안을 가라앉히기보다는 문제를 해결하기 위해 그렇게 해야 한다.

- **프로세스를 부과하는 덴 정렬을 이루는 데 시간을 더 많이 쓴다.**

모든 사람이 목표와 계획을 이해하는 데 노력을 더 많이 기울이면 팀원들 사이에서 정렬이 자연스럽게 이뤄지는 데 도움이 될 것이다. 팀원들에게 미션과 로드맵을 얼마나 자주 알리는가? 아마도 충분히 알리지는 않을 것이다. 신입 팀원들이 제대로 따라올 수 있도록 많은 관심을 쏟고 있는가? 대열에서 이탈한 직원들을 적극적으로 확인하고 그들이 제자리를 찾아갈 수 있도록 시간과 노력을 들이고 있는가? 일을 신속하게 추진하고 제품의 품질을 높이는 데 이런 방식으로 정렬을 이루는 것이 공식적인 프로세스를 부과하는 것보다 훨씬 더 낫다.

- **정해놓은 프로세스를 수시로 살펴보고 항상 축소하기 위해 노력한다.**
어느 순간에 프로세스가 필요하다고 해서 이것이 항상 필요하다는 것은 아니다. 팀에 부과한 규정과 절차의 필요성에 대해 끊임없이 의문을 제기해야 한다. 지금도 여전히 오전 회의가 필요하다고 생각하는가? 특정 조치에 당신의 서명이 필요하다고 생각하는가? 당신이 정한 프로세스를 정기적으로 살펴보고, 직원들이 자유롭게 일할 수 있도록 그것들을 없애거나 개선하기 위한 방법을 찾아야 한다.
  -

당신에게 주어진 과제는 팀원들이 가능한 한 프로세스가 없는 상태에서 정렬이 충분히 잘 되어 있도록 하여 팀을 효율적으로 이끌어가는 것이다. 관리자들에게 프로세스가 일의 흐름을 방해하지 않게 하고 팀원들이 이를 존중하게 만드는 것은 매우 힘든 과제다. 관리자는 정렬이 흐트러져 있을 때만 프로세스를 부과해야 한다.

# 그들만의 프로세스를
# 빼앗아선 안 된다

프로세스를 부과하는 것이 사내에서 발생하는 문제에 대한 영구적인 해결 방안이라고는 생각하지 않는다. 그러나 지난 수년 동안 팀원들에게 그들만의 프로세스를 갖도록 내버려두는 것이 얼마나 중요한지를 (때로는 힘들게) 알게 되었다.

마티아스와 나는 초기에 비핸스 디자인팀 업무가 회사가 하는 일과 조화를 이루게 하는 문제로 서로 충돌할 때가 자주 있었다. 다른 업무와 제품에 관한 결정은 단 한 번의 회의만으로도 이루어질 수 있지만, 디자인의 경우에는 결론이 나오기 전까지 시안과 피드백의 반복적인 프로세스가 요구되었다. 그러나 나는 항상 결론을 빨리 내고 싶어 했다. 우리 팀은 시간과 자원이 부족하기 때문에 성과를 많이 내고 업무를 신속하게 처리할 것을 주문했다. 나는 나 자신을 선두주자라고 생각했고, 팀원들이 나를 따라오게 하는 과정에서 마티아스의 팀이 최선의 결과를 얻기 위해 취해야 할 조치들을 고려하지 않고 답을 빨리 내놓을 것을 요구했다.

그러나 속도를 내려고 하든 다른 팀의 프로세스를 빼앗으려고 하든 나의 노력이 때로는 역효과를 낳았다. 마티아스의 팀은 결론을 내기 전에 문제에 대한 다양한 접근 방식을 탐색하기 위한 방법을 개발하고 있었다. 마찬가지로 엔지니어링팀도 생산성 증진을 위한 그들만의 업무 흐름을 유지하며 품질 관리와 교육 훈련에 필요한 프로세스를 갖고 있었다. 이런 프로세스는 효과적으로 작동하고 있었다. 나는 주변 사람들의 프로세스를 존중하면서 실행에 대해 나 자신이 갖는 편견을 없애는 방법을 배워야 했다.

프로세스에 어느 정도의 (과도한 절차와 기다림에 대한 선천적인 경멸과 같은) 거부감을 갖는 것도 괜찮다. 초록색 불이 켜질 때까지 기다리면 (빨간색 불이 확실히 사고를 예방하지만) 목적지에 남들보다 일찍 도착하지 못한다. 그러나 자신의 조치가 결국에는 시간과 노력을 절약할 수 있다고 생각하더라도, 주변 사람들의 작업 흐름을 방해하는 것은 부정적인 결과를 초래할 수 있다. 사람들은 그들이 하는 일에서 혼선이 발생하지 않도록 프로세스를 부과한다. 따라서 그들이 왜 그렇게 하는지를 생각하지 않고 메커니즘을 제거하려고 해서는 안 된다.

팀장과 팀원들 사이에서 발생하는 많은 문제가 팀원들이 갖는 그들만의 프로세스를 제거하려는 데서 비롯된다. 당신이 프로세스를 지나칠 정도로 많이 부과하는 것을 원하지 않더라도, 팀원들이 그들만의 질서를 유지하기 위해 채택하는 작업 방식은 존중해야 한다. 앞에서도 언급했던 벤 에레즈는 이렇게 말한다. "직원들에게 당신이 왜 그들이 그렇게 할 것을 요구하는지에 대해 그들이 이해할 수 있도록 전후 사정을 설명해야 한다. 그런 다음에는 그들에게 방해가 되지 않도록 한 걸음 물러나서, 그들이 가장 중요한 것에 집중할 수 있도록 그들의 일정표에서 다른 혼란스러운 것들이 제거되었는지를 확인해야 한다."

따라서 직원들 스스로가 자신이 일하는 습관을 바로잡으며 계속 유지할 수 있도록 내버려둬야 한다. 그들이 자기 자신을 가장 잘 아는 법이다. 그들만의 프로세스는 당신에게 명료하게 다가오지 않더라도 나름의 이유가 있어서 존재한다. 일을 서둘러서 처리해야 할 때도 프로세스를 완전히 제거하기보다는 서로가 동의할 수 있는 방식으로 그것을 다시 만들어서 신속하게 진행할 수 있는 방법을 찾아야 한다. 시간이 지나면서 프로세스가 강화될 수도 있고, 그렇게 되어야만 한다. 그러나 그것을 적극적으로 제거하려고 해선 안 된다.

## 팀원들의 관심을 얻고
## 이를 지속하기 위해 선전한다

어쩌면 프로젝트의 메시 미들에서 리더에게 주어진 가장 중요하고 암묵적인 역할은 내부의 마케터가 되는 것이다. 사람들은 고객과 외부에 알려지는 브랜드, 메시지에 집착하라고 말하지만, 내부 브랜드와 메시지에 대해선 놀라울 정도로 거의 관심을 갖지 않는다. 팀원들은 자신이 하는 일, 팀의 생산성, 자신의 미션에 대해 무슨 생각을 하는가? 그들이 자신의 미션에 대해 알고는 있는가?

오늘날에는 팀과 프로젝트를 관리하기 위한 다양한 시스템이 존재하고는 있지만, 우리가 전통적인 마케터가 알고 있는 것, 즉 무엇인가가 인상적이거나 대단하여 매일같이 눈앞에 아른거린다면, 당신이 그것을 하게 될 가능성이 높다는 사실을 자주 잊어버린다. 팀 내에서 광고판, 광고 방송, 고도로 선별된 잠재의식 광고subliminal advertising 같은 것을 창출한다면 협력과 생산성 증진에 정말 도움이 된다.

생산성 높은 팀의 뛰어난 리더들은 팀원들이 행동하게 만드는 새롭고 영리한 방법을 끊임없이 개발하고 있다. 이것은 그래픽 방식으로 제시된 이정표, 벽에 걸린 마감 시한, 목표와 최근까지의 진척 상황을 되풀이하여 전달하는 커뮤니케이션 캠페인 형태로 다가올 수도 있다. 혹은 핀터레스트의 '세계로 뻗어가기 위한 해Year of Going Global'처럼 사내모든 팀에게 사업을 국제화하기 위한 노력을 다시 한 번 강조하는 시간이 정해진 간결한 선언의 형태를 띨 수도 있고, 우버의 '운전자들의 해Year of the Driver'처럼 그들의 플랫폼이 운전자를 위한 보다 나은 도구와정책을 개발하는 데 뒤처진 것을 깨닫고서 만들어낸 것일 수도 있다.

때론 이것이 사람들의 마음속에 착 달라붙어 케케묵은 답답한 생각에 맞서기 위한 무기가 되는 선언이나 날카로운 비주얼의 형태를 띠기도 한다. 예를 들어 클라우드 서비스를 제공하는 세일즈포스Salesforce는 대기업이 전통적인 박스형 소프트웨어(소비자가 구매하여 직접 설치하는 소프트웨어-옮긴이주)를 선호하던 시절, 고객관계관리Customer Relationship Management, CRM 서비스를 출시하면서 담배 이미지가 있어야 할 자리에 소프트웨어 이름을 집어넣고 아주 재미있는 금연 이미지의 로고를만들었다. 이처럼 전통에 반기를 드는 로고는 직원들과 고객들에게 소프트웨어에 대한 케케묵은 사고방식을 떨쳐버리게 만드는 일종의 슬로건으로 작용했다.

나는 2013년에 어도비의 모바일 앱 제작에 다시 뛰어드는 과제를 맡으면서 내부적으로 그간의 전제와 사고방식에 변화를 일으키는 데 특별히 효과적인 문구들을 생각해냈다. 예를 들어 우리는 제품을 단순하지만 강력하게 해주는 디자인 원칙을 주장하면서 신제품 발표회뿐만아니라 제품 평가 회의에서 "전문가에게는 충분히 강력하고, 일반인에게는 충분히 접근 가능한"이라는 문구를 자주 썼다. 포토샵 같은 제품의 사용자들이 폰트, 컬러, 브러시를 포함해 다양한 앱과 장치에 걸친 기타 자산에 접근할 수 있도록 지원하는 서비스로서 '크리에이티브 클라우드 라이브러리즈Creative Cloud Libraries'라고 했던 프로젝트를 착수할 땐 팀원들이 계속 협력할 수 있도록 "당신의 자산은 항상 당신의 손가락 끝에서 나옵니다", "텅 빈 페이지의 시대를 끝내십시오" 같이 마음속에 착 달라붙는 문구를 썼다. 또한 우리가 기능들에 우선순위를 정해둘 필요가 있을 땐 항상 간단한 문구로 되돌아와서는 이런 것들이 우리의 비전과 어울리는지를 확인하곤 했다.

또한 지금처럼 정보가 넘치는 시대에 선전은 팀이 가장 중요한 정보에 관심을 갖게 하기 위한 최선의 도구다. 나의 첫 번째 저작《그들의 생각은 어떻게 실현됐을까Making Ideas Happen》(중앙북스, 2011년)가 출간되고 몇 년이 지난 2013년에 나는 중앙정보국Central Intelligence Agency, CIA으로부터 정보 분야에서 활동하는 세계의 공직자와 분석가에게 중요 정보를 효과적으로 유포하기 위해 디자인과 마케팅 기법을 활용하는 데 관심이 많은 조직의 팀을 방문해서 조언을 해줄 것을 요청하는 연락을 받았다. CIA도 다른 조직들과 마찬가지로, 자신이 보유한 정보가 결국에는 사용자들에게 도달해 그들의 관심을 끌 때만 효력을 발휘한다는 사실을 정확히 인식하고 있었다. 당시 그 팀은 마케팅과 광고에서 하는 것과 마찬가지로, 간결한 헤드라인, 인포그래픽스(infographics, 정보information와 그래픽스graphics의 합성어로, 복잡한 정보를 쉽고 빠르게 전달하기 위해 차트와 그래픽 등으로 축약해서 표현한 것을 말한다-옮긴이주), 디자인 기법을 사용해서 정보요원들의 관심을 끌 만한 방법을 찾고 있었다.

당신은 과제와 그 진척 상황을 선전하면서 팀원들의 관심을 얻고 이를 지속하기 위해 창조성을 발휘해야 한다. 새로운 프로세스를 부과할 땐 미적 감각을 동원해야 한다. 새로운 시스템에 대한 충성은 그것을 신뢰하고 거기에 매료되는 것에서 나온다. 완료된 과제에서 뿜어져 나오는 디자인, 명칭, 가상의 색종이 조각 같은 작은 울림이 큰 효과를 줄 수 있다.

마찬가지로 팀이 의미 있는 성과를 내고 있을 땐 팀원들의 업적을 선전해야 한다. 계속 전진할 것을 요구하기보다는 그간의 성과를 되돌아보며 기쁨을 누릴 수 있게 해야 한다. 비핸스에서는 그야말로 주변을 둘러싸고 진척 상황을 확인할 수 있도록, 완성된 프로젝트, 점검표, 개요 등의 콜라주로 장식된 '던 월즈Done Walls'라는 것이 있었다. 그리고 팀원들에게 미래를 향한 비전을 발표할 때마다 그때까지 우리가 달성해놓은 성과들을 정리한 슬라이드를 가지고 시작하려고 했다. 지금까지의 성과는 미래의 성과를 위한 최선의 동기 부여자다. 그러나 사람들이 그것을 느낄 수 있도록 충분히 선전해야 한다.

나는 하버드대학교의 MBA 과정에 있으면서 기업의 창조성을 광범위하게 연구하는 테레사 애머빌Teresa Amabile 교수와 함께 일할 기회를 가졌다. 그녀는 어느 연구에서 대기업에서 근무하는 200명이 넘는 전문가들에게 4개월 동안 간단한 일지 형태로 자신의 생각, 동기, 감정을 기록하게 했는데, 1만 2000개가 넘는 기재 사항을 통해 이전까지의 성과가 미래의 성과를 낳는다는 것을 관찰했다. 그녀가 내린 결론은 다음과 같았다. "근무일 동안 생각, 동기, 감정에 영향을 미칠 수 있는 모든 요소 중 가장 중요한 것 한 가지는 의미 있는 일에서 성과를 내고 있다는 것입니다. 사람들이 성과를 더욱 빈번하게 느낄 수 있으면 결국에는 창조적인 생산성을 발휘하게 될 것입니다. 그들이 과학 분야의 난제를 풀고 있든 고품질의 제품 혹은 서비스를 생산하든, 비록 작은 성과라도 매일 내고 있다는 사실이 그들이 어떤 마음가짐을 하고서 일을 하는가에 큰 차이를 일으킬 수 있습니다."

당신은 외부 마케팅을 감독하는 관리자나 부서를 가질 수 있지만, 최고의 내부 마케터가 되어야 한다. 내부 고객을 대상으로 자신의 계획을 적극적으로 홍보해야 한다. 그리고 지금까지의 성과가 사람들에게 동기를 지속적으로 부여하고 미래에 무엇을 할 것인가에 대해 더 나은 결정을 하게끔 도움이 될 것이다. 팀이 우선순위를 이해하고 성과를 인식하는 것은 결국 당신의 손에 달려 있다.

## 모형을 이용하라

그림이 수천 단어의 가치를 갖는다면, 모형은 수천 개의 질문에 대한 대답을 제공한다.

전략과 기획에 관한 것이라면 너무나도 많은 말이 나온다. 어도비의 회의, 쿠퍼휴잇국립디자인박물관Cooper-Hewitt National Design Museum 같은 비영리기관의 이사회, 그 밖의 수많은 스타트업의 브레인스토밍 세션에 참석한 사람들이 해야 할 일은 다양한 방식으로 질문을 던지는 것이다. "X를 해야 하지 않을까요?" "Y사의 접근 방식이 더 낫지 않을까요?" "대신에 Z를 해보는 것이 어떨까요?" 때로는 그 자리에 모인 사람들이 정확하게 어떤 질문에 대한 답을 찾고 있는가에 대해서도 의견의 일치를 보지 못하는 경우도 있다. 따라서 누군가가 시각적이거나 손으로 만져볼 수 있는 것을 내놓을 때까지는 논의가 상당히 추상적이고 개념적인 수준에 머무는 경우가 많다.

아이디어가 시각화되지 않으면 오해를 불러일으키기 쉽다. 의혹과 혼란은 누군가가 잠재적인 해결 방안을 시각적으로 나타낸 간단한 이미지를 통해 단번에 해소될 수 있다. 시각 이미지를 스크린에 비추거나 모형을 보여주면 전체적인 대화가 더욱 생산적이고 구체적이 된다.

2013년 여름, 어도비에서는 태블릿이나 모바일 장치에 설치될 창조적 앱이 어떻게 하면 데스크탑 컴퓨터에 설치된 포토샵 같은 프로그램과도 호환성을 띠게 할 것인가를 고민하고 있었다. 어도비 뉴욕 사무소에는 10여 명의 임원들과 가장 뛰어난 컴퓨터 과학자들, 소프트웨어 아키텍트(software architect, 소프트웨어의 뼈대라고 하는 아키텍처Architecture를 설계하는 고급 소프트웨어 개발자-옮긴이주)들이 있었다. 또한 마티아스와 최고의 디자이너 클레망 파이디Clément Faydi, 에릭 스노우덴Eric Snowden도 있었다.

회의가 시작된 이후 4시간 동안은 주로 임원들과 엔지니어들이 분위기를 주도했지만 대화는 계속 겉돌기만 했다. 누군가가 개념을 설명하면 당장 검토하고는 버리기로 결정했다. 그다음에 또 다른 관점에서 개념이 제시되었다. 추상적인 문제를 다루기만 했지 대화를 이끌어가는 사람조차 없었다. 나는 우리가 구체적인 것을 얻지 못해서 상당히 좌절했던 기억이 있다. 그런 다음, 마티아스가 실망의 한숨을 쉬고는 우리가 화이트보드에 대충 그려놓은 개념들을 가져와서 어도비 일러스트레이터에 모형으로 나타냈다(당시 모형을 그릴 때는 항상 일러스트레이터를 사용했는데 지금은 어도비 XD를 사용한다).

마티아스가 모형을 그릴 때 방에 모인 사람들이 어깨 너머로 보기 시작했다. 그가 실시간으로 그려내는 개념의 몇 가지 요소를 중심으로 합의에 이르면서 갑자기 대화의 범위가 좁혀졌다. 나는 이것을 보며 잘 그려낸 모형을 가지고 몇 시간 동안 검토를 하는 것이 며칠 동안 겉돌기만 하는 토론을 하는 것보다 훨씬 더 낫다는 사실을 깨달았다. 나는 이번 회의를 중단하고 이번 프로젝트를 주도하는 클레망과 에릭에게 시간을 갖고 전체적인 개념을 모형의 형태로 구성하라고 지시했다. 이후로 프로젝트를 위한 회의는 선임 디자이너가 그 자리에 모인 사람들에게 단지 이야기만 하기보다는 우리가 어디까지 왔는지 무엇을 논의해야 하는지를 보여주는 것으로 출발했다.

마치 승인과 협조가 시각 피질 속 어딘가 자리를 잡은 곳에서 나오는 것만 같았다. '컨버전XL'의 설립자 핍 라자Peep Laja는 자신의 컨버전 옵티마이제이션 블로그Conversion Optimization Blog에서 이렇게 말한다. "제품과 서비스를 평가할 때 우리의 뇌는 이해를 하고 결론을 내고 결정에 도달하기 위해 작동합니다. 심상화는 무엇인가를 보여주고 우리의 뇌가 묻는 질문에 대한 답을 제시하기 위한 최선의 방법입니다." 신경마케터Neuromarketer는 우리의 구뇌(old brain, 뇌간을 포함해 뇌에서 가장 오래된 영역으로 호흡과 운동 반응과 같은 자동적인 기능을 조절한다)가 의사결정에 강력한 영향을 미친다는 것을 잘 알고 있다. 구뇌가 시각적, 감각적 위협을 신속하게 판단하기 위해 진화한다면, 단어와 개념보다 더 빠르게 처리되는 시각적 자극을 선호할 것이다. 따라서 청중의 관심을 사로 잡으려면 아이디어에 대한 추상적 묘사와 구체적 이미지나 물리적 표현을 결합해야 할 것이다. 이런 시각 자료가 우리의 가장 원초적인 신경학적 본능에 호소하고 충족시켜주기 때문이다.

디자인, 샘플이나 모형을 공유하면, 사람들의 생각을 금방 하나로 모을 수 있게 된다. 그렇지 않으면 토론은 개념 주변을 맴돌기만 하고, 기본적인 질문과 잘못된 이해만 다루게 된다. 모형이 없다면 사람들은 어둠 속에서 한 번에 한쪽 모서리만 더듬고는 사물을 해석하려 할 것이다. 모형 혹은 원형prototype은 수많은 회의와 토론에 해당하는 가치를 갖는다. 모형이 어둠 속에서 불을 밝혀줄 것이다.

## 아이디어를 발표하되
## 홍보하진 않는다

열정을 갖고 기업을 설립한 사람들과 디자이너들이 범하는 단순하고 흔한 실수는 새로운 아이디어를 설명하기보다는 홍보한다 할 정도로 가장 보기 좋게 내놓으려 한다는 것이다. 흠집이 전혀 없이 광택이 나는 것은 붙잡기 어렵다. 새로운 아이디어는 거친 부분이 있기 때문에 팀원들이나 미래의 투자자들이 그 질감에 이끌려서 붙잡으려고 할 것이다.

벤처캐피털 '벤치마크Benchmark'에서는 이런 CEO들을 "홍행주"라고 불렀다. 그들은 언뜻 보기에는 완벽한 스토리, 해당 산업에 대한 포괄적인 지식을 가지고 나타나서, 주제넘게도 경쟁 기업들을 부적격으로 간주한다. 우리는 그들의 이야기 속으로 들어갈 수 있는 공간을 찾을 수 없기 때문에, 그들이 선전하는 말을 정서적으로 받아들이기 어렵다. 따라서 그 틈을 찾아보려고 한다. 우리는 필연적으로 다가오게 될 힘든 시기를 그들이 어떻게 돌파할 것인지를 알지 못한다. 그들이 힘든 시기가 닥치면 현실을 직시할 수 있을까? 완벽한 스토리를 유지하기 위해 갈등을 숨기고 우려할 만한 데이터를 무시할 것인가?

내가 가장 관심을 가졌던 설립자들은 현실에 기초하여 문제와 해결 방안에 집중하는 사람들이었다. 그들 중에서 '레믹스REMIX'를 설립한 샘 하세미Sam Hashemi가 특히 기억이 많이 난다. 그는 자신감이 있었지만 말을 겸손하게 했다. 디자이너 출신인 샘은 공익을 위해 미국의 디자인과 엔지니어링 인재들을 활용하는 '코드 포 아메리카Code for America'라는 시민 단체에서 몇 년 동안 자원봉사 활동을 했다. 샘은 이 프로그램에 참여하면서 도시들이 대중교통 시스템을 기획하기 위한 더 나은 방법을 생각해내고는 이를 가지고 회사를 설립했다. 그는 우리와의 첫 번째 만남에서 자기 팀이 이뤄낸 성과와 자신의 사업 계획에서 분명하거나 여전히 불확실한 부문에 대해 이야기하면서 상당히 사무적인 태도로 일관했다. 그는 우리와의 만남을 앞두고 대규모 자금 모집 행사를 가졌고, 이제는 해결하려는 새로운 문제에 집중한 나머지 '매출 흐름이 좋아 아직 초기 투입 자본을 건드리지도 않았다'는 말을 하는 것도 거의 잊어버릴 뻔 했다.

샘은 자신감을 조용히 드러냈는데, 이것은 내가 2010년에 자금 모집 행사를 개최했던 핀터레스트의 벤 실버만을 처음 만났을 때를 떠올리게 했다. 당시 벤은 자기 제품과 디자인을 가지고 엔젤 투자자들을 유치하기 위해 뉴욕시를 방문하고 있었다. 나는 그를 만나기 전, 약간의 시간을 갖고서 핀터레스트가 비핸스 사용자들의 포트폴리오에 트래픽을 일으키고 있는지를 확인하려고 비핸스의 웹 애널리틱스(web analytics, 웹 사용률을 이해하고 최적화하기 위해 웹 데이터를 측정하고 수집하고 분석하고 보고하는 것을 말한다-옮긴이주)를 뒤져봤다. 이렇게 발생하는 트래픽의 양은 얼마 되지 않았지만, 성장세는 놀라울 정도로 꾸준했다. 벤은 대담한 성장 지표 혹은 핀터레스트가 어떻게 큰 회사로 성장할 것인가를 담은 슬라이드를 가져오지는 않았다. 대신에 자기가 물건 수집을 좋아하고, 디자인에는 가치를 둔다는 이야기만 했다. 나는 동료들과 함께 핀과 보드의 디자인에 대해 오랫동안 브레인스토밍을 하고 이후로도 벤을 몇 차례 더 만나고는 내 회사가 아닌 다른 회사에 처음으로 투자하기로 결정했다. 이후로도 몇 년에 걸쳐 만날 때마다 벤이 문제나 질문을 가지고 대화를 시작했다. 벤은 핀터레스트의 성공에도 불구하고 여전히 효과가 있는 것은 주의 깊게 관찰하고 잘못된 것은 고치려고 했다. 그는 사람들의 관심을 이끌어내려고 했지 감동을 주려고 하지는 않았다.

동료들과 아이디어를 공유하든 그것을 투자자들에게 선전하든, 거기에 광택을 내려고 하기보다는 현실을 있는 그대로 전달해야 한다. 불확실성에서 비롯되는 약간의 질감, 문제를 인정하는 태도가 모든 이에게 도움이 된다. 좋은 파트너는 당신이 처한 문제를 약점이 아닌 가능성으로 인식할 것이고, 당신의 정직한 모습이 앞으로 온갖 우여곡절을 함께 겪으면서 서로 협력하기 위한 좋은 분위기를 갖게 할 것이다.

## 위임하고 보고를 듣는
## 순환을 반복한다

프로젝트 규모가 커지면서 다른 사람들에게 더 많은 것을 의지해야 한다. 특히 중요한 일인 경우에는 그 일을 다른 사람에게 넘겨주고 나면 마음이 편하지는 않겠지만, 무엇을 위임할 수 있고 무엇을 당신의 감시하에 둘 수 있는지에 대한 통찰을 개발하는 것이 당신과 팀의 역량을 키우기 위한 유일한 방법이다.

비용편익 분석cost-benefit analysis을 생각해보자. 다른 사람이 당신이 하는 일을 떠맡을 수 없을 때는 새로운 문제를 해결할 수 없고 프로젝트는 전혀 앞으로 나아가지 않을 것이다. 당신이 상황을 이렇게 바라보고 있다면, 이제는 손을 떼는 법을 배워야 한다. 나는 가끔씩 다른 사람에게 의사결정을 위임할 때면 매번 자유로운 기분을 느꼈다. 위임하는 데 따르는 비용이 조금은 다르게 나오겠지만, 혁신을 하고 새로운 문제를 해결하기 위해 새롭게 얻은 나 자신의 역량에서 나오는 편익이 대체로 이런 비용을 능가했다. 이 모든 것이 위임을 하게 된 덕분이다.

위임이라는 단어는 리더가 단독으로 누가 어떤 일을 할 것인가를 결정하고, 과제를 할당하고, (모범이 되는 결정권자와 마찬가지로) 모든 사람에게 자기 일에 대한 책임을 지게 한다는 의미를 갖는다. 그러나 실적이 좋은 팀을 보면, 위임이 받는 것만큼이나 추구하는 것이 되기도 한다.

이런 팀에서는 확장성이 희박하거나 낮은 인재를 자유롭게 놓아줘야 할 집단적 동기가 발생한다. 예를 들어 당신이 데이터 과학자나 프로그래머가 데이터 분석과 프로그래밍에만 집중하고, 행정적인 일에 그들의 소중한 에너지를 낭비하는 것을 원하지 않는다고 해보자. 모두 자기가 맡은 일과 시장의 힘에 따라 협력하면서 최대한의 능력을 발휘하기 위해 무엇이든 하려는 의지가 있을 때 위임하라는 압박은 위만큼 아래로부터도 나온다. 이런 상황에서는 모두가 자신이 책임져야 한다고 생각하는 일(때로는 이 일이 그들이 가장 빨리 그리고 가장 잘 완수할 수 있는 과제 또는 그들만의 역량을 요구하는 과제가 되기도 한다)을 스스로 관리하기를 원한다.

팀원들은 자신의 프로젝트를 스스로 관리하고 있다고 생각할 때만 충분한 동기를 가지고 그것을 완수해야 할 책임감을 가질 것이다.

원자력 잠수함 USS 산타페USS Santa Fe의 함장을 지냈고《턴어라운드Turn the Ship Around!》(세종서적, 2020)의 저자인 데이비드 마르케David Marquet는 99U 연례 회의에서 군인 시절에 가졌던 위임에 관한 자신의 통찰을 전해준 적이 있었다.

문제는 대화가 한창 진행되더라도, 결국에는 우리 참모들이 상황을 통제하고 지침을 전달하게 되어 있다는 것입니다. 일단 좋습니다. 우리가 문제를 해결하고 지시를 함으로써 불확실성을 줄이고, 우리의 지위와 권위를 높일 수 있으니까요. 불행히도 우리에게 좋은 것이 다른 사람들에게는 나쁘게 작용했습니다. 그들은 지침에 따라 움직이기 때문에 어느 누구도 대단하거나 훌륭한 모습을 보여주진 않았습니다. 우리가 주변 사람들에게 지시를 하면 할수록 그들이 훌륭한 일을 할 수 있는 기회를 뺏습니다. 사람들에게 무엇을 하라고 지시하는 것은 책임을 지지 말라는 뜻입니다. (중략) 이것은 사람들이 자기가 맡은 일을 하지만 그 일에 대해 생각을 하

지 않게 되는 위험이 따릅니다. 때로는 이런 정책이 의도하지 않게도 직
원들이 권한을 가지려는 동기를 없애는 결과를 낳습니다.

위임과 직함만으로는 충분하지 않다. 직원들은 실제로 권한을 가진
것으로 인식해야 한다.

위계 문화가 없는 팀이나 다양한 부서의 리더들이 참여하는 매트릭
스 조직(matrix organization, 프로젝트 조직과 기능식 조직을 결합한 조직 형태. 구성
원이 원래의 종적 계열에 소속됨과 동시에 횡적 계열이나 프로젝트 팀의 일원으로서 임
무를 수행하는 조직 형태다-옮긴이주) 형태로 추진되는 대형 프로젝트에서는
또 다른 문제가 발생한다. 직원들이 그들이 궁극적으로 책임을 지는 일
에 대해 통제권을 갖고 있지 않기 때문에 어려움을 겪는 것이다. 아마도
당신의 프로젝트는 다른 부서 직원들이 하는 일에 의존하게 될 것이고,
당신은 누가 무엇에 대해 책임을 지고 있는지를 알지 못할 것이다. 이렇
게 모든 것을 의존하는 상태에서 누가 책임을 지고 있는지 모른다면 팀
원들은 자신이 책임을 지는 일에 대해 통제권을 갖고 있지 않다는 생각
을 할 것이다. 이럴 때 당신은 모든 종류의 과제마다 완수해야 할 책임
을 지는 단 한 사람을 찾아서 확인하는 작업을 해야 한다.

온라인 지식 공유 커뮤니티 '쿼라Quora'의 설립자이자 CEO인 애덤
단젤로Adam D'Angelo는 페이스북의 CTO를 역임한 적도 있었다. 그는
자기 회사에서 모든 기능과 프로젝트에 (직접적으로 책임을 진다는 의
미의) DRIDirectly Responsible Individual를 둘 것을 오랫동안 주장해왔다.
그러면 모든 팀이 특정 분야에서 협조를 구해야 할 상황이 생기면 DRI
를 찾아가면 된다. 애덤은 이렇게 하면 의사결정을 효율적으로 할 수 있

을 뿐만 아니라 각각의 DRI가 동료 직원들에 대해 책임감을 더 많이 갖게 된다고 설명한다. 리더는 DRI가 자기 역할을 잘하고 있는지를 확인하게 위해 다음의 세 가지 일을 해야 한다고 애덤은 말했다.

"첫째, 책임이 분명하게 정의되었는지를 확인해야 합니다. 이때 이러한 책임은 그것을 맡은 사람에게 뿐만 아니라 다른 사람들에게도 잘 알려져 있어야 합니다. 둘째, 책임을 맡은 사람이 누구(즉 책임을 맡은 사람이 데리고 있는 사람)에 대해 그것을 맡고 있는지도 분명하게 해야 합니다. 셋째, 책임은 무엇인가가 왜 제대로 작동하지 않는지, 그런 상황이 반복되지 않도록 하려면 무엇을 해야 하는가에 대한 이해를 요구합니다. 책임은 상황의 심각성에 따라서는 조롱이 될 수도 있고, 사후 검토가 될 수도 있고, 진지한 대화가 될 수도 있고, 회사에 대한 사과나 직책의 변화 심지어는 해고가 될 수도 있습니다."

그러나 애덤은 다음과 같은 점을 강조했다. "중요한 것은 이런 상황이 반복되지 않고 직원들이 맡은 책임을 다할 것이라는 기대를 유지하려면 무엇을 해야 하는가에 있습니다."

특히 협력이 잘 되고 열정이 넘치는 팀에서는 모든 프로젝트마다 서로 토론하고 의사결정에 영향을 미치려는 팀원들의 욕구가 역효과를 일으키는 때가 있다. 의사결정은 누군가를 배제시키는 두려움 때문에 일이 중단되게 한다. 이 문제를 신속하게 해결하기 위한 방안이 고객 이메일 답신, 언론 접촉, 직원 채용, 생산의 주요 부분에 이르기까지 모든 업무에 DRI를 두는 것이다. 직함이 모든 것을 망라하고 규모가 큰 기업은 물론이고 스타트업에서도 별로 중요하지 않을 때는 과제 수준에서 DRI를 두는 것이 좋다. 팀이 협력이 잘 될수록 누가 무엇을 책임지고 있는지를 아는 것이 더욱 중요하다.

'미트업Meetup'의 설립자이자 CEO 스콧 하이퍼만은 모든 직급에서 DRI의 또 다른 장점을 설명한다. 그것은 모든 직원이 사내에서 저마다의 역할이 얼마나 중요한지를 알게 되고, 이를 바탕으로 조화를 이루고 있는지를 확인할 수 있다는 것이다.

스콧은 어느 날 뉴욕시 번화가에서 나와 점심을 하며 말했다.

"저는 모든 직원이 각자가 맡은 작은 역할이 어떻게 하여 그보다 범위가 훨씬 더 넓은 미션과 조화를 이루는지를 정확히 이해하기를 바랍니다. (중략) 일론 머스크는 '스페이스X' 공장에서 누군가를 붙들고 그들이 어떤 일을 하는지, 그 일이 왜 중요한지를 물어보라고 했습니다. 그 누군가는 볼트를 만드는 사람일 수도 있을 텐데, 그에게 '왜 그런 일을 하지요? 당신의 역할은 무엇입니까?'라고 물어볼 수 있겠죠. 그러면 그는 '저는 지금 볼트를 만들고 있습니다. 그래서 우리가 착륙이 가능한 우주선을 만들 수 있지요. 우리가 이런 우주선을 만들고 있기 때문에 화성에 도착할 수 있습니다. 그리고 화성에 도착할 수 있으면 우리 인류는…'라는 식으로 대답할 것입니다."

사람들이 작은 부분이 전체와 어떻게 조화를 이루는지를 알면 각자가 맡은 일이 얼마나 중요한지를 알게 된다. 그들은 더 많은 책임감을 갖는다.

얄궂게도 무엇인가가 잘못되거나 팀의 누군가가 무관심하다면, 때로는 그들에게 권한을 더 많이 줄 필요가 있다. 그들에게 자율권과 통제권을 더 많이 부여하면 그것을 유지하기 위해 열심히 일하거나 더 빠르게 실패할 것이다. 이것은 팀에 도움이 되는 사람과 그렇지 않은 사람을 가려내는 데 좋은 일이다.

그러나 당신은 일을 끝까지 책임질 사람이라는 믿음이 없이는 그 사람에게 편한 마음으로 많은 것을 위임하진 않을 것이다. 다른 사람에게 위임을 하거나 권한을 부여할 땐 그에 따른 책임을 져야 하고 일정 정도의 품질 관리를 해야 할 것이다. 위임한 내용을 자세히 기록하고 DRI를 결정하는 것은 관리에서 절반에 불과하다. 그리고 이것은 나머지 절반과 비교해 쉬운 절반이다. 다른 사람이 당신의 지침을 받아들이는 방식을 개선하기 위해 피드백을 제공하는 것이 더욱 중요하지만 덜 자연스럽게 다가온다.

위임된 과제를 평가할 때 내가 선호하는 방법은 중요한 사건과 큰 실패가 있고 나서 보고를 듣는 것이다. "1에서 10까지 점수를 매긴다면 어떻습니까?" "무엇을 다르게 했어야 할까요?" "아주 잘한 것이 있다면 어떤 것이 있습니까?" 같은 질문을 하면, 새로운 리더들의 자율권에 이의를 제기하지 않거나 세세한 부분까지 관리하지 않으면서, 자연스럽게 그들의 직관을 개발하고, 배운 것을 마음속에 새기고, 책임감을 갖게 할 수 있다.

프로젝트와 팀의 규모가 커지면서 다른 사람들에게 책임을 분배하고, 그들이 주인 의식을 가질 수 있을 정도로 위임하고, 실행의 품질과 효율성을 높이기 위해 보고를 듣는 리듬을 타야 한다. 뛰어난 관리는 이처럼 위임하고 보고를 듣는 순환을 반복하는 것에 있다.

# 언제 어떻게 말해야 할지를
# 알아야 한다

우리가 사는 디지털 세상에서는 커뮤니케이션이 예전보다 훨씬 더 쉬워졌다. 멀리 떨어져 있는 팀들이 그런 기분을 갖지 않고서 하루 종일 협력할 수 있고, 서로가 발신음을 듣지 않고서도 쟁점을 해결할 수 있고, 다양한 매체를 통해 대화가 중단된 바로 그 지점에서 계속 이어갈 수 있다.

그러나 사람들에게 연락이 닿는 것도 훨씬 더 쉬워졌다. 우리의 생각과 행동 사이의 시간이 (그리고 행동하려는 노력도 마찬가지로) 줄어들면서 실수를 할 수 있는 여지가 커졌다.

지금까지 나는 동료, 고객, 친구, 가족들과의 커뮤니케이션을 두서없이 했던 적이 많았다. 때로는 이메일을 길게 적어 보내야 했어야 할 상황에 격의 없는 문자 메시지를 보내기도 했다. 또는 전화를 했어야 하는 상황에서 이메일을 보내기도 했다. 또는 직접 만나야 하는 상황에서 전화를 하기도 했다.

민감한 주제를 다룰 경우에는 직접 만나야만 느낄 수 있는 비언어적 신호가 아주 중요하다. 그러나 때로는 회의나 장문의 이메일이 갖는 공식적인 성격이 작은 쟁점을 실제보다 훨씬 더 큰 것처럼 보이게 할 수도 있다.

언제 무엇을 말해야 할 것인가를 아는 것은 관계 유지에 대단히 중요하다. 그러나 이것만으로는 충분하지 않다. 그것을 어떻게 말할 것인가도 그만큼 중요하다. 누군가가 말했듯이 "매체가 곧 메시지다."

새로운 고객에게 무심한 이메일을 보내기 전이나 슬랙Slack(클라우드 기반 협업 도구-편집자주)에서 동료에게 어떤 문제에 관해 메시지를 보내기 전에 다음과 같은 사항들을 먼저 고려해야 한다.

• **정보의 일방적인 공유인가? 아니면 대화를 하고 있는 것인가?**

이메일은 사람들의 일정을 고려하며 정보를 전달하기 위한 훌륭한 방법이다. 상대방은 자기가 원할 때 답장을 보낼 수 있고, 당신도 마찬가지로 생각이 정리될 때까지 답장을 보내지 않아도 된다. 때로는 이것이 편하게 느껴지지만 이메일을 주고받는다고 해서 대화를 하는 것은 아니다. 상대방은 당신의 모든 생각을 일괄적으로 취급하기 때문에 서로 쟁점마다 이야기를 주고받는 것과는 다르다. 이것은 상대방이 오해를 할 가능성이 상당히 높다는 것을 의미한다. 이메일은 사람들에게 무엇인가를 전달하기 위한 효과적인 방법이다. 그러나 상대방에게 영향을 미치거나 깊은 이해를 바란다면, 이메일 대신 대화식 메시징을 하거나 전화를 하거나 직접 만나는 것처럼 대화를 하는 쪽을 선택해야 한다.

• **합의가 필요한 주제나 민감하거나 논란의 여지가 있는 주제를 다루는가?**

'슬랙, 페이스북 메신저Facebook Messenger, 왓츠앱WhatsApp, 아이메시지 iMessage'를 사용하든 당신이 선호하는 문자 메시지 서비스를 사용하든, 편한 대화를 나누기에는 실시간 메시징 시스템이 가장 적합하다. 그러나 메시징 시스템을 가지고 긴 문장을 전달하는 데는 어려움이 따르기 때문에 복잡한 주제를 토론하기에는 적합하지 않다. 또한 이것이 기본적으로 문자 기반 서비스를 제공하기 때문에 목소리에서 나타나는 미묘한 차이, 귀로 들을 수 없는 불쾌감을 나타내는 시각적 신호를 포착할 수 없다. 민감한 주제라면—좀처럼 좋게 마무리되지 않는 대립적인 상황을 피하기 위한 수단으로 문자 기반 커뮤니케이션을 선호하더라도도—좀 더 친밀한 매체를 사용해야 한다.

- **당장 대답을 들을 수 있는 주제인가? 아니면 상대가 준비할 시간이 필요한가?**
  당신이 직접 대화를 하는 것이 바람직하다는 판단을 했다면, 상대방이 마음의 (혹은 그 밖의) 준비를 할 시간을 원하는지를 고려해야 한다. 대화 주제가 역동적이거나 논쟁의 여지가 있거나 감정에 호소할 때는 상대방에게 사실을 확인하고 생각을 가다듬고 마음의 준비를 할 시간을 줘야 한다. 그러지 않으면 상대방은 방어적인 태도를 취하거나 주눅이 들기 쉽다.

직접 만나서 대화를 나누기 전에 준비할 시간을 가지면, 당신이나 상대방이 해당 주제에 대해 미리 생각을 할 수 있게 된다. 프라이버시는 위안을 보장해준다. 그러나 깊은 관계를 효과적으로 형성할 수는 없다. 이런 관계는 미리 준비하고 시간을 투자해야만 만들어진다.

직접 만나서 나누는 대화가 반드시 공식적인 형태를 취할 필요는 없다. 나는 커피나 식사, 산책을 하면서 중요한 대화를 나누기를 좋아한다. 대화의 생산성은 상대방의 마음에 얼마나 잘 스며드는가에 달려 있다. 많은 경우, 비공식적인 대화가 방어적이지 않고 솔직하게 의견을 주고받게 해준다.

친밀감뿐만 아니라 억양과 시각적 신호가 당신에게 명료함을 얻기 위한 비언어적 정보를 전해준다. 몸짓 언어 전문가이면서《캣치 Captivate: The Science of Succeeding with People》(쌤앤파커스, 2018)의 저자인 바네사 반 에드워즈Vanessa van Edwards에 따르면, 우리가 하는 커뮤니케이션 중 최대 93퍼센트가 비언어적 정보를 통한 것이라고 한다. 이것은 우리의 몸짓 언어, 얼굴에 나타난 표정, 그 밖의 비언어적 행동이 언어로 표현한 것보다 훨씬 더 중요하다는 것을 의미한다. 하지만 감성 지능을 전공한 에드워즈는 이렇게 말한다. "많은 사람이 몸짓 언어가 상대방에게 무엇을 말하는지를 전혀 생각하지 않습니다. 따라서 많은 직장인이 그들의 몸짓 언어가 일의 진행을 얼마나 자주 지연시키고 있는지를 전혀 깨닫지 못합니다."

팀원과 커뮤니케이션을 하는 방법은 많지만 이들 중 당신의 목표와 이것을 달성하는 데 도움이 되는 방법이 무엇인가에 대해선 깊은 고민 없이 가장 쉬운 방법을 선택하기 쉽다. 우리는 커뮤니케이션을 쉽게 하는 방법과 적절하게 하는 방법 사이에서 선택을 하는 데 어려움을 겪는다. 이제 우리는 커뮤니케이션 수단이 많아지면서, 언제 그리고 어떻게 커뮤니케이션을 할 것인가에 대해 좀 더 깊은 고민을 해야 한다.


## 명료함을 능가하는 것은 없으며 사실대로 말한다

때로는 커뮤니케이션에 넌지시 말하거나 의견이 보류되는 부분이 지나치게 많을 수도 있다. 모두가 팀에서 저마다의 독특한 작업 방식을 가지고서 일한다. 그러나 당신이 사실을 있는 그대로 말하면서 팀원들도 자신이 처한 상황을 솔직하고 정직하게 말하는 작업 환경을 만든다면, 그들은 자신이 맡은 역할을 더욱 훌륭하게 수행하고 문제를 더욱 신속하게 해결할 것이다.

## 문제를 해결할 때의 명료함

지나칠 정도로 섬세하게 설명하여 중요한 메시지가 애매하게 전달되어선 안 된다. 이 말은 적어도 어려운 상황에 처해 있지 않은 잘나가는 정치인에게는 도움이 되지 않는다. 그러나 시간이 지나면서 사람들은 솔직하고 직설적인 면모를 좋아하게 된다. 어떤 문제가 의견이 보류되어 있거나 미묘하게 설명되어 있거나 지적 정직성이 결여되어 애매하게 보일 때는 문제를 단순하게 하고 쟁점을 분류해봐야 한다. 비핸스 시절 개발 및 운영팀(비핸스가 제공하는 서비스를 유지하고 이것을 매일 사용하는 수백만 명의 사용자들을 위해 운영하는 팀)에 가장 많이 던졌던 질문은 "지금 이 밤에 무슨 일을 하고 있습니까?"였다. 항상 정말 취약한 부분을 찾으려고 우리가 이뤄놓은 발전의 이면을 들여다보려고 했다.

문제에 대한 해결 방안을 제안하고 나서 저항에 부딪힐 때 먼저 한 걸음 물러나서 모두가 그 문제를 이해하고 있는지를 확인해야 한다. 사람들은 자신이 문제 자체를 이해했다는 생각이 들 때까진 해결 방안을 찾지 않는 경향이 있다. 문제가 있고 그것을 해결하지 않았을 때 어떤 결과가 발생할 것인가를 직접 주장한 다음, 이에 대한 해결 방안을 제안해야 한다. 단순한 진리는 울림이 크다. 그것을 좋아하든 그렇지 않든, 그것이 당신 마음속에 끈끈하게 달라붙는다. 이것이 단순한 진리를 추구하고 그것을 분명하게 주장해야 하는 이유다.

## 제품을 개발할 때의 명료함

대부분이 상대방을 즐겁게 하고 기분을 맞추려는 성향을 갖고 있다. 제품을 개발하는 과정에서 때로는 이런 성향이 특정 고객들의 기분을 많이 맞추기보다는 다양한 고객들의 기분을 조금 맞추는 일반화된 제품 비전을 통해 저절로 나타난다. 제품 비전을 넓게 잡을수록 한 가지 특별한 사용처에서 커다란 변화를 일으킬 가능성이 줄어든다.

예를 들어 인스타그램이 친구들과 사진을 공유하기 위한 첫 번째 방법은 확실히 아니지만 그렇게 하기 위한 구체적이고도 분명한 방법 중 하나다. 인스타그램은 수용이 가능한 다른 사용처와 고객을 의도적으로 포기하고, 필터를 사용한 간단한 사진을 특정 집단의 사람들과 공유한다는 분명한 목적을 가지고 출범했다. 마찬가지로 핀터레스트도 일정한 방식으로 이미지를 찾아서 핀으로 고정시킨다는 분명한 목적을 가지고 설계되었다. '딜리셔스delicious'를 비롯해 다른 많은 사이트와 도구는 북마킹을 하고 이에 대한 비주얼 형태를 제공하지만, 핀터레스트는 기본 설정이 명료하게 비주얼하다. 이것이 핀터레스트를 돋보이게 하고 고객들이 처음부터 무엇을 얻을 수 있는지를 정확하게 알려준다.

다양한 요구와 사용처를 수용하려는 욕구가 사람들이 당신의 제품이 갖는 특별함을 알아보고서 한번 사용하려는 욕구가 생기도록 하는 데 오히려 방해가 될 것이다. 나는 이것을 "뉴욕시 델리 문제(뉴욕 맨해튼에는 델리라는 형태의 음식점들이 많은데, 이곳은 조리된 음식을 진열하여 손님이 덜어 먹을 수 있게 한다-옮긴이주)"라고 불렀다. 당신이 샐러드바, 피자, 중국 음식, 스시를 모두 선택할 수 있다면 선택한 그 음식들이 아무리 좋더라도 그 중 어느 것도 진지하게 여기지 않을 것이다. 고객 기반을 너무 광범위하게 잡으면 그들 중 단 한 사람과도 깊은 관계를 맺기는 어렵다.

앞으로 제품 최적화에 관해 훨씬 더 많은 이야기를 하게 되겠지만, 포함시키기보다는 배제하는 쪽에 치우치는 것이 아주 중요하다. 제품 비전을 명료하게 나타내는 초기 단계에서는 누구를 위하여 그리고 누구를 위하지 않고서 제품을 만들 것인가를 분명히 해야 한다. 무엇을 하고 무엇을 하지 않을 것인가? 양쪽에 걸어서는 안 된다. 선택을 해야 한다.

## 의도를 전할 때의 명료함

팀원, 투자자, 공동체 구성원에게 무엇인가를 요청할 땐 선택성을 최적화하기보다는 원하는 것을 명료하게 나타내야 한다. "이번 달에는 고객을 확보하는 데 엄청난 성과를 이룩하자"보다는 "이번 달에는 목표 고객 중에서 3명을 확보하자"는 표현이 더 효과적이다. 이처럼 구체적인 표현이 성공의 의미가 갖는 모호성을 완전히 제거한다.

마찬가지로 도움을 요청할 때도 당신의 의도와 그것을 실현하기 위해 무엇이 필요한지를 명료하게 표현해야 한다. 일반적인 지원이나 피드백을 요구해서는 안 된다. 당신이 아는 누군가가 특별한 능력을 갖춘 구체적인 분야에서 도움을 요청해야 한다. 그렇지 않으면 구체적이거나 실행 가능한 도움이 아니라 일반적인 대답만 들을 것이다. 예를 들어 내가 투자했던 기업 설립자에게서 네트워킹과 고용에 관한 도움을 요청하는 이메일을 받았을 때 "제가 우리 팀을 꾸려가면서 함께 일했던 유능한 사람이 있는데요?"보다는 "브랜드 정체성을 개발한 경험이 있는 젊은 디자이너가 있는데요, 어떻습니까?"라는 식으로 구체적인 질문을 받았을 때 훨씬 많은 도움을 줄 수 있었다.

의도를 명료하게 전해야 한다. 그래야만 당신의 원하는 것을 얻을 가능성이 더 높다.

⚋⚋⚋⚋⚋⚋⚋⚋⚋⚋

## 간결함에는 힘이 있다

다음 사항들을 기억해야 한다.

이메일을 짧게 적어야 답장을 빨리 받을 수 있다.

단어를 적게 사용해야 머릿속에 오래 남고 상대방이 열심히 듣는다.

무릎 관절을 상하게 하는 서서 하는 회의에서 나온 지침에 우선순위를 두게 된다.

서두가 짧을수록 팀원들은 당신이 전하는 메시지에 더 많이 집중한다. 집중력이 끝까지 가는 경우는 거의 없다.

중요한 내용을 먼저 이야기한다. 마지막에 가서 그것을 이야기해서는 안 된다.

# 해결 방안으로
# 가기 위한 길

## '조직의 부채'를
## 해결한다

어려운 결정을 할 수 없는 리더는 자신의 팀에 '조직의 부채organizational debt'를 쌓게 만든다. 장기적으로는 팀에 부담이 되는 옛날식 규정과 단기적 해법을 쌓아두는 것을 의미하는 '기술의 부채technical debt'라는 개념과 마찬가지로 조직의 부채는 리더가 '일으켜야 하지만 그렇게 하지 않는 변화를 쌓아두는 것'을 말한다.

이 용어를 처음 제시했던 실리콘 밸리 기업가 스티브 블랭크는 "스타트업의 초기 단계에서 단지 해결하기 위해 했던 모든 타협이 어떻게 하여 (중략) 커가는 회사를 혼란의 악몽에 빠져들게 할 수 있는지를 설명한다." 이 조치들(혹은 그것의 부재)은 생산성을 증진하기 위한 것이 아니라 주로 갈등을 피하기 위한 것이다. 따라서 가장 흔한 결정은 아직 결정하지 않는 것이다.

친화적인 문화와 쾌적한 작업 환경을 자랑하는 대기업에서는 리더들이 소동을 일으킬 만한 상황을 만들지 않으려고 한다. 거의 모든 대기업 관리자들은 성과가 기대에 못 미치는 직원들을 어렵게 해고시키기보다는 따돌리거나 다른 프로젝트나 팀으로 보내려고 한다. 때로는 이 직원들과 대화를 갖는 것이 누군가를 기분 나쁘게 하는 결과를 낳는다면, 인사팀과 이런 변화에 관해 협의할 때까지 결정을 단념한다. 응급 조치만 취하게 되고 밑바탕에 깔린 문제는 전혀 해결되지 않고 이 부담은 그다음 의사결정자에게 전가된다. 많은 기업이 내부 정치와 건드리지 말아야 할 주제를 회피하는 데 뛰어난 솜씨를 자랑하는 중간 관리자들로 골치를 앓고 있다. 따라서 조직의 부채는 쌓이고 있는데 생산성이 최고조에 달한 것처럼 보일 수 있다.

결국에는 계속 쌓이기만 하는 조직의 부채가 팀의 활동과 생산에 나쁜 영향을 미친다. 팀원들의 정렬이 흐트러지면서 발전이 정체되고 관료주의가 자리를 잡으며 동기가 위축된다.

이럴 땐 어떻게 해야 하는가? 조직에서 장애에 부딪힐 땐 그것을 둘러가려 하지 말고 치워야 된다. 어쩌면 이것이 관계자들을 여러 번 소환해야 하는 법적 절차가 될 수도 있고, 새로운 절차를 통해 신속하게 처리할 수 있는 것일 수도 있다. 어쩌면 문제 해결에 적합한 사람을 찾는 데 오랜 시간이 걸릴 수도 있고, 다른 사람들이 번거로움을 겪지 않도록 문제 해결 방안을 문서로 남겨야 할 수도 있다. 이 모든 것이 에너지를 더 많이 소비할 것을 요구하지만 비슷한 장애에 부딪히게 될 다른 모든 사람이 그것을 훨씬 더 빠르게 통과할 수 있게 해준다. 나는 우리 회사가 되었든 다른 회사가 되었든, 팀원들과 만나면 방 안의 코끼리(elephant in the room, 누구나 알고 있지만, 말하기 꺼리는 문제-옮긴이주)를 열심히 찾는다. 언뜻 보기에는 화해할 수 없는 주제를 회피하려는 자연스러운 성향에서 단서를 찾을 수 있다. 사람들이 특정 주제에 관해 조용히 있거나 불편한 미소를 지을 땐 그것을 자세히 살펴볼 필요가 있다. 때로는 단도직입적으로 "누가 진행을 지연시키고 있습니까?"라고 물어볼 수도 있다.

팀원들이 당신의 뒤를 따르도록 독려하고 비효율적인 부분을 끄집어내고 더 잘할 수 있는 방법을 제시하기 위한 시간을 가져야 한다. 이럴 땐 정직의 문화, 지속적인 개선을 위해 헌신하는 분위기를 조성한 규모가 작은 기업이 유리하다. 주로 조직의 개선을 위한 조언을 제공하는 컨설팅 회사 '더 레디The Ready'를 운영하는 내 친구 에런 디그넌Aaron Dignan은 '포상 프로그램bounty program'을 제안한다. 이 프로그램에 따르면, "누구라도 자신이 고객들에게 가치를 전하기 위한 능력을 발휘하는 데 장애가 되는 정책이나 절차에 부딪히면, 프로그램 웹사이트에 이런 정책이나 절차를 제출하고 새로운 제안을 할 수 있다." 나는 이 아이디어가 모든 팀원에게 비효율성을 해소하고 조직의 부채가 쌓이게 하는 관행을 없애기 위한 동기를 부여하는 데 크게 기여할 것이라고 생각한다.

이메일에 담긴 내용이 되었든 회의 시간에 나온 발언이 되었든, 무엇인가에 확신이 서지 않을 때 그것에 대해 직접 나서서 철저하게 물어봐야 한다. 당신뿐만 아니라 다른 사람들이 건드리지 않는 것, 잘못 이해하고 있는 것이 발전에 장애가 된다. 무엇인가를 여러 번이 아니라 한 번 건드려봐야 한다.

## 큰 문제가 해결되지 않는 것은
## 작은 문제를 신속하게 해결할 수 있기 때문이다

우리는 일이 잘 진행되고 있다는 기분을 느끼려고, 끝내야 할 과제가 아니라 빨리 끝낼 수 있는 과제에 집중하기 쉽다.

앞서 언급했던 찰스 두히그Charles Duhigg는 자신의 저작《1등의 습관Smarter Faster Better》(알프레드, 2016)에서 생산성을 "우리가 노력의 낭비를 최소화하면서 가장 의미 있는 보상을 얻기 위한 노력을 기울일 때 우리의 에너지, 지적 능력, 시간을 가장 잘 사용하는 방법을 알아내기 위한 시도를 일컫는 말"이라고 설명한다. 우리는 최소한의 노력으로 보상을 얻는 기분을 느끼려고 하면서 때로는 에너지를 가장 많이 요구하는 어려운 문제를 해결하는 데서 아무런 진전을 이뤄내지 못하는 경우도 있다.

나는 대기업에서 근무하며 구식 웹사이트에서 로고를 어디에 배치해야 하는가 같은 비교적 중요하지 않은 문제에 관한 의사결정을 많이 해봤다. 이처럼 사소한 문제가 로고의 위치를 논의하기 위한 긴 이메일의 고리를 낳게 했지만, 웹사이트를 가지고 무엇을 해야 하는가 같은 더욱 어렵고 중요한 쟁점을 다루지는 않았다. 물론 로고를 어디에 배치해야 하는가가, 언제 그리고 어떻게 누구든지 자유롭게 접근할 수 있는 웹사이트를 처음부터 다시 제작할 것인가보다 훨씬 더 해결하기 쉬운 문제다. 따라서 마케팅팀과 제품팀 팀장들은 신속하게 해결할 수 있는 작은 문제에 마음이 끌리게 되어 있다. 해냈다는 느낌은 상당히 유혹적이다. 작은 불을 끄는 것이 산불을 끄는 데 조금 기여하는 것보다 훨씬 더 신속하게 성취감을 느끼게 한다. 그러나 산불을 가만히 놔두면 작은 불보다 훨씬 큰 피해를 입힌다.

때로는 진전을 이뤄내려는 우리의 욕구가 불행하게도 실질적인 진전이 가장 많이 요구되는 지점에서 타협하게 만든다. 작은 승리를 거두고 싶은 욕구가 생길 때마다 이런 쾌감을 자극하는 도파민에 맞서야 한다. 또한 받은 메일함에 이메일이 몇 개가 남아 있는지 처리해야 할 서류함에서 몇 개를 처리했는지와 같은 생산성에 적용되는 잘못된 지표에 맞서야 한다.

예전에 나와 함께 일했고 99U 연례 회의를 연출자이기도 한 조슬린 글라이Jocelyn Glei는 저작 《Unsubscribe(메일에 얽매이지 마라)》에서 이메일이 우리의 뇌에서 끝을 보려는 욕구, 즉 어떤 행위를 시작하면 끝을 내야 한다는 본능적인 욕구가 발생하게 만든다고 설명한다(또한 기술자들은 이런 욕구를 이용해 성공 분석표에서 몇 퍼센트를 전진했는지를 알려주는 진행바progress bar를 제작하고서 우리가 '링크드인LinkedIn'과 같은 앱에 계속 들어오게 만든다).

조슬린은 이렇게 적었다. "우리는 받은 메일함을 조금씩 비워가고, 정확하게 이런 행위를 통해 분명한 전진을 눈으로 확인할 수 있기 때문에 만족을 느낀다. 당신은 232개의 이메일 메시지로 시작해서 이제 50개가 남아 있다. 이것은 분명한 전진이다. '받은 메일함 제로'라는 이메일 생산성의 성배를 향해 전진하고 있다. 이제 당신의 뇌는 당신에게 끝을 보라고 강요한다."

"문제는 받은 메일함을 비워가는 작업이 전진하고 있다는 강력한 느낌을 갖게 하지만 이는 그냥 느낌에 불과하다. 읽지 않은 메시지 수가 진행 바의 황금률, 즉 뒤로 움직이지 말라는 가르침을 따르지 않기 때문이다. 대신 읽지 않은 메시지 수는 항상 목표를 향해 전진한다. 여기에 주의를 기울이고 있으면 목표를 향해 전진하고 있다는 잘못된 느낌을 갖는다. 그러나 눈길을 돌리는 순간, 메시지가 계속 쇄도하면서 목표가 멀어진다. 그리고 모든 이메일이 똑같이 중요한 것도 아니다."

이와는 반대로 가장 중요한 프로젝트에서는 때로 전진하고 있다는 생각이 들지 않기도 한다. 의미 있는 일은 시간이 많이 걸리기 때문이기도 하고, 그 일을 하기 위해 우리가 사용하는 앱이 전진하고 있는 것을 보여주지 않기 때문이기도 하다. 우리는 '워드프로세서'나 '구글독스 Google Docs'를 사용하면서 같은 파일 안에서 만족할 때까지 지우기와 쓰기를 반복하고 포토샵을 사용하면서도 자르기와 붙이기를 반복하고는 이전까지 했던 작업을 거의 저장하지 않는다.

조슬린은 이렇게 주장한다. "이것이 바로 전진의 역설이다. 기술 덕분에 상대적으로 의미 없는 단기적 과제를 하고 있으면 전진한 것을 쉽게 볼 수 있지만, 궁극적으로 우리의 삶에 가장 큰 영향을 미치게 될 장기적, 창조적 프로젝트를 하고 있으면 전진한 것을 쉽게 볼 수 없다."

우리 앞에 놓인 중요한 과제를 처리하려는 욕구를 가지고 이런 경향에 맞서 싸워야 한다. 의미 있는 생산성은 중요한 것들을 정의하고 그것들에 한 번에 하나씩 우선순위를 정하는 일에서 시작된다. 내가 일했던 몇몇 팀은 큰 과제와 작은 과제의 차이를 "바위"와 "자갈"이라고 불렀다.

프로젝트마다 몇 개의 바위와 수많은 자갈이 있다. 바위들은 언덕을 따라 옮겨놓기 힘들지만, 당신이 하는 프로젝트에 실질적인 영향을 미치고 다른 사람과 비교하여 당신을 돋보이게 한다. 바위들은 당신이 제공하는 서비스의 새로운 기능, 새로운 아키텍처나 당신의 웹사이트의 초안을 의미한다. 이에 반해 자갈들은 당신이 금방 할 수 있고 당신을 돋보이게 하지 않는 무수한 작은 조정과 변경을 의미한다.

나는 내가 가진 시간의 80퍼센트를 바위에 쓰고 20퍼센트를 자갈에 쓰려고 한다. 그러나 이것은 말이 쉽지 실천하기는 어렵다. 우리가 크고 중요한 과제에 시간을 쓰는 것이 가장 잘 쓰는 것이라고는 알고 있지만 여전히 빠른 성과에 이끌리고 있다. 여기에 이끌리지 말아야 한다.

## 질문으로 모호한 것들을 꿰뚫고
## 관료주의를 타파한다

지나치게 많은 절차가 관료주의에 이르게 한다. 그리고 규모와는 상관없이 어떤 팀이라도 그것에 시달리게 되어 있다. 관료주의는 표면이 곧 얼어붙을 것처럼 보이는 차가운 바다와도 같다. 대기업은 거대한 선박과도 같으며 멀리 갈 수는 있지만 가장 천천히 항해한다. 잠시라도 가만히 앉아 있으면 수렁에 빠질 것만 같다. 그러나 옳은 방향으로 계속 전진하고 있으면 결국에는 그곳에 도착할 것이다.

대기업에서 대부분의 새로운 계획은 전혀 앞으로 나아가지 못하고 결국 잊히고 만다. 새로운 프로젝트와 아이디어가 조금씩 계속 전진하게 해야 한다.

대기업에서 일하거나 대기업과 함께 일한다면, 혁신과 민첩성의 결여가 회사의 규모, 과도한 절차, 의사결정을 완료하기 위한 관리 계층 등에서 비롯되는 관료주의 탓이라는 생각을 할 수 있다. 그러나 때로는 문제의 원인이 프로젝트를 계속 추진하지 못하는 우리 자신에게 있을 때도 많다. 대기업은 혁신을 할 수 있다. 혁신을 하려면 일을 끊임없이 추진하려는 의지를 가진 소수만 있으면 된다. 선박을 계속 움직이게 하는 추진력은 질문을 끊임없이 하는 데서 나온다.

"왜 똑같은 회의와 토론을 계속해서 하고 있다는 생각이 들까요?"

"그냥 먼저 시도를 해보고 어떤 일이 발생하는지를 보면 안 될까요?"

"우리가 의사결정을 하는 데 구체적으로 누가 (혹은 무엇이) 방해가 됩니까? 지금 당장 그 사람을 만나러 갑시다!"

"정확하게 언제 이 질문에 대한 최종적인 답을 들을 수 있습니까?"

관리자들만 이런 질문을 할 수 있는 것은 아니다. 오히려 실무자들이 가장 정확하게 할 수 있다. '아메리칸 익스프레스American Express'의 CEO를 지냈던 켄 셔놀트Ken Chenault는 자신이 거대한 관료주의 집단 속에서 빠르게 승진하고 투자자로서 좋은 평판을 얻게 된 한 가지 비결을 말해준다. "저는 제 상사가 의사결정을 하도록 계속 조릅니다. 그냥 가만히 앉아서 그들이 이것저것 생각하게 내버려둬서는 안 됩니다. 그들이 의사결정을 하게 만들어야 합니다."

선박이 계속 움직이게 하고 뱃머리에서 얼음을 깨는 일은 힘든 작업이다. 그러나 바로 이런 일을 하는 사람이 거대한 조직을 변모시킬 수 있다. 끊임없이 때로는 상대방을 귀찮게 할 정도로 질문하는 사람이 되어야 한다. 모든 사람에게서 동의를 얻을 필요는 없다. 대신 사람들이 즉석에서 반대 의사를 표명하게 해야 한다. 그다음 단계에 대해 모호한 부분이 있다면 그냥 이야기하면 된다. 모호성이 위대한 아이디어를 죽이고 위대한 리더가 모호성을 죽인다.

〰〰〰〰〰〰〰〰〰〰〰

## 갈등을 피하면
## 발전이 정체된다

싸움은 불편한 일이다. 자기 방식만 고집하거나 매몰 비용에 압도당한 사람들과 함께 일을 하다보면 평화를 얻기 위해 항복하고 싶다는 생각이 들 것이다. 주변 사람들을 만족시키기 위해 자기 생각과 기꺼이 타협하고 중간 지점에서 합의볼 것인가? 아니면 프로젝트에서 쟁점을 우회하여 모든 사람이 협력할 수 있는 부분에만 집중할 수 있는 방법을 찾을 것인가? 그러나 이 두 가지 옵션은 모두 문제를 실제로 다루는 것이 아니다. 문제를 해결하기보다는 회피하는 것이다.

나는 어도비가 소프트웨어를 판매하는 업체에서 서비스를 제공하는 업체로 변신하는 과정에서 신제품 출시 과정이 더욱 복잡하게 전개되는 것을 보았다. 포토샵팀과 같은 개별 팀이 맡아 관리하던 프로젝트가 이제는 이해관계자들이 사내 전체에 퍼져 있는 매트릭스 조직 형태로 진행되었다. 출시가 가까워질 때마다 항상 누군가가 나서서 "우리는 아직 준비가 되어 있지 않아요!"라고 외치며 기다려야 하는 몇 가지 이유를 제시했다.

"전문가들이 좋아하지 않을 거예요." "확장성에 대해 완전히 자신할 수 없어요." "아직 충분히 검증되지 않았습니다." 외침은 신제품을 출시하기에는 아직 무엇이 부족한지에 관한 토론으로 이어졌다. 그러나 출시 마감 시한이 눈앞에 닥치면서 토론은 금방 열기를 띠었다. 갈등이 커지면서 참가자들은 물러나기 시작했다. 일정표에서 회의가 사라지고 발전이 정체되었다.

이런 상황은 항상 힘들다. 나는 갈등을 기피하려는 욕구가 왜 발전을 방해하는지를 알고 있었다. 이해관계자들은 더 나은 결과를 얻기 위해 동료들과 싸우는 것보다는 친하게 지내는 쪽을 선택한다. 결국 그들은 오랫동안 유지해왔던 동료들과의 좋은 관계와 우호적인 작업 환경을 지켜내려고 한다. 따라서 발전보다는 평화를 선택하는 것이 당연해 보인다.

그러나 변화를 이끌어나가는 리더라면 평화를 허무는 것이 처음부터 당신에게 주어진 역할이다. 사람들이 싸움을 견뎌내고 마찰을 일으키는 분위기를 만들어야 한다. 행동하기를 주저하는 사람들의 변덕에 수동적으로 휘둘리지 않고 다음 같은 질문으로 갈등을 표면으로 가져와야 한다.

"이제 자세히 이야기해봅시다. 조금 일찍 출시하면 최악의 경우 어떤 일이 발생합니까? 출시하고 나서 조금 허둥대는 것이 몇 달 뒤로 미루는 것보다 정말 안 좋은가요?"

"정확하게 누가 우리가 출시할 준비가 되어 있지 않다고 말합니까? 준비가 되어 있으려면 구체적으로 무엇을 해야 합니까?"

"최소 기능 제품이 나왔습니까? 아직도 만들지 않았나요?"

결국 당신은 멋진 결과를 얻기 위해 대담한 결정을 하고 이에 따르는 위험을 감수하기 위한 수단으로 갈등에 가치를 두는 팀을 원할 것이다. 의사결정을 할 때 팀원들이 확신을 공유하고 있는 한, 갈등은 위대한 것이다.

'로드아일랜드 디자인스쿨Rhode Island School of Design, RISD' 학장을 역임한 존 마에다는 언젠가 말했다.

"훌륭한 팀은 상당히 친화적이면서도 뒤에서 험담하기보다는 앞에서 비판하는 분위기를 조성합니다. 쟁점을 있는 그대로 인식하고 해결합니다."

사람들이 자기가 맡은 일에 충분한 관심을 갖고 긴장, 모호한 부분, 힘든 현실을 표면으로 가져올 때 분명하고 솔직한 갈등이 일어난다. 갈등이 가장 불편하게 여겨질 때 가장 많이 요구된다. 갈등은 정말 다루기 힘든 쟁점이기도 하고, 우리의 잠재력을 가장 많이 끌어올릴 수 있으면서 우리가 회피하는 쟁점이기도 하다.

나는 언젠가 내 사무실에는 코끼리가 없다고 주장할 수 있는 날이 올 것으로 믿는다. 방안의 모든 코끼리를 제거하려면 팀이 갈등을 가능한 한 많이 일으키도록 해야 한다.

## 경쟁자를 통해
## 활력을 얻는다

우리는 (사내에서든 사외에서든) 경쟁자가 얼마나 많이 필요한지를 인식하지 않고서 너무나도 자주 경멸한다.

경쟁자들은 당신이 긴장의 고삐를 늦추지 않게 함으로써 생산성을 증진시켜준다. 그들은 자본과 인재를 끌어들이기 위한 시장을 조성하는 데 도움을 준다. 그리고 더 저렴한 가격에 더 나은 경험을 제공하기 위해 경쟁하는 많은 팀이 존재하는 것은 고객을 위해서도 좋은 일이고 당신이 활동하는 산업을 위해서도 건전한 일이다.

그럼에도 우리는 경쟁자들을 폄하하거나 모방하거나 무시하려고 한다. 시장을 더 잘 이해하고 더 나은 제품을 출시하려면 그들을 활용해야 한다.

## 모방하려 하지 말고 관찰하고 배운다

비핸스에는 오랫동안 포트폴리오 전시, 창조적 네트워크 공간에 많은 경쟁자가 있었다. '크롭Krop, 코로플롯Coroflot, 카본메이드Carbonmade' 같은 경쟁자들이 타이밍이 안 좋았거나 기술력이 부족했거나 브랜드를 확립하지 못해 도중에 실패하거나 틈새로 밀려났다. '데비안트아트 DeviantArt, 마이스페이스' 같은 경쟁자들이 위협적인 존재이기는 했지만 창조적 전문가들의 요구에 집중하지는 않았다.

그러나 비핸스가 설립된 이후 몇 년이 지나 (농구의 드리블에 b가 하나 더 들어간) '드리블Dribbble'이 인터랙티브 디자이너들이 현재 진행 중인 작품의 사진을 신속하게 보여주기 위한 수단으로 등장했다. 고객들이 업로드할 수 있는 이미지의 용량이 제한되어 있었는데 이 사실이 디자이너들이 콘텐츠에 손쉽게 기여하도록 했다. 더욱 중요하게는 이처럼 저장 공간을 많이 차지하지 않는 스냅 사진이 때로는 작품을 실제보다 더 낮게 보이도록 했다. 디자이너들은 프로젝트 전체와 각각의 요소들이 어떻게 서로 통합되고 있는가에 대한 평가(능력에 대한 최종적인 평가)의 대상이 되지 않고서, 멋진 솜씨를 발휘한 아이콘이나 디자인하는 작품의 일부분을 전시할 수 있었다. 결과적으로 경력이 짧은 디자이너들이 많은 작품을 전시할 수 있었고, 비핸스에서 전시했을 때와 비교하여 적은 노력으로 훨씬 잘 보이게 할 수 있었다.

우리 팀은 걱정되기 시작했다. 점점 더 많은 인터랙티브 디자이너들이 드리블에서 활발하게 활동하고 비핸스에 전시한 그들의 포트폴리오가 휴면상태에 들어가 있는 것을 확인했기 때문이다. 우리는 스냅 사진 모음집이 디자이너의 문제를 해결하거나 스토리를 전달하는 능력을 나타내는 것은 아니라면서 달관했다. 그러나 드리블의 접근 방식은 틀림없이 콘텐츠를 보태기 더 쉬웠고, 비핸스의 접근 방식보다 더 낫게 보였다. 참여하기 쉬운 것과 신속하게 자신의 자아로 되돌아올 수 있는 것은 그 의도와는 상관없이 소셜 제품의 성공을 뒷받침하기 위한 유효성이 입증된 두 가지 원칙이었다.

새롭게 빛나는 경쟁자의 등장에 집착할 때 이상한 감정과 반응 그리고 위험할 수도 있는 아이디어가 떠오른다. 비핸스에서 우리는 달관하는 접근 방식과 실제 현실을 두고 논쟁을 벌였다. 우리는 지금까지의 믿음을 고수하며 창조적 프로젝트를 전시하고 발굴하기 위한 최고의 플랫폼을 계속 만들어갈 것인가? 아니면 드리블의 스냅 사진 전시를 모방한 기능을 제공할 것인가?

결국에는 경쟁력을 유지하기 위해 두 가지 전략을 동시에 추진하자는 요구가 관철되었고 스냅 사진을 전시하는 새로운 기능을 보태기로 했다. 이것은 사용자들이 프로젝트와는 직접적인 관련이 없는 그들이 만든 작품의 한 토막을 전시하는 것도 가능하게 했다. 기능이 드리블의 것과는 다르지만, 이것이 갖는 목적은 다르지 않았다. 사용자들이 더욱 쉽게 참여하고 비핸스와 더욱 편하게 지내는 것이다.

이제 와서 돌이켜보면, 우리의 스냅 사진 기능이 이미 잘 추진되고 있는 비핸스의 전략과 일맥상통하는 조치가 아니라 감정적인 반응에서 나온 것이라는 생각이 든다. 확실히 이것이 날마다 콘텐츠를 더 많이 전시하기에는 용이했지만, 창조적 전문가들이 배경을 가진 스토리로서 최고의 작품을 전시하도록 지원하려는 우리의 미션에는 도움이 되지 않았다. 사용자들이 업로드하는 콘텐츠는 우리의 미션과는 어울리지 않았다. 1년 정도 지나 그동안 많은 시간과 노력을 낭비하고 나서는 이 기능을 없애기로 결정했다.

비핸스가 당신의 포트폴리오를 전시하기 위한 세계에서 가장 좋은 방법으로 알려지는 것을 원했다면, 도대체 무엇 때문에 기본적으로 열등하다고 여겨지는 부족한 형태의 콘텐츠를 전시하기 위한 방법을 개발하는 데 그처럼 많은 시간을 낭비했을까? 우리가 자신의 신념을 고수하고 경쟁자가 우리가 중요하지 않게 생각하는 공간을 차지하도록 내버려두었더라면, 우리가 가진 자원을 비핸스의 더욱 유력한 전략을 추구하는 데 사용할 수 있었을 것이다.

드리블은 성장이 더뎠지만 그들의 소셜 제품은 소수이지만 활발하게 활동하는 디자이너들에게서 여전히 사랑받고 있었다. 지난 일들을 돌이켜보면 우리가 드리블의 사용자와 사용처에 감정적으로 반응하기보다는 시장을 더 잘 이해하기 위해 그들을 자세히 관찰했어야 했다.

드리블의 사용자와 사용처는 우리에겐 해당되지 않았다. 시간을 두고서 우리가 원래 추구하던 목표를 확인했어야 했다. 그것은 풍성한 포트폴리오와 배경 스토리로 여러 분야를 넘나들면서 활동하는 창조적 전문가들의 욕구를 채워주는 것이고, 이것은 스냅 사진으로는 할 수 없는 영역이다.

드리블이 우리의 신념을 뒤흔들기보다는 강화해주는 쪽으로 작용했어야 했다. 비핸스는 드리블과는 다른 목표를 가지고 있었다. 경쟁자들의 움직임을 주시할 필요는 있다. 그러나 그들을 모방하려고 해서는 안 된다.

대신 경쟁자들이 무엇을 하고 있는지 관찰하고 스스로 일련의 질문들을 해봐야 한다.

### "그들의 전략과 목표가 당신의 것과 같은가?"

그들의 전략과 목표가 당신의 것과 다르고 당신이 여전히 자신의 신념을 유지하고 있다면 마음이 흔들려선 안 된다. 가던 길을 계속 가면 된다. 구글은 알타비스타와 야후 같은 다른 검색 엔진의 뒤를 이어 21세기를 대표하는 검색 엔진이 되겠다는 포부를 가지고 1998년에 설립되었다. 그러나 구글의 전략은 독특한 데가 있었고 완전히 다른 전술을 요구하기 때문에 다른 경쟁자들의 전략과 목표에서 아주 적은 부분만을 가져왔다. 단순히 색인을 달기보다는 검색 결과의 품질을 개선하는 방식으로 웹을 구성했다. 또한 사용자들에게 모든 검색 결과의 목록을 제공하기보다는 먼저 가장 훌륭한 검색 결과를 제공하기를 원했다. 이런 접근 방식이 큰 차이를 가져왔다.

그러나 경쟁자의 전략과 목표가 당신의 것과 같다면 다른 질문을 해 봐야 한다.

### "그들의 전술이 더 나은가?"

그렇다면, 그들의 전술을 채택하는 것을 고려해야 한다. 2016년과 2017년에 인스타그램은 악명 높게도 스냅챗의 전술을 몇 번이고 모방했다. 이들 두 앱은 같은 분야에서 경쟁하고 있었는데 스냅챗이 먼저 습득한 전술을 인스타크램이 사용했다. 인스타그램은 스냅챗의 '스토리'와 얼굴 오버레이와 같은 증강 현실 기능을 실행했는데 이 전술이 소셜 미디어 친구들과 서로 공유하게 한다는 그들의 전략과 잘 부합하기 때문이었다. 인스타그램은 스냅챗으로부터 아이디어를 얻었지만, 이것이 그들의 전략을 변경하기보다는 오히려 발전시켰다.

때로는 경쟁자에게서 가장 높이 평가하는 부분이 현명하지 않거나 확장성이 없는 경우도 있다. 그들이 일시적으로는 이익이 되지만 장기적으로는 지속 가능하지 않은 사업을 할 수도 있다. 이런 현상을 10억 달러에 달하는 자금을 모집하고는 몰려든 벤처 자본을 지속 가능하지 않은 가격으로 고객을 유치하는 데 사용한 이른바 유니콘 기업들unicorn companies에서 자주 보았다. 내가 아는 이런 기업의 설립자들은 산업의 장기적 전망보다는 경쟁자들의 시장 점유율과 신규 사용자를 유치하기 위한 전술에만 집중했다. 이런 단기 전술은 지속 가능하지 않을 것으로 입증되었고 유니콘 기업들의 이윤은 계속 감소했다. 자금이 바닥나면서 이들 중 대다수가 새로운 투자자들을 유치하기 위한 지속 가능한 사업 모델을 제시하지 못했다.

## 실행을 위한 자극을 추구한다

당신에게는 어떻게 하면 제품의 품질을 개선할 것인가에 대한 아이디어와 산업에서 향후에 무엇이 등장할 것인가에 대한 감각이 이미 넘칠 가능성도 있다. 그러나 아이디어와 감각은 추구하지 않으면 가치를 잃는다. 단기 프로젝트를 수행하는 데 필요한 일상적인 활동과 노력을 하는 가운데, 다수의 좋은 아이디어와 장기적 추구가 추진력을 얻지 못한다. 때로는 경쟁자가 주는 압박이 아이디어를 실행하기 위한 자극을 주기도 한다.

《그들의 생각은 어떻게 실현됐을까》에는 뉴욕 브루클린에서 활동하는 사진작가 노아 칼리나가 등장하는데, 그는 여러 해 동안 매일 자기 모습을 사진으로 찍었지만 그것을 가지고는 아무것도 하지 않았다. 그러다 어느 날 저녁에 웹서핑을 하면서, 자기보다 훨씬 더 짧은 기간에 비슷한 작업을 하고 있는 또 다른 사진작가를 알게 되었다. 노아는 또 다른 사진작가가 기선을 제압할 것이라는 생각에, 사진들이 빠른 속도로 넘어가는 몽타주 비디오를 제작해서 거의 매주 유튜브에 업로드하기로 결심했다. 노아가 만든 '에브리데이Everyday'라는 비디오는 지금 조회수가 가장 많은 유튜브 비디오 중 하나로 손꼽히고 있으며 사진작가로서 크게 성공하는 기반이 되었다. 노아가 경쟁자의 등장을 감지한 것이 그가 5년이 넘게 조용히 만지작거리기만 하던 프로젝트를 완수하기 위한 동기가 되었다.

경쟁자는 단기적으로 보상이 별로 없는 장기적 노력에 강한 추진력을 가할 수 있고, 이제까지 우선순위를 정해놓고 진행하던 과제를 중단하게 할 만큼의 시급성을 깨닫게 한다. 경쟁자를 의식하고 속도를 높이는 것은 (우선적으로 채택되는 전술들이 당신의 목표와 잘 부합하는 한) 생산성의 원천이 될 수 있다.

## 경쟁자가 게임에 계속 참여하게 한다

경쟁자가 생산성의 원천이 될 뿐만 아니라 당신이 활동하는 산업을 건전하게 만드는 데도 중요한 역할을 한다. 해당 산업에서 활동하는 모든 기업이 오랫동안 서로 의지하면서 시장의 규모를 확장하는 데 이바지한다. 예를 들어 우버는 '리프트Lyft'에 앞서서 승차 공유 서비스에서 주문형 서비스를 제공하기 시작했고, 리프트는 우버에 앞서서 카풀 옵션을 제공하기 시작했다. 그다음에 우버가 리프트에 앞서서 운전자들이 근무 시간이 끝나고 집으로 가는 길에 승객을 태울 수 있는 도구를 제공하기 시작했고, 리프트가 우버에 앞서서 승차 예약 서비스를 제공하기 시작했다. 물론 여기서 진정한 승자는 두 회사 사이의 끊임없는 경쟁을 통해 더욱 진화된 서비스를 누릴 수 있게 된 소비자들이다.

경쟁자가 내가 만든 제품(그리고 프로세스)에 안주하지 않게 해주는 것에 감사한 마음을 가져야 한다. 경쟁 위협이 없는 고립된 상태는 자기만족을 부른다. 나는 자기 만족보다 경쟁을 항상 선호한다. 물론 장기적으로는 둘 중 하나다. 훌륭한 경쟁자는 당신이 승리하도록 돕는다. 경쟁은 시장의 요구를 확인하고 당신에게 그것을 충족시키고자 하는 의욕을 갖게 한다. 따라서 팀원들에게 경쟁자를 무시하거나 그들이 사라지기를 바라기보다는 그들의 역할을 존중하도록 가르쳐야 한다.

## 자신이 가장 훌륭한 경쟁자가 되어라

경쟁자들을 바짝 따르더라도 당신이 하는 일이 그들에 의해 결정되어서는 안 된다. 고객들과 그들의 요구를 충족시켜주기 위한 자기만의 독특한 접근 방식보다는 경쟁자들에게 더 많이 집중하게 되면 자신의 정체성을 잃게 된다. 주변에서 벌어지는 일들을 계속 지켜보더라도 그것에 의해 지배받지는 말아야 한다.

자신의 아이디어와 접근 방식에 믿음을 갖고 있다면 그다음에는 자신에게 가장 훌륭한 경쟁자가 되어야 한다. 과거에 달성한 최고 기록(생산을 가장 많이 했던 주간, 가장 효율적인 질주, 가장 잘 실행했던 사건)은 당신이 깨야 할 대상이다. 과거와 경쟁하는 것은 자신의 비전을 손상시키지 않고 더 빠르게 전진하기 위한 가장 완전하고 확실한 방법이다. 위대한 성공은 개인 최고 기록의 지속적인 최적화를 종합한 것이다.

◌◌◌◌◌◌◌◌◌◌◌◌◌◌◌◌◌◌◌◌

# 창조성을 가로막는 벽은
# 진실을 회피한 것에서 비롯된다

미국 소설가 조이스 캐럴 오츠Joyce Carol Oates가 "작가의 절필감은 자신의 아이디어가 정직하지 않다고 생각할 때 나온다"란 말을 했다는 사실을 여러 작가에게서 들었다. 실제로 창조성을 가로막은 벽은 불확실성, 두려움, 혼란을 일으키는 진실을 회피한 것에서 비롯된다. 눈앞에 있는 과제에 집중하기 위해 이런 장애물을 회피하는 것이 사람들의 마음을 끌 수 있고 단기적으로는 효과가 있을 수도 있다. 그러나 회피가 어느새 당신에게도 유혹의 손길을 뻗친다. 여러 가지 의혹과 씨름하며 당신의 명쾌한 비전과 자유로운 상상력은 손상될 것이다. 당신의 판단이 잘못될 것이고 당신의 통찰이 힘을 잃고 명료하지 못할 것이다. 그러면 과거의 전술과 도구를 다시 사용하기 시작할 것이고 창조적 지성은 작동을 멈출 것이다. 자신의 아이디어를 믿지 못하면 창조적 에너지가 사라지고 오직 실패만 뒤따를 것이다.

창조성을 가로막는 벽을 허물기 위해서는 대담한 질문을 하고 방 안의 코끼리에 주의를 집중시켜야 한다. 어쩌면 제품이 형편없을 것이고, 사업 모델과 그것에 이르게 한 모든 가정이 근본적으로 잘못되었을 것이다. 진실은 마음을 아프게 하고 일시적으로는 차질을 일으킬 수도 있지만 궁극적으로는 당신을 자유롭게 할 것이다.

스타트업 인큐베이터 '와이 콤비네이터'의 설립자이자 기업가, 투자자이기도 한 폴 그레이엄Paul Graham은 언젠가 페이스북 설립자 마크 저커버그에 관해 말한 적이 있었다.

"다른 보통의 신출내기 기업가에게 일을 잘못하고 있다는 말을 하는 것보다 저커버그에게 이런 말을 하기가 더 편합니다. 그는 이런 말을 듣고도 불편하게 생각하지 않습니다. 그가 일을 잘못하고 있다면, 그는 왜 그런지를 알고 싶어 합니다."

이 말도 덧붙였다. "기업가를 위대하게 만드는 것은 자신의 비전에 집착하는 데 있지 않고 진실 앞에서 겸손하다는 데 있습니다."

존경하는 위대한 사상가들을 보면 그들의 사상이 진실에 기반을 둔다는 것을 알 수 있다(때로는 그들의 사상이 독특하면서도 실현되지 않을 것처럼 보일 수도 있다). 그것이 신제품 아이디어가 되었든 그들이 상상할 수 있고 진심으로 믿을 수 있는 미래의 세상이 되었든, 비전이 그들로 하여금 행동하게 만든다. 그러나 무엇인가 혹은 누군가가 진실에 관한 그들의 심성 모델에 문제를 제기하면 그들은 새로운 문제를 회피하기보다는 기꺼이 받아들인다. 그들은 어려운 질문에 방어적인 자세를 취하기보다는 자신이 무엇을 놓치고 있는지에 관해 미친 듯이 알고 싶어 한다. 그들은 자신의 가정이 여전히 옳을 것이라는 희망을 품고 유도신문을 하기보다는 배우려는 자세를 취하고서 가능성이 있는 새로운 진실, 즉 모든 것을 변화시킬 수 있는 새로운 정신적 지주에 대해 열린 사고를 한다.

진실을 찾아내는 것은 호기심, 자제, 희망을 유지하려는 욕구 사이에서 미세한 균형을 추구하는 것이다. 과거의 가정과 진실을 확실하게 해두려는 자세가 새로운 발견에 결코 방해되지 않는다. 열린 사고를 하고 겸손하고, (다른 사람보다 먼저) 당신이 틀렸다는 사실을 알려고 해야 한다.

## 어디서든 속도를 줄일 수 있다면
## 빠르게 달려가는 건 좋은 일이다

야심찬 팀들은 때로 속도와 싸운다. 그들은 너무 느리게가 아니라 너무 빠르게 달려가고 있다. 실제로 속도는 무엇인가를 더욱 신속하게 체감할 수 있게 해준다. 무엇인가를 생각하느라고 시간을 보내지 않고서 단지 그것을 시도할 수 있으면, 그것이 효과가 있는지 없는지와 중간에 궤도를 수정할 수 있는지를 금방 알게 된다. 그러나 아이디어를 신속하게 실험하고 반복하고 효율성을 위한 최적화를 시도할 수 있는 장점에도 불구하고, 때로는 속도를 줄여야 할 때가 있다. 어떤 프로젝트의 창조적 측면은 천천히 진행해야 최고의 결과를 낳을 수 있다.

페이스북 캠퍼스에 널린 포스터와 심지어는 사무실에서 사용하는 컵받침에 이르기까지 도처에서 눈에 띄는 "빠르게 움직이고 낡은 것을 깨부숴라"라는 악명 높은 주문呪文은 기술 기업이자 스타트업이 어떤 태도를 가져야 하는지를 잘 보여준다. 그것은 심지어는 무모하게 보일지라도 항상 가장 빠르게 전진하는 것이 최선이라는 것이다. 이러한 사고방식은 프로젝트 관리, 회의 진행, 신제품 개발에서 수많은 관행을 낳았다. 에릭 리스Eric Ries의 저작《린 스타트업lean start-up》(인사이트, 2012) 덕분에 제품을 효율적으로 생산하기 위한 방법에 관한 표준으로 자리 잡게 된 '린 스타트업' 방법론에 대해선 이후로 스타트업 세계를 뛰어넘어 포춘 500대 기업의 이사회조차도 관심을 갖게 되었다. 당연히 그럴 만도 했다! 그동안 대기업이 새로운 것을 배우고 도입하는 것을 어렵게 했던, 육중하고 완만하게 움직이는 업무 절차들이 예전에 이미 철저한 점검을 받았어야 했다. 그러나 대부분의 원칙과 마찬가지로 여기에는 중요한 예외가 있다.

속도와 효율성이 관한 한, 가장 큰 위험은 당신을 가장 두드러지게 해주는 한 가지 영역에서 지름길을 선택한다는 것이다. 많은 기업에서 신제품의 구성 요소들이 주로 평범하고 가능한 한 빠르게 그리고 날렵하게 달성해야 할 대상이지만, 모든 제품이 몇 가지 차별적인 특성을 가지고 있다. 그것은 당신이 개발하고 당신이 속한 산업에서 다른 기업들의 것과는 크게 다른 고유의 브랜드, 참신한 디자인, 사용자 경험일 수도 있고, 미래의 고객들에게 훨씬 더 나은 옵션을 제공하게 될 새로운 기술일 수도 있다. 이처럼 당신의 제품이 지닌 차별적인 특성 덕분에, 가치 있는 것을 창조하고 엄청나게 많은 투자를 유치할 수 있다. 따라서 지름길을 선택해서도 서둘러서도 안 되고, 이런 특성을 창조하기 위한 과정을 건너뛰려고 해서도 안 된다.

많은 팀이 시장에서 최소한 살아남을 수 있는 제품을 만들기 위해 치열한 노력을 기울이면서 경쟁자들의 것과는 차별적인 특성을 생략하거나 타협하려고 한다. 예를 들어 지난 수년 동안 나는 처음에는 매우 자랑스럽게 선전하던 제품 특성을 생략하고서 첫 번째 버전을 출시한 모바일 소셜 네트워크들을 본 적이 있다. 그 이유를 물으니 이것이 그냥 그들의 최소 기능 제품이라고만 설명했다. 그러나 그들 중 대다수가 진정으로 차별적인 특성을 지닌 제품을 출시하기 전에 이미 퇴출되고 말았다. 많은 팀이 최소 기능 제품이 얼마나 잘 버텨낼 수 있는가에 대해 그리 중요하게 생각하지 않는다. 당신이 세상에 내놓은 제품이 무엇이 되었든 그것을 출시하고 나서는 물류적으로나 심리적으로 변경을 가하기는 훨씬 더 어렵다. 차별적인 특성이 충분히 스며들게 하지 않고서 그냥 위에다 뿌려놓기만 한다면 아무런 감동을 주지 못할 것이다.

보통의 것에 대해서는 속도를 내야 한다. 그러나 가장 자랑할 만한 몇 안 되는 것에는 완벽을 기하기 위해 시간을 가질 필요가 있다. 고객은 기능성에 매료되지 않는다는 사실을 기억해야 한다. 그들은 경험에 매료된다. 제품이 갖는 기능이 아니라 사용한 경험에 의해 감동을 받는다.

궁극적으로 경쟁 우위를 갖게 될 제품을 정교하게 만들기 위해 속도를 줄이고 있는 한, 1분에 1마일씩 전진하는 것은 좋은 일이다.

〰〰〰〰〰〰〰

## 천천히 요리하는 것의
## 장점을 인식해야 한다

요리사들은 훌륭한 요리의 비결은 인내라고 말할 것이다. 시간을 갖고 음식을 약한 불에 천천히 요리할 때 양념장에 재어 둔 맛과 질감이 최고의 걸작을 탄생시킨다.

창조성도 이와 크게 다르지 않다. 스펙트럼에서 "빠르게 움직이고 낡은 것을 깨부숴라"의 반대편에서는 "창조적 노력은 깊은 관심과 인내의 시간을 요구한다"가 있다. 우리가 위대한 업적을 이루려면 시간이 필요하다는 사실을 직관적으로 알고는 있지만, 끝이 보이지 않거나 앞으로 벌어질 일을 통제할 수 없다는 생각이 들 때는 항상 불안을 느낀다. 하버드대학교 심리학자 댄 길버트Dan Gilbert는 저작 《행복에 걸려 비틀거리다Stumbling on Happiness》(김영사, 2006)에서 인간의 뇌는 다른 위협과 비교해 몇몇 위협에 더 잘 반응하게 되어 있다고 주장한다. 그는 '내셔널 퍼블릭 라디오National Public Radio, NPR'의 〈토크 오브 더 네이션Talk of the Nation〉에 출연하여 말했다. "인간은 빠르게 날아오는 야구공을 피하는 데는 뛰어난 솜씨를 발휘합니다. 지금 고질라가 달려온다고 합시다. 우리는 다른 방향으로 달아나야 한다는 것을 압니다. 모든 포유동

물과 마찬가지로 지금 당장 분명하게 나타난 위협에는 아주 잘 반응합니다. 바로 이 때문에 우리가 지금까지 살아남을 수 있었습니다. 그러나 우리는 지난 수백만 년 동안 살아가기 위한 한 가지 새로운 방법을 배웠습니다(아니, 적어도 어느 정도는 배웠다고 할 수 있습니다). 우리의 뇌는 다른 동물과는 다르게 미래를 마치 현재처럼 취급할 준비가 되어 있습니다."

그는 이 말도 덧붙였다. "우리는 퇴직 혹은 치과 방문을 미리 내다볼 줄 압니다. 그리고 미래의 퇴직에 대비해 저축을 하거나 앞으로 6개월 뒤에 나쁜 소식을 듣지 않으려고 치실을 사용하는 등 지금 이 순간에도 이에 대비한 조치를 취할 줄 압니다. 그러나 이런 방법을 지금도 배우고 있습니다. 이것은 동물의 세계에서 정말이지 아주 새로운 적응이고, 우리가 아주 잘 적응하고 있다고 볼 순 없습니다. 우리는 장기적 위협에는 현재의 분명한 위협에 반응하는 것만큼 활기차게 반응하지는 않습니다."

따라서 뇌의 진화 과정은 우리가 장기적 위협이나 목표에 집중하기 위해 분투하면서도 당장의 위협에는 격렬하게 반응하는 경향을 설명해준다. 이것은 우리가 비행기 폭파의 가능성이 플로리다나 맨해튼의 해수면이 높아질 가능성보다 훨씬 더 낮더라도, 테러 행위에는 강한 공포를 느끼지만 지구 온난화에는 훨씬 덜 느끼는 이유를 말해준다. 또한 우리가 순간의 만족에는 열광하지만 천천히 타오르는 성공을 관리하는데 어려움을 겪는 이유도 말해준다.

어떤 아이디어를 천천히 추진할 때 놀라운 일이 벌어질 수 있다. 숙성된 와인에서 알 수 있듯 포도를 포도 덩굴에(그리고 와인을 병에) 오랫동안 둘 수 있다면 맛과 향이 더욱 깊어진다.

우리가 마감 시한과는 무관하게 평생이 걸려 무엇인가를 창조하게 될 기회를 얻을 가능성은 많지 않다. 추진하는 프로젝트가 때로는 (선택이 아니라 필연적으로) 천천히 요리해야 혜택을 얻는 것일 수도 있다. 이런 프로젝트가 소홀히 취급될 수도 있지만 실제 결실을 맺을 때는 특별한 것이 될 수 있다.

비핸스 시절에 처음으로 대박을 쳤던 프로젝트 중에는 사진작가 잭 레드클리프Jack Radcliffe의 〈앨리슨Alison〉 시리즈가 있었다. 레드클리프는 이 프로젝트에서 자신의 딸 앨리슨의 어린 시절부터 사춘기를 지나 결혼 이후 성년기의 순간들을 담아냈다. 각각의 사진을 따로 떼어놓으면 특별한 데가 없지만, 이번 프로젝트가 보여주는 시간의 양이 전 세계에서 이 시리즈를 본 130만 명이 넘는 사람들에게 경외심과 존경심을 낳게 했다. 시간은 다른 방식으로는 복제할 수 없는 창조적 작업에 가치를 더해준다.

나한테는 글쓰기가 항상 천천히 요리하는 작업이 되었다. 비핸스를 키워가는 동안 모든 것이 일종의 경주였다. 우리는 각각의 제품을 주의 깊게 살펴보길 반복했고 중요한 의사결정을 속도를 조절하며 (그러나 항상 시간에 쫓기면서) 회사를 키우기 위한 자금이 점점 부족해지는 것을 의식하면서 했다. 99U 연례 회의는 신속한 의사결정을 요구하는 엄격한 마감 시한과 겹쳤다. 성미가 급한 고객들은 제품 업데이트를 재촉했다. 모든 기능이 이미 늦은 것으로 여겨졌다. 내가 천천히 할 수 있는 유일한 것이 바로 글쓰기였다. 글을 쓰기 위한 아이디어, 다른 기업가들에 대한 관찰, 기업을 설립하고 이끌어가기 위한 통찰 등등 내 생각을 써내려갔고, 최종 목표를 염두에 두지 않고 몇 번이고 되돌아왔다. 때로는 에버노트Evernote에 질문이나 막연한 생각을 적어놓기도 했고 2년 정도 지나 되돌아와선 또 다른 내용을 추가하거나 문장을 완성하기도 했다. 나는 몇 년에 걸쳐 생각의 깊이를 더하고 일부는 지우고 또 다른 일부는 보태면서 진화에 진화를 거듭했다.

이 책은 수년에 걸쳐 약한 불로 천천히 끓인 찌개에 해당한다.

유명 화가나 종신 교수, 매년 원고 청탁을 받는《뉴요커The New Yorker》작가가 아니라면 생계를 위해 천천히 요리할 수 있는 사람은 거의 없다. 그러나 천천히 요리할 수 있는 몇 안 되는 프로젝트를 가지고 일을 원숙하게 해나갈 수도 있다—당신은 화로에서 가져온 요리를 잊을 수 없을 것이다. 수시로 화롯가로 돌아와서 살펴봐야 하고 소금을 조금 쳐야 하고 거품을 걷어내야 한다. 살아가는 과정에서 이 프로젝트들이 위대한 창조물이 될 수도 있다.

## 승인이 아니라
## 양해를 구한다

누가 이런 말을 최초로 했는지는 잘 모르겠지만 우리가 어도비에 인수되고 나서 "승인이 아니라 양해를 구하라"는 말이 우리 팀의 주요 행동 지침으로 자리잡았다. 우리는 처음 가졌던 스타트업 정신을 유지하고 싶어 했다. 새로운 주인이 부과할 수도 있는 회의나 업무 절차에 시달리지 않고 우리 사업을 계속 확장하고 우리 제품을 개발하고 싶었던 것이다. 모든 변화에 대한 승인 절차를 밟다보면, 제품 개발이 정체되고 팀은 그들의 승인이 떨어지는 날까지 손꼽아 기다려야 한다. 나는 우리 모두가 거대 조직 속에서 길을 잃지 않고 최선의 판단을 하고 의사결정을 할 권한이 있다고 생각하길 원했다.

때로는 법적 절차를 생략하거나 전단지에 후원 기관의 로고를 빠뜨리는 것처럼 실수를 범하기도 했다. 이처럼 바보짓을 할 때는 사과를 하고 이를 통해 배우기도 했다. 그러나 우리 팀은 여전히 우리의 아이디어를 추진할 권한을 갖고 있었다. 물론 더러 잘못된 선택을 하기도 했지만 우리가 했던 모든 것에 승인이 떨어질 때까지 기다리는 것보다는 옳은 선택을 훨씬 많이 했다.

이것은 무엇인가를 처음부터 창조할 때보다는 이미 존재하고 있는 것에 변화를 가할 때 특히 그렇다. 기존의 편안하고도 만족스러운 구조뿐만 아니라 이미 충분히 잘 작동하고 있는 구조를 거스르고 있는 것이다. 해야 한다고 생각하는 것을 하기 위해 승인을 요청하면 기껏해야 상대방을 주저하게 만들고 최악의 경우에는 거절을 낳을 것이다. 나는 어도비에서 물려받은 제품과 팀에 변화를 가하기 시작하면서, 회사의 다른 사람들에게서 합의를 이끌어내는 데는 너무 많은 토론과 회의가 요구된다는 사실을 금방 알 수 있었다. 또한 어떤 결정은 합의를 요구하고 어떤 결정은 직관적으로 할 수 있는지를 신중하게 선택하는 법도 배웠다. 합의를 요구하는 결정은 항상 나한테 우선권이 있었다. 그러나 내가 강력한 신념을 가졌지만 회사의 면역 시스템이 이런 신념이 자리 잡기 전에 억누를 수도 있다는 생각이 들 때는 승인을 받지 않고서 (중략) 남의 눈에 띄지 않으면서 처음부터 나의 신념에 따라 움직이기 시작했다. 결정이 사후적으로 문제가 된다면 토론을 거쳐 필요하다면 이런 변화를 되돌릴 수도 있었다. 대담한 아이디어에 기회를 부여하려면 때로는 먼저 행동하고 그다음에 필요하다면 조정하는 것이 좋다.

아이디어가 대담할수록 그리고 변화가 이질적으로 다가올수록 이에 대한 반발이 더욱 거셀 것으로 생각해야 한다. 건축의 세계를 보더라도 가장 위대한 업적에는 독설이 뒤따랐다. 세상에 가장 널리 알려진 건축물이라 할 에펠탑과 루브르 피라미드는 처음부터 논란의 대상이 되었다. 파리시는 프랑스혁명 100주년 기념식을 개최하기 3년 전인 1886년 5월에 만국박람회를 유치하기로 결정했고, 이 박람회의 조직위원회가 개최 장소인 샹드마르스Champs de Mars에 이번 행사에 어울리는 기념물을 건립할 것을 제안했다.

자유의 여신상 내부와 전 세계의 철교를 설계한 적이 있는 귀스타브 에펠Gustave Eiffel은 이미 유명한 건축가였다. 그의 팀은 세계에서 가장 큰 건축물을 만들려는 생각을 품고 있었다. 그것은 높이가 300미터가 넘는 철탑을 만드는 것이었다. 이번 조직위원회는 그들에게 기회를 부여했다.

그러나 에펠탑 건립은 조롱과 반대가 물밀 듯이 쇄도하며 난관에 부딪혔다. 가장 유명하게는 1887년 2월 14일 《삼총사The Three Musketeers》(일신서적, 1992)의 저자로도 유명한 소설가 알렉상드르 뒤마Alexandre Dumas가 포함된 프랑스 예술가와 작가 단체가 만국박람회 조직위원회 위원장에게 이 기념물의 디자인을 비난하는 청원서를 제출했다. 당시 《르 땅Le Temps》에는 다음과 같은 기사가 실렸다.

우리 작가, 화가, 조각가, 건축가를 포함해 파리의 온전한 아름다움을 사랑하는 사람들은 우리의 도시를 지저분하게 만들려는 기계공학자의 상업적인 상상에 반대한다. 제조업 공장에서나 볼 수 있는 야만적인 규모의 검은 굴뚝처럼 파리의 모든 유적을 모욕하게 될 우스꽝스러운 탑을 한번 상상해보자. 앞으로 20년 동안 우리는 마치 잉크 얼룩과도 같이 도시를 더럽히게 될, 금속 기둥의 혐오스러운 그림자로 인해 조롱받게 될 것이다.

이번 청원서에 서명했던 프랑스 작가 기 드 모파상Guy de Maupassant은 이 탑을 우뚝 솟아 있는 금속 계단의 여윈 피라미드에 비유했다. 또 다른 사람들은 구멍투성이의 좌약이라고도 했다. 이런 조롱에도 눈꼴 사나운 탑의 공사는 진행되어 1889년 3월 31일에 준공되었다. 이 탑은 워싱턴 기념비Washington Monument를 능가해서 당시로는 세계에서 가장 높은 건축물이 되었고, 1930년 뉴욕시의 크라이슬러 빌딩Chrysler Building이 준공될 때까지 1위 자리를 유지했다. 이번 만국박람회에서는 200만 명이 넘는 사람들이 에펠탑을 찾았고 이들 중 많은 사람이 탑의 정상까지 올라갔다.

200년이 넘는 미술관의 대형 출입구로 설계되고 프랑스 혁명 200주년을 기념해 건립된 루브르 피라미드도 1989년 개장과 함께 엄청난 비난을 받아야만 했다. 모더니즘 건축가인 중국계 미국인 아이 엠 페이Ieoh Ming Pei가 설계한 유리 피라미드는 대중에게 혐오의 대상이었다. 당시 프랑수아 미테랑François Mitterrand 대통령은 공개 경쟁을 거치지 않고 페이에게 설계를 맡긴 것을 두고 많은 비난에 시달려야 했다.

파리 여행사인 '파리시티비전Paris City Vision'의 파리역사관광국은 다음과 같이 말했다.

"이번 프로젝트가 발표되자마자 건축물의 외관을 망가뜨린다는 비난이 일었습니다. 공식적으로는 외부 창유리가 673장이라고 알려져 있지만 실제로는 666장이라는 소문이 돌고 있습니다. 이것은 요한 계시록에 나오는 악마와 짐승의 숫자입니다. 따라서 이번 피마미드의 건립이 세상의 종말을 알리는 불길한 징조가 될 수도 있습니다."

피라미드를 개장하기 전의 어느 시점에서는 파리 시민의 90퍼센트가 이 거대한 유리 건축물에 반대하는 것으로 나타났다. 심지어 1983년에는 당시 루브르 박물관 관장이던 앙드레 샤보Andre Chaubad가 페이의 비전이 가져오는 건축 설계상의 위험에 항의하는 뜻으로 사표를 내기도 했다. 페이는 나중에 당시를 회상하며 말했다. "저는 파리 거리에서 화가 난 사람들의 시선을 셀 수도 없이 많이 접했습니다. 루브르 피라미드 이후로는 그처럼 힘든 작업은 없었던 것 같습니다." 그러나 페이의 유리 피라미드는 에펠탑과 마찬가지로 파리 시민과 관광객에게 금방 사랑을 받았다.

지금은 도시의 그리고 세계의 가장 유명한 상징물이라 할 에펠탑과 루브르 피라미드가 없는 파리를 상상하기 어려울 정도다.

세상에는 처음에는 반대하다가 결국에는 찬양하는 사건이 많이 발생한다. 기업도 다르지 않다. 당신이 압제를 견뎌낼 수 있다면 이에 대한 보상을 받을 것이다. 때로는 일을 추진하기 위한 최선의 방법이 현재의 상황을 유지하기 위해 개발된 절차에 크게 의존하지 않고 먼저 떨치고 나아가는 것이다.

# 합의보다는 신념

최적화는 결단력을 요구한다. 당신은 제품의 품질을 개선하며 고객에게 만족을 주는 것과 자신의 신념을 고수하는 것 사이에서 고민할 것이다. 의사결정을 하는 집단에서 지침이 내려올 때까지 기다려야 할 때는 그들의 결정을 기다릴 것이다. 최선의 결정은 가장 어렵고 인기 없는 경향이 있다. 당신이 혼자라는 생각이 들 때는 내린 결정에 스스로 의문을 제기할 것이다.

인간은 집단 속에 있을 때 편안함을 느낀다. 그리고 일을 함께 하는 집단이 없이는 위대한 업적을 달성할 수 없지만, 집단이 중요하고 어려운 결정을 할 수 있는 경우는 별로 없다. "위원회라는 것은 몇 분은 챙기면서 몇 시간을 잃어버리는 집단이다"라고 언젠가 코미디언 밀턴 베를 Milton Berle이 빈정댔듯이 말이다.

물론 위원회는 이보다 훨씬 덜 유해한 목적을 가지고 있다. 공동의 이해관계를 가진 집단을 구성하면 포괄성을 낳고 생각을 모으고 전문성을 활용할 수도 있다. 결국에는 주변에 있는 지식이 당신 안에 있는 지식보다 더 많고, 리더로서 하는 역할은 팀의 지식을 최대한 활용하는 것이다. 그러나 당신을 위해 의사결정을 해줄 만한 능력이 안 되는 사람들로 모인 집단을 구성하는 식으로 어려운 문제를 회피하려고 해서는 안 된다. 대화를 통해 더 많은 것을 얻고 집단을 통해 사실을 확인할 수 있다고 하더라도, 어려운 문제를 위원회에 맡기는 방식으로는 신념에 입각한 신속한 의사결정을 할 수는 없다.

합의에 기초한 의사결정은 모든 사람을 즐겁게 하는 결정을 추구하기 때문에 대체로 평범한 결과를 얻게 된다. 이것은 당신의 선택이 그들의 최소공통분모가 된다는 뜻이다. 어떤 선택이라도 대부분의 사람에게 가장 익숙한 것이라 반대 의견이 가장 적게 나타나고 가장 신속하게 지지를 얻는다. 영국 작가 올더스 헉슬리Aldous Huxley가 말했듯 "대부분은 익숙하지 않은 모든 개념을 싫어하고 심지어는 두려워한다. 따라서 혁신자들이 처음 모습을 드러낼 때는 대체로 박해를 당하고 항상 바보나 미친 사람이라는 소리를 듣는다."

집단에서 일을 하면 혁신자들은 기꺼이 바보가 되어야 한다.

뛰어난 투자자들은 일정한 원칙에만 매달리지 않는다. 나는 엔젤 투자자의 한 사람으로서 예전에 효과가 있었던 원칙에 지나치게 집착하지 않고 항상 나 자신의 패턴 인식 능력을 활용하려고 한다. 내가 했던 최선의 투자는 모두 서로 달랐고 뻔하지도 않았고 널리 알려진 원칙을 따르지도 않았다. 와비 파커와 같은 일부 기업은 투자자들을 지나칠 정도로 많이 끌어들여 이들에 대한 투자가 그다지 특별하게 여겨지지 않았다. '핀터레스트, 우버, 카르타Carta' 같은 기업은 처음에는 지나칠 정도로 제한된 틈새시장에 존재하는 것으로 여겨졌다. 그리고 페리스코프 같은 기업들은 사회 규범을 거부해 내가 이런 기업들을 설명할 때마다 사람들을 곤혹스럽게 만들었다. 당신은 집단, 과거, 일반 상식에 물어볼 수 있다. 그러나 어려운 결정과 미래의 가능성에 대한 미친 생각은 자신에게서 나와야 한다.

이것은 모든 종류의 벤처기업에도 적용된다. 나는 마크 서스터Mark Suster를 좋아한다. 기업을 두 차례 설립한 적 있는 그는 두 번째 기업을 '세일즈포스'에 매각하고 그곳에서 부사장이 되었는데, 자신의 블로그에 나와 똑같은 주장을 했다.

분명한 답이 없거나 모두 이런 것들을 하게 될 것이다. 일부 기업가가 우유부단하게 행동하는 모습을 보면 놀랍기만 하다. 나는 어려운 의사결정을 할 때 팀이나 이사회에 지나치게 많은 자원을 투입해 공중 엄호를 받으려는 설립자들을 보았다. 핵심 아이디어에 대해 강한 신념을 갖기보다는 다수의 제품을 만들고 자원을 한곳으로 집중하기보다는 여러 곳으로 분산하는 식으로 위험에 대비하려는 경영진도 봤다. 때로는 이것이 소심한 리더가 사랑받는 것을 걱정하기 때문이라는 생각이 들었다. (존경>사랑)

나는 고위 직원들을 해고해야 한다는 것을 알고 있지만, 그렇게 하지 않고서 6개월만 더 있으면 그들이 자신의 가치를 보여줄 것이라면서 자신을 설득하던 CEO들도 보았다. 이런 모습을 보면 정말이지 미칠 것만 같았다. 결정이 분명하면 행동으로 옮기면 된다. 당신 회사는 스타트업이다. 제너럴 일렉트릭이 아니다.

나는 강력한 리더를 원한다. 그들의 생각이 나와 일치하지 않더라도 결정을 하는 사람을 원한다. 나는 너그러운 독재자를 원한다.

오해하지 마시라. 나 역시 설립자들이 많은 조언을 얻기 위해 노력해야 한다고 생각한다. 그런 다음, 그들은 이렇게 얻은 조언들을 가져와 잘 혼합해서 이런 정보가 그들의 의사결정에 영향을 미치기 위한 틀에 적용하고 의사결정을 해야 한다. 당신이 얻은 모든 조언은 당신에게 직접적인 도움이 되기에는 너무 포괄적인 것들이다. 따라서 자신의 정확한 상황에 맞게 스스로 결정해야 한다.

오직 당신이 가진 신념만이 집단이 전혀 예상하지 못한 곳으로 당신을 이끌어갈 것이다. 때로는 지금까지 배웠던 모든 것, 즉 학교에서 배운 것, 통행 규칙, 관습, 투자자들이 당신에게 말해주는 것들을 잊어버리고 직관에 따라 행동할 필요가 있다. 이것은 당신이 지금까지 살아오면서 겪었던 경험으로부터 형성되는 것이며, 어느 누구도 예상할 수 없는 것이다. 직관을 진지하게 받아들여야 한다!

물론 합의를 거부하는 데는 어느 정도의 위험이 따른다. 신념은 당신의 편견을 억제하지 못한다. 당신이 지금까지 살아온 방식, 주변에서 봤던 것들이 생산적이지 못한 방식으로 당신의 직관을 형성하는 데 영향을 미칠 수 있다. 당신은 사람을 뽑는 과정에서 특정 지원자에게 편견을 갖고 있는가? 깨닫지 못하는 사이에 지원자의 말투, 가정 환경, 당신과 얼마나 비슷하게 생겼는가에 따라 선발 기준을 높이거나 낮추고 있지는 않는가?

모두 편견을 갖고 있다. 그것은 우리가 살아온 경험에서 비롯된 자연스러운 결과이거나 믿도록 훈련된 결과다. 그러나 다른 사람들에게서 조언을 구하고 그들이 당신의 신념에 문제를 제기하게 함으로써 자신의 편견을 깨달을 수 있다. 여기서 신념이 갖는 가장 중요하고 미묘한 의미가 나타난다. 그들 또한 신념을 가진 사람들에 의해 둘러싸여 있어야 한다는 것이다. 의지가 약한 사람들이나 자기 의견을 말하길 두려워하는 사람들에게 둘러싸인 상태에서 당신이 갖는 강력한 신념은 당신으로 하여금 길을 잃고 방황하게 만들 수 있다.

뛰어난 업적을 달성하려면 하는 일에 대한 신념을 갖고 합의보다는 신념에 가치를 두는 팀을 만들어야 한다.

# 변화를 거부하는 사람들에게
# 잘못된 희망을 줘선 안 된다

팀의 전략과 일상적인 업무를 변화시키는 대담한 결정을 할 땐 주저함이 없어야 한다.

2012~2013년 사이 어도비에서는 포토샵과 같은 박스형 소프트웨어를 판매하던 것에서 온라인으로 연간구독서비스 제공하는 것으로의 변화를 시도했는데, 많은 직원과 고객이 이것을 거부했다. 당시 에반젤리스트(Evangelist, 기술을 시장에 전파 내지 확산시키는 사람-옮긴이주)들은 열띤 회의가 열릴 때마다 최신 기술을 따라잡지 못하는 고객들에 대한 우려의 목소리를 내곤 했다. 사실 우리가 웹사이트 문구와 고객 커뮤니케이션 초안을 작성할 때는 항상 메시지를 애매하게 전달하려는 유혹이 있었다. 우리는 무엇인가를 "바꾸고 있다"는 말을 쓰지 않았다. 그냥 우리가 제공하는 것을 "차츰 발전시키고 있다"고만 표현했다. 그러나 우리가 이런 메시지를 미묘하게 작성하고 있을 때 일부 고객들은 우리가 변화를 포기하고 예전 방식대로 소프트웨어를 판매하는 것으로 되돌아갈 것이라는 기대를 버리지 않았다.

고객들은 당신이 자신의 사고 과정을 그들과 공유하려고 할 때 생각보다 더 관대하다.

나는 고객들의 우려에 공감했다. 그들은 한꺼번에 구매하던 제품에 매달 구독료를 납부하길 원하지 않았다. 그들은 우리 제품을 사용하는 방식에 만족하고 있었고 인터넷 클라우드 서비스와 새로운 기능에 대한 필요성을 아직은 인식하고 있지 않았다. 그러나 우리는 미래의 창조성은 협업과 다양한 컴퓨터 장치에 걸쳐 있는 창조적 과정의 연결에 달려 있다는 것을 알았다. 미래의 산업은 우리 제품이 변화하기를 요구하고 있고, 이런 비전을 전하기 위한 가장 효과적인 방법은 그것을 선포하는 것이다. 지금 와서 돌이켜보면, 고객과 저널리스트들과 가장 생산적인 대화를 나눈 것은 이런 변화를 분명하지 않게 전달하는 것보다는 단정적인 어조로 전달했을 때였다.

마찬가지로 나는 어도비 내부에서도 반대파나 회의론자들이 구독 서비스 모델로의 변화가 갖는 의미에 대한 토론을 피하는 경향이 있음을 확인했다. 데스크탑 제품팀의 일부 관리자들은 그들 제품에서 구독 서비스 같은 기능을 추가하는 것을 상상도 못했다. "고객은 이런 방식의 서비스를 원하지 않을 거예요. 그들은 로그인하기를 원하지 않을 것입니다." 그들의 이런 주장들이 옳을 수도 있겠지만 결정은 이미 내려졌고 이제는 우리가 구독 서비스 모델을 실천에 옮겨야 했다.

당시 나는 마음속으로 회사 관리자들의 정당한 반응을 곰곰이 생각해봤다. 반대파의 주장에 직면하고 팀원들이 주저하는데도 우리의 생각을 수용하도록 강요해서 제품에 변화를 일으킬 것인가? 아니면 그들의 생각을 묵묵히 따르면서 논란의 여지가 적으면서도 몇 안 되는 최신 제품에 집중할 것인가? 돌이켜보면, 이런 대립을 피하려고 했던 것이 반대파에게 그들이 결국에는 크게 바꾸지 않아도 된다는 잘못된 희망을 준 것이라는 생각이 든다. 이렇게 하면 우리가 몇 년을 뒤처질 수 있다. 고객과 팀원들이 미래를 선도하게 만들 필요가 있지만 때로는 그들에게 새로운 미래를 강요할 필요도 있다. 주저하면 점진주의를 낳는다. 이것은 변화의 규모를 약화시키고 속도를 더디게 하고 발생 시기가 늦어지게 하는 경향을 의미한다. 당신은 주저하지 말아야 하고 팀원들을 자극하여 뒤돌아보지 말고 앞으로 나아가게 만들어야 한다.

훌륭한 팀은 변화가 여전히 불편하게 여겨지더라도 그 필요성을 인식하기 전에 먼저 실행에 옮긴다. 변화를 거부하는 사람들에게 바꾸지 않아도 된다는 잘못된 희망을 줘선 안 된다. 의사결정을 하고 나면, 그 의미를 선언하고 백미러를 잘라버려야 한다.

## 제품을 최적화하라

본론에 들어가기 전에 언급하고 싶은 이야기가 있다. 이후에 나오는 섹션은 모두가 제품을 최적화하는 것에 관한 내용이다. 제품이나 서비스를 만들고 이를 끊임없이 반복하는 여정은 그 자체가 디자인, 제품 관리, 고객 연구, 고객 심리에 있어서 업무 처리 기준으로 가득한 현장이다. 나는 이번 섹션을 제품 생산 과정에 깊은 이해를 가진 일부 독자들은 적절하게 건너뛰어도 되고, 또 다른 독자들은 완전히 건너뛰어도 된다는 생각을 하고 책 속의 책을 쓴다는 마음으로 임했다. 당신이 어떤 일을 하든 여기에 나오는 원칙들은 메시 미들에서 어떻게 하면 뛰어난 제품을 만들 것인가를 보여줄 것이다. 그럼 이제 제품에 관한 이야기를 해보자.

ꟷꟷꟷꟷꟷꟷꟷ

벤처기업이 출범한 직후 밀월 단계에서는 활력이 넘칠 뿐만 아니라 모든 것이 명쾌하게 보인다. 여정을 시작할 때는 간단한 해결 방안이 쉽게 등장한다. 그러나 여정의 미들에서 불확실성이 커지고 여러 문제가 발생하면서 복잡성이 더해지는 상황을 맞이하게 된다. 우리는 우리의 창조물에 옵션, 기능, 미묘한 차이를 추가하는 식으로 문제를 해결한다. 신제품의 단순성이 경쟁 우위를 갖게 하지만 시간이 지나면서 제품이 진화하고 더욱 복잡해진다. 불행하게도 내가 "제품의 라이프 사이클the product life cycle"이라고 부르는 것이 창조하는 모든 형태의 서비스나 경험과 함께 "제품"에도 적용된다.

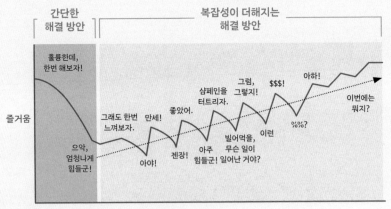

**제품의 라이프 사이클**
1. 고객은 단순한 제품에 몰려든다.
2. 고객을 더욱 만족시키기 위해 제품에 새로운 기능을 추가하고
   이것이 사업을 성장시킨다.
3. 제품이 복잡해진다.
4. 고객은 또 다른 단순한 제품을 향해 몰려든다.

단순성은 까다로운 작업이다. 제품 혹은 고객 경험을 단순하게 만드는 것은 아주 어려운 작업이다. 제품의 단순성을 유지하는 것은 훨씬 어렵다. 제품이 분명하고 직관적일수록 복잡한 기능을 추가하지 않고 최적화하기 더 어렵다. 제품이 무엇이 되었든, 그것을 성공적으로 최적화한다는 것은 더욱 유력하고 접근이 가능하게 만들어야 한다는 것을 의미한다. 균형을 달성하기 위한 열쇠는 당신이 인생이란 단지 시간과 그것을 어떻게 사용하는가에 관한 것이라는 단순한 신념을 가지고 내리는 결정에 바탕을 두고 있다.

삶에서 모든 제품과 서비스는 당신이 시간을 보내거나 절약하는 것을 돕는다. 시청하는 텔레비전 뉴스와 쇼, 사용하는 페이스북과 스냅챗 같은 소셜 미디어, 읽는 책, 즐기는 게임은 모두 당신이 시간을 어떻게 보낼 것인가를 두고서 경쟁한다. 자동차를 신속하게 타게 해주는 우버, 팀원들과 신속하게 대화하게 해주는 슬랙, 제품을 신속하게 구매하게 해주는 아마존 알렉사와 같은 제품은 모두 시간 절약을 돕기 위해 존재한다. 그리고 이런 역할을 하는 것은 디지털 벤처기업뿐만이 아니다. 먹거리를 판매하는 제과점과 레스토랑도 이 범주에 속한다. 예외가 있다면 정보를 신속하게 얻게 해주는 트위터와 가정에서 신속하게 조리할 수 있게 해주는 블루 에이프런 Blue Apron 같이 당신의 일과에서 시간을 보내는 행위를 발생시키면서 이런 경험을 다른 때보다 더 빠르게 할 수 있게 해주는 보기 드문 제품이다.

실제로 우리는 시간을 보내든 절약하든, 시간과의 끊임없는 싸움을 벌인다. 우리는 시간을 깊이 의식하며 헛되이 보내지 않으려고 한다. 우리가 시간에 집중하지 않는 유일한 때는 멋지게 보이려고 하거나 호기심을 충족시키거나 다른 사람에게서 인정받으려고 하는 것처럼 인간의 자연스러운 성향이 이렇게 보내는 시간을 잊어버리게 할 때다. 이런 성향은 시간에 대해 황혼 지대를 형성한다. 제품을 개발할 때 이것을 확인하면 고객들에게서 시간을 얻을 수 있다.

지난 수년 동안 삶의 질을 가장 많이 높여준 신제품들을 돌이켜보면, 결국에는 이들이 일상에서 발생하는 마찰을 제거했다는 생각이 든다. 내 스마트폰에 내장된 구글맵스 같은 앱들은 도시 전체를 내 손가락 끝으로 가져와서 다시는 길을 잃지 않도록 도와주었다. 우버 같은 서비스는 교통수단을 예약하거나 택시를 잡아야 하는 짊을 덜어주었다. 지금부터 수십 년 전에는 페덱스와 UPS 같은 기업들이 우편물을 간단한 양식을 작성하여 여러 운송 회사를 거치지 않고서도 지구상의 어느 곳으로든 보낼 수 있게 했다. 역사 전반에 걸쳐 최고의 기업들이 시간을 절약할 수 있도록 마찰을 찾아 제거하기 위한 사업을 했다.

당신이 만드는 제품을 최적화하는 것은 궁극적으로는 인간 친화적이고 인간의 자연스러운 성향을 충족시켜주는 제품을 만드는 것이다.

이번 섹션에서는 당신의 제품 논리를 정교하게 조정하는 방법에 관한 통찰을 제공할 것이다. 제품에 대한 고객 경험의 첫 마일을 어떻게 개선할 것인가? 새로운 도전과 새로운 유형의 고객들의 요구를 충족시켜주는 문제에 직면해 단순성을 어떻게 유지할 것인가? 제품이 고객들에게 더욱 의미 있고 매력적으로 다가가기 위해선 어떻게 해야 하는가? 고객들의 요구를 더 잘 충족시켜주기 위해 제품과 마케팅을 어떻게 지속적으로 최적화할 것인가?

제품 경험을 최적화하는 것은 그 자체로 하나의 연구 분야가 되었다. 그 내용이 디지털 제품에 편중되어 있기는 하지만, 나는 여기서 얻은 통찰이 모든 종류의 제품, 서비스, 경험에 적용될 것이라고 생각한다.

당신의 제품에 자부심을 갖는 것은 좋다. 그렇더라도 그것이 갖는 문제를 인식하지 못하는 대가를 치러서는 안 된다. 제품이 진화하는 것을 중단하면 당신은 실패할 것이다. 만족하면 안주하게 된다. 전적으로 만족해서는 안 된다. 당신이 창조적인 자세를 견지할 때 만든 제품의 현재 버전에 항상 만족을 느끼지 못할 것이다. 여러모로 보아 제품의 상태는 팀의 상태를 반영한다. 중간 단계를 견뎌내고 팀의 업무 수행 방식을 최적화하는 것에 관해 내가 말했던 모든 것이 고객들이 당신이 만든 제품을 경험할 때 표면에 드러나게 된다. 훌륭한 제품을 추구하는 것은 훈련, 끝없는 반복과 함께 당신의 목표가 고객의 고충과 마음에 기초를 둘 것을 요구한다.

# 단순하게 하고 반복한다

## 무엇에 전력투구하지 않을지를
## 결정한다

아내가 임상 심리학 박사 과정을 밟으며 알게 된 동료가 이런 말을 한 적 있다.

"훌륭한 심리학자가 되려면 환자들에게 훌륭한 상담자가 되어야 하고 진료 기록은 공정하게 작성하기만 하면 된다."

이 말의 의미는 임상 심리학자들이 행정적인 업무를 지나칠 정도로 빈틈없이 처리하면 환자들에게 마음을 집중하기 쉽지 않다는 뜻이다.

생산성과 실적이 너무 자주 똑같이 취급된다. 하지만 팀과 제품을 어떤 측면에서 가장 뛰어나게 하고 무엇을 뛰어나지 않게 할 것인가를 결정해야 한다. 경쟁 우위는 당신의 강점을 인식하는 것뿐만 아니라 약점을 의식적으로 인정하고 받아들이는 것에서 온다. 이것은 무엇에 집중하고 무엇에선 손을 떼기로 할 것인가에 관한 문제다.

내가 하버드 경영대학원 시절에 했던 과제 중에는 다른 분야에서 손을 떼는 대가로 특정 분야에서 뛰어난 실적을 보인 기업들을 조사하는 것이 있었다. 이들 중 대표적인 사례로는 '사우스웨스트 항공South west Airlines'을 꼽을 수 있다. 이 항공사는 민간 항공사의 가치가 취항노선의 수, 기내식과 서비스의 품질, 가격 경쟁력, 안전으로 정의되는 시절에 설립되었다. 사우스웨스트는 처음부터 이런 가치들 중 다른 것들을 버리고 서너 개의 가치에만 집중하며 자신을 차별화하기로 결정했다.

물론 안전은 타협의 대상이 아니었다. 그러나 사우스웨스트는 기내식과 취항노선의 수에 관한 한, 여기에 들어가는 자원을 가격과 서비스의 품질에서 경쟁력을 강화하는 쪽으로 옮기기로 했다. 그들은 기내식을 간소하게 제공하고 모든 지역에서 다른 항공사들과 경쟁하기보다는 미국의 남서부 지역에만 집중하기 위해 취항노선도 줄이기로 했다. 그 결과, 사우스웨스트는 특정 노선에서는 저렴한 가격으로 최고의 서비스를 제공하는 항공사로 알려지게 되었다. 사우스웨스트가 경쟁 우위를 가질 수 있는 지점에서 서비스를 최적화했던 것이다.

이제 한 가지 간단한 예제를 들어보자. 먼저 당신의 산업에 종사하는 주요 기업들의 특징과 가치를 나열해보라(당신이 프리랜서라면 이들은 당신의 고객들이 고용하고 싶어 하는 다른 프리랜서들이 될 것이다. 스타트업이라면 해당 산업에서 활동하는 기업이나 경쟁 기업이 될 것이다). 어쩌면 그들이 고객에게 더 저렴한 가격에 서비스를 제공할 수 있고 고객 서비스, 배송 속도, 다양한 서비스 제공에 집중할 수도 있다. 이것들은 고객들이 누구를 선택할 것인가를 결정할 때 판단하는 요인들이다.

그다음에는 자신과 기업에 대해 특징과 가치를 나열하며 당신이 널리 알려지기를 원하는 것들에 집중해보자. 어쩌면 사람들이 당신의 작품이 갖는 우수성을 이야기하길 바랄 수도 있지만, 작품을 완성하는 데 시간이 좀 더 오래 걸리거나 가격이 더 비싼 것은 신경 쓰지 않을 수도 있다. 혹은 어쩌면 사람들이 프로젝트의 막바지에서 찾는 믿음직한 컨설턴트가 되기를 원하고, 당신의 유연성을 포기하게 만드는 대형 프로젝트를 맡는 것을 거부할 수도 있다. 가장 잘하는 것에 에너지를 집중해야 좋은 결과를 얻을 수 있을 땐 이런 상충 관계를 인식하는 것이 경쟁 우위가 된다.

이번 예제는 산업 전반에 걸친 가치 중 당신이 관심을 갖는 것과 관심을 갖지 않는 것을 보여준다. 소중하게 여기는 가치에서 뛰어난 모습을 보여줄 수만 있다면 관심을 갖지 않는 가치에서는 뛰어나지 않아도 된다. 물론 당신의 약점을 확인하고 이를 해결하는 것은 중요하다. 그러나 뛰어난 업적은 결국에는 강점을 가진 특별한 것을 해야 나온다.

<hr />

# 하나를 더하면
# 하나를 뺀다

좋은 제품은 진화하지 않고서 단순한 상태를 유지할 수 없다. 좋은 제품은 핵심이 아닌 기능과 측면을 제거하거나 축소하면서 핵심 가치를 지속적으로 개선하는 것에서 단순한 상태를 유지한다. 신제품의 초기 사용자들은 후기 사용자들과 비교해 예지력이 있고 마찰을 대수롭지 않게 여기는 경향이 있다. 시간이 지나면서 성장 유지를 위해 제공하는 제품의 특정 부분을 제거하거나 축소하면서 마찰을 없애야 할 필요가 있을 것이다.

우리가 6년 전에 제공했던 네트워크와 오늘날 비핸스가 제공하는 네트워크를 비교하면 제품이 엄청나게 단순해졌다는 사실이 놀랍기만 하다. 우리는 '정보 교환Tip Exchange' 기능과 '그룹Groups' 기능을 제거했고, 비핸스 포트폴리오의 색상 설정을 사용자의 취향에 따라 바꾸는 기능을 포함하여 그밖에도 핵심 경험에 부합되지 않은 수많은 기능과 실험을 제거했다. 몇몇 고객은 우리가 제품의 기능을 축소한 것에 매번 불만을 호소하곤 했지만, 결국에는 대다수의 고객이 제품에 더욱 매료되었다. 제품이 단순해질수록 많은 사람에게서 공감을 얻었다. 시간이 지나면서 좋은 평가를 받은 기능을 추가했을 땐 그 기능이 참신하기보다는 반드시 필요하다고 판단했기 때문에 그렇게 했다.

창조적 과정에는 몽상과 함께 끊임없는 교정이 뒤따른다. 그러나 창의적인 사고를 하는 사람에게는 교정이 그리 쉬운 일은 아니다. 오히려 아이디어를 잘라내고 정교하게 다듬는 훈련이 사기를 꺾어놓을 수도 있다. 그러나 이런 훈련이 고객에 관한 것이지 당신의 창조적 천재성에 관한 것은 아니다.

제품의 성공이 갖는 역설은 당신의 제품에 가장 많이 매료된 사용자를 즐겁게 하는 데 집중하면 새로운 사용자를 즐겁게 하지 못한다는 것이다. 슬픈 현실(그리고 스타트업에게는 이것이 기회)은 대부분의 기존 제품 판매자들이 그들의 광범위한 사용자 기반을 당연한 것으로 여기고는 시간이 지나면서 단순성을 유지하지 못한다는 것이다. 이번 섹션의 도입부에서 설명한 '제품의 라이프 사이클'에 따르면, 기존 제품 판매자들이 그들의 사용자 기반을 당연한 것으로 여기고는 불필요한 복잡성을 증대시키고 나면 사용자들이 이전과는 또 다른 단순한 제품을 향해 몰려들게 된다.

사용자들에게서 오랫동안 사랑받는 제품들은 제품 설계의 핵심 원칙으로서 단순성을 계속 유지했다. 나는 '스위트그린' 이사회 이사로 일하면서 공동설립자들인 조너선, 닉, 네이트가 설립 초기 상황 때문에 어쩔 수 없이 받아들인 단순성이라는 원래의 가치를 유지하는 것을 보고는 많은 것을 느꼈다. 아마도 그들은 회사가 커가면서 제품을 확장하려는 유혹도 많이 받았을 것이다. 네이트는 이렇게 말한다.

"설립 초기에 46제곱미터라는 공간적인 한계 덕분에 운이 좋았습니다. 우리는 항상 한 가지를 정말 잘하길 원했습니다. 그리고 본받으려고 했던 기업들도 바로 그런 기업들이었습니다. 이런 기업들에 대해 많은 이야기를 나눴지만 당시에는 회사의 방향을 규정했던 것이 공간 그 자체였습니다. 이후로 몇 년이 지나 더 많은 공간을 확보했을 때 이런 생각도 해봤습니다. '우리가 또 다른 소매업을 해야 되지 않는가? 여기에 이런 저런 과일 음료도 보태야 하는 것은 아닌가?' 이런 것들은 모두 우리가 처음 품었던 핵심 가치와도 잘 어울린다고 생각할 수도 있었습니다. 그러나 처음 열었던 가게는 이런 것들이 필요하지 않고 우리 브랜드는 이것들 없이도 강력하다는 것을 보여줬습니다. 우리는 다른 어떤 것도 할 수가 없었습니다. 따라서 저는 이런 사실이 한편으로는 축복이라고 생각합니다."

단순성을 어쩔 수 없이 받아들이게 했던 원래의 제약이 결과적으로 제약이 아니라 핵심 가치가 되었던 것이다.

또한 이런 제약이 핵심 제품에서 벗어나지 않으면서 혁신을 자극하기도 했다. 뉴욕에 본사를 둔 코코넛회사 '코코 앤드 코(Coco & Co, 보다시피 "코"가 상당히 많이 나온다!)'의 공동설립자인 루크 맥케나Luke McKenna는 자신의 제품 범주에서 사례를 보여줬다.

우리가 코코넛이라는 한정된 제품에만 집중한 것이 우리의 공급 사슬supply chain을 단순하게 했습니다. (중략) 코코넛 사업자인 우리에게 주어진 과제는 모두가 잘 알고 있다고 생각하는 것을 가져와서는 고객 가치를 창출하기 위한 예상하지 못한 새로운 방법을 찾아내는 것입니다. 코코넛을 뛰어넘어 제품의 범위를 확장하면 고객의 마음을 끄는 단순하고도 참신한 헌신을 다른 곳으로 돌려야 합니다. (중략) 우리는 이처럼 한정된 범위에서 한계를 느껴본 적이 전혀 없습니다. 실제로는 이렇게 코코넛에만 집중한 것이 신제품을 끊임없이 개발하기 위한 새롭고도 창의적인 방법을 찾으려는 의지를 갖게 했습니다. (중략) 우리는 태양열로 동력을 얻는 코코넛 자전거를 만들었고, 전쟁의 상흔이 아직 아물지 않은 마을과 협력해서 최고의 코코넛 오일과 버터, 코코넛 제품 등을 생산하기 위해 스리랑카의 코코넛 농장과도 제휴했고, 창의적인 방법으로 코코넛에 구멍을 뚫고 가공하고 선물하기 위한 기계와 장치 개발에도 박차를 가했습니다.

제품을 단순하게 유지하는 것이 왜 그처럼 어려운가? 이 문제에서 중요한 것은 제품을 가장 많이 사용하는 소수의 '힘 있는 사용자'들과 당신이 친밀하게 지내게 되었다는 것이다. 때로 그들은 '시끄러운 소수파'라고도 불린다. 시끄러운 소수파는 당신의 제품에 대해 너무나도 많은 이야기를 한다. 당신은 그들의 불만과 요구를 들어줘야 한다. 당신이 자기 일을 제대로 하고 있다는 생각이 들게 하려면 아직 끌어들이지 못한 고객들에게 다가가기 위한 기회를 찾는 데 집중하기보다는 그들이 제기하는 문제의 해결 방안을 찾는 데 집중해야 한다. 이 과정에서 당신이 생각하는 우선순위는 시끄러운 소수파에 의해 결정되기 쉽다. 그들의 요구는 제품과의 깊은 관계에서 비롯되었고 결과적으로 가장 최근 고객들에게는 관심을 안 두게 된다.

단순성을 유지하기 위한 방법을 찾는 데만 몰두함으로써 이런 결과가 일어나지 않게 할 수 있다. 디지털 제품 세계에서 내가 좋아하는 전술은 당신의 로드맵에 나오는 모든 새로운 기능을 이미 존재하는 기능과 비교하는 것이다. 예를 들어 이미 개발했던 기능을 대신해서 새로운 기능을 개발하기로 했다면 지금 살아 있는 기능을 없애는 것을 생각해 봐야 한다.

"한 가지 기능이 들어오면 다른 한 가지 기능을 내보낸다"는 원칙을 준수하면 단순성에 치중해서 제품을 개발하는 데 도움이 될 것이다. 그것은 가장 새로운 고객과 대부분의 현재 고객에게도 혜택을 주지만 제품을 확대하고 새롭게 제기되는 문제를 해결하는 과정에도 도움이 된다. 당신이 내놓는 제품이 변화무쌍할수록 무엇이 효과 있고 왜 그런지를 진단하기 더욱 어려워진다. 그러나 변화가 적을수록 어떤 결과를 얻기 위해 언제 어떤 레버를 당겨야 하는지를 더 잘 이해할 수 있을 것이다. 제품이 단순할수록 직관은 더욱 날카로워진다. 집중력과 제품 결정을 훌륭하게 하는 능력을 키우기 위해 제품에 기능을 추가하면 줄이기도 해야 한다.

# 애착 가는 것을
# 잘라내야 한다

새로운 나뭇가지를 절단하는 것은 나무의 고갱이를 강화하는 일이더라도 고통스러운 일이다. 새로운 프로젝트와 기능을 자유롭게 추구하고 시험하는 방식으로 실험을 하는 과정에서 아무리 신나는 것들이 나오더라도 대부분 잘라낼 필요가 있을 것이다.

정말 효과가 없는 것을 잘라내는 건 쉬운 일이다. 그러나 피어나는 싹(처음에는 가능성을 보여줬지만 한 가지에만 집중하려는 당신에게 충분한 가치를 보여주기에는 부족한 것)을 잘라내는 것은 가슴 아픈 일이다. 많은 팀이 가능성을 보여주는 기능이나 프로젝트를 유지할 수만 있다면 계속 육성하려고 한다. 나는 다양한 고객을 대상으로 하는 다양한 수익원과 기능을 자랑하는 초기 단계의 기업들에서 그런 현상을 많이 봤다. 아는 예술가들 중에서도 어떤 작업을 하고 있는지 물어볼 때마다 그들이 진행하는 프로젝트들의 상세하고 긴 목록을 중얼거리는 이들도 많이 봤다. 여정의 미들에서 성공 가능성이 있는 다양한 프로젝트들을 추진하고 있다면 이들 모두를 계속 유지하고 싶은 마음이 생길 것이다. 여러 프로젝트를 동시에 추진하면 모든 옵션이 계속 열려 있고 이렇게 하는 것이 안전하다는 생각이 들 것이다.

하지만 그렇지 않다. 다양한 옵션을 추진하고 유지하는 데 따르는 결점을 꼽자면 이렇게 하는 것이 특정한 방향으로 나아가는 데 방해가 된다는 것이다. 에너지가 분산되어 추진력과 집중력도 분산된다. 그리고 당신이 하는 이야기가 너무 광범위하면 가진 자원을 활용하기 더욱 어려워진다. 당신은 팀원들에게 응집력 있는 한 가지 비전을 제시하기보다는 두 가지나 그 이상의 비전을 가지고 그들을 혼란스럽게 만든다. 미래의 투자자들에게 당신의 스토리를 엘리베이터 안에서 15초 동안 설명하기보다는 이것저것 섞어놔서는 그들을 혼란스럽게 한다. 또한 지인과 전문가 네트워크에 있는 사람들은 당신이 달성하기를 원하는 한 가지에 대한 스토리를 전달하기보다는 저마다 다른 스토리를 전달할 것이다.

그러나 다양한 프로젝트를 유지하는 데 따르는 가장 큰 피해는 한 가지 목표라도 제대로 추진하지 못한다는 것이다. 목표가 단순하고 단일하다면 모든 생각이 이것에 기반을 둔다. 오랜 시간에 걸쳐 해결해야 할 문제가 하나만 있다면 깊은 생각을 할 수 있을 것이다. 이것은 다양한 프로젝트와 문제를 처리할 땐 불가능한 일이다. 한 가지 프로젝트나 접근 방식에 몰입할 때는 모두 그것에 집중하고 협력하면서 탈출 속도(escape velocity, 인공위성이나 로켓이 지구 등 천체의 인력을 벗어나 탈출하기 위한 최소한도의 속도-옮긴이주)에 도달할 가능성이 더 많아진다.

비핸스를 설립하고 나서 처음 몇 년 동안 다양한 옵션이 주는 유혹의 희생자가 되었다. 창조적 세계를 조직하고 힘을 실어준다는 우리의 미션이 모든 프로젝트를 지지했지만 실제로는 너무 많은 것에 걸쳐 에너지를 분산시키고 있었다. 우리는 수백만 명의 창조적 전문가들이 그들의 작품을 전시하고 조직적인 방식으로 속성을 부여받을 수 있도록 비핸스 네트워크를 구축했다. 그러나 우리는 창조적 팀을 위한 프로젝트 관리 도구라 할 액션 메서드Action Method를 개발하여 판매했고 수첩과 그 밖의 사무용품들을 출시했다. 그리고 99U 연례 회의와 컨퍼런스를 개최했고, 웹사이트를 개설했으며, 창조적 세계를 대상으로 하는 경영과 조직에 관한 잡지도 창간했다. 이 모든 노력이 브랜드와 미션에 기여하는 것이었지만 우리의 에너지는 심각하게 분산되었다. 우리는 효과가 없는 것들(이런 것이 많았다)을 잘라내는 데는 아무런 문제가 없었지만 효과가 충분히 있는 것들을 잘라내는 데는 어려움을 겪었다. 지금 와서 돌이켜보면 비핸스에서 잃어버린 세월이 2~4년은 되었을 것 같다. 우리는 너무나도 천천히 전진하면서 성공 가능성이 있는 많은 길을 보존하기 위해 거의 죽음의 길로 가고 있었다.

핵심적인 목표를 위해 훌륭한 아이디어와 가능성을 잘라내기 위한 힘든 노력은 문인들의 세계에서도 흔하게 나타난다. 실제로는 이것을 장려하기 위해 "당신이 애착을 갖는 것을 잘라내야 한다"라는 문구도 등장한다. 이 문구는 노벨 문학상을 수상한 미국 소설가 윌리엄 포크너William Faulkner가 "글을 쓸 때는 애착이 가는 것을 잘라내야 한다"고 썼던 글에서 따온 것이다. 또한 추리소설 부문의 천재 작가 스티븐 킹Stephen King은 글쓰기와 줄거리 전개 과정에 관해 쓴 책에 이렇게 적었다. "애착을 갖는 것을 잘라내야 한다. 이것이 자기중심적인 풋내기 작가의 마음을 아프게 하더라도 잘라내야 한다." 그러나 아마도 이런 제안을 처음 했던 사람은 작가인 아서 퀼러 쿠치Arthur Quiller-Couch일 것이다. 그는 1914년에 작가 지망생들을 대상으로 한 강연에서 이렇게 말했다. "이 자리에 모인 여러분이 나한테서 실용적인 원칙 한 가지를 듣고 싶다면 이렇게 말하겠습니다. 여러분이 아주 잘 쓴 글을 지워버리고 싶은 충동을 느낄 때마다 진심으로 이런 충동에 따라 원고를 보내기 전에 그 부분을 지워버리라는 것입니다. 애착을 갖는 것을 제거하라는 말입니다."

창조적인 글쓰기는 단순성과 가능성 사이의 전쟁이다. 글의 줄거리와 이를 뒷받침하는 매력적인 등장인물은 독자가 따라갈 수 있을 정도로 단순하게 설정되어야 효과가 있다. 그러나 매혹적인 스토리를 전개하는 창조적 과정은 변화무쌍한 상상력을 발휘할 것을 요구한다. 결과적으로 작가들은 줄거리의 중심을 받쳐주지 않는 아름다운 문장과 비범한 인물을 잘라내야 한다는 것을 깨닫는다. 젊은 작가들은 이런 것들을 아주 좋아하기 때문에 잘라내지 않고서 존재해야 할 정당성을 부여하지만, 노련한 작가들은 애착을 갖는 것을 잘라내야 한다는 원칙을 따른다. 이 말은 자신이 상상력을 발휘한 것이 특히 일정한 가치를 지닐 때 이것을 잘라내지 못하는 열정이 넘치는 기업가에게도 적용된다. 그러나 당신을 그것을 잘라내야 한다.

당신이 만든 창조물을 잘라내는 것은 어려운 결정이다. 때로는 누군가의 도움이 필요할 것이다. 창작 활동을 활발하게 하는 티모시 페리스는 책의 문장, 제목, 팟캐스트 주제에 이르기까지 자기 아이디어를 단순하고 정교하게 가져가기 위해 항상 주변 사람들에게 조언을 구하려고 한다. 그는 이렇게 말한다. "나한테 가장 도움이 되는 질문은 '10퍼센트를 계속 남겨둬야 한다면 어느 부분이 좋겠는가? 그리고 10퍼센트를 잘라내야 한다면 어느 부분이 좋겠는가?'입니다. 이에 대한 대답을 해석하는 것은 대답 그 자체만큼이나 중요합니다. 계속 남겨두는 데는 한 표만을 요구합니다. 누군가가 '저는 이 문장이 좋아요. 이것은 10퍼센트에 꼭 포함되었으면 합니다'라고 말하면 그것은 10명 중 9명이 잘라내야 한다고 말하더라도 살아남게 됩니다. 잘라내려면 합의가 필요합니다. 그러나 계속 남겨두려면 1명의 아웃라이어만 있으면 됩니다. (중략) 물론 내가 이 부분을 아주 싫어해서 잘라내야 한다면서 변덕스럽고도 주관적으로 결정하지 않는다면 말입니다. 이런 경우에는 이 부분이 잘려나갑니다. 무엇보다도 당신은 다양한 기사와 책을 주변 사람들과 함께 완성할 기회가 엄청나게 많은 것을 즐거워해야 합니다. 그러나 이 책에 대한 의사결정에 따른 결과는 앞으로도 계속 당신을 따라다닐 것입니다."

나는 기업가뿐만 아니라 작가로서 이런 의사결정에 직면하고 씨름해왔다.

비핸스에서는 우리가 개발한 과제 관리 도구, 디자인한 수첩, 연례회의는 모두 우리가 애착을 갖는 것들이었다. 우리에게는 이 모든 것을 사랑하고 지원해야 할 진정한 이유가 있었지만 이들을 유지하기 위한 비용이 엄청나게 많이 소요되었다. 우리는 충성팬들이 많더라도 액션 메서드를 버리기로 했다. 또한 종이 제품을 외주 제작해 이 프로젝트에 대해선 자원을 더 이상 투입하지 않기로 했다. 지금은 도서를 발간하고 이벤트를 개최하고 일종의 온라인 싱크탱크로 성장한 99U 연례 회의는 계속 유지하기로 했다. 이를 위한 노력을 따로 떼어놓는 방법을 찾았고 브랜드와 마케팅 효과가 이런 노력에 따르는 비용을 초과하는 것을 확인했다. 프로젝트들이 사업의 진행 속도를 늦췄지만 다행스러운 것은 너무 늦기 전에 애착을 갖는 것의 대부분을 외주 제작하거나 잘라내기 위한 방법을 찾았다는 것이다.

나는 다른 기업들에서도 우리와 마찬가지로 애착을 갖는 대상을 잘라내는 모습을 많이 봤다. '스위트그린'에서는 주스 제품 개발에 모두 열정을 가지고 많은 시간을 투자했지만, 결국에는 중단하기로 결정하고는 핵심 제품에 더욱 집중할 수 있었다. 내가 투자했던 사무실 관리 및 서비스 제공업체 '매니지드 바이 큐Managed by Q'에서는 설립자이자 CEO 댄 테런Dan Teran이 회사가 제공하는 서비스 중 약 4분의 1을 잘라내기로 결정한 적이 있었다. 댄은 당시를 기억하며 말한다.

"우리가 사무실을 대상으로 하는 음식 조달과 건강관리 서비스 부문에서 많은 성장을 했지만 핵심 역량(사무실 청소, 유지 및 보수, 기술 지원, 보안, 관리)에서 벗어난 부문으로 진출하기보다는 세계 최고가 될 수 있는 부문에 집중하기로 결정했습니다. 당시에는 결정을 하기까지 많은 논란이 있었고 사업 목표를 달성하기 위한 우리의 역량을 훼손할 것으로 여겨졌습니다. 그러나 이것은 분명히 옳은 조치였고 우리가 최고가 될 수 있는 부문에 노력을 배가시킬 수 있었습니다."

실험은 중요하다. 그리고 최선의 길을 찾기 위해 다양한 길을 시도해 볼 필요가 있다. 그러나 실험이 당신의 핵심 전략의 한 부분이 되지 않는다면 잘라내야 한다. 집중된 창조성은 분산된 창조성보다 더욱 중요하다.

《그들의 생각은 어떻게 실현됐을까》에서 나는 가장 중요한 소수의 아이디어를 계속 발전시키기 위해 아이디어를 과감하게 잘라내는 것이 중요하고 월트 디즈니Walt Disney가 이런 관행을 어떻게 정립했는지를 이야기했다.

월트 디즈니는 그의 창조적 팀이 필요한 경우에 아이디어를 면밀히 검토하고는 가차없이 잘라낼 수 있도록 적극적으로 지원했다. 디즈니는 장편영화를 제작하면서 아이디어를 개발하고 이를 엄격하게 평가하기 위해 세 개의 특별한 방을 활용하는 단계적 과정을 실시했다.

- **1번 방**: 첫 번째 단계에서는 아무런 제약 없이 자유분방하게 아이디어를 창출하는 것이 허용된다. 어떤 의혹으로부터도 자유로운(생각하고 아이디어를 표현하는 데 아무런 제약이 없는) 브레인스토밍의 진정한 본질을 유지한다.

- **2번 방**: 1번 방에서 나오는 미친 생각들이 모여 체계를 갖추고는 사건을 순서대로 정리하고 등장인물의 개요를 보여주는 하나의 스토리보드(storyboard, 영화나 TV광고, 애니메이션 등을 제작하기 위해 사전에 이야기의 구성을 그림으로 표현한 것-옮긴이주)를 구성한다. 소문에 따르면 스토리보드의 기원 개념은 2번 방에서 나온다.

- **3번 방**: '스위트 박스sweat box'라고도 알려진 3번 방은 창조적 팀 전체가 이번 프로젝트를 자유롭게 혹은 예의를 따지지 않고 비판적으로 평가한다. 팀원 개인에게서 나오는 아이디어들이 2번 방에서 이미 합쳐졌기 때문에 3번 방에서의 비판은 개인이 아니라 프로젝트를 향한다.

창조적 작업에 종사하는 모든 개인과 팀에게는 3번 방이 필요하다. 우리는 팀을 구성하고 창조적 과정을 개발하면서 아무런 제약이 없는 1번 방의 창조적인 측면을 중요하게 생각하는 경향이 있다. 3번 방에서 벌어지는 아이디어 죽이기는 1번 방에서 벌어지는 아이디어의 잔치만큼이나 중요하다.

월트 디즈니의 수석 애니메이터였던 올리 존스톤Ollie Johnstone과 프랭크 토마스Frank Thomas는 월트 디즈니에 대해 이렇게 말했다. "실제로 세 종류의 월트가 있었습니다. 몽상가, 현실주의자, 훼방꾼이죠. 회의실에 어떤 월트가 들어올 것인지를 미리 알 수 없었습니다." 디즈니는 팀원들을 세 종류의 방을 거치게 했을 뿐만 아니라 본인 스스로도 세 종류의 방이 갖는 특징을 구현했다.

당신은 옵션을 계속 유지하기 위해 아이디어를 살려둬야 한다고 생각할지도 모른다. 그러나 실제로는 풋내기 작가처럼 자신이 애착을 갖는 것을 잘라내지 못하고 있는 것이다. 성공하고 싶다면 한 가지 목표에 에너지를 집중시키고 이것을 달성하기 위해 치열하게 일해야 한다.

## 대단하다고 생각하지 않으면 그만둔다

투자자로서 경험한 가장 난처한 순간은 팀원들이 그들이 하고 있는 것에 더 이상 믿음을 갖고 있지 않지만 그 사실을 아직 인정하고 있지 않을 때였다. 아이디어를 추진하기 위해 팀을 구성하고 자금을 모집하는 것은 '계속해야 한다'는 엄청난 압박을 갖게 하고, 때로는 데이터나 직감이 그만두라는 신호를 보내더라도 타성이 한 가지 방향으로 계속 가게 만든다.

무엇인가를 만들고 있으면, 그것에 대한 믿음이 없어지더라도 마음속에는 원래 품었던 비전에 대한 사랑과 충성은 그대로 남아 있다. 나는 이런 사랑에서 빠져나온 팀을 보면 조심스럽게 말한다. "대단하다고 생각하지 않으면 다른 것으로 바꾸세요!"

처음 시작한 것을 끝내야 한다는 생각에만 집착하면 인재들에게 활력을 불어넣지 못할 뿐만 아니라 자원을 제대로 활용하지 못하게 된다. 물론 당신이 겨우 끝낼 수 있고, 수익을 낼 수 있고, 평균 이하의 제품을 가지고 약간의 틈새를 차지할 수 있다. 그러나 이처럼 평범한 결과를 얻게 되면 기분이 어떻겠는가?

만드는 것에 대한 사랑에서 빠져나오면 직감이 말을 해줄 것이다. 기업 설립자이거나 프로젝트를 혼자서 추진하고 있다면 해당 프로젝트를 포기하고 당신이 흥미를 갖는 것으로 방향을 바꿀 수 있는 사치를 누릴 수 있다. 처음에는 매몰 비용이 크게 느껴지겠지만 시간이 지나면서 틀림없이 하찮게 여겨질 것이다. 에너지가 고갈되거나 단기적으로 보상이 따르지 않는 것이 당신의 직감을 혼란스럽게 해서는 안 된다. 모든 벤처기업이 어려움을 겪고 있고 모든 훌륭한 팀은 가끔씩 추진력을 잃어버린다. 나는 궁극적인 리트머스 테스트(litmus test, 그것만 보면 사태가 명백해지는 하나의 사실-옮긴이주)는 당신이 처음에 가졌던 비전에 대한 믿음이 커졌는가 아니면 작아졌는가에 있다고 본다. 지금 만드는 제품이 존재해야 한다는 믿음을 여전히 가지고 있고 해당 프로젝트에 투입한 시간이 그 제품을 가지고 일으키게 될 변화에 대한 믿음을 더욱 커지게 한다면, 그것을 고수해야 한다.

그러나 생각하는 최종적인 상태에 대한 믿음이 사라졌고 더 나은 제품을 만들 수 있다고 생각할 때는 태도를 분명히 해야 한다. 방향 전환에 성공하려면 새것을 시작하기 위해 옛것을 버려야 한다. 나는 자기가 만든 제품이 기대에 못 미치고 있고 대안을 고민하기 시작했다는 설립자를 자주 본다. 그러나 그들은 자신이 더 낫다고 생각하는 아이디어를 가지고 있을 때도 시장에 이미 나와 있는 제품을 본능적으로 지켜내려고 한다. 그것이 승리를 가져다주는 제품이 아니라는 것을 알더라도 말이다. 그들에게 그렇게 하지 말라는 압박이 들어오더라도 "이미 나와 있는 제품을 사용하는 고객들을 실망시키고 싶지 않아요", "우리 제품이 갑자기 인기를 끌 경우를 대비해서 선택의 여지를 남겨두고 싶어요"라는 식의 변명을 늘어놓는다. 하지만 고객들이 당신이 제품을 개선하는 데 더 이상 신경 쓰고 있지 않다고 생각하는 순간에 반드시 그들을 실망시키게 될 것이고, 이런 개선 없이는 제품이 갑자기 인기를 끌 가능성은 거의 없을 것이다.

이런 모습은 제품의 일부 기능이나 제품을 완전히 없애는 것처럼 제품에 관해 다른 종류의 어려운 결정을 할 때도 나타난다. 어떤 제품을 없애기로 결정하는 것은 이런 결정의 두 번째 단계, 즉 그것을 어떻게 그리고 언제 없앨 것인가를 결정하는 것보다는 훨씬 쉽다. 일단 결정하게 되면 이것을 실행에 옮길 때까지 기다리게 하는 수많은 이유가 봇물 터질듯이 나올 것이다.

"천천히 진행해야 합니다. 그 제품을 완전히 없애는 것보다는 고객들이 낌새를 알아차릴 수 있도록 제품 업데이트를 잠시 중단하는 것이 좋겠습니다."

"고객들을 화나게 해서는 안 됩니다. 우선 왜 그렇게 해야 하는지에 대해 고객들이 납득할 만한 스토리를 만들어봅시다."

이유 중 몇 가지는 합당한 데가 있지만 대부분은 반드시 해야 할 것을 미루기 위한 핑계에 불과하다. 제품을 무시하는 식으로 없애는 것은 제품의 종말을 연장시킬 뿐이다. 화가 난 고객들은 항상 나오게 마련이다. 클라우드 스토리지 업체 '박스'의 설립자 겸 CEO 아론 레비는 언젠가 이런 말을 했다.

"모든 사람이 당신의 결정에 만족하게 만드는 것은 그 결과에 대해 어느 누구도 만족하지 않게 만드는 것이다."

커다란 이해관계가 걸려 있을 때는 선택에 대한 확신이 설 때까지 기다리려고 하는 것이 우리의 자연스러운 성향이다. 당신은 확신이 서야 결단을 하려고 한다. 이것이 이 과정에서 생산성과 팀원들의 적극적인 참여에 나쁜 영향을 미치는 것을 의미하더라도 말이다. 쇠뿔도 단김에 빼야만 고통을 덜 받게 되고 그다음 것을 창조하는 데 더 많은 에너지를 집중할 수 있다.

앞서 언급했던 제프 베조스는 2016년에 주주들에게 보내는 연례 편지에서 특히 아마존 같이 규모가 큰 조직이 의사결정을 지나칠 정도로 신중하고 느리게 할 때 따르는 위험을 지적하며 적었다. "어떤 결정은 상당히 중요하고 돌이킬 수 없는 것으로, 문이 하나의 방향에만 있다(이런 경우에는 순차적으로 신중하게 그리고 깊이 생각하고 협의하여 천천히 결정해야 한다). 따라서 우리가 일을 진행하다가 마음에 들지 않는 측면이 눈에 띄었을 때 이전 상태로 되돌아갈 수 없다. 우리는 이것은 1종(type 1)의 의사결정이라고 부른다. 그러나 대부분의 의사결정은 이와 같지 않다(변경이 가능하고 돌이킬 수가 있는 것으로 문이 양방향에 있다). 차선의 2종(type 2)의 의사결정을 하고 나면 이에 따른 결과에 굳이 오랫동안 머물러 있을 필요는 없다. 문을 다시 열고 나오면 된다. 2종의 의사결정은 판단력이 뛰어난 사람이나 소수의 집단이 신속하게 할 수 있고, 또한 그렇게 해야만 한다."

그는 이렇게도 설명했다. "조직의 규모가 커지면서 2종의 의사결정을 하는 경우를 포함하여 대부분의 의사결정에서 1종의 의사결정 과정을 따르는 경향이 있다. 결과적으로 일을 완만하게 처리하고 쓸데없이 위험을 기피하고 실험을 충분히 하지 못해 새로운 발명품을 내놓지 못하게 된다. 이제 우리는 이러한 경향에 맞서 싸우는 법을 배워야 한다."

온갖 역경을 무릅써야 하는 대담한 프로젝트가 대단하다고 생각하지 않으면 변화를 모색해야 한다. 그리고 제품에서 일부 측면이 마음이 들지 않으면 이것을 없애기 위한 어려운 결정을 해야 한다. 이런 정직함과 결단력이 없으면 하는 일(그리고 직업 경력)에 발전이 없을 것이다. 무엇인가가 제대로 되지 않고 있다는 것을 인정하고 변화를 모색하기 시작하면 자유를 만끽할 것이다. 이제 당신은 완전히 다른 문제에 집중하여 해결할 마음의 준비가 되어 있고 이를 위한 에너지를 오랫동안 동원할 수 있을 것이다.

## 익숙함을 손상하는
## 창조성에 주의한다

비핸스 초기 시절과 창조적 전문가의 네트워크를 구축하던 시절, 우리는 좀 지나칠 정도로 창조적이었다.

가장 기본적인 수준에서 단순함을 유지해야 할 대상에 대해 우리 자신만의 용어를 만들어냈다. 예를 들어 글자 그대로의 "창조적 분야 creative fields"라는 표현 대신에 "범주realm"라는 용어를 사용했다. 창조적 분야의 전문가들이 그들의 작품을 분류하기 위해 이 용어를 사용하기 때문이었다. 우리가 창조한 용어들은 다른 온라인 커뮤니티와는 차별성을 갖게 했지만 덜 익숙해지게도 했다. 고객들이 새로운 용어를 익히지 않으면 신제품을 제대로 이해하기 어렵다는 사실을 고생스럽게 배웠다.

우리는 자기만의 해석을 보태고 싶은 유혹을 받기 쉽다. (단순한 해법이 복잡한 것만큼이나 효과적이므로) 고객들이 가정을 많이 해야 할수록 해법은 덜 효과적이다. 최선의 제품은 시간이 지나면서 창조성이 아니라 유효성을 더 많이 갖는다.

산업을 파괴하려면 기존 기업들과는 다른 직관을 가져야 한다. 그러나 기존 산업에서 많은 몫을 차지하기 위한 최선의 방법은 고객들에게 익숙하게 다가가는 것이다. 가장 많이 채택되는 제품과 서비스는 완전히 새로운 것을 가지고 사용자들을 재교육시키는 것보다 인식 가능한 패턴을 가지고 새로운 고객의 요구에 맞춘 것들이다. 예전에 친하게 지내는 기업가 매트 반 호른Matt Van Horn과 이런 주제로 대화를 나눈 적이 있었다. 그는 놓여 있는 음식을 자동적으로 인식하고 조리 과정을 완전히 자동화하는 최신 스마트 오븐을 만드는 '준June'의 설립자이다. 처음에는 준의 산업 디자이너들이 기존의 오븐과는 완전히 다르게 보이는 제품을 디자인했는데 결국에는 준의 오븐이 전통적인 오븐에 대한 경쟁력이 있는 대안으로 인정받으려면 오븐처럼 생겨야 한다는 것을 깨달았다. 그들은 이미 흔하고 익숙한 행위(조리 행위)를 파괴하고 있었고, 나아가 고객들이 부엌에 소형 우주선을 두게 하는 방식으로 이런 행위를 복잡하게 만들 필요가 없었다. 익숙하게 다가가는 것이 규범을 깨기 더 쉽다.

물리적 세계에서 패턴은 강력한 힘을 발휘하고 최선의 제품은 패턴을 활용한 것이다. 애플 모바일 운영 체제의 초기 디자인은 스큐어모피즘(Skeuomorphism, 스큐어모프란 대상을 원래 그대로의 모습으로 사실적으로 표현하는 디자인 기법으로 3차원적이고 사실주의적이다-옮긴이주)이라는 악명이 자자했다. 이것은 그들이 현실 세계의 모습을 닮은 인터페이스 디자인을 채택했음을 의미한다. 전문 디자이너들은 애플이 가죽을 꿰맨 현실 세계의 모습을 닮은 디지털 노트패드를 만드는 것을 보고는 냉소적인 반응을 보였다. 그러나 애플을 이렇게 함으로써 새로운 사용자들이 경험하는 인식상의 마찰을 줄일 수 있었다. 그들은 서재에서 전통적인 노트 대신 디지털 노트패드를 갑자기 사용하는 것이 매우 이상하게 느껴지지는 않았을 것이다. 과거의 문제에 대한 현대적인 해결 방안뿐만 아니라 위대한 기술은 우리가 아날로그 방식으로 몸소 체험한 것을 활용한다. 때로는 기존의 패턴을 가져와서 인간이 몸이 기억한 것을 경쟁우위를 갖는 제품에 활용할 필요가 있다.

새로운 행위나 용어가 제품에 특별하고 중요한 가치를 전해줄 때만 그것을 채택해야 한다. 예를 들어 '스냅챗'은 인스타그램이나 페이스북 같은 경쟁사 제품이 앱을 클릭하면 다른 사용자의 콘텐츠를 제공하는 것과는 다르게, 카메라 화면을 제공하는 최초의 소셜 네트워크다. 이런 행위가 새로운 사용자들에게는 생소하게 여겨지겠지만 그들이 완전히 다른 종류의 사회적 경험을 얻기 위한 재교육을 받게 했다. 스냅챗은 창출되는 콘텐츠의 종류도 다를 뿐만 아니라 사용자들에게 다른 소셜 앱과 차이가 나게 하는 강력하고 차별적인 메시지를 전달하는 카메라 모드를 장착한 제품을 출시하여 앱보다는 카메라에 더 가까워지기를 원했다.

(아무리 그렇게 하고 싶더라도) 창조성 자체를 위해 창조적일 필요는 없다. 인기를 끄는 용어나 행위에는 그만한 이유가 있어야 한다. 가능하다면 언제든지 성공이 입증된 단순한 패턴을 채택해야 하고, 새로운 행위가 제품을 차별화하는 데 절대적으로 중요할 때만 고객들이 재교육을 받게 해야 한다. 많은 사람이 이용하게 만드는 것은 바로 익숙함이다.

## 지나치게 관찰하면
## 문제가 발생한다

제품을 더 좋게 만들기 위해 자신이 하는 일을 끊임없이 평가하면 바꿔야 할 것들이 점점 더 많이 보일 것이다. 하지만 지나치게 관찰하다보면 앞을 내다보지 못하는 시야 협착을 겪게 될 것이고 아무런 맥락 없이 세세한 부분만 계속 들여다보며 전체를 제대로 평가하지 못할 것이다.

지나치게 관찰하다가 시야 협착을 겪게 되면 의사결정이 감정적으로 흐르면서 해로운 결과를 낳게 된다. 자신이 이성보다는 감정에 사로잡혀 있다는 생각이 들면 여기에서 빠져나와야 한다. 창조적 활동을 할 때는 감정을 동원해야 하지만 평가를 할 때는 창작물에 초연해야 한다.

제품, 문장, 예술품을 충분히 오랫동안 들여다보면 결국에는 잘못된 것으로 보이게 된다. 불안이 계속되면 불필요한 토론을 낳고 무엇이 중요한지를 판단 못하게 된다. 직감이 힘을 발휘하지 못하게 된다. 작품을 특별하게 만드는 주름을 계속 주시하다보면 그것을 펴야 한다는 생각이 들 것이다. 계속 관찰하는 데는 일정한 제한이 있어야 한다. 그렇지 않으면 만든 모든 것이 비판을 받게 되고 결국에는 평범한 작품으로 남을 것이다.

지나친 관찰이 인지적으로 부담이 큰 과제를 완수하는 데 반드시 필요한 작업 기억(working memory, 다른 감각 기관으로부터 들어오는 정보를 머릿속에 잠시 잡아두고 기억하는 것-옮긴이주) 능력을 손상시킨다는 것을 보여주는 연구 결과는 많다. 심리학자 시안 베일록Sian Beilock과 토머스 카Thomas Carr는 《실험심리학 저널Journal of Experimental Psychology》에서 이렇게 주장했다. "과제에 대한 집중력을 유지하게 하는 작업 기억 능력이 손상되면 성과를 내는 데 어려움이 따른다." 그들은 (우리가 어떤 문제를 지나치게 관찰하면서 겪게 되는) 불안과 압박이 작업 기억 능력을 현저하게 손상시킨다는 것을 보여주었다.

또한 스워스모어대학교에서 실시한 연구에서는 만족자satisficer와 비교하여 극대화자maximizer가 겪는 심리적 효과를 관찰한 결과를 보여준다. 여기서 '만족자'라는 용어는 1956년에 경제학자 허버트 사이먼 Herbert Simon이 최적의 해법보다는 적당한 해법에 우선순위를 두는 의사결정 방식을 설명하기 위해 만들어낸 것이다. 만족자는 그들이 생각하는 기준을 충족시키면 의사결정을 하지만, 극대화자는 가능한 한 최선의 의사결정을 하길 원한다. 따라서 극대화자는 충분히 좋은 옵션을 찾았더라도 모든 옵션을 꼼꼼하게 살펴본다.

저널리스트 베키 케인Becky Kane이 '투두이스트Todoist'에서 요약했듯이, 스워스모어 연구에서는 만족자와 비교하여 극대화자가 삶의 만족도, 행복, 낙관, 자존감의 정도가 상당히 낮았고, 후회와 우울의 정도에서는 상당히 높은 것으로 드러났다. 또한 극대화자는 소비자의 의사결정을 하고 나선 사회적 비교와 사후 가정 사고(counterfactual thinking, 특정 사건을 경험한 후에 일어나지 않은 가상의 상황을 생각하는 것을 의미한다. 예를 들어 '만약 그때와 다르게 행동했더라면 지금보다 더 좋은 결과가 나왔을 텐데'라고 생각하는 것-옮긴이주)와 후회를 많이 하고, 행복을 덜 느끼며, 주변 사람만큼 잘하지 못했을 때 부정적인 감정에 많이 사로잡히는 성향이 있었다.

지나치게 관찰하는 사람들은 극대화자가 되기 쉽다. 완벽주의 성향이 뛰어난 실적을 낳을 수도 있지만, 연구 결과들이 보여주듯 분석 마비(analysis paralysis, 지나치게 생각이 많은 나머지, 분석을 하지 못해 해결책을 이끌어내지 못하는 현상-옮긴이주)를 낳을 수도 있다.

지나치게 관찰하는 것은 시야 협착뿐만 아니라 당신의 관점이 아주 기초적인 수준에 머무르게 해 통합된 시스템을 인식하지 못하게 함으로써 또 다른 역효과를 낳을 수 있다. 세세한 부분에 집착하고 주의를 기울이면, 작고 중요하지 않은 것들 때문에 중요한 목표에 주의를 집중하지 못하고, 비판을 하고, 전체를 생각하지 않고 부분을 변경하기 시작할 것이다. 어쩔 수 없이 개선을 위한 방법을 찾아야 한다면, 적어도 부분이 아니라 시스템 전체를 면밀하게 살펴보는 법을 배워야 한다. 구조가 제대로 작동하고 있는 동안에도 부분의 거친 모서리에 집착하기보다는 당신의 미션에 따라 그것을 더 낫게 만드는 방법을 찾아야 한다.

마감 시한을 엄격하게 준수하면서 완료해야 하는 과제가 산더미처럼 쌓여 있으면, 한 가지 과제에만 집착하지 않고서 다른 과제로 계속 옮겨갈 수 있다. 일단 의사결정을 하고 나면 옵션을 많이 가지려고 하기보다는 그냥 계속 전진해야 한다는 것을 명심해야 한다. 당신은 항상 되돌아갈 수도 있고 도중에 배워가며 조정할 수도 있다. 쓸데없이 생각의 소용돌이 속으로 빠져들지 말아야 한다. 계속 전진해야 한다.

⦿⦿⦿⦿⦿⦿⦿⦿⦿⦿⦿⦿

# 최고의 디자인은
# 눈에 보이지 않는 것이다

지난 수년 동안 업계의 많은 리더가 자신이 마치 디자이너가 되기라도 한 듯이 "최고의 디자인은 눈에 보이지 않는 것이다"라는 가설을 각자 자기 방식대로 해석하려고 했다. 또한 규범적인 저작《10 principles of good design(좋은 디자인을 위한 열 가지 원칙)》을 출간한 디터 람스Dieter Rams는 이 말로 유명하다. "좋은 디자인은 가능한 한 최소로 디자인을 하는 것이다."

지난 수년 동안 그리고 특히 비핸스를 키우던 시절, 나는 전 세계의 온갖 종류의 디자이너들을 지켜보며 그들과 함께 일할 기회를 가졌다. 나는 가장 유능한 디자이너들은 항상 특정한 문제를 해결하고 있고, 그것을 주로 보태는 방식이 아니라 빼는 방식으로 해결한다고 믿게 되었다.

최고의 디자인은 우선 그 자리에 있을 필요가 없는 것들을 제거하기 때문에 때로는 눈이 띄지 않는다. 제품이나 디지털 경험이 사용하기 상당히 쉬우면 인터페이스, 색채 설계, 서체와 같은 디자인 요소들은 전혀 눈에 띄지 않는다. 이런 디자인이 상을 받거나 기억에 남지는 않지만 제품이 더 많은 사람에게 더욱 쉽게 다가갈 수 있도록 해준다.

제품이나 공정에서 디자인이 중요하다면, 그래픽이나 겉으로 드러나는 것이 새롭고 빛이 나는가와 같은 요소들을 무시해야 한다. 가능할 때마다 디자인 요소들을 (그리고 의사결정을 요구하는 단계들을) 축소해야 한다. 옵션이 적고 문안이 짧고 단계가 간단할수록, 제품을 더 나은 곳에 있게 해줄 것이다. 이 말이 지금은 납득이 안 될 것이며, 당신은 발전이란 제품이 새로운 기능을 지니고 시각적으로 진화하는 것을 의미한다고 생각할 것이다. 그러나 시간이 지나면서, 최신 기능을 도입하거나 문안을 추가하는 것보다는 점진적으로 축소하고 세련되게 하는 것이 고객들이 제품을 더욱 편리하게 경험할 수 있게 한다는 사실을 깨닫게 될 것이다.

<br>

## 제품 경험의 '첫 마일'을 정교하게<br>다듬는 작업을 결코 멈춰선 안 된다

제품을 만들든 예술품을 창작하든 책을 쓰든, 고객이나 후원자가 당신의 창작물을 처음 접할 때는 (특히 처음 30초 동안) 개략적으로 판단한다는 것을 명심해야 한다. 나는 이것을 '첫 마일first mile'이라고 부를 것이고, 이것은 제품에서 가장 중요하지만 아직은 제대로 다루고 있지 않은 부분이다.

고객에게 첫인상을 줄 수 있는 기회는 단 한 번이다. 빠르게 움직이고 최소한 생존이 가능한 제품이라면 쏟아내고 보는 세상에서, 사용자 경험의 첫 마일에 대해선 항상 나중에 생각하게 된다. 포장이 가능한 물리적 제품의 경우에는 제품 설명서에 나오는 문구나 라벨이 새로운 고객에게 제품을 알리는 데 도움이 된다. 디지털 제품의 경우에는 온보딩 프로세스, 제품 설명 파일과 기본 설정 안내가 필요하다. 우리가 잠긴 문 안에 있는 것을 훌륭하게 만드는 데는 많은 시간을 투입하면서, 때로는 사용자에게 열쇠를 주는 것을 잊어버린다.

첫 마일에서 실패하면 신제품이 문 밖으로 나오게 하는 데 어려움이 따른다. 다운로드, 사전 판매, 회원 가입이 많이 발생하겠지만, 소수의 고객들만 실제로 제품을 사용하려고 온보딩 프로세스를 거치게 될 것이다. 고객들이 그렇게 하더라도 금방 만족스러워야 할 것이다. 고객들에게 다음 세 가지 사항에 대한 사전 지식을 줘야 한다.

1. 그들은 왜 거기에 있는가?
2. 무엇을 이뤄낼 수 있는가?
3. 그다음에는 무엇을 하는가?

예를 들어, 어도비에서 경험이 풍부한 디자이너들(온갖 종류의 인터페이스, 웹사이트, 모바일 앱을 비롯해 스크린을 장식하거나 고객들에게 사용자 경험을 안내하기 위한 그 밖의 것들을 디자인하는 사람들)을 대상으로 제작한, 빠르게 성장하는 최신 플랫폼 중 하나인 '어도비 XD' 같은 제품을 생각해보자. 제품을 처음 열자마자 '왜 거기에 있는가(당신이 생각하는 멋진 앱을 디자인한다)', '무엇을 이뤄낼 수 있는가(당신이 디자인할 수 있는 다양한 경험들로서 사례와 시작하는 방법을 나열하는 방식으로 표현된다)', '그다음에는 무엇을 하는가

(그다음 단계와 당신이 디자인을 능숙하게 하기 위해 밟아나가야 하는 단계의 순서가 항상 분명해야 한다)'를 알 수 있어야 한다.

새로운 사용자들이 이 세 가지를 알고 나면, 당신의 제품과 관계를 형성하기 위해 시간과 에너지를 기꺼이 투입하는 제품 경험의 단계에 도달한다. 그들은 처음부터 제품의 전체 사용법을 자세히 알아야 할 필요는 없다. 다만 그들이 당신을 신뢰하고 그다음 단계에서는 무엇을 하는가를 알 필요가 있다.

제품 경험의 첫 마일에 대해 내가 알고 있는 내용은 주로 비핸스에서 제품을 개발하면서 그리고 다른 스타트업과 함께 일하면서 어렵게 배운 것들이다. 비핸스 제품의 초기 버전에서는 회원 가입 절차에서 너무 많은 단계와 질문이 있었다. 예를 들어 우리는 신규 회원들에게 사진, 사진 보도, 일러스트레이션과 같이 그들이 최고로 꼽는 크리에이티브 분야 세 가지를 선택하라는 질문도 했다. 수많은 옵션이 있었고, 신규 사용자들이 이들을 검색하면서 최고로 꼽는 분야를 선택하는 데 평균 120초가 걸렸다. 우리가 사용자들이 어떤 사람들인지를 알고 그들이 공동체와 곧바로 연결되어서 모두에게 좋았지만, 회원 가입 절차에 이처럼 특별한 단계를 두면서 신규 회원의 10퍼센트 이상을 놓쳤다. 우리는 이 단계를 없애고 나중에 첫 마일이 지나고 새로운 비핸스 사용자들이 우리 제품을 활발하게 사용하면서 우리의 의도를 좋게 해석할 때 정보를 얻기로 했다. 다른 단계도 축소하거나 완전히 철폐했다. 결과적으로 신규 회원이 약 14퍼센트 정도 증가했다. 제품 경험의 첫 마일을 축소하고 반복하게 만드는 것이 다른 새로운 기능을 도입하는 것보다 그해 성장에 더 큰 영향을 미쳤다.

이후로도 수년 동안 다른 수십 개의 기업과 함께 일하면서 그들 고객 경험의 첫 마일을 최적화하려고 했다. 이 작업들 중에는 '핀터레스트'가 사용자들이 팔로잉하는 핀보드 수를 극대화하기 위해 신규 사용자를 맞이하는 화면의 초기 버전도 있었고, '우버'가 처음 출시될 때 신규 사용자들에게 자신을 소개하는 화면도 있었고, '스위트그린' 고객이 샐러드를 주문해서 찾아가기 위한 모바일 앱도 있었고, '페리스코프'의 라이브 스트리밍 앱도 있었고, '어도비'의 모바일 크리에이티브 앱도 있었다. 이 모든 제품이 똑같은 문제에 직면했는데, 그것은 가능한 한 적은 단계와 단어, 몇 초 내로 고객들이 자신이 왜 거기에 있는가, 무엇을 이뤄낼 수 있는가, 그다음에는 무엇을 하는가를 이해하도록 돕는 것이었다.

이미 인정받고 있는 제품들도 이런 문제로 영향을 받는다. 트위터처럼 수많은 사용자를 끌어들이고 있지만 첫 마일을 최적화하기 위해 분투하고 있는 제품을 생각해보자. 트위터 사용자들 중 일부(아마도 최초의 1억 5000만 명 정도)에게는 신규 사용자로 하여금 팔로우할 계정을 선택하도록 요구하는 온보딩 경험으로 충분했다. 그러나 어느 시점에서 트위터는 자신의 피드에 대한 관리자 역할을 할 인내력이 없거나 그럴 마음이 없는 새로운 고객들을 접하게 되었다. 그들은 단지 뉴스를 원했고, 트위터의 첫 마일 경험은 텔레비전을 켜거나 웹사이트에 들어가는 것보다 훨씬 더 어려웠다. 트위터는 그들의 핵심 제품이 개선되었지만, 새로운 사용자들이 트위터와의 관계를 형성하도록 만들기 위해 고심했다(그리고 결과적으로 성장이 지연되었다).

설립된 지 얼마 안 되는 기업의 경우에는 제품을 출시할 때 첫 마일 경험에서 이처럼 중요한 요소를 성급하게 다루는 경향이 있다. 새로운 고객들을 빨아들이는 깔때기의 끝부분이 성장의 궁극적인 원천이지만, 그럼에도 제품의 둘러보기를 어떻게 디자인하고 초기 설정 경험을 어떻게 구성할 것인가와 같은 제품 경험의 첫 마일을 다시 생각해야 하는 경우가 너무나도 많이 발생한다. 일부 팀에서는 이 부분을 외주로 돌리거나 한 사람에게 맡기기도 한다.

더욱 나쁘게는, 시간이 지나면서 제품 경험의 첫 마일이 더욱 중요해지고 있는데도 점점 더 소홀히 취급되고 있다. 당신의 제품이 얼리 어답터(early adopter, 남들보다 먼저 신제품을 사서 써보는 사람-옮긴이주)를 넘어서 도달하면서, 첫 마일은 훨씬 더 단순해야 하고 당신이 처음부터 끌어들이려고 했던 힘 있는 사용자뿐만 아니라 '가장 새로운 사용자'라는 매우 이질적인 집단을 고려해야 한다. 신규 고객들은 시간이 지나면서 달라진다(그렇지 않다면, 당신은 첫 라운드에서 그들을 끌어들일 것이다). 제품을 출시한 이후로도 첫 마일을 지속적으로 살펴봐야 한다. 지금 당신이 새로운 사용자들의 요구에 잘 부응하고 있다는 이유만으로, 이후로도 광범위하고 다양한 고객들을 끌어들일 때 똑같은 접근 방식이 계속 효과가 있을 것으로 생각해서는 안 된다. 신규 사용자들이 무엇을 원하는가에 대한 가정을 끊임없이 수정하지 않으면, 제품이 대세가 되게 해줄 새로운 사용자들의 요구에 부응하지 못할 것이다. 제품 사용자가 인구 집단, 세대, 국적을 뛰어넘어 크게 확대되면, 제품 경험의 첫 마일을 수정해야 할 것이다.

당신의 제품을 사용하는 고객 경험의 첫 마일이 제품을 개발하는 경험에서 마지막 마일이 되어서는 안 된다. 제품이 크게 성공하기를 바란다면, 여정이 한창 진행되고 있다고 하더라도 당신이 가진 에너지의

30퍼센트 이상을 제품 경험의 첫 마일에 쏟아부어야 한다. 그것은 새로운 사용자들을 빨아들이는 깔때기의 끝부분이므로 제품에서 나중에 생각해야 할 부분이 아니라 처음부터 가장 많이 생각해야 하는 부분이기도 하다.

⸺⸺⸺⸺⸺

## 게으르고 자기 과시적이고 이기적인 사람을 위해 처음 30초를 최적화한다

사람들은 첫 마일에서 처음 30초를 달리며 전체 거리를 계속 달릴 것인지를 결정한다. 또한 새로운 경험을 하며 처음 30초 동안 게으르고 자기 과시적이고 이기적인 모습을 보인다. 인간에 대한 냉소적인 일침을 가하려고 이 말을 하는 것은 아니다. 이것은 온라인에서나 오프라인에서 탁월한 제품과 경험을 개발하는 데 꼭 필요한 통찰이다. 또한 이것은 당신이 만나는 모든 사람(당신의 웹사이트를 방문하거나 제품을 사용하는 모든 사람)이 관심을 갖기 위한 노력을 할 준비가 되어 있기 전에는 완전히 다른 사고방식을 가지고 있다는 사실에 관한 겸허한 깨달음이다.

우리는 제품이 어떤 것인지를 포장을 풀고 이해하기 위한 시간과 에너지를 투입하지 않으려고 한다는 점에서 게으르다. 우리는 제품 설명서를 읽기 위한 끈기가 없다. 자기가 하고 있던 것에서 벗어나기 위한 시간도 없고 배우려는 의지도 없다. 우리는 일, 놀이, 학습, 사랑을 위한 시간을 충분히 갖는 경우가 드물기 때문에 배움의 과정이 어렵게 느껴진다. 따라서 완전히 새로운 무엇인가가 많은 노력을 요구할 때 우리는 그것을 그냥 지나쳐버린다. 우리는 이익이 발생한다는 믿음을 가질 때까지 노력을 요구하는 대상을 피하려는 성향을 가지고 있다.

적어도 처음에는 다른 사람에게 어떤 인상을 주는가에 신경을 쓰기 때문에 자기 과시적이다. 거울, 모발 관리 제품, 소셜 미디어는 모두 우리가 다른 사람들에게 어떻게 비치는가에 대해 당장 자기 확신을 하게 해준다. 따라서 인스타그램과 트위터 같은 제품들은 '좋아요'와 친구가 최대한 신속하게 발생하도록 설계되어 있다. 새로운 제품을 함께 사용할 사람이 아무도 없다면, 어느 누구도 그것을 사용하지 않으려 할 것이다. 당신은 인스타그램 같은 제품을 사용하며 친구의 콘텐츠를 검색하는 데 대부분의 시간을 보내지만, 이 제품을 사용하는 자신의 행위에 신경을 쓴다면 새로운 이미지를 게시한 직후로는 앱을 더욱 자주 열어보게 될 것이다.

사람들이 당신의 콘텐츠에 대해 어떤 말을 하는지를 알고 싶어 하고 이를 계속 확인하게 될 것이다. 인스타그램의 활동 피드는 내가 "자아 분석ego analytics"이라고 부르는 것의 한 가지 사례가 된다. 이것은 당신이 자신의 창조물을 게시하거나 공유하는 위험을 무릅쓰고 나면 사람들이 무슨 말을 하는지를 보여주고 당신의 자아를 만족시켜준다. 갤러리 개막, 언론 보도, 도서 출간뿐만 아니라 그 밖의 앱도 마찬가지 원리가 적용된다. 모두 기회가 주어진다면 다른 사람들이 자신에 대해 무슨말을 하는지를 열심히 들으려고 하는 경향이 있다.

제품 디자이너들의 경우에는 자아 분석이 사용자들이 자기 의견을 계속 게시하고 관심을 갖게 하는 중요한 메커니즘이다. 창조적 앱이 다

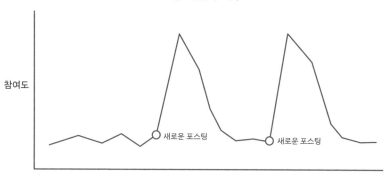

포스팅 이전과 이후

참여도

새로운 포스팅

새로운 포스팅

포스팅한 새로운 콘텐츠

른 사람들의 콘텐츠를 보기 위한 것이라기보다는 누가 당신의 콘텐츠를 보고 있는가를 보기 위한 것이라는 사실이 시사하는 바가 크다. 우리가 세상의 창조물을 검색하고 발견하기 위해 우리의 조리개를 여는 것이 아니라 자신의 성과물을 계속 들여다보고 있는 것이다. 이런 자기 과시는 창조적 기회에서 항상 힘을 발휘한다.

물론 친구와 사랑하는 사람에 대해 많은 것을 안다면 그들을 평가하기를 덜 하고 그들에게 자신을 보여주려는 자세를 덜 취한다. 그러나 그들이 당신을 알게 될 때까진 좋은 인상을 남기고 싶어 한다. 자기 과시가 처음 30초를 지배하기 때문에 이런 자아 분석이 관계를 형성하는 데 강력한 힘을 발휘한다.

우리는 자신을 돌보려고 하기 때문에 이기적이다. 당신이 어떤 제품이나 서비스를 알게 되면 초기 투자를 능가하는 당장의 이익을 얻고 싶어 한다. 제품 설명서를 읽고, 힘들게 포장을 풀고, 번거로운 회원 가입 절차를 거치고, 그 밖의 성가신 일들을 하게 만드는 것은 제품을 구매하여 당장의 이익을 얻는 데 방해가 되고, 이런 것들이 제품을 구매하려는 마음이 사라지게 한다. 새로운 고객들은 나중에 무엇을 얻을 것인가와는 상관없이 지금 당장 무엇인가를 얻고 싶어 한다.

이처럼 게으르고 자기 과시적이고 이기적인 성향은 온라인과 오프라인에서 모든 종류의 제품 경험에 적용된다. 처음 30초 동안 고객들은 자신이 모르는 것에 관심을 가질 시간이 없다는 의미에서 게으르다. 그들은 당신의 제품이나 서비스를 이용할 때 처음부터 좋은 인상을 남기려고 한다는 의미에서 자기 과시적이다. 그리고 제품이 지닌 커다란 잠재력과 의도에도 불구하고 당장 얼마만큼의 이익을 얻을 것인가를 알고 싶어 하기 때문에 이기적이다.

따라서 우리를 둘러싼 모든 새로운 관계와 자원은 처음에는 불리한 상황에 놓여 있다. 새로운 대상과의 의미 있는 관계는 우리가 새로운 경험에 동반되는 게으름, 자기 과시, 이기심을 뛰어넘을 때만 형성된다. 이제 당신은 모든 새로운 경험의 표면을 뛰어넘고, 그것의 의미를 이해하고, 그것을 사용자들에게 표현하기 위한 방법을 찾아야 한다.

처음 30초를 뛰어넘게 만드는 것은 고객을 끌기 위한 덫이다. 자신이 이런 덫이 필요한 사람은 아니라고 생각해서는 안 된다. 누구든지 덫이 필요하다. 그리고 가장 중요하게는 당신의 유망 고객들이 이런 덫이 필요한 사람은 아니라고 생각해선 안 된다. "삶을 계획하기 위해 몇 초만에 회원 가입을 하세요"라는 메시지가 반짝이는 것을 본다면 이 메시지가 바로 덫이다. 신문의 헤드라인도 덫이다. 책 표지와《나는 4시간만 일한다》같은 고상한 제목의 약속도 덫이다. 데이트 사이트도 덫으로 가득하다. 효과적인 덫은 단기적인 관심을 유도하여 장기적 관계를 맺게 해준다.

책을 구매하는 절차를 생각해보자. 저자가 얼마나 재미있게 잘 썼는지와는 관계없이, 책은 디지털 혹은 물리적 단어가 가득한 수백 쪽으로 이뤄진 제품에 불과하다. 이 경우 표지와 제목이 덫이다. 손이 책을 향해 가도록 예쁜 그림을 그려놓은 표지는 게으름을 보완한다. 자기 과시 욕구는 다른 사람이 하는 이야기를 읽어서 자신이 지적이거나 시대정신을 꿰고 있는 사람으로 보이게 하는 식으로 채워진다. 제목이나 부제는 책 내용이 당신의 이기심을 채워줄 가능성을 비침으로써 이기심에 호소한다.

소매점을 생각해보자. 소매점을 운영하면, 매장의 쇼윈도 앞에 전시해놓은 것들이 매장으로 고객이 들어오게 할 것인가 아닐 것인가를 결정한다. 쇼윈도 장식 기술은 점내 판촉, 제품의 품질과는 별개의 것이다. 그러나 우선 고객들이 매장 안으로 들어오게 하지 못하면 어느 누구도 당신의 침대 시트가 얼마나 튼튼하게 박음질이 되어 있는지, 주방용 도자기 제품의 표면이 얼마나 매끄러운지를 느끼지 못한다.

두 가지 다른 종류의 사고방식을 가지고 제품 경험을 창출해야 한다. 하나는 미래의 고객들을 위한 것이고, 다른 하나는 현재의 고객을 위한 것이다. 우선 유망 고객들을 끌어들이려면 그들이 게으르고 자기 과시적이고 이기적인 사람이라고 생각해야 한다. 그다음에 고객들이 처음 30초 동안을 견디고 실제로 문을 열고 들어오면, 의미 있는 경험을 하고 평생 동안 지속될 관계를 형성해야 한다.

## 실행한다 > 보여준다 > 설명한다

신제품을 시장에 출시할 땐 그것이 어떤 제품인지 어떻게 작동하는지를 설명하고 싶은 유혹을 느낄 것이다. 이에 따라 제품의 목적과 그것을 가장 잘 활용하기 위한 방법을 설명하는 광고 문안, 사용 안내 비디오, 디지털 투어 영상을 제작하게 된다. 비디지털 제품과 서비스의 경우에는 이런 설명이 신규 고객을 위한 방대한 분량의 제품 설명서, 레스토랑의 장황한 음식 메뉴, 장시간에 걸친 제품 설명회 등의 형태를 띤다.

새로운 고객들에게 당장 제품을 체험하여 성공한 기분을 느끼도록 하기보다는 제품 사용법을 설명할 필요가 있다고 생각하면, 그들이 만족스러운 첫 마일을 경험하게 만드는 데 실패했거나 제품 자체가 너무 복잡한 것이다.

당신이 제품을 설명해야 하는 것은 새로운 고객을 끌어들이는 데 가장 효과적이지 못한 방법이다. 나는 이 사실을 어도비에 합류해 유망 고객들이 매년 포토샵을 다운로드한 횟수가 수백만 건에 달했지만 그들이 한 번 열고는 두 번 다시 열어보지 않은 것을 확인하면서 절실히 깨달았다. 이것은 생각보다 더 빈번하게 일어난다. 새로운 포토샵 문서가 빈 페이지였고 대부분의 사람들이 그다음에는 무엇을 해야 하는지를 몰랐다. 온보딩 단계도 없었고 처음 선택할 수 있는 견본도 없었다. 유튜브나 구글에서 '포토샵'을 검색하면 사람들에게 이 제품의 사용법을 가르치기 위한 교육용 비디오가 수만 건이 나오는데, 이것이 제품을 사용할 수 있기 전 얼마나 많은 설명이 필요한지를 말해준다. 포토샵 사용자들에게 제품 사용법을 알려주는 지침서, 비디오 및 각종 도서가 하나의 시장을 이룰 만큼 널리 판매되었다. 포토샵은 첫 마일 경험을 전혀 고려하지 않은 다루기 힘든 제품이었다.

이후로 몇 년이 지나 포토샵팀은 웰컴 화면과 창조적 프로젝트에 시동을 걸기 위한 정보와 같은 새로운 온보딩 경험을 디자인하기 시작했다. 그러나 제품 사용법을 보여주기 위한 시도들이 새로운 고객들이 제품의 방대한 기능을 사용하는 방법을 배우기 위해 시간과 에너지를 투자하기 전에 일정 정도의 성공을 거두게 하는 데 충분한 도움이 되지는 않는다.

사용자 경험의 첫 마일에서 최고의 덫은 고객들이 제품을 구매하기 전에 직접 실행하게 하는 것이다. 고객들이 성공을 거두고 자랑스러운 기분이 들도록 도와주면, 그들이 더 많은 관심을 갖고서 당신의 창조물이 지닌 커다란 잠재력을 이해하기 위해 시간을 투자할 것이다.

디지털 파티 초대장과 생일 카드를 생성하여 전송하기 위한 온라인 도구 '페이퍼리스 포스트Paperless Post' 같은 디지털 앱의 경우에는 처음부터 디지털 카드를 만드는 방법을 설명하지 않고, 고객들이 선택해서 편집할 수 있는 견본을 제공한다. 인스타그램 혹은 구글과 애플의 포토 제품처럼 사진 편집 앱의 경우에는 고객들에게 대비, 명도, 선명도를 위한 다양한 도구의 사용법을 설명하지 않고, 이미지에 일련의 효과를 한꺼번에 적용하는 스마트 필터를 제공한다. 대부분의 경우에서 개인의 기호에 완전히 맞추는 것도 가능하지만 이것이 첫 번째 옵션은 아니다.

똑같은 원리가 제품과 매장 경험에도 적용된다. 내가 함께 일했던 또 다른 기업으로 활동복을 만드는 '아웃도어 보이스Outdoor Voices'는 고객들에게 어느 제품을 유행에 맞게 구매해야 하는지를 알려주기 위해 그들이 시간을 절약할 수 있도록 '키츠Kits'라는 것을 제공했다. 키츠는 본질적으로 새로운 고객들이 다양한 제품 카테고리를 검색하지 않고서도 기본 정보를 얻을 수 있고 새로운 용어에 익숙해질 수 있도록 사전에 선택된 매칭 아이템에 해당한다. 고객들은 편안하고 개인의 기호에 맞춘 쇼핑 경험을 했다는 생각이 들 것이고, 이 브랜드는 고객들이 한꺼번에 완전한 복장을 갖추게 하는 것에서 혜택을 얻을 것이다(그리고 고객들은 키츠가 없을 때보다 좀 더 많이 구매할 가능성이 있다).

새로운 고객들이 당신의 설명을 인내하며 들을 것으로 기대해선 안된다. 또한 제품 사용법을 보여줄 때 그들이 인내하며 볼 것으로 기대해서도 안 된다. (최소한 처음에는) 새로운 고객들을 앞에 두고 직접 실행할 때 그들을 끌어들일 가능성이 가장 높다. 고객들이 성공할 기분을 느낄 때만 그들은 제품이 가진 잠재력을 모두 활용할 수 있을 정도로 아주 깊이 빠져들 것이다.

«««««««««««««»

## 신기함이
## 효용을 우선한다

고객들을 위해 새로운 제품과 경험을 개발할 때는 효용을 입증하기 전에 어떻게 하면 제품이 (심지어는 게임과 같이) 신기하게 보일 것인가를 고민해야 한다. 사람들은 때론 단순히 매혹적이고 신기하다는 데서 새로운 제품과 경험에 빠져들고는 제품의 효용에 대해선 시간이 지나서야 알게 된다.

나는 2002년에 대학을 졸업한 직후 당시에는 원 뉴욕 플라자One New York Plaza에 위치한 골드만삭스 거래장에서 근무했다. 그 시절에는 산업계로 진출하려는 졸업생들이 장기적 계획이야 어떠하든 처음 몇 년 동안 월스트리트에서 일하려고 했다. 디자인과 경영학을 전공한 나로서는 관심 분야의 절반을 접어두고 거래장 문화에 빠져드는 것이 받아들이기 힘든 타협이었지만 어쨌든 소매를 걷어올리고 그렇게 하기로 했다.

나는 내가 하는 업무의 대부분이 몹시 평범하게 느껴졌지만 거래장에서 새로운 기술을 채택하는 데 관심을 가졌다. 거래장은 한편으로는 고객 주문에 관한 신속한 매칭과 포지션 설정을 가능하게 해주는 놀라운 기술에 의해 움직이고 있었다. 다른 한편으로는 전문 트레이더들이 과거의 습관에만 매달리고 새로운 기술에는 관심이 없었다.

2003년 골드만삭스는 내 사무실에 새로운 전화 시스템을 설치했다. 가장 두드러진 기능은 트레이더, 조사분석가, 영업사원들이 언제든지 데스크탑 헤드셋을 사용하여 들어올 수 있는 가상회의실 기능이었다. 새로운 뉴스가 들어오면 사람들이 자기 책상을 떠나지 않고 가상회의실로 몰려들어 토론할 수 있었다. 몇몇 교육 세션과 온보딩 이메일이 있었지만 나를 포함해서 누구도 이용하지 않았다. 이런 가상회의실은 어느 날 어떤 선임 관리자가 다양한 서커스 공연 무늬로 뒤덮인 아주 밝은 색상의 넥타이를 매고 우리 팀을 지나칠 때까지는 휴면 상태에 있었다. 리치Rich라는 영업사원이 사무실에 앉아 있는 사람들에게 "여러분, Con 1을 눌러주세요"라고 외쳤다. 사람들은 처음에는 당황했지만 리치가 가상회의실 1번 방을 말한다는 것을 금방 알아차렸다. 모두가 당장 헤드셋을 끼고는 전화 단말기의 Con 1을 누르고는 가상회의실로 들어갔다. 리치가 멋진 넥타이를 두고 농담을 하자 실제 사무실에서 터져나온 웃음소리가 가상회의실에서도 터져 나왔다.

그날 이후로 가상회의실 사용자가 넘쳐났고 점점 더 전문적인 목적으로 사용되었다. 때로는 새로운 기술이 처음에는 신기함으로 사용자들을 끌어들이고, 이후로는 사용자들이 여기에 익숙해지면서 훨씬 더 많이 사용된다. 10년이 지난 2013년 가을에도 똑같은 일이 벌어졌다. 그해 비핸스의 우리 팀은 당시로서는 새로운 커뮤니케이션 도구라 할 슬랙을 사용하기 시작했다. 처음에는 팀원 전체가 이것을 애니메이션 GIF 파일과 농담을 공유하고 주변의 커피숍을 추천하기 위한 목적으로만 사용했지만 불과 몇 주가 지나서는 제품 출시와 로드맵의 우선순위를 조정하기 위한 목적으로 사용하기 시작했다.

신제품이나 작업 방식의 채택에 관한 한, 때로는 신기함이 효용을 우선한다. 고객들을 위해 새로운 제품과 경험을 개발할 땐 효용을 입증하기 전에 어떻게 하면 신기하게 보일 것인가를 고민해야 한다. 특정 기능이 단순히 제품의 용도에 꼭 필요한 것은 아니라고 해서 그것을 사장시켜서는 안 된다. 가장 중요한 기능은 사람들이 문을 열고 들어오게 하는 것이다. 때로는 제품을 사용하고 첫 마일을 통과하게 되는 첫 번째 이유가 재미를 느끼게 한다는 것이다.

# 핵심 가정에 문제를 제기함으로써
# 점진주의를 타파한다

뛰어난 제품은 그것을 단순하고 세련되게 만들기 위한 끊임없는 노력의 산물이지만 노력의 과정에서 대담한 변화를 시도해야 한다. 대담한 변화를 일으키는 데서 가장 힘든 부분은 당신이 발전을 이룩하기 위해 사용하는 시스템과 평가지표들을 타파해야 한다는 것이다. 일을 순조롭게 진행시키고 제품을 개선하기 위한 관행들은 변화를 시도할 때는 역효과를 낸다. 조직이 커지고 성공할수록 일상적인 점진주의를 타파하는 것이 더욱 어려워진다.

점진주의는 성공과 확장성을 견인하는 기계와도 같다. 그러나 마침내 성장이 정체되면 당신의 위대한 제품은 새로운 현상 유지에 들어간다. 이것이 반드시 나쁜 것만은 아니다. 실제로 제품은 점진적인 변경, 업데이트, 세련을 위한 기간을 통해서만 위대해질 수 있다. 그러나 측정기준, 분기별 목표를 포함하여 그 밖의 단기적 평가지표를 사용해서 제품을 최적화하기 위한 일상적인 노력이 국지적 극대점에 빠져들게 할수 있다. 당신은 엄청나게 성공했다고 생각하지만 최적화하려는 가정과 시장의 한계 속에서만 그렇다.

국지적 극대점 함정은 개인뿐만 아니라 크고 작은 규모의 팀을 괴롭힌다. 세상 사람들에게 실시간으로 정보를 전달하여 정권을 무너뜨리기도 하고 세계적인 영광과 투쟁의 길을 안내하던 특별한 소셜 제품 트위터를 생각해보자. 한때는 빠르게 성장하면서 페이스북과 경쟁하던 트위터가 최근 들어 매월 활동 유저의 증가가 보합세를 보이며 성장이 정체되기 시작했다. 나는 이런 현상이 트위터가 새로운 시장을 개척하고 제품을 다시 정의하는 것처럼 더욱 대담한 조치를 취하기보다는 수익성, 월별 활동, 스팸 통제를 최적화하는 것처럼 점진적인 개선을 꾀했기 때문이라고 생각한다. 트위터는 미래의 미디어가 되고, 텔레비전을 재발명하고, 주어진 주제에 관한 실시간 정보의 궁극적인 원천이 되기보다는 10년 전의 모습에서 크게 벗어나지 못했다.

앞으로 트위터는 국지적 극대점에서 머물거나 스스로 변모하게 될 것이다. 그러나 제품보다는 조직이 먼저 변화를 꾀해야 할 것이다. 밑바탕에 깔린 가정과 관행을 바꾸기 전에 조직이 이것들을 평가하는 방식을 바꿔야 한다. 새로운 목표가 사내에서 그리고 사외의 투자자들에게 분명하게 제시되어야 하는데, 이것은 널리 알려진 기업에게는 결코 쉽지 않은 작업이다.

나는 이보다 더 작은 규모에서 단기적이고 평가하기 쉽고 제품 수준과 사업 목표를 끌어올리는 개선을 포기하면서, 기반 시설에 투자하려는 엔지니어링팀에서도 이와 똑같은 문제를 봤다. 당신이 엔지니어링팀을 그들이 출시하는 제품의 기능 수나 측정 가능한 목표 단계에 도달하는 속도로 평가하면, 시간이 지나면서 제품을 진정으로 차별화하기 위한 장기적 투자 동기를 꺾게 된다.

점진주의를 타파하고 국지적 극대점에서 빠져나오기 위한 열쇠는 밑바탕에 깔린 가정을 갈아치우는 것이다. 예를 들어 제품이 소셜 미디어와 모바일 앱 시대에 기반을 두고 있다면, 음성 인식 장치가 가정家庭으로 들어오고 증강 현실이 모바일 장치를 바꿔놓을 때 당신이 문제를 제기할 만한 가정은 무엇인가?

그러면 언제 생산 전략에서 대담한 조치를 취하고 제품과 서비스가 기반을 두는 핵심 가정의 목록을 작성해야 하는가? 인터넷 시대의 초기에 등장한 기술 기업들은 스스로가 재투자를 해야 했다. 미트업의 스콧 하이퍼만은 2017년 초 어느 날 오후에 뉴욕시에 있는 자기 회사 근처에서 제품을 처음부터 다시 만들고 점진주의를 타파하는 문제를 나와 이야기 나눈 적 있었다. 그는 이렇게 말했다. "제품이 시장 적합성을 갖는다고 해서 그것이 적합성을 계속 유지하게 될 것을 의미하진 않습니다. 그것은 상당히 무서운 생각입니다. 세상은 변하고 인간도 사회도 문화도 변하고 우리가 믿고 의지하는 것도 변합니다."

1년 전에 스콧은 회사의 성장을 우려하면서, 한 걸음 물러서서 회사 설립 이후로 사업 전체를 되돌아보고 세상이 어떻게 변했는지를 다시 생각했다. 또한 그는 자신이 40대이고 회사 직원의 60퍼센트 이상이 32세 이하라는 사실도 인식했다. 그는 마치 박사학위를 가진 교수들과 한 자리에 있으면 거기에 있는 모든 사람이 당신보다 더 똑똑하다고 생각하는 것처럼, 주변 환경이 조금씩 안 좋게 흘러가고 있다는 생각이 들었다. 그는 이렇게 말한다. "당신이 한창 빠져들어 있기 때문에 그것을 인식하기 어렵습니다. 새로운 젊은 직원들이 내가 대답하기 힘든 질문을 했을 때 저는 상당히 방어적인 태도를 취하면서 이렇게 대답했습니다. '당신은 자신이 무슨 말을 하는지를 잘 모르고 있습니다.' 여기서 중요한 것은 일종의 반란이 일어났을 때 언제 개방적인 자세를 취해야 하는지를 알아야 한다는 것입니다. 내가 아주 방어적인 태도를 취한다면 이것이 나에게 전하는 명백한 신호라는 생각이 듭니다."

셰익스피어의 표현을 빌리자면 그것은 스콧에게는 '지나친 부정이 긍정을 의미한다'는 순간이었다. 미트업의 원래 가정에 의문을 품어야 할 필요성에 관한 강력한 부정은 이런 필요성을 전하는 신호라는 것이다. 미트업의 투자자이기도 한 나는 미트업의 국지적 극대점 주변에서 소규모의 일상적인 업무를 반복하는 데 빠져 있기보다는 사업 전체를 되돌아보려는 스콧의 자기인식과 의지에 깊은 인상을 받았다.

공동의 관심사를 가진 사람들을 모아 오프라인 커뮤니티를 결성하기 위한 미트업의 '노스 스타North Star'는 변하지 않았지만 서비스는 엄청나게 변했다. 과거에는 웹에서만 제공되던 서비스가 지금은 주로 모바일에서 제공되고 있다. 브랜드가 새로워졌고 사용자들이 자기에게 맞는 모임을 찾기가 쉬워졌다. 또한 초기 설정 경험이 달라졌고 모임의 종류가 이전보다 더욱 다양해졌다. 스콧은 자기 회사의 변신이 주로 최근에 들어온 신입 직원들의 아이디어와 요구에서 나온 것이라고 생각한다.

수백 명에 달하는 신입 직원들이 입사하면 스콧은 그들을 모아놓고 공개적으로 질문했다.

"여러분에게는 우리가 지금 하고 있는 일이 왜 중요합니까?"

스콧은 언젠가 누군가가 일어나서 말한 것을 떠올리고는 다음과 같이 전한다.

"누군가가 이렇게 말했습니다. '저는 지난주에 첫 출근을 했습니다. 저는 iOS 엔지니어입니다. 트랜스젠더인 저는 경력 직원으로 미트업에 왔습니다. 여기서 직원들에게 힘을 실어주고 서로 협력하는 회사 분위기가 얼마나 중요한지를 깨달았습니다.' 신입 직원들의 개인적인 스토리야 어찌되었든 그들은 우리의 비전을 자기 방식대로 표현했습니다.

그리고 이것이 실제로는 우리가 하는 것이 왜 중요한가를 새롭게 깨닫게 하는 계기가 되었습니다. (중략) 스스로 지겹도록 설교를 하거나 계획을 수립할 수 있습니다. 그러나 회사는 직원들이 당신이 하는 말을 진정으로 자기 것으로 만들지 않고서는 바뀌지 않습니다."

이 과정에서 스콧의 역할은 변화를 일으키는 것이 미트업의 목표를 페이스북과 같은 새로운 경쟁자보다 더욱 효과적으로 달성하기 위한 유일한 길이라는 사실을 받아들이는 것이었다. 그는 이렇게 말한다. "당신이 노스 스타와 같은 것을 추구하면서 새로운 모델을 착수하지 않으면 어딘가에서 문제가 발생합니다. 하지만 우리의 경우에는 '그러면 무엇을 바꿔야 하지?'라는 식으로 말하면서 발뺌을 하지 않았습니다. 이것은 예술에 더 가깝습니다. 기본적으로 미트업을 (고객으로서) 우리 자신을 위해 더 나은 곳으로 만드는 과정입니다." 미트업은 회사의 목표가 개인의 목표가 될 수 있도록 새로운 인재들을 적극적으로 융화시키고 그들에게 힘을 실어주는 방식으로, 점진주의를 탈피하고 대담한 변화를 시도했다. 2018년에 미트업은 글로벌 협업 대기업인 '위워크 WeWork'에 인수되었다. 이것은 미트업이 성장을 회복하고 수백만 명에 달하는 고객들의 삶과 밀접한 관계를 형성했기 때문이다.

과거의 가정은 우리가 여기에 상당히 익숙해 있기 때문에 문제시되지 않는다. 그리고 새로운 아이디어는 생소하고 기존 관습에 도전하기 때문에 금방 무시된다. 새로운 인재를 영입해 그들에게 힘을 실어주는 것은 과거의 관습을 타파하기 위한 확실한 방법이다. 새로운 인재와 기존의 인재로 이뤄진 팀의 리더에게는 모든 것을 변화시키고 문제를 제기해야 할 필요성과 점진적인 최적화를 시도해야 할 필요성 사이에서 균형을 달성해야 하는 과제가 있다. 자신이 방어적인 태도를 취하고 있다는 생각이 들 때는 국지적 극대점 함정에 빠져들진 않았는지를 확인하고서 변화의 힘을 기꺼이 받아들여야 한다. 강력한 부정이 냉엄한 진실을 알리는 신호가 될 수 있다.

## 면전에서 일어나는 혁신을 증진해야 한다

우리는 기업 경영에서 세세한 부분만 살피면서 제품의 개선하기 위한 혁신적인 방법을 찾기 위해 바깥을 바라보는 경향이 있다. 우리는 컨퍼런스에 참석하고, 컨설턴트를 고용하고, 완전히 새로운 길을 찾기 위해 제품을 재구성하려고 한다. 이 발상은 새로운 아이디어를 떠올릴 수 있다는 (새로운 팀원을 영입할 수 있다) 점에서 대단한 잠재력이 있지만, 제품과 서비스의 혁신을 위해 외부의 힘에 의존하는 것은 위험하고 비용도 많이 든다. 때로 최고의 혁신은 당신의 면전에서 일어나고 있다.

내가 자주 거론하는 면전에서 일어나는 혁신의 사례는 앞에서 소개했던 지역 농장에서 직거래한 제철 재료를 사용하는 레스토랑 체인점 '스위트그린'이 있다. 그 매장에 처음 들어갔을 때 나는 그들의 디자인 감각과 다른 패스트 캐주얼 레스토랑(fast-casual, 패스트 푸드 음식점보다 다소 질이 좋은 음식, 서비스, 분위기를 제공하는 레스토랑-옮긴이주) 체인점과는 다른 방식으로 기술을 수용하는 모습을 보고 깊은 인상을 받았다. 이후로 얼마 지나지 않아서 그곳 경영진을 만나고, 이사회 이사가 되고, 기술, 디자인, 마케팅 문제에 관한 조언을 했다. 더 많은 이야기를 할 수도 있지만, 조너선, 닉, 네이트가 많은 사람이 일용품이나 판매하는 정체된 곳으로 치부하던 공간에서 끊임없이 혁신을 꾀하는 모습은 감동을 주기에 충분했다.

세 명의 공동설립자와 함께 있으면, 당장 어떻게 하여 그들이 스위트그린의 미션에 몰입할 수 있는지를 묻고 싶은 마음이 생길 것이다. 그들이 온라인 주문 시스템, 상추 같은 채소의 선택, 고객들이 서서 기다리는 줄의 길이를 줄이는 문제 등 어떤 주제를 가지고 이야기를 하든 대화는 항상 핵심적인 신조로 향한다. 그것은 고객을 위해 양질의 음식과 경험을 제공하고 지역 농장에서 직거래를 하고 고객과 직원들의 보다 건강한 삶을 증진한다는 것이었다. 당신이 하는 모든 의사결정이 일정한 미션과 밀접하게 관련될 때 조직의 나머지 사람들이 그것을 이해하게 된다. 직원들은 회사에 충성하고 일에 몰두하게 될 뿐만 아니라 제품의 품질 개선에 적극적으로 참여하게 된다.

네이트는 이렇게 말한다.

"최고의 혁신은 바로 당신의 면전에서 일어납니다. 오늘날 당신이 우리 메뉴에서 볼 수 있는 제품 혁신은 실제로는 우리 직원들이 자신들과 동료 직원들을 위해 부엌에서 만든 것들입니다. 예를 들어 '웜보울Warm Bowl 계열의 음식은 직원 중 한 사람이 겨울 동안 자기 방식대로 만든 찌개입니다. 우리는 퀴노아에 얹어 먹는 병아리콩 렌틸 스프가 있었는데, 거기에 그 직원이 치킨과 치즈를 얹었습니다. 이것은 샐러드를 따뜻하게 요리한 것으로 내부에서 발생한 혁신이었습니다. 이와 비슷한 사레는 부엌에서뿐만 아니라 혁신이 실제로 이미 일어나고 있는 그 밖의 영역에서도 상당히 많습니다. 혁신은 단지 그것을 인식하기 위한 명료함을 갖는 데서 나옵니다."

혁신을 인식하는 것은 중요하다. 그러나 무엇이 직원들로 하여금 그들의 아이디어를 실험하고 공유하게 만드는가? 어떻게 하면 관리자들이 커다란 변화를 일으킬 수 있는 약간의 변경 혹은 면전에서 일어나는 혁신을 인식하고 지원하게 만들 수 있는가? 네이트는 이렇게 말한다. "저는 이것이 우리가 생각하는 가치에서 출발한다고 봅니다. 우리의 핵심 가치 중의 하나는 끊임없는 변화를 통해 시장에 영향을 미치는 것입니다. 항상 변화의 관점에서 혁신에 관한 이야기를 합니다. 혁신은 반짝이는 새로운 것이 될 필요는 없습니다. 혁신은 작게 느껴지지만 커다란 변혁을 가져올 수 있는 약간의 변경이 될 수도 있습니다." 리더의 역할은 미션과 이것을 달성하는 데 필요한 조치를 끊임없이 반복하는 것이다.

유감스럽게도 대부분의 기업들이 내부에서 혁신을 확인하고 증진하기 위해 정렬을 갖추고 있지도 않고 조직화되어 있지도 않다. 팀원들이 변화가 필요한 대상을 확인하거나 새로운 아이디어를 떠올릴 때 이것을 실행하기 위해 적절한 사람에게 맡기는 것을 중요하게 생각하고 있지도 않고 이를 위한 지원 시스템을 갖추고 있지도 않다. 따라서 제품과 팀이 정체되고 혁신을 외부에서 찾으려고 한다.

팀원들이 인식한 미션을 가지고 조직 내에서 정렬을 갖추고 있지 않으면 제품에서 혁신을 이뤄낼 수 없다. 획기적인 발전은 내부에서 싹이 틀 것이고, 유연성을 발휘하고 관심을 나타내고 내부적으로 공적을 기리면서 이런 싹을 키우면 혁신이 눈앞에서 펼쳐질 것이다. 면전에서 일어나는 혁신을 지원하지 않으면, 팀원들은 그들이 만들어낸 제품의 미래에 무관심해질 것이고 결국에는 발전이 중단될 것이다.

# 항상 고객을 생각해야 한다

## 열정을 갖기 전에 먼저
## 공감하고 겸손해야 한다

클레망 파이디는 2011년 비핸스에 합류하기 위해 프랑스에서 뉴욕시로 왔다. 젊고 야심찬 그를 나와 함께 일했던 제품 디자이너 중 가장 뛰어난 인물이 될 것으로 생각하는 데는 그리 오랜 시간이 걸리지 않았다. 따라서 그가 내 사무실로 들어와서는 자기 회사를 설립할 계획이라고 말하던 2015년 2월은 내게 특히 힘든 시기였다. 나는 클레망의 생각을 존중하며 그의 계획에 관심을 가졌다. 하지만 그를 놓치고 싶지 않았다.

물론 내가 클레망에게 한 첫 번째 질문은 "무엇을 만들 생각입니까?"였다. 그는 자기가 뉴스와 공동의 관심사를 가진 사람들을 연결시켜주는 일에 오랫동안 열정을 가져왔다고 설명했다. 클레망은 핀터레스트 사이트가 인기를 끌기 수년 전에 디자인 학교를 다녔는데, 그 시절에 내가 투자자이기도 한 이 회사와 상당히 비슷한 사업 아이디어를 가졌다.

그는 사람들이 뉴스와 그 출처를 구성하고 공유하기 위한 방법을 설계하는 데 오랫동안 열정을 가졌고, 이것을 추구하기 위해 안정적인 직장을 (그리고 자신을 사랑하는 사람들을) 떠날 각오가 되어 있었다.

내가 처음 보였던 반응은 이러했다. "그러면 안 됩니다. 또 하나의 뉴스나 컬렉션 상품이 되어서는 안 됩니다." 기술 투자자인 나는 존경하던 디자이너 출신 기업가가 설립한 뉴스 관련 스타트업에 투자했다가 깊은 상처를 받은 적이 두 차례나 있었다. 그리고 핀터레스트와 함께 이를 모방하는 수많은 다른 기업이 이 분야에서 이미 자리를 잡고 있었다. 나는 대체로 뉴스 산업에 대해 (그리고 이러한 사업 모델의 안정성과 페이스북의 막강한 힘에 대해) 의문을 가졌다. 그리고 소비자들이 제3자가 제공하는 뉴스 콘텐츠에 더 많이 접속할 필요가 있다고도 생각하지 않았다. 그러나 클레망의 결심과 포부는 대단한 힘을 발휘했다. 클레망이 (그리고 투자자인 나에게 깊은 상처를 안겼던 다른 두 기업의 설립자들이) 가진 것은 뉴스 공간에 대한 열정, 관심을 끌 만한 주제들을 가지고 사람들을 끌어들이기 위한 방법을 개선하겠다는 좋은 취지뿐이었다. 그러나 그의 열정은 뉴스 공간에 내재되어 있는 역학을 제대로 이해하지 못하고 소비자의 요구를 공정하게 평가하지 못하는 결과를 낳을 수 있었다.

불행하게도 어떤 아이디어에 대한 열정이 항상 그것에 대한 요구와 상관관계가 있는 것은 아니다. 클레망은 뛰어난 디자이너 생활을 접고 1년이 지나서 '토픽Topick'이라는 회사를 설립했다. 그러나 그가 바라던 만큼 성장하지 못했고 결국에는 문을 닫기로 결심했다. 그는 어느 날 밤 뉴욕시에서 술을 마시며 이렇게 말했다. "우리가 지금까지 계속 놓치고 있던 것은 우리가 해결하려는 문제였습니다. 우리는 무엇을 하길 원하는지를 알고 있었습니다. 그것은 관심사에 따라 뉴스를 구성하고 뉴스 공간에서 모든 소음을 제거하는 것이었습니다. 그러나 사람들이 실제로 이것 때문에 고통 받고 있는지를 확인하지 않았습니다. 우리 자신과 관심사, 직관에만 집중했지 더 넓은 시장을 살펴보지 않았습니다. 우리와 비슷한 사람들을 찾았지만, 우리의 관심사가 다른 모든 사람을 위한 대용품은 아니었습니다." 클레망은 자신이 먼저 고객의 요구와 문제에 몇 주일만 집중했더라면 처음과는 다르게 출발했을 것이라고 생각했다.

클레망의 사례는 문제보다는 주제에 이끌려서 사업을 시작하던 다른 수많은 기업자들을 떠올리게 했다. 비핸스를 설립하던 시절에 나 자신이 겪었던 일들을 돌이켜보면, 나 역시 클레망과 다르지 않았다. 나는 처음에는 온라인 크리에이티브 커뮤니티를 결성하고 싶었고 수백만 명에 달하는 사람들이 그들의 창조물을 서로 소개하는 아이디어에 푹 빠져 있었다. 그러나 내가 서비스를 제공하는 고객들 사이에서 좌절감이 흐르는 것을 금방 알아차렸다. 그들은 새로운 커뮤니티에 가입하기를 원하지 않았다. 그들은 자신의 작품을 통해 명성을 얻으려고 했고 경력에 도움이 되길 원했다. 그들이 진정으로 원했던 것은 자신의 온라인 포트폴리오를 관리하고 이것을 더 많은 장소에서 더 많은 사람에게 알리기 위한 컴퓨터 유틸리티였다. 나는 이 문제를 이해하고는 이를 해결하기 위해 우리의 계획을 조정했다.

순전히 열정만 가지고서 프로젝트를 시작하면 서비스를 제공하는 고객들을 고려하지 않고 의사결정을 하는 결과를 낳는다. 이 문제로 고통 받은 사람들에 대한 공감이 아이디어에 대한 열정보다 선행되어야 한다.

카메라와 메시징 기능을 제공하는 '스냅챗'의 등장을 생각해보자. 고객들에게 사진 공유를 지원하면서 페이스북과 경쟁하려는 스타트업은 많다. 그러나 스냅챗의 설립자 에반 스피겔Evan Spiegel은 십대의 최초 사용자들에게 특별하게 나타나는 불안과 선호에 관해 잘 인식하고 있었다. 2011년 설립 당시 십대들은 온라인상에 부모님과 선생님들이 볼 수 있는 데이터 흔적을 남기는 것에 특별히 민감했다. 따라서 콘텐츠가 나타났다가 금방 사라지게 만들어야 이런 십대 사용자들의 불안을 해소할 수 있었다. 또한 스냅챗은 십대 청소년들이 저장 공간에 한정되어 있고 스크린에 금이 간 물려받은 스마트폰을 사용한다는 사실에도 공감했다. 따라서 이 제품은 아주 단순한 사용자 인터페이스를 갖추고 장치의 이미지 저장 능력에 의존하지 않게 설계되었다.

고객에 대한 공감은 아이디어에 대한 열정보다 선행되어야 한다. 마찬가지로 아이디어를 실행에 옮기기 전에 당신을 둘러싼 시장 움직임에 대한 이해도 선행되어야 한다. 예를 들어 아이폰 앱과 액세서리를 출시하다가 결국에는 복제되거나 애플이 차세대 아이폰을 출시하면서 완전히 쓸모가 없게 된 제품도 매년 나온다. 애플 운영 체제에 플래시 기능이 탑재되기 전에는 플래시 앱이 있었다. 애플이 '펜슬'을 출시하기 전에는 아이패드 사용자들을 위한 전자펜이 있었다. 또한 고성능 에어팟을 출시하기 전에는 무선 헤드폰이 있었다. 이런 사례는 수없이 많다.

아이폰 앱과 액세서리를 출시한 기업들이 고객의 요구에 민감하게 반응했는지는 몰라도, 시장에 겸손하게 처신하지 않았고 다른 기업들이 이런 요구를 더 잘 충족시켜줄 수 있다는 사실을 알아차리지 못했다.

새로운 아이디어나 문제 해결 방안을 추진할 때는 다음 세 개의 여과 장치를 통과해야 한다.

### 1. 요구와 좌절에 공감한다.

제품 사용자들이 처한 어려움을 이해해야 한다. 당신의 아이디어에서 혜택을 얻게 될 고객들에 공감하고 있는가? 그들은 왜 좌절하고 있고, 이는 어디에서 비롯되는가? 때로는 자신이 자기 제품의 고객이므로 무엇이 당신을 좌절시키는지에 특별히 관심을 가져야 한다. 언젠가 제리 사인필드Jerry Seinfeld는 《하버드 비즈니스 리뷰Harvard Business Review》와의 인터뷰에서 최고의 아이디어가 어디에서 나오는지를 묻는 질문에 이렇게 답했다. "무엇을 싫어하는지를 아는 것은 아주 중요합니다. 혁신에서 중요한 부분은 '내가 무엇을 정말 싫어하는가를 당신은 알고 있는가?'라는 질문을 하는 것입니다. '내가 무엇을 정말 싫어하는가?'라는 질문에서 혁신이 시작됩니다." 당신을 좌절시키는 것은 다른 많은 사람도 좌절시킬 가능성이 높다.

### 2. 시장에 겸손하게 처신한다.

당신을 둘러싼 시장 움직임에 겸손하게 처신해야 한다. 고객의 요구를 당신보다 훨씬 더 잘 충족시켜줄 수 있는 또 다른 기업들이 존재하고 있지는 않은가? 그렇다면 그들이 그렇게 하지 못하게 만드는 것은 무엇인가? 시장에서 어떤 변화가 당신의 기대를 당장 꺾어놓을 수 있는가?

### 3. 해결 방안에 대한 열정이 있는지 체크한다.

아이디어에 대한 마지막 여과 장치는 당신이 해결 방안에 대한 열정을 가지고 있는가의 여부다. 나는 시장 기회가 있던 다수의 주문형 세탁물 스타트업 설립자들이 사업을 시작한 이후 몇 년이 지나 실제로는 세탁물 사업에 신경을 쓰지 않는 모습을 더러 보았다. 당신이 시장 기회를 확인했다고 해서 이것이 당신이 해결 방안을 가지고 있는 사람이라는 것을 의미하지는 않는다. 문제를 해결하려고 몇 년 동안 밤낮으로 노력하려는 의지가 없다면, 문제를 해결하기 전에 기대에 못 미치거나 사업을 중단하게 될 것이다.

아이디어를 실행에 옮길 때는 고객에 공감하고 시장에 겸손해야 한다. 당신의 열정이 고객이 있는 곳보다 훨씬 더 앞서나가서는 안 된다. 공감과 겸손은 강력한 여과 장치가 될 것이다. 공감을 잃는 날이 실패하는 날이 될 것이다.

〰〰〰〰〰〰〰〰

## 적절한 시기에 적절한 고객의 관심을 유도한다

논리에 맞지는 않지만, 당신은 당장 모든 고객을 매료시키는 것을 원하지는 않는다. 처음에는 비교적 소수이지만 직접 소통할 수 있고 마음과 마음이 통하는 열렬한 고객을 원한다. 당신은 사업을 시작할 때 문제를 바로 해결하기를 원하고, 사업을 확장하면서 이러한 작업을 천천히 하려고 할 것이다.

내가 여정의 다양한 단계에 있는 팀들과 자주 논의했던 주제가 바로 '이상적인 고객'이었다. 이런 고객을 한 마디로 정의할 수는 없다. 당신이 추진하는 사업의 다양한 단계에서 다양한 고객이 당신의 제품이 어떻게 진화하는가, 당신의 팀이 어디에 우선순위를 두는가에 영향을 미친다. 기업의 라이프 사이클 전반에 걸쳐 어떤 고객이 매력적인가는 기업과 제품이 어느 단계에 있는가에 따라 달라진다.

**기꺼이 시도해본다 → 양해해준다 → 입소문을 낸다 → 가치를 느낀다 →**

**수익을 낳게 한다**

신제품을 출시하면 다른 단계에서 다른 종류의 고객을 목표로 해야 한다. 우선 겨우 실행이 가능한 제품을 기꺼이 시도해보고 좌절을 경험할 준비가 되어 있는 테스터와도 같은 고객을 원한다. 그다음에는 테스터는 아니지만, 신제품에서 불가피하게 발생하는 결함을 양해해주는 고객을 원한다. 창조물이 가장 좋은 시기에 접어들 때가 되면, 당신에게 가장 가치 있는 고객이 자기가 알고 있는 모든 사람과 제품 경험을 공유하면서 입소문을 내는 사람이 될 것이다. 사업이 발전하면서, 당신은 제품에 가치를 느끼고 궁극적으로는 수익을 낳게 하는 고객들로 최적화하려고 할 것이다. 이제 각각의 고객 집단에 대해 자세히 살펴보자.

**1. 기꺼이 시도해보는 고객: 제품을 기꺼이 시도해 보고, 또다시 시도해본다.**

초창기에 제품을 테스트하거나 조용히 출시할 때, 당신의 과제는 새로운 것을

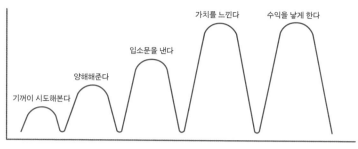

좋아하고 새로 출시된 (혹은 출시 이전의) 제품에 기꺼이 관심을 갖는 고객을 찾는 일이다. 이 단계에서 제품의 불완전한 부분을 이해하고 기꺼이 피드백을 제공하고 제품이 진화하면서 계속 또다시 시도해보려는 고객에게서 가장 많은 혜택을 얻을 수 있다. 비핸스 초기 시절, 우리가 보낸 이메일에 항상 답장을 보내고 우리가 만들려고 하는 것에 대해 실제로 만들기 전부터 잘 알고 있던 고객들이 있었다. 또한 페리스코프는 그 수가 얼마 되지는 않지만, 제품에 지대한 관심을 갖고 누군가가 온라인 생중계 방송을 할 때면 언제든지 시청할 고객들을 대상으로 초기에 베타 테스트(beta test, 출시를 앞둔 제품의 사용자 테스트-옮긴이주)를 실시했다. 이처럼 기꺼이 시도해보는(그리고 때로는 공상적인) 고객들이 초기에 마음을 사로잡아야 할 대상이다. 당신은 이런 고객들을 알아가길 원하므로 그들이 많아지는 것을 바라진 않는다. 초기의 이 고객들은 당신이 무엇을 만들고 있는지를 알고 그것을 기꺼이 시도해보려고 한다.

**2. 양해주는 고객: 최소한도로 실행이 가능한 제품에 대해 양해한다.**
제품 출시가 끝나면 제품에 여전히 완전하지 못한 부분이 있기는 하지만, 어쨌든 판매하기 시작할 것이다. 이 시점에서 가장 이상적인 고객은 공상적인 고객도 아니고, 기꺼이 시도해보려고 하는 고객도 아니며, 제품에 대해 양해해주는 고객이다. 그들은 결함을 양해할 수 있을 정도로 기술적으로 능통한 고객들이다. 가장 중요하게는, 그들은 모든 기능을 갖추고는 있지만 더 나쁜 제품보다 기능은 많지 않지만 더 좋은 제품에 가치를 둔다. 그들은 기능을 완벽하게 갖춘 상태를 찾기보다는 일정 기간에 기능이 결여되어 있는 상태를 양해할 수 있다. 이처럼 양해하는 고객의 마음을 사로잡기 위해서는 당신의 로드맵을 투명하게 보여줘야 한다. 몇몇 기업은 '공개된 로드맵'를 가지고 있거나 수시로 업데이트되는 블로그를 운영하면서, 그들이 배운 교훈과 진행 상태를 실시간으로 공유한다. 고객들이 확실히 양해할 수 있게 만드는 한 가지 방법은 그들에게 당신 스스로 무엇을 놓치고 있는지 알고 있고, 제품을 개선하기 위해 열심히 노력하고 있다는 것을 보여주는 것이다.

**3. 입소문을 내는 고객: 제품을 여러 사람에게 널리 알린다.**

제품이 시장 적합성을 갖게 되고, 그것을 기꺼이 사용하기 위해 가격을 납부할 의사가 있는 사람들을 찾게 되면, 제품을 널리 알리기 위해 가능한 모든 것을 해야 한다. 이 단계에서 다른 사람들에게 제품에 관한 이야기를 해줄 영향력이 있는 고객들에게서 가장 많은 혜택을 얻을 것이다. 이 고객들은 자신이 입소문을 낼 때 당신의 평판이 위기에 처한다고 해서 제품에 대해 양해하지는 않는다. 내가 경험하기로는 제품이 바쁜 고객에게서 신뢰와 사랑을 이끌어 낼 수 있을 정도로 뛰어날 때만 지속적이고 조직적인 입소문이 났다. 나는 직원들에게 입소문을 내는 고객들이 우리에게 또 다른 기회를 주지는 않을 것이므로, 제품이 제대로 갖춰져 있을 때 그들의 마음을 사로잡으라고 말한다.

## 4. 가치를 느끼는 고객: 평생 가치가 가장 높은 고객들이다.

제품이 시장 적합성을 갖는 단계를 뛰어넘어 지속 가능한 단계로 접어들면, 감당할 수 있는 최대한 많은 고객을 원할 것이다. 당신이 수익에 집중하면서 그것이 증가하면, 제품에 시간과 돈을 점점 더 많이 쓰는 충성 고객들에게서 가장 많은 혜택을 얻을 수 있다. 평생 가치lifetime value에 따라 고객의 순위를 매기면, 영업과 고객 서비스에 자원을 할당하는 데 도움이 된다. 신제품에 대한 노력은 고객의 평생 가치를 증진하는 데 목표를 둬야 하고, 최선의 고객은 이러한 평생 가치가 가장 높은 고객들이다. 당신은 (예전의 기능을 제거하면서) 새로운 기능을 추가하고 고객의 평생 가치를 증진하기 위해 더 나은 서비스를 제공해야 할 필요성을 느낄 것이다. 많은 기업이 새로운 고객에게는 신경을 쓰지 않으면서 한 가지 유형의 고객만 충족시키는 잘못을 저지르고 있다. 아직은 가치를 느끼지 않은 고객들을 멀리 하지 않으면서, 충성 고객의 평생 가치를 증진하는 데 힘을 쏟아야 한다.


## 5. 수익을 낳게 하는 고객: 장기적으로 수익을 가장 많이 낳게 하는 고객들이다.

마지막으로 성숙 단계에 있는 기업은 수익을 증가시키기 위한 노력을 기울여야 한다. 이제 최소한의 자원을 요구하는 고객을 끌어들이고 오랫동안 유지하기를 원할 것이다. 높은 가격을 지불하고 요구하는 것이 적은 고객이 높은 수익을 낳게 하고, 붙잡는 데 비용이 많이 드는 이전의 고객은 덜 매력적이게 된다. 이번 단계에서는 기업들이 새로운 고객을 끌어들이기보다는 기존 고객에게서 가치를 뽑아내는 데 더 많이 집중하게 되는데, 이것이 새로운 스타트업들에게는 규모가 큰 기업들이 외면하는 '수익성이 낮은' 고객을 대상으로 하는 경쟁에서 승리하기 위한 기회를 제공한다. 이렇게 하는 것이 단기적으로는 현명하겠지만,

장기적으로는 새로운 수익성이 낮은 고객들이 새롭게 등장하는 경쟁 기업으로 몰려들기 때문에 역효과를 낳을 수도 있다.

여정의 각 단계마다 특별한 방식으로 당신의 제품이나 서비스에 빠져들게 하고 싶은 사람들을 다시 생각해봐라. 친구이자 어도비에서 함께 근무한 적 있는 테일러 바라다는 지금 내가 하는 이야기를 아주 적절하게 표현했다. "제품이 시장 적합성을 갖는 것은 일종의 여정이지 목적지는 아니다." 당신의 고객이 바뀌고 당신의 제품이 바뀌면, 누구에게 집중해야 할 것인가를 끊임없이 고민해야 한다.

사업을 하는 것은 주로 인내하고 속도를 조절하는 것이다. 최대한 빨리 성과를 얻고 싶겠지만, 데이터를 해석하고 해결하려는 문제에 대해 공감을 얻는 것이 선행되어야 한다. 제품을 최대한 빨리 출시하고 싶겠지만, 광고와 마케팅을 할 만한 가치가 있는 제품을 만드는 것이 선행되어야 한다. 그리고 사용자나 고객을 최대한 많이 끌어들이고 싶겠지만, 그들을 계속 유지할 수 있는 능력을 갖추는 것이 선행되어야 한다.

## 제품을 만들기 전에
## 담화를 만들어야 한다

모든 창조물은 그에 대한 담화를 요구한다. 담화는 당신이 만들고 있는 것이 왜 중요한가의 관점에서 그에 대한 스토리를 말한다. 아이디어는 무엇에서 영감을 받은 것인가? 그것이 왜 실현되어야 하는가? 그것은 왜 의미가 있는가? 그것은 어떻게 하여 미래를 더 나은 곳으로 만드는가?

이러한 담화는 초기의 팀원이나 투자자들이 당신이 만드는 것의 의미를 알게 해준다. 또한 당신과 팀원들이 모험을 하게 만드는 데도 도움을 준다.

문제는 대부분의 기업 설립자들이 그들이 제품을 발표하거나 판매할 준비가 되어 있기까지 담화에 대해 생각하지 않는다는 데 있다. 담화는 마케팅으로 인식되고 있다. 이러한 기업가들은 초기 단계에서 제품을 둘러싼 담화를 정교하게 만드는 것을 시기상조나 시간 낭비라고 생각한다. 대기업은 담화를 마케팅 부서에 맡기거나 외부 기관에 외주를 주는 잘못을 범하기도 한다. 담화는 당신의 제품이 어떠한지, 무엇을 하는지에 대한 설명이 아니라 그것이 어떻게 왜 존재해야 하는지에 대한 스토리다.

비핸스에서는 우리의 담화가 세상의 크리에이티브 전문가들이 처한 곤경에 관한 것이었다. 그들은 직업 활동을 하면서 많은 공격에 시달리고 주변 환경에 의해 지나치게 휘둘리고 있다. 디자이너와 일러스트레이터를 비롯하여 그 밖의 창조적인 일을 하는 수많은 사람은 그들이 하는 일에 비해 제대로 된 공로를 인정받고 있지 않다. 온라인 '스펙 콘테스트spec contests'에서는 디자이너들이 무료로 작업을 한다. 어떤 면에서는 기술이 크리에이티브 전문가들의 경력에 도움이 되기는커녕 방해가 되었다. 우리의 담화는 기술이 크리에이티브 전문가들이 아이디어를 실현하는 데 힘을 실어줘야 한다는 것이었다. 그들은 자신의 포트폴리오를 업로드하여 작품을 더 많이 노출시키고 그에 대한 속성을 부여받으면서, 결과적으로 일을 할 기회도 더 많아졌다. 우리는 이것을 전문가들이 어느 에이전시에 소속되어 있는가, 어느 학교를 나왔는가, 누구를 알고 있는가가 아니라 그들의 작품이 얼마나 뛰어난가에 근거하여 기회를 부여받는다는 의미에서 "창조적 능력주의"라고 불렀다.

여러모로 볼 때 비핸스는 크리에이티브 산업에서 생계를 위해 분투하는 동료들에 대한 애틋한 마음에서 출발했다. 우리의 담화는 우리에게 나침반 역할을 했고, 우리가 어떤 기능(생산성을 증진하고 속성을 부여하는 기능)을 개발할 것인가, 어떤 기능(창조성을 증진하거나 속성을 내버려두는 기능)을 개발하지 않을 것인가를 분명하게 했다. 제품과 마케팅에 관한 모든 의사결정은 이런 담화에 부합되어야 했다.

제품이 출시되기 전이라 하더라도 처음부터 브랜드를 개발하면, 자기 목소리를 가진 기업과도 같이 강력한 가치를 창출하는 담화를 개발하는 데 도움이 된다. 고객의 제품 경험에 영향을 미칠 만한 의사결정을 할 때 이런 브랜드가 일정한 방향을 잡아줄 것이다. 비핸스 초창기에 이런 브랜드가 항상 특정 질문에 대답해줄 것이라 생각했다. 비핸스를 공동으로 설립한 마티아스와 내가 제품 개발을 시작하기도 전에 처음 몇 달 동안 비핸스의 브랜드 정체성을 확립하려고 했던 것도 우연이 아닐 것이다.

이런 담화는 팀원, 고객, 미래의 파트너를 포함하여 당신의 비전을 받아들이는 모든 이에게 도움이 된다. 나는 제품 비전을 정의하기 훨씬 전에 브랜드와 로고 등에 마음이 사로잡혀 있는 기업가들을 많이 봐왔다. 이를 잘 보여주는 사례로는 '우버'의 공동설립자이며 스타트업 디자인 스튜디오 '엑스파Expa'의 설립자, '스텀블어폰StumbleUpon'의 공동설립자 겸 CEO 개릿 캠프Garrett Camp를 들 수 있다. 많은 기업가가 브랜드를 생각하기도 전에 제품을 개발하여 출시하지만, 그는 제품을 개발하기 전에 브랜드와 도메인 네임을 먼저 생각했다.

"사람들은 제품의 시장 적합성(당신의 제품이 사용자의 요구를 충족시키고 시장에서 널리 판매되는 것)과 제품의 설립자 적합성(당신이 특정 제품을 선도하기에 적절한 설립자가 되는 것)에 관심이 많지만, 제품의 브랜드 적합성(당신의 제품과 아주 밀접하게 연관되는 브랜드를 갖고서 마찰이 없이 널리 전파되는 것)에 대해서는 중요하게 생각하지 않습니다." 그의 첫 번째 기업인 스텀블어폰은 네 음절로 되어 있었고, 때로는 사용자들이 잘못 표기하기도 했다. 그는 이러한 경험을 통해 당신이 제품의 콘셉트와 브랜드에 처음 얼마 동안 집중할 수 있다면, 제품을 훨씬 더 쉽게 전파할 수 있다는 것을 배웠다. 이후로 그가 공동으로 설립했던 '우버, 스폿Spot, 믹스Mix' 같은 기업들은 모두가 발견가능성과 접근성을 염두에 둔 단순한 콘셉트와 간단하고 기억하기가 쉽고 새로운 의미를 쉽게 연상시킬 수 있는 브랜드를 가지고 출발했다.

개릿은 신제품을 개발하면서, 직원들을 고용하기도 전에 전체적인 콘셉트와 브랜드가 녹아들어 있는 담화를 개발했다. 그는 콘셉트를 설정하기 위해 (개인 운전자를 만나거나 훌륭한 레스토랑을 찾아가는 것처럼) 일부 사람들에게만 접근할 수 있는 작은 것에 집중했다. 그다음에는 모든 사람이 이런 경험을 할 수 있고 그들에게 접근이 가능하다면 세상은 어떤 모습을 하게 될 것인가를 떠올려보았다. 우버의 경우에는 사람들이 제품을 어렴풋이 떠올리기 전에 어느 누구라도 개인 운전자를 호출하거나 개인 운전자가 될 수 있다는 담화가 제품의 핵심적인 특징이었다. 공상과학소설 작가 윌리엄 깁슨William Gibson은 다음의 말을 해서 유명하다. "미래가 여기에 있다. 다만 아직은 널리 퍼지지 않았을 뿐이다." 나는 이 말이 새로운 사업에 대한 콘셉트를 일찍부터 설정하는 그의 접근 방식을 적절하게 표현하고 있다고 생각한다. 그는 일부 사람들의 삶의 질을 향상시키는 것을 찾으려고 했고, 이것이 대중에게 널리 다가갈 수 있는 방법을 생각해낸 것이다. 개럿은 자신을 흥분시키는 콘셉트와 함께, 그다음에는 브랜드와 담화에 빠져들기 시작했다.

"당신이 많은 사람이 알아주길 바라는 소비재 브랜드의 경우에는 인정받을 수 있고, 편안하게 대화하고 공유할 수 있고, 쉽게 접근할 수 있는 것이 되어야 합니다. 이것이 처음부터 꼭 필요한 것은 아니지만, 나중에 브랜드명을 바꾸기가 쉽지 않습니다. 그리고 시작할 때부터 제품의 브랜드 적합성을 갖게 되면, (당신이 적절한 제품을 만들면) 훌륭한 제품이 왜 널리 퍼지지 않는가를 고민하기보다는 성공할 것이라는 확신을 가질 수 있습니다." 그는 직원을 모집할 때도 훌륭한 브랜드가 장점이 된다는 것을 지적하면서 이렇게 말한다. "당신이 영업팀 팀장으로 입사한다면, 이메일 주소가 scott@spot.com이 되는 것이 좋겠습니까? 아니면 scott@discoveraspot.com이 되는 것이 좋겠습니까? 브랜드는 팀의 정체성을 확립하는 데도 중요합니다. 너무나도 많은 사람이 이러한 중요성을 간과하고 있습니다."

무엇이 우리가 제품 자체가 주는 효용을 뛰어넘어 그것을 구매하거나 사용하게 만드는가? 제품의 품위를 느낄 수 있는가, 왜 존재하는가, 누가 제작했는가, 어떻게 불리는가는 모두 제품이 명품이 되게 하는 요소들이다. 스스로가 제품에 얽힌 담화를 잘 이해하고 있을 때 이것은 당신이 무엇을 만들 것인가에 뿐만 아니라 그것을 어떻게 판매할 것인가에도 변화를 일으킨다. '애플'의 유명한 "캘리포니아의 애플이 디자인했다Designed by Apple in California"는 애플이라는 브랜드의 제품과 관련된 담화를 전하는 짧은 문구의 한 가지 사례다. 이것은 애플이 디자인에 가치를 두고, 본사가 혁신의 중심지라 할 캘리포니아에 위치한다는 사실에 대한 자부심을 표현한 것이다.

다음 프로젝트를 착수할 때는 먼저 당신의 담화를 개발하고 브랜드를 확립하는 것을 염두에 둬야 한다. 이미 프로젝트의 중간쯤에 있다면 이를 위한 시간을 투자해야 한다. 이렇게 하는 것이 도중에 발생하는 여러 가지 문제에 대한 답을 얻고, 더 나은 의사결정을 하는 데 도움이 될 것이다. 담화는 항상 우리의 삶 자체를 소재로 하여 표현한 것이어야 한다. 제품이 어떻게 하여 사람들에게 품위를 느끼게 해주는가? 당신의 제품이 시간을 절약하게 해주거나 시간을 잊어버리게 만드는가? 그것이 남들에게 좋게 보이거나 더 나은 결정을 하거나 결정을 덜 하려는 욕망과 같이 인간의 자연스러운 성향을 어떻게 감안했는가? 그리고 가장 중요하게는 당신의 창조물에서 어떤 측면이 결국에는 당연하게 받아들여지는가? 세상에는 당연시되는 것을 창조하는 것보다 더 대단한 일은 없다. 시간의 시험을 견뎌내고 고객의 삶에서 중요한 부분이 되는 것을 창조하기 위한 유일한 방법은 당신의 제품을 둘러싼 폭넓은 담화를 이해하는 것이다.

# 번영하는 커뮤니티의 리더는
## 주인이 아니라 머슴이어야 한다

인터넷 발명이 갖는 가장 중요한 의미는 온라인으로 연결된 네트워크가 새로운 형태의 효용을 창출하는 것이다. 이것은 부분의 합보다 더 가치 있고, 다수의 참여자들에게 효용을 전해줄 수 있다. '이베이eBay'가 새로운 경제 활동의 기반을 조성하거나 '페이스북'이 소셜 네트워크를 제공하거나 '링크드인'이 경력 개발 플랫폼을 제공하는 것처럼, 많은 기업이 네트워크 구축과 관련된 사업을 시작했다. 물론 모든 네트워크는 참여자가 있어야 본연의 기능을 할 수 있다. 링크드인이나 이베이 회원들이 탈퇴하면 이 기업들은 문을 닫아야 할 것이다.

이런 거대 인터넷 기업과 비교하여 규모가 작은 비핸스도 사정은 마찬가지다. 나는 팀원들에게 비핸스의 운명이 궁극적으로는 우리 회원들의 손에 달려 있다는 것을 항상 상기시켰다. 비핸스에 게시된 수백만 점의 포트폴리오는 우리의 것이 아니었다. 우리가 하는 일은 네트워크를 보존하고 풍성하게 만드는 것이었지만, 우리가 그것을 소유하고 있지는 않았다.

어떤 종류가 되었든 커뮤니티나 네트워크를 구축하여 운영한다면, 주인이 아니라 머슴이어야 한다. 온라인 네트워크를 통하든 블록체인(blockchain, 특정 기간의 온라인 거래 명세가 기록된 블록을 연결한 것으로 누구나 접근 가능하다-옮긴이주)을 통하든 사람들을 연결시키는 그 밖의 수단을 통하든, 당신이 하는 일이 분권화될수록 커뮤니티를 형성하고 이끌어가기 위한 전통적인 접근 방식은 재고되어야 한다.

## 네트워크는 섬기는 것이지, 이끌어가는 것이 아니다

사업의 미래가 주로 네트워크를 구축하는 데 달려 있다면, 우리는 리더의 역할을 재고할 필요가 있다. 예를 들어 당신의 전략은 팀의 목표를 달성하는 것보다는 네트워크 참여자들의 요구를 더 잘 충족시켜주는 것에 치중해야 한다. 네트워크 참여자들이 친구를 찾든 그들이 원하는 서비스를 추천해줄 사람을 찾든 전문가 네트워크를 구축하든, 힘이 들더라도 고객들을 섬기기 위한 의사결정을 해야 한다.

나는 고객들을 섬기는 네트워크를 접객 산업과 똑같은 것으로 생각한다. 고객들은 레스토랑이나 호텔에 들어와서 조금이라도 불편한 기분이나 불필요한 마찰을 느끼면 등을 돌리고 나가려고 할 것이다. 실제로 그들을 붙잡을 수 있는 방법은 없고 그들에게는 다양한 선택권이 있다. 네트워크 참여자들에게 무엇을 하라고 지시해서도 안 되고, 그들이 겪는 경험보다 당신의 목표와 프로세스를 우선시해서도 안 된다. 특히 온라인상의 커뮤니티는 고객들이 존중받고 그들의 요구가 충족되는 곳에 자리잡으려고 한다. 고객의 충성과 신뢰가 (당신을 포함하여 네트워크에 참여하는 모든 이를 위해) 네트워크를 건전하고 가치 있게 유지해준다는 사실을 명심하면서, 네트워크 참여자들이 하는 말에 귀를 기울이고 그들을 섬기기 위해 최선의 노력을 기울여야 한다.


## 네트워크는 투명성과 공정성을 바탕으로 번영한다

투명성은 사업을 하는 데 도움이 되지만 네트워크를 운영하는 데는 필수적이다. 모든 댓글이나 '좋아요'는 개인에게서 나와야 하고, 우리가 무엇을 볼 것인가, 누구를 만날 것인가를 결정하는 데서 작동하는 알고

리즘은 투명하게 작동해야 한다.

데이트 상대자를 임의로 소개한다는 느낌을 주기 때문에, 많은 사람이 최초의 스와이핑(swiping, 터치스크린에 손가락을 댄 상태로 화면을 쓸어 넘기는 동작-옮긴이주) 데이트 앱 '틴더Tinder'를 좋아한다. 틴더는 '이하모니eHarmony' 혹은 '매치닷컴Match.com'과는 다르게, 당신에게 가능성이 있는 짝을 제시하지 않는다. 이것은 당신의 객관적인 매력도, 교육 수준, 유머 감각과는 무관하게 다른 모든 사람과 똑같은 조건에서 구애자들을 평가할 수 있다는 것을 의미한다.

혹은 그렇게 알고 있다.

대부분의 사람에게는 알려지지 않은 사실이지만, 틴더를 사용하는 사람들에게는 내부적으로 등급이 할당된다. 이 회사는 틴더 서비스를 사용하는 사람들의 매력도를 기준으로 순위를 매기고 이를 바탕으로 그들에게 점수를 부여한다. 오스틴 카Austin Carr는 《패스트 컴퍼니Fast Company》에 실린 기사에서 이러한 매력도 등급은 대외비로 취급된다고 적었다. '우버, 에어비앤비 혹은 태스크래빗TaskRabbit'과는 다르게, 사용자들은 틴더에서 "엘로 스코어Elo Score"라고 부르는 자신의 점수나 등급을 결정하는 알고리즘이 어떻게 작동하는가에 대해서는 알지 못한다.

틴더에서 CEO를 역임했던 숀 라드Sean Rad가 자신의 엘로 스코어에 대한 배타적인 접근 권한을 부여받았던 오스틴에게 이러한 등급 시스템의 존재를 인정했다. 라드가 알고리즘의 자세한 내용을 밝히지는 않았지만, 그는 이것이 프로필 사진으로만 결정되지는 않는다고 말했다. 다음은 라드가 오스틴에게 전하는 말이다. "등급이 당신을 스와이핑하는 사람 수에 의해서만 결정되지는 않습니다. 등급이 정해지는 과정은 아주 복잡합니다. 고려해야 할 요소들이 아주 많기 때문에 우리가 알고리즘을 만드는 데만 두 달 반이 걸렸습니다."

틴더의 공동설립자이자 지금은 최고전략책임자로 있는 조너선 바딘 Jonathan Badeen이 이 알고리즘을 비디오게임인 '월드 오브 워크래프트 World of Warcraft'에 비유하면서 오스틴에게 다음과 같이 말한 것이 문제를 더욱 꼬이게 만들었다. "저는 오래 전부터 이런 종류의 게임을 즐겼습니다. 그리고 당신이 점수가 상당히 높은 사람과 게임을 할 때마다 점수가 낮은 사람과 할 때보다 더 많은 점수를 올릴 수 있습니다. 이것은 본질적으로 사람들을 비교하여 신속하고 정확하게 순위를 매기고 짝짓기 하는 방식입니다."

이후로 오스틴이 자신의 엘로 스코어를 알게 된 것을 후회한다고 말했지만, 그는 이러한 유혹을 뿌리칠 수가 없었다. 그는 냉소적으로 이렇게 적었다. "그 팀은 북소리를 냈다. 그리고 잠시 동안 나는 나 자신이 요행히도 틴더 사용자 중 1등이 될 것으로 생각했다." 그의 점수는 946점이었는데, 틴더에서 근무하는 데이터 엔지니어에 따르면, 평균보다 높은 점수였다. 오스틴은 이런 내용도 적었다. "이것은 뭐라 말하기에 애매한 점수다. 그러나 나는 내 점수를 알고 기분이 나빴다. 평균보다 조금 높다는 말이 내 자존심을 채워주기에는 충분하지 않았다."

엘로 스코어를 알고 나서 상처를 받은 것과 마찬가지로, 수백만 회원들이 섹스 파트너, 연인 등의 관계를 맺기 위해 사용하는 앱 틴더가 당신이 전혀 알지 못하는 점수에 따라 당신의 짝을 찾아내고 있는 것을 알고 나면, 또다시 상처를 받을 수 있다는 사실을 명심해야 한다.

네트워크의 내부에서 작동하는 방식이 불투명할 경우에는 참여자들이 더욱 신중해야 한다. 그들이 자제력을 발휘하면 네트워크의 잠재력이 제한된다. 당신은 정보를 가지고 참여자들을 압도해서도 안 되고 그들의 경험을 혼란스럽게 해서도 안 된다. 그러나 그들의 경험에 투명성을 부여하는 것이 신뢰를 낳는다. 투명성을 시험하려면 참여자들이 (그들이 원한다면) 자신의 피드에서 본 것이 왜 혹은 어떻게 생성되었는지 알 수 있는가를 확인하면 된다. 신뢰를 유지하려면 투명성과 이해를 확립하기 위한 방침이 있어야 한다. 마찬가지로 참여자들이 어떤 주제를 두고서 싸우는 것처럼 네트워크 내부에서 갈등이 발생할 경우에는 이것을 해결하는 절차가 투명하고 공정해야 한다. 비핸스에서는 저작권 침해나 부적절한 행위에 관해 참여자들이 싸울 때마다 우리의 커뮤니티 관리팀이 눈에 보이지 않는 판사와 배심원 역할을 하기보다는 투명성을 발휘하여 그들 사이에 공개적으로 개입하려고 했다.

## 네트워크에서 리더는 유기적인 방식으로 등장한다

당신은 네트워크에서 리더를 지명하지 않는다. 대신 때로는 커뮤니티 큐레이션(curation, 자료를 수집, 분류, 구조화하는 것-옮긴이주)을 통해 영향력이 결정된다. 따라서 네트워크 관리자는 네트워크의 품질과 유용성을 개선하기 위한 기회가 있을 때마다 건전한 실력주의를 실현하기 위해 영향력을 최적화해야 한다. 경영학의 권위자 짐 콜린스Jim Collins는 언젠가 말했다. "당신은 네트워크를 실제로 관리할 수는 없다. 그러나 네트워크 내에서 이끌어가는 것을 지원할 수는 있다." 나는 이 생각을 더욱 발전시켜 이렇게 말하고 싶다. "당신이 네트워크 내에서 이끌어갈 수는 없지만 참여자들을 친절하게 대하는 유능한 머슴이 될 수는 있다." 당신은 다양한 기능을 개발하고 투명성과 공정의 기준을 준수함으로써 신뢰를 손상시킬 만한 어떠한 영향력도 행사하지 않으면서 네트워크의 품질을 돋보이게 하고 기회를 제공하는 것을 지원할 수 있다.

네트워크에 어울리는 리더는 스팸 메일을 보고하고, (날마다 위키피디아에서 자발적으로 편집하는 수많은 사람과 마찬가지로) 기재 사항을 편집하고, (레딧Reddit 채널이나 공동의 관심사를 가진 사람들이 모인 아미노Amino 커뮤니티의 적극적인 참여자들처럼) 새로운 사용자들을 반기고, 공동의 경험을 증진하기 위해 시간을 내는 사람들이다. 이런 리더들은 단지 리더로 지명되어서가 아니라 동료 참여자들의 존중과 감사의 마음을 얻어서 영향력을 갖는다.

당신이 네트워크를 구축하고 있다면, 그것을 지배할 수 없고 커뮤니티가 당신의 소유물이 아니라는 사실을 인식하고 겸손해야 한다. 어떤 식으로든지 네트워크를 위해 봉사하고 투명성과 실력주의를 증진해야한다. 그리고 자부심을 가지고 헌신하는 머슴이어야 한다.

# 찾아가는 것보다
# 나은 방법은 없다

경영대학원 2년차가 끝날 무렵 졸업을 불과 한 달 앞두고, 교수 한 분이 우리가 교과 과정에서 배웠던 모든 내용(재무, 마케팅, 기업 경영, 관리, 윤리)

을 요약해주시며 한 가지 중요한 분야를 빠뜨리고 있는 사실을 지적하셨다. 그것은 영업이었다. 그분은 우리 학교가 영업을 어떻게 가르쳐야 하는지에 대해 제대로 이해하고 있지 않다고 말씀하셨다. 그럼에도 영업은 중요하다. 경영대학원에서는 영업이 일종의 오명을 지녔다. 영업맨에 대한 고정 관념은 그다지 좋지 않았다. 그들은 항상 고객을 만나서 시시한 이야기를 늘어놓고 할당량을 채워야 하고 혼자 힘으로 일을 꾸려간다. 어느 누구도 물건을 팔아야 하는 상황에 놓이고 싶어 하지 않는다. 따라서 많은 사람이 영업맨이 되는 것을 싫어한다.

그러나 새로운 것의 창조자인 당신은 항상 그것을 판매하고 있다. 피드백이나 멘토를 구하려고 할 때는 상대방의 관심을 끌기 위해 당신이 처한 곤경을 알리게 된다. 팀을 구성할 때는 자신의 미션을 알리게 된다. 팀원들을 놓치고 싶지 않을 때는 발전의 의미를 알리게 된다. 모금 활동을 할 때도 투자자들을 상대로 영업을 한다. 그리고 고객이 이미 당신을 신뢰하고 나서도 항상 그들을 상대로 영업을 한다.

때로는 멸시의 대상이기도 하고 하버드 경영대학원에서 가르치지 않은 영업이 가장 중요하다는 것은 아이러니하면서도 시사하는 바가 크다. 우리는 사업 아이디어에만 지나치게 관심을 갖고서 사업이란 기본적으로 사람 사이의 관계가 전부라는 사실을 잊어버린다. 아이디어를 공유하고 설득하지 않으면 아무것도 얻을 수 없다.

유능한 창조자가 되려면, 훌륭한 영업맨이 되어야 한다. 반드시 전통적인 관점에서만 이런 말을 하는 것은 아니다. 기본적으로 영업이란 무엇인가? 도시의 광장에서 제품을 소리치면서 판매하지 않거나 전화번호부에 나오는 사람들을 상대로 전화를 걸어 제품을 판매하지 않는다면,

이것이 오늘날의 기업 용어로 무엇을 의미하는가?

훌륭한 영업맨이 된다는 것은 사람들이 찾아올 때까지 기다리지 않고 어디든지 찾아가서 만난다는 것을 의미한다. 이것은 어디든지 찾아가서 당신의 아이디어를 공유하고 진행 과정을 의논하고 질문을 받고 다양한 분야의 사람들을 만나고 누구에게든지 말을 거는 것을 말한다. 고객, 종업원, 투자자, 산업 저널리스트의 소망, 고난, 두려움 등 모든 사람이 고민하는 문제를 이해하고, 어느 누구와도 관계를 맺길 원해야 한다. 가장 좋은 영업은 타인에 대한 진정한 공감과 그들과의 관계에서 나온다.

사람들을 만나서 상처받지 않고 컴퓨터 모니터 앞에 앉아 사업을 발전시키기 위한 방법을 찾고 싶겠지만, 어디든지 찾아가려는 태도를 확립하는 것보다 나은 방법은 없다. 나처럼 내성적인 사람이라면, 당신의 생산성을 가로막은 보호막에서 벗어나 주변 사람들과의 관계를 맺기 위한 노력을 끊임없이 기울여야 한다. 그들은 어떤 일을 하고 있는가? 무엇이 그들로 하여금 밤늦도록 일하게 만드는가? 당신은 어떤 방식으로 그들을 도울 수 있는가? 어느 누구라도 무시해서는 안 된다. 훌륭한 영업맨이나 저널리스트는 모든 사람이 스토리를 갖고 있고, 모든 스토리에는 교훈이 있다는 사실을 잘 안다. 다른 사람과 상호 작용을 하면, 모든 상호 작용은 또 다른 상호 작용을 낳는다. 시간이 아깝다고 생각되는 사람을 만나더라도 그들에게서 배울 만한 것을 찾아야 한다. 그들의 스토리에 있는 그 무엇인가가 당신의 믿음을 강화시키는 것이 되었든 영감을 주는 것이 되었든, 당신에게 경이로움을 선사할 것이다.

어떤 방식으로든 사람들을 직접 찾아가야 한다는 압박을 스스로 가

해야 한다. 그들이 하는 일과 그들의 삶을 더 많이 이해하려면 그들과 함께 시간을 보내야 한다. 그들과의 관계를 형성하려면 더 많은 것을 질문하고 더 많은 시간을 보내야 한다. 무엇인가 배울 만한 것을 찾기 위해 만나는 사람들과 관계를 맺어야 한다. 이런 방식으로 당신의 창조물의 생존과 지속을 가능하게 해주는 관계를 형성하면서 사업을 구체적으로 느낄 수 있고 소중한 깨달음을 발견할 수 있고 새로운 고객을 얻을 수 있다.

# 최초보다는
# 최고가 되어라

제품을 최초로 출시하고 오래된 문제에 대한 새로운 해결 방안을 제시하는 것은 신나는 일이다. 그러나 길게 보면, 시장에서 최고가 되는 것이 최초가 되는 것보다 훨씬 낫다.

나는 사용자들이 실시간 영상을 제작하는 모바일 앱을 개발하는 몇몇 팀을 보면서, 특히 페리스코프의 케이본 베익포어와 조 번스타인과 함께 일하면서 이런 사실을 직접 경험했다.

케이본과 조 그리고 그의 팀원들은 사용자들이 어딘가에서 "텔레포팅(teleporting, 보통 공상과학소설에서 특수 장비를 이용하여 순간 이동하는 것을 의미한다-옮긴이주)"을 하고 방송국과도 실시간으로 교류할 수 있는 감동을 느낄 수 있도록, 그들의 제품 페리스코프를 훌륭하게 설계했다.

처음부터 페리스코프가 특별한 무엇인가를 보여주려고 한다는 것이 분명했다. 개발 중에 있는 몇몇 다른 실시간 스트리밍 앱에 대한 소문도 있었지만, 그동안 출시 이전에 페리스코프가 비밀리에 진행하던 앱에 대한 시험에서는 대단히 훌륭한 결과를 보여주었다. 출시 이전 사용자 1000명 중 절반 이상이 이 앱을 매일 사용하고 있었다.

페리스코프 팀과 그들의 자문가들만이 처음부터 이 앱이 지닌 매력을 간파한 것은 아니었다. 우리는 트위터 공동설립자 잭 도시Jack Dorsey, 당시 트위터의 CEO 딕 코스텔로Dick Costello처럼 널리 알려진 사람들이 베타 테스트에 참여하여 이 제품을 적극적으로 사용한 것을 확인했다. 얼마 지나지 않아, 트위터는 페리스코프에 대해 더 많을 것을 알고 싶어 했고, 마침내 이 앱을 출시하기 전에 이 회사에 대한 인수를 공식적으로 제안하게 되었다.

케이본과 조가 트위터와 운명을 함께 할 것인가에 대한 어려운 결정을 한 것은 별도로 하고, 경쟁 기업들이 개발 중인 이와 비슷한 실시간 스트리밍 앱들이 페리스코프보다 먼저 출시될 것인가가 문제가 되었다. 기업가들 사이에는 그들의 창조물을 최초로 소개하고 싶은 합당한 욕구가 있다. 모두가 최초가 되기를 원한다. 정말 그렇게 되어야 하는가?

우리는 이 앱이 제대로 작동할 것으로 생각했다. 그리고 꼼꼼하게 정성들여 설계했기 때문에 페리스코프가 출시되기만 하면 경쟁 기업의 것보다 더 우월할 것이라는 확신을 가졌다. 그러나 다른 경쟁 기업들이 우리 것보다 더 열등하더라도 앱을 먼저 출시하는 것을 참기 어려웠다. 트위터와 완전한 통합을 하는 위험을 무릅쓰고라도, 시장에서 최초가 되는 것이 더 나은가? 아니면 훨씬 더 우월한 제품을 가지고 나중에 출시하는 것이 더 나은가?

케이본과 조는 마침내 트위터와 거래를 하고는 제품을 출시하기 전에 한 달 정도 시간을 가지고 몇 가지 점을 개선하고 통합하기로 결정했다. 페리스코프를 출시하기 한 달 전에 '미어캣Meerkat'이라는 실시간 스트리밍 앱이 공식적으로 출시되었다. 이 앱은 최초라는 찬사를 받았지만 내용이 빈약하고 성급하게 나온 것이라는 인상을 주었다. 이후로 한 달이 지나 페리스코프가 앱을 출시하자 사용자들의 반응은 완전히 달랐다. 트위터와의 통합이 이 앱이 성공한 데 많은 역할을 차지했지만, 페리스코프가 꼼꼼하게 설계한 기능들이 경쟁 앱들보다는 훨씬 더 우월했다 (미어캣은 1년 정도 지나 자취를 감추었고, 이 앱의 개발자들은 하우스파티House Party라는 실시간 영상 앱을 개발하여 출시 이후로 많은 각광을 받았다).

멋진 신제품이 대박을 터트릴 수도 있다. 그러나 그 자체가 항상 대박을 터트리는 것은 아니다. 당신은 결승선을 통과하는 최초의 팀이 되기 위해서가 아니라 그것을 제대로 만드는 최초의 팀이 되기 위해 달려야 한다.

한 가지 방법은 제품을 출시하기 전에 공개적으로 혹은 초청받은 사람들만 사용하게 하는 '소프트 론치soft launch'를 하는 것이다. 당신의 기업이 애플처럼 대규모로 정밀 조사를 할 수 있는 대기업이 아니라면, 고객에게서 진정한 피드백을 구하고 제품을 개선하기 위한 시간을 갖는 데서 얻는 이익이 베일을 벗기는 순간에 언론의 관심을 받는 것을 포기하는 데 따르는 손실보다 훨씬 더 크다.

초기 단계의 팀들은 때로는 이런 걱정을 한다. "하지만 언론은 어떻게 해야 하는가? 첫날에 언론의 조명을 받으려면 공개적으로 출시해야 하지 않는가?" 언론은 언제 출시하는가에 관심을 갖지 언제 사람들이 사용하기 시작했는가에는 관심을 갖지 않는다. 당신이 기자들을 몰고 다니는 유명 인사나 연쇄 창업가serial entrepreneur가 아니라면, 당신이 스토리를 전하기 시작할 때까지는 어느 누구도 당신의 제품에 관심을 갖지 않는다. 당신의 제품을 출시할 때가 되었을 때 언론의 주목을 받아야 한다는 확고한 믿음에는 문제가 있다. 언론의 주목을 받지 못해 발생하는 손실은 더 나은 제품과 세련된 선전 문구로 만회할 수 있을 것이다.

그리고 추가 시간을 최대한 확보해야 한다. 제품이 처음 출시될 때는 가장 안 좋은 상태에 있다. 제품에서 결함, 소프트웨어 버그, 간과했던 부분은 실제로 사용할 때 금방 드러나게 마련이다. 제품을 처음에 조용히 출시하고, 그다음에 세련되게 만들고, 제품이 처음으로 사용이 가능할 때가 아니라 처음으로 순조롭게 작동할 때 언론을 끌어들여 제품의 '출시'를 알릴 수 있다.

제품을 선전하는 데는 출시되기 전부터 많은 예산이 소요된다. 기업을 설립한 지 얼마 되지 않았을 때는 최고의 스토리가 창업자 자신에 관한 것이고, 이것은 비싼 광고 회사가 아니라 창업자 자신에게서 나온다.

내가 아는 대부분의 저널리스트들은 홍보실에서 근무하는 사람들보다 열정을 가진 창업자와 만나서 이야기하는 것을 선호한다. 기업이 자신을 설명해야 할 때는 홍보실이 상당히 도움이 된다. 그렇지 않을 경우에는, 특히 초기 단계의 기업의 경우에는 방해가 되기만 한다. 고객들로 하여금 제품을 판단하게 할 준비가 되어 있을 때 언론이 나타나서 제품이 어떻게 나오게 되었는지에 대한 스토리를 전하는 것이 가장 바람직하다.

제품을 출시하며, 최초가 되는 것을 우선시해서도 안 되고 언론의 집중 조명을 받는 데 집착해서도 안 된다. 제품을 출시하고 나서 개선하는 것이 이전에 개선하는 것보다 시간의 영향을 더 많이 받는다. 마라톤에서 처음부터 최대한 빨리 달리고는 나중에는 힘이 빠져 맨 뒤로 처지는 '토끼'가 되어서는 안 된다. 많은 사람이 신제품을 최초로 출시하여 언론의 조명을 받고 싶어 한다. 그러나 시간이 지나면서 시장에서 최고가 되는 것이 최초가 되는 것보다 훨씬 더 낫다.

## 엄청난 영향을 미칠 수 있는 업무를
## 가장 중요하게 취급한다

제품의 모든 부분을 더 낫게 만들고 싶겠지만, 제품에서 팀의 에너지를 가장 많이 요구하는 부분이 항상 존재한다. 이것이 고객 경험에 엄청난 영향을 미칠 수 있는 기능이 될 수도 있고, 제품 전체를 망치는 잠재적인 단일 장애점(single point of failure, 시스템 구성 요소 중 동작하지 않으면 전체 시스템이 중단되는 요소-옮긴이주)이 될 수도 있다. 과제에 우선순위를 결정할 때는 팀의 생존과 성공 가능성에 엄청난 영향을 미칠 수 있는 업무에 집중해야 한다.

제품의 다른 부분보다 특정 부분을 우선시하는 데 따르는 기회비용을 분석하는 방법은 많다. '스레드리스Threadless, 딕Digg, 우버'에서 제품디자인 팀장을 지냈던 제프리 칼미코프는 2010년에 지리 위치 geolocation 관련 스타트업 '심플지오SimpleGeo'에서 제품 개발을 이끌어 가던 시절에 겪었던 고충을 털어놓았다. 빠르게 변해가는 시장에서 격무에 시달리던 제프리의 제품 개발팀에는 그들이 직면한 제품 기능과 개선에 대한 요구를 완수하기에 충분한 시간이 없었다. 몇 가지 아이디어는 수익을 발생시켜줄 단기적 기회를 창출했지만 그 밖의 아이디어는 전략적인 것들이었다. 그리고 물론 이런 아이디어들 중 일부는 상당히 복잡하여 여러 명의 개발자를 몇 주에 걸쳐 투입해야 하는 것들이었지만, 불과 몇 시간 만에 실현할 수 있는 외관상의 간단한 변화에 관한 것들도 있다.

제프리는 회사에 엄청난 영향을 미칠 수 있는 업무에 우선순위를 정해야 하는 문제에 직면했다. 이것은 말하기는 쉽지만 실행하기 어렵다. 사내에서는 모두 제품 개선에 대한 일반적인 목표를 공유하고 있지만 다른 선호를 가지고 있다. 사업 관리자들은 새로운 가격 옵션과 마케팅 전략을 선호하지만, 개발자들은 코드 구조의 재조정을 선호한다. 그리고 초기 사용자들의 커뮤니티는 새로운 기능에 대해 완전히 다른 선호와 요구를 갖는다.

그는 자신의 에너지를 어디에 집중해야 하는지를 결정하기 위해 설문조사를 실시했다. 제품 개발과 디자인을 이끌어가던 그는 CEO와 영업팀원들에게 프로젝트와 기능에 대한 요구사항 목록을 검토하고 매출과 전략의 관점에서 우선순위 점수를 부여하게 했다. 사업팀 팀원들에게는 각각의 항목을 살펴보고 매출과 전략에 큰 영향을 미치게 될 가장 중요한 과제에는 3점, 이보다 중요도가 낮은 과제에는 2점, 중요하지 않은 과제에는 1점을 부여하게 했다. 때로는 주요 기능이나 디자인의 변화가 제품에는 중요하지만, 매출과 전략과는 반드시 직결되지 않아서 그들에게서 1점을 받을 수도 있었다.

그런 다음에, 똑같은 프로젝트와 기능에 대한 요구사항 목록을 가지고 제품 개발팀과 디자인팀에 제시했다. 그는 또다시 팀원들에게 각각의 항목에 1~3점을 부여하게 했는데, 이들에게는 소수의 직원이 신속하게 처리할 수 있는 과제에는 1점, 며칠보다는 더 오래 소요되고 몇 주보다는 덜 소요되는 중간에 해당하는 과제에는 2점, 3주 이상의 시간과 노력이 소요되는 과제에는 3점을 부여하게 했다.

제프리는 모든 프로젝트와 기능에 대해 두 개의 기재란에 점수를 입력하고는 사업의 관점에서는 상당히 중요하고 디자인팀이 실행하기 쉬운 과제를 의미하는 3/1(중요도 점수/소요시간 점수)을 확인하기 위해 목록을 쭉 훑어보았다. 3/1은 최소한의 노력으로 큰 영향을 미칠 수 있는 구체적인 과제들이기 때문에 당장 우선시되어야 한다. 대부분의 경우 1/3은 많은 인력을 투입했지만 매출은 보잘것없기 때문에 우선순위에서 맨 뒤로 처지게 된다. 다른 과제들은 중간의 어딘가에 해당한다.

예전에 내가 함께 일했던 팀들은 시간과 노력을 아주 다르게 요구하지만 똑같이 중요한 과제들을 설명하기 위해 이들을 (앞에서 언급했던) 바위와 자갈에 비유했다. 중요하고 시간과 노력이 많이 투입되는 바위들 (3/3)에 집중하면, 중요하지만 시간과 노력이 훨씬 덜 투입되는 자갈들 (3/1)을 완수할 수가 없다. 중요도나 소요되는 시간과 노력 중에서 한 가지에만 우선순위를 부여해서는 안 된다. 두 가지 모두에 우선순위를 부여해야 한다. 확장성이 높은 과제를 선호하면서 작은 과제를 기피하면,

제품을 개선하기 위한 단순하고 타당한 전술을 펼치지 못한다.

⬛⬛⬛⬛⬛⬛⬛⬛

# 각 기능을 저마다의 고유 기준에
# 따라 평가한다

제품이나 서비스의 모든 측면을 평가해야 하지만 당신이 사용하게 될 평가 기준은 다를 것이다. 예를 들어 대부분의 기능은 그것이 얼마나 자주 사용되는가에 따라 평가된다. 제품에서 특정 기능이 쓸모가 없다면 그 부분을 개선하거나 더 많이 알려야 하지만, 때로는 완전히 제거해야 할 필요도 있다. 운전자가 기어를 중립에 두고 사용하는 견인 모드처럼 제품의 특정 기능은 고객이 일상적으로 사용하는 것은 아니다. 이 기능은 고객이 인지하고 채택했을 때 효력을 발휘한다. 그리고 애초에 고객을 끌어들이기 위해 설계된 기능도 있지만 로켓 추진체 같이 시간이 지나면서 떨어져 나가는 것도 있다.

모든 기능을 단순히 사용하면서 쓰는 시간으로만 평가하면, 고객이 제품과 어떻게 상호 작용하는가를 통해 배울 수 있는 더욱 미묘한 교훈을 놓쳐버리기 쉽다.

제품 개발은 주로 고객의 요구에 의해 진행되고, 제품의 거의 모든 기능이 고객의 참여를 촉진하기 위한 것으로서 내가 '참여 촉진자'라고 부르는 것에 해당된다. 이런 기능은 얼마나 자주 사용하는가, 언제 필요한가, 얼마나 잘 수행하는가(따라서 고객이 당신의 제품을 계속 사용하게 되는가)에 따라 평가할 수 있다. 당신의 사진을 취향에 맞게 꾸미거나 팀원들과 더 잘 소통하기 위한 흥미롭고 새로운 방식처럼 제품의 참여 촉진자를 선전하기 위한 전통적인 접근 방식은 고객들이 사용할 가능성이 가장 높은 기능에 그들이 가장 많이 흥분할 것이라는 잘못된 가정에 바탕을 둔다. 그러나 고객들이 신제품을 보면서 가장 많이 흥분하는 기능이 때로는 가장 참신하지만 반드시 실용적이지는 않은 것일 수도 있다. 나는 이런 기능이 고객의 참여나 적극적인 사용을 촉진하기보다는 관심을 자극하려는 목적에서 나온 것이기 때문에 '제품의 관심 촉진자'라고 부른다.

나는 고객들이 온라인상에서는 많은 관심을 나타내지만 실제로는 거의 사용하지 않는 창조적 앱의 멋지고 참신한 기능을 선전하면서 이런 현상을 확인했다. 내가 소비자가 되어서도 이런 기능을 체험했다. HBO가 비평가들에게 찬사를 받은 텔레비전 드라마 〈왕좌의 게임 Game of Thrones〉을 처음 방영하며 아이패드 앱 'HBO GO'에서 이 드라마에 대한 향상된 시청 체험도 제공했다. 다른 기능도 있었지만 그 중 허구의 지형에 대한 자세한 지도 기능이 포함된 향상된 버전은 시청자들이 드라마를 보기 위해 텔레비전이나 노트북 화면 대신 앱을 사용하고, HBO가 그들과 더욱 직접적인 관계를 형성하기 위한 것이었다. 이것은 훌륭한 관심 촉진자였다. 그러나 내가 알기로는 향상된 시청 기능을 사용하는 시청자들은 소수에 불과했다. 이 기능은 사용자들을 앱으로 끌어들이기 위한 똑똑한 수단이기는 했지만, 소셜 미디어나 앱에 대한 리뷰에서 사용 경험을 보고하는 사람은 거의 없었다. 이런 대화식 기능이 대단히 혁신적이고 이목을 끌 만한 것이기는 했지만 실제로 사용하는 사람은 거의 없었다. 이 기능을 실패작으로 봐야 하는가? 그것은 당신이 이 기능을 참여 촉진자로 평가했는지 아니면 관심 촉진자로 평가했는지에 달려 있다. 이 기능은 고객이 일상적으로 사용하게 만드는 데는 실패했지만, 우선 HBO GO를 다운로드하게 만드는 데는 엄청난 성공을 거두었다. 흥미롭게도 이 드라마가 방영되고 6개월이 지나서는 향상된 시청 기능이 앱에서 완전히 사라졌다. 기능이 목적을 달성했거나 제대로 평가되지 않았다고 볼 수 있다.

나는 어도비가 포토샵, 일러스트레이터, 라이트룸Lightroom 같은 제품의 새로운 버전을 출시할 때도 관심 촉진자의 중요성을 확인했다. 대부분의 고객들이 제품 기능의 일부만 일상적으로 사용했지만, 우리는 이미지에서 특정 건물이나 장면의 원근감을 변경할 수 있는 '원근 뒤틀기Perspective Warp' 같은 새롭고 참신한 기능을 항상 떠들썩하게 선전했다. 데이터에 따르면, 이처럼 떠들썩하게 알릴 만한 가치가 있는 기능들 중 일부는 출시 이후 널리 사용되지는 않은 것으로 나타나지만 제품의 영역을 넓히고 고객들이 새로운 버전을 보면서 흥분하게 만드는 데는 중요한 역할을 한다. 모든 새로운 버전에서 진정한 참여 촉진자는 제품을 일상적으로 신속하고 쉽게 사용하게 해주는 것들이고, 전통적인 방식으로 그 중요성을 평가할 수 있다. 그러나 점진적인 개선은 매력적으로 보이지도 않고, 헤드라인을 장식하지도 않는다. 그리고 미래의 고객들은 자극적인 대상을 원한다. 당신이 새로운 기능을 선보일 때는 관심 촉진자와 참여 촉진자를 동시에 활용해야 할 것이다.

제품의 성공 여부를 평가할 때는 모든 기능이 무엇을 달성하고자 하는지를 결정하고, 이에 따라 그것을 평가해야 한다. 고객이 제품을 어떻게 사용하는지를 관찰하고는 HBO GO가 제공하는 〈왕좌의 게임〉의 향상된 시청 기능이나 포토샵의 멋진 기능과 같은 관심 촉진자가 기대만큼 사용되지 않는 것을 확인하면 이를 제거하고 싶은 유혹을 느낄 것이다. 하지만 제품에서 각 기능의 운명을 결정하기 전에 그것이 가진 목적을 정의해야 한다. 그것이 고객의 참여를 촉진하기 위한 것인가, 소수의 주요 고객을 달래기 위한 것인가, 새로운 고객을 끌어들이기 위한 것인가? 서로 다른 목적을 지닌 기능들은 서로 다른 평가 방식을 적용해야 한다.

## 사람을 끌어들이는
## 신비한 마력

나는 새로운 팀이 작성한 마케팅 자료를 살펴보면서, 상당한 흥미를 유발시키면서도 분명하게 작성하려는 그들의 노력에 깊은 인상을 받았다. 단순함과 명료함은 중요하지만, 사람들을 매료시키고 끌어들이는 신비한 힘이 더 중요하다.

호기심을 자극하는 것은 미래의 고객들을 끌어들이기 위한 가장 효과적인 덫이다. 이 말은 기업을 설립할 때는 제품 수요가 없기 때문에 일종의 역설처럼 들린다. 논리학에서는 미래의 고객을 끌어들이려면 당신의 스토리를 들려주고 제품에 대해 최대한 많은 것을 보여줄 것을 제시한다. 아직은 공유할 것이 별로 없다면 이제까지 가지고 있던 것이라도 공유하라는 것이다. 그러나 논리학이 무관심을 돌파하지는 않는다. 미래의 고객들은 무엇인가가 그들의 눈길을 끌지 않으면 당신의 제품에 관심을 주지 않는다.

광고 전문가들은 당신의 제품이나 서비스에 관한 훌륭한 담화가 모든 것을 말해주지는 않는다고 주장한다. 그것은 간결해야 하고, 더욱 중요하게는 완전히 드러나지 않거나 무한정 이용할 수는 없는 대상을 배우고 이해하고 싶어 하는 인간의 자연스러운 성향을 활용하는 것이어야 한다.

아인슈타인은 말했다. "저한테 특별한 재능이 있는 것은 아닙니다. 다만 저는 대단한 호기심을 가졌을 뿐입니다." 이 말은 아마도 수많은 진화심리학자들을 괴롭혔을 것이다. 왜 그랬을까? 과학자들은 인간이 왜 그처럼 호기심을 갖는지를 지금도 제대로 이해하지 못하고 있기 때문이다.

진화론에 따르면, 호기심이 의사결정에 관한 전통적인 이론을 거스르기 때문에 역설적으로 여겨진다. 사람들은 목표를 달성하기 위해 무엇을 할 것인가를 선택한다. 게다가 페이스북을 살펴보는 것이든 버즈피드의 낚시 기사에 빠져드는 것이든 석기 시대에 막대기로 바위를 치면 어떤 일이 발생하는가가 궁금하여 실제로 그렇게 해보는 것이든, 정보를 향한 호기심에 입각한 욕구가 우리를 완전히 비생산적인 인간이 되게 한다. 진화가 적자생존과 관련 있다면, 우리가 너무나도 많은 시간을 낭비하면서 진화해온 것이 신기할 따름이다.

1990년대 중반에 카네기멜론대학교의 조지 로웬스타인George Loewenstein은 호기심에 관한 심리학의 대표적인 이론인 '정보 격차

information gap'이론을 제시했다. 그는 호기심이 두 가지 기본 단계로 진행된다고 설명한다. 저널리스트 에릭 자페Eric Jaffe는 '패스트 컴퍼니'의 디자인 웹사이트 '코 디자인Co. Design'에서 우선 버즈피드의 헤드라인과 같이 어떤 상황이 우리의 지식에서 고통 격차painful gap를 드러내고, 그다음에는 우리가 이러한 격차를 메우고 고통을 없애기 위한 충동을 느낀다(헤드라인에 클릭을 한다)고 설명한다.

조지는 학술 저널 《사이콜로지컬 불리틴Psychological Bulletin》에서 다음과 같이 적었다. "정보 격차가 호기심이라는 꼬리표가 붙은 박탈감을 낳는다. 호기심이 발동한 사람은 박탈감을 축소하거나 제거하기 위해 놓친 정보를 획득하고자 한다." 더욱 중요한 것은, 많은 심리학자들이 더 많은 정보를 수집하려는 욕구가 우리가 더 많은 정보를 바탕으로 더 나은 의사결정을 하게 해주고, 이것이 우리가 지속적으로 번영하게 해준다고 주장한다.

그의 이론에 따르면, 호기심은 굶주림, 성욕과 같은 원초적 욕구와도 크게 다르지 않다. 에릭은 다음과 같이 적었다. "굶주림, 성욕처럼 호기심이 발동하면 극심한 혐오감을 준다. 식사나 교미를 통해 이것이 해소되면 (때로는) 엄청난 만족감을 준다." 또한 이 이론은 우리가 모른다는 사실을 알게 되었을 때 호기심을 가장 많이 갖는 것으로 본다(너무 똑똑한 사람은 호기심이 별로 없다). 조지는 사람들에게 정보 격차를 일깨우는 다섯 가지의 호기심 유발자를 제시한다. 이것은 문제 혹은 수수께끼, 알려지지 않은 해결 방안, 어긋난 기대, 타인에 의해 알려진 정보에의 접근, 잊힌 대상을 암시하는 것으로 이뤄진다. 가장 효과적인 광고, 가장 많은 클릭을 유발하는 헤드라인은 대부분 이런 유발자를 이용한 것이다.

호기심에 관한 더욱 최근의 신경학 연구도 그의 정보 격차 이론을 뒷받침한다. 그는 이렇게 적었다. "행동경제학 교수 콜린 캐머러Colin Camerer의 칼텍 랩에서 실시한 실험에서는 실험 참가자들이 퀴즈 문제를 읽고 답을 생각하고 그다음에 답을 보여주는 동안 그들의 뇌를 스캔했다. (조지와 협력하는) 연구팀은 호기심이 (좌측 미상핵 영역을 포함하여) 보상과 연결된 신경회로를 활성화하는 것을 확인했다.

우리 뇌의 미상핵 영역이 새로운 지식과 긍정적 정서의 교차점에 놓여 있기 때문에, 이 실험에서 확인한 사실은 상당히 흥미롭다. 이전의 연구에 따르면, 이 영역이 학습을 하고 답을 찾을 때 활성화되고 도파민 보상 경로의 여러 부분과 밀접하게 연결되어 있는 것으로 나타났다. 조나 레러Jonah Lehrer는 칼텍 랩의 연구에 관해《와이어드Wired》에 이렇게 적었다. "교훈은 추상적 정보에 대한 우리의 욕구(이것이 호기심의 원인이다)가 섹스, 마약, 로큰롤에 반응하는 원초적 경로에 뿌리내린 도파민 작용성의 열망에서 비롯된다는 것이다."

에릭 자페는 "또한 칼텍 연구자들은 우리가 역U자 행동이라고 부르는 것에 대한 증거도 찾았다. 호기심은 무지와 지혜 사이의 중점(역U자 곡선의 정상)에서 가장 커지는 경향이 있다"고 말했다. 연구자들은 2008년에 발행된 학술 저널《사이콜로지컬 사이언스Psychological Science》에서 이렇게 결론을 내린다. "호기심이 (어느 정도까지는) 불확실성과 함께 커진다는 사실이 약간의 지식이 호기심을 자극하고, 후각적 혹은 시각적 자극이 먹고 싶은 욕망을 일으킬 수 있듯이 지식에 대한 갈망을 일으킬 수 있다는 것을 시사한다."

가장 효과적인 광고는 역U자 행동을 유발하여 호기심이 최고에 달하는 지점을 방금 막 지날 때 제품을 보여주며 시청자들에게 이에 대한 보상을 제공하는 것이다. 2017년 슈퍼볼Super Bowl 경기에서 방영된 이민 광고를 생각해보자. 여기에는 목재 작업자들이 트럼프 대통령이 추진하는 멕시코 장벽에서 멕시코 이민 가정이 통과할 수 있도록 문을 만드는 작업을 하는 장면이 나온다. '더 저니The Journey'의 도발적이고 감성적인 스토리가 시청자들의 마음을 계속 붙잡아두었기 때문에 최고의 슈퍼볼 광고로 여겨졌다. 이 가정이 장벽을 의기양양하게 넘고 나서야 우리는 이 광고가 건설자재 유통회사 '84 럼버Lumber'를 알리기 위한 것이라는 사실을 알게 된다.

진화는 학습을 통해 우리의 호기심을 자극하고 지식이 주는 보상에 더 집착하게 한다.

우리가 도발적인 질문이나 놀라운 이미지에 깊은 인상을 받으면, 일상적인 일을 중단하고 냉소적인 태도나 온갖 추측을 유보한다. 잠시 시간을 내서 본 것을 분석하고 정보 격차를 메운다. 우리는 순전히 놀라움에 의해 빠져든다.

답이 나오지 않은 질문은 (당신이 처음에는 답에 관심이 없더라도) 일단 호기심을 자극한다. 당신 앞에 장막이 놓이면 단순히 그것이 있다는 사실 때문에 뒤에는 무엇이 있는지를 알고 싶어 한다. 새로운 제품이나 서비스를 출시할 때는 답이 나오지 않은 질문을 던지는 것이 (고객에게 질문을 전혀 던지지 않고서) 당신의 제품에 대해 분명하게 설명하는 것보다 미래의 고객들을 끌어들이기 위한 더욱 효과적인 방법이 될 수 있다.

영화는 예고편을 통해 아무런 맥락 없이 등장인물과 장면을 잠시 보여주고는 그 사이에 무엇이 일어났는지를 궁금하게 만드는 호기심을 일으킬 수 있다. 일론 머스크가 설립한 전기자동차 기업 '텔사Tesla'는 고객들을 매료시키는 "말도 안 되는 스피드Ludicrous Speed" 기능을 가지고 작동 방식에 대해 많은 설명을 하지 않고 이것이 무엇을 의미하는지 신경 쓰지 말라면서 신비감을 자극할 수 있었다.

어쩌면 신비감을 전달하기로 가장 유명한 기업은 애플일 것이다. 애플이 신제품을 둘러싸고 유지했던 비밀주의와 세심하게 제작한 광고 덕분에, 수백만 명에 달하는 사람들이 차세대 아이폰의 기능을 알기 위해 성대하게 기획된 제품 공개 행사를 생중계로 봤다. 어도비에서 모바일 앱 제작을 담당하던 시절에 나는 애플의 마케팅팀과 주요 제품팀과 상당 기간을 함께 일하며 애플이 무엇을 언제 보여줄 것인가를 아주 신중하게 결정하는 모습에 깊은 인상을 받았다. 제품을 발표하고 나서도 모든 각도에서 바라본 모습을 다 보여주지는 않으려고 했다. 예전에 애플에서 제품 디자인을 담당했던 친구인 기업가 데이브 모린은 언젠가 이런 말을 했다. "신비한 것이 역사를 만든다."

장막을 설치하면 사람들은 전체 그림을 알고 싶은 마음이 더욱 간절해진다.

모호한 장면으로 호기심을 자극하는 것은 제품 설명서나 기능 목록을 제공하는 것보다 더 많은 관심을 끌 수 있다. 나는 이런 힘이 사람들을 끌어들이는 신비한 마력이라고 생각한다. 이것은 미래의 고객들을 매혹시키고 그들의 합리적 자아를 관통하기 위해 만들어낸 일종의 환상이다.

# 중간에 있고 싶은 충동을
## 거부한다

나는 자사의 브랜드와 서비스가 고객의 변화하는 선호에 끊임없이 맞춰야 한다는 의미에서 '고객을 따르라'는 생각에 항상 이의를 제기해왔다. 고객의 요구가 변한다고 해서 이것이 당신이 반드시 이에 따라 변해야 한다는 것을 의미하지는 않는다. 때로는 변해야 하고 때로는 변하지 않아도 된다.

나는 크리에이티브 기업 세계에서 어떤 일이 있더라도 고객의 요구를 따라야 한다는 광신도와 같은 성향이 나타나는 것을 자주 봤고 그런 성향은 좀처럼 사라지지 않았다. 규모가 큰 기업들은 강력한 자아의식을 가지고 화려한 출발을 한다. 그들은 자신이 서비스를 제공하고자 하는 고객들의 구체적인 유형과 자신이 제공하거나 제공하지 않는 서비스의 종류도 알고 있다. 그들은 특별한 팀을 구성하여 고객들에게 특별한 서비스를 제공한다.

그러나 이후로 특별한 일이 발생한다. 그들에게 최고의 고객들이 특별한 서비스를 요구하고, 새로운 고객들이 들어와서는 그들이 제공하는 핵심 서비스와는 다른 서비스를 찾는다. 그들은 고객들에게서 더 많은 가치를 얻어내고 성장 기회를 활용하기 위해 그들이 제공하는 서비스의 종류를 확대한다. 그러나 서비스의 종류가 많아지면서 그들은 전문적인 기업이 되기를 포기하고 일반화된 기업이 된다. 그들의 브랜드는 보다 광범위한 고객들의 마음을 얻기 위해 광범위하게 펼쳐져 있지만 기존의 강점을 잃는다. 결국 그들은 소수의 서비스에 집중하는 차별화된 기업이라는 이미지를 퇴색시키고, 제공하는 서비스가 지나치게 광범위하다고 생각하는 고객들을 잃어버린다. 그리고 이런 순환은 다시 한 번 시작된다.

가까이서 함께 일했던 기업들 중 이런 결과를 끊임없이 거부했던 곳이 바로 세계에서 가장 규모가 큰 디자인 컨설팅 회사 '펜타그램Pentagram'이다. 그들은 다년간에 걸쳐 사업을 하면서, '뉴욕타임스, 마스터카드' 같은 기업의 상징적인 브랜드 구축과 힐러리 클린턴의 2016년 대통령 선거운동 로고 제작 이면에서 창조적 두뇌 역할을 했다. 그들에게 서비스 목록을 확대하기 위한 기회가 있었지만 그들은 넓히지 않았다. 상징적인 브랜드와 그 이면에 있는 전략을 구축하는 데만 집중했다. 사내 소셜 미디어 지원이나 영향력 관리 프로그램을 제공하지 않았다. 또한 서비스 목록을 확대하기 위해 다른 규모가 작은 기업을 인수하려는 계획도 갖고 있지 않았다. 많은 기업이 중간에 있으면서 원스톱 서비스를 제공하는 기업이 되기 위해 범위를 확대하려고 했지만, 펜타그램은 스펙트럼의 끝에 굳건히 자리잡으려고 했고, 그 결과 세계적으로 알려진 전문성을 갖게 되었다.

내가 벤처 파트너Venture Partner가 되어 함께 일했던 '벤치마크'도 비슷한 원칙을 준수했다. 대부분의 기업이 컨퍼런스 개최, 직원 모집, 마케팅과 홍보 서비스, 사내 서비스를 포함하여 서비스 목록을 확대하려고 했지만, 벤치마크는 작은 규모를 유지하면서 일부 서비스에만 집중했다. 이 회사는 여전히 일반 직원을 모집하지 않는다. 그리고 예전에 대규모 펀드와 다수의 파트너들과 진행했던 여러 실험을 보류했다. 그들에게 투자하려는 기업가들과의 미팅이 열릴 때는 파트너들이 벤치마크가 제공하는 서비스가 스펙트럼 전반에 걸쳐 있지 않는 것을 보고는 그들이 가장 중요하게 여기는 서비스, 즉 투자 파트너와 기업가와의 관계에만 집중하고 있는 것으로 판단했다. 기업가가 투자자들에게서 원하는 서비스는 실제 파트너들이 실행하지 이보다 낮은 직급의 직원들이 실행하는 것은 아니었다. 다른 대부분의 벤처캐피털 기업들은 이처럼 경쟁이 치열한 시장에서 성장하면서 서비스를 추가하려고 했지만, 벤치마크의 경우에는 일부 서비스에 집중한 것이 차별성을 훨씬 많이 띠게 했다.

물론 산업이 변하면서 리더들은 어느 시점에 전문화가 더 이상 강점이 되지 않는지를 판단해야 한다. 예를 들어 최고의 하드웨어 기업들 중 상당수가 소프트웨어 기업이 될 필요가 있고, 몇몇 산업은 제품에 뛰어난 소프트웨어를 내장하여 전통적인 스피커 메이커들과 경쟁하는 '소노스Sonos'처럼 기존의 기업과는 전혀 다른 새로운 기업에 의해 변모될 수도 있다. 경쟁 환경이 변하고 차별적인 요소가 더 이상 강점이 되지 않으면 대담한 조치가 필요하다.

변하지 않기로 선택한 것이 당신을 차별화할 것인가 망하게 할 것인가는 이러한 환경에 달려 있다. 원칙은 끊임없이 평가되어야 한다. 그러나 어떻게든 경쟁력을 유지하려는 충동이 당신이 경쟁력을 갖게 해준 원칙을 손상시켜서는 안 된다.

위대한 브랜드는 스펙트럼의 끝에서 만들어지고 모든 사람에게 모든 것을 해주지는 않는다. 중간에만 있으면 허약해진다. 보다 많은 고객의 마음을 얻기 위해 모서리를 포기하면 결코 업계를 선도할 수 없다. 브랜드를 관리하고 변화를 고민하면서 당신을 차별화시켜준 것은 계속 유지해야 한다. 단지 시장을 매료시키기 위해 전문성을 손상시켜서는 안 된다. 그러면 시장에서 오랫동안 살아남지 못할 것이다.

## 자신을 최적화하라

지금까지 팀과 제품을 끊임없이 최적화하는 문제를 살펴봤지만, 아직은 이에 상응하여 당신 자신의 의사결정, 계획 수립, 직관을 최적화하기 위한 여정과 기회를 살펴보지는 않았다. 팀의 구조, 시스템, 제품이 항상 개선되어야 하는 것과 마찬가지로, 어려운 의사결정을 주도하고 실행하기 위한 당신의 능력도 항상 개선되어야 한다. 이번 섹션은 당신이 직접 하고 있는 것들을 가져와서는 앞에서와 마찬가지로 여기서 훨씬 많은 것을 이루어내는 데 목표를 둔다.

# 계획 수립과 의사결정

## 계획을 수립하되
## 그것에 집착하지 마라

"전투를 준비하면서 항상 계획이 소용없다는 것을 깨달았다. 그러나 계획 수립은 반드시 필요하다."

드와이트 아이젠하워가 했던 말이다. 이 말은 오늘날 온갖 종류의 대담한 일을 추진할 때 항상 진실로 와닿는다. 계획을 수립하는 것은 참호 속에서의 일상적인 활동을 잠시 멈추게 하고, 우리가 어디에 있고 어디를 향해 가고 있는지를 살펴보게 한다. 수립했던 계획이 실제로 일어나는 현상과 거의 비슷하지 않더라도, 계획을 수립하는 행위 그 자체가 우리의 판단을 조율하게 한다.

당신은 여정을 되돌아보면서 처음 수립했던 계획의 버전을 소급하여 수정하기 쉽다. 나도 틀림없이 이런 잘못을 범했다. 2012년 말 어도비가 비핸스를 인수한 직후의 어느 날, 비핸스 초기 시절에 엔지니어로 활동하던 데이브 스타인이 2007년도에 작성된 비핸스 전략 문서에 나오는 그림을 찾아낸 적이 있었다. 5년 전에 작성된 이 한 쪽짜리 문서에는 우리가 추진하기로 했던 모든 것이 포함되어 있었고, 목표 달성에 필요한 기간도 나와 있었다. 그는 이것을 가지고 웃으면서 내 사무실로 들어왔다. 놀랍게도 우리는 그것과는 크게 벗어나 있었다. 크리에이티브 세계를 조직하고 힘을 실어주자는 우리의 미션은 변하지 않았지만, 우리가 수립했던 새로운 계획, 일의 순서, 타이밍은 모두가 정말이지 웃음밖에 나오지 않았다.

나는 5년 전에 내가 무엇을 생각했는지를 기억하려고 했다. 포부와 열정도 있었지만 몇 가지 점에서는 완전히 순진했다. 우리가 받은 피드백이 우선순위를 얼마만큼 바뀌게 했는가? 사업이 성장하면서 비전이 얼마만큼 좁아졌는가? 아이디어를 실행하는 데는 얼마만큼의 노력이 필요했던가? 그럼에도 우리의 계획은 당시에는 도움이 되었다. 최소한 새로운 직원을 모집하거나 실현해야 할 미래를 향해 협력하여 나아가는 데는 도움이 되었다. 그러나 매번 모든 것이 변했고 우리는 새로운 계획을 수립했다. 우선순위가 변했고 이와 함께 가장 바람직한 리더도 변했다.

자신감을 가지고 계획을 기꺼이 변경해야 한다. 생각을 기꺼이 바꿀 수 있다는 것은 여전히 새로운 것을 수용할 수 있고 기꺼이 배우려는 의지가 있다는 것을 의미한다. 나는 이 말이 결혼을 포함하여 그 밖의 인간관계에도 적용될 수 있다고 생각한다. 당신은 함께 변하든가 아니면 헤어지든가를 결정해야 한다. 지난날에 효과가 있던 것을 유지하는 것으로는 결코 충분하지 않을 것이다.

사업 계획은 새로운 벤처 사업을 할 때 기본적으로 있어야 할 요소다. 그러나 우리는 이것을 하나의 지도가 아니라 사고의 과정으로 인식해야 한다. 융통성과 직관이 큰 차이를 만들어낸다. 당신은 계획을 통해 앞으로 나아가지만 이것에서 벗어나야 성공할 수 있다.

# 집중하지 않으면
# 크게 성공하지 못한다

프로젝트가 성공을 거두고 명성을 얻게 되면 더 많은 기회를 접하면서 선택의 부담을 지게 된다. 성공한 기업가들과 예술가들에게는 파트너십 문의가 뒤따르고, 존경받는 리더들은 새로운 역할과 이사회 이사직을 제안받고, 유명 투자자들에게는 여러 기관으로부터 초청이 쇄도하고, 성공한 저자들은 강연과 또 다른 저술을 요청받게 된다. '예' 혹은 '아니요' 중에서 선택을 하든 몇 가지 옵션 중에서 선택을 하든, '아니요'라고 대답하지 못하거나 선택하지 못할 때는 크게 성공하지 못한다.

**거절의 기술**

이미 수차례 언급했지만, 여러 해 동안 알고 지낸 베스트셀러 작가이자 팟캐스터 겸 엔젤 투자자인 티모시 페리스Timothy Ferriss는 기회를 평가하고 올바른 선택을 하는 것에 관한 한, 항상 나에게 강력한 지침이 되어 주었다. 때로는 내가 정신없이 바쁘게 끌려다니면서 어찌할 바를 몰랐지만, 그는 기꺼이 "아니요"라고 대답할 줄 알았다. 그가 책을 쓸 때는 이메일에 부재중 메시지를 설정해놓고 사람들에게 자신이 수도승처럼 지내기에 답장을 할 수 없음을 알렸다. 그는 수많은 유료 강연 요청을 신속하게 거절했고, 자기소개와 함께 무엇인가를 문의하는 이메일을 그냥 무시했고, 거절하는 것을 불편하게 여기지 않았다. 그래서 나는 그에게 기회를 다루는 방법에 관해 물어봤다.

그가 거절할 기회가 많지 않았던 덜 알려진 작가였던 시절에는 의뢰받은 일을 할 것인가 말 것인가에 대해 다음과 같은 간단한 리트머스 테스트를 했다. 그것이 처음으로 하는 일인가 아니면 카테고리 킬러(category killer, 단일 품목을 취급하는 할인 판매 전문점-옮긴이주)가 되는 일인가? 그는 자신을 일정한 경쟁 공간 속에 계속 가두기보다는 카테고리를 실제로 다시 정의할 수 있는 프로젝트를 고집했다.

이후로 5년 정도 지나 자신의 베스트셀러 후속편 《The 4-Hour Body(포 아워 바디)》가 출간되고 나서 그는 시간을 더 잘 관리하기로 결심했다. 그리고 (티모시 자신이 설명했듯이) 연재만화 《딜버트의 법칙 Dilbert》(홍익출판사, 1996)의 저자 스콧 애덤스Scott Adams가 다음과 같이 "시스템 사고Systems Thinking"라고 부르는 것을 받아들이기로 했다. 즉 개발하려는 역량과 인간관계에 기초를 두고 당신의 프로젝트를 선택하라는 것이다.

티모시는 이렇게 말한다. "이것은 어떤 단편적인 프로젝트에서 실패한 것을 뛰어넘어 당신이 개발하려는 역량과 인간관계는 계속 남아 있기 때문에 중요합니다. 따라서 이 두 가지는 계속 쌓이게 됩니다. 당신은 이렇게 쌓아둔 역량과 인간관계라는 형태의 자산을 활용하여 다양한 기회를 가질 수 있습니다. 이렇게 하여 제가 팟캐스트를 시작했고, 70회가 넘는 투자를 하고 나서 지금은 스타트업에 투자하는 것을 선택했습니다. (중략) 지금 저는 '이번 프로젝트를 뛰어넘어 계속 남아 있고, 여기서 실패하더라도 나에게 도움이 되는 역량과 인간관계를 개발하게 될 것인가?'라는 질문을 통해 이 세상의 거의 모든 것을 바라보고 있습니다. 저한테는 새로운 옵션과 기회를 맞이하여 '예'라고 대답하는 것이 정말 어려운 난관이었습니다."

나는 무엇인가에 "아니요"라고 대답하는 데 따르는 기회비용에 집중하는 경향이 있지만, 티모시는 자신이 가치를 부여하는 새로운 역량과 인간관계를 개발한다는 생각이 들지 않으면 그냥 "아니요"라고 대답한다. 그러나 당신이 이미 관계를 형성한 사람이라면 어떤가? 모르는 사람에게 "아니요"라고 답하기는 쉽다. 그러나 당신의 네트워크가 점점 커져가고 당신을 찾는 사람들이 차고 넘칠 때는 그렇게 대답하는 것이 훨씬 어렵다.

"주변 사람들과 가까운 사이가 된다면, 당연히 사적인 관계로 발전해선 안 됩니다. 그러므로 길게 설명해야 할 의무는 없습니다. 그들이 제가 많은 것을 희생해야 하는 제안이나 요청을 하면 저는 그냥 '미안합니다. 이러저러하여 제가 하고는 싶지만 시간이 되지 않습니다. 관심을 가지고 응원하겠습니다. 하지만 지금 당장은 어렵다고 말씀드릴 수밖에 없습니다. 바쁜 시간이 지나면 우리가 함께 할 수 있기를 바랍니다'라는 식으로 답장을 보냅니다. 많은 이야기를 할 필요가 없습니다. 아니면 그냥 이렇게 쓸 수도 있습니다. '제가 할 수 있었으면 좋겠습니다만 당장은 어렵습니다. 지금은 처리해야 할 일들이 너무 많습니다. 가까운 시일 내에 다시 이야기를 나누었으면 합니다. 앞으로 좋은 일이 가득하길 바랍니다. 티모시.' 이것으로 충분하지 않다면, 그들의 비위를 맞추면서 안심시켜야 한다면, 또는 그들이 화가 나 있고 이것이 그들과의 관계에서 문제를 일으킨다면 이는 진정한 친구 관계가 될 수 없다는 것을 의미합니다."

"친구가 나한테 무엇인가를 해달라고 부탁을 하면 저는 이렇게 대답합니다. '지금까지 너는 나한테 이런 걸 해달라고 여러 번 부탁했잖아? 열 번 부탁을 해도 해줄 수 있어. 하지만 지금 당장은 그럴 시간이 없어. 나중에 시간 되면 해줄게. 이게 정말 너한테 중요한 일이라면, 내가 일정을 바꿔서라도 도와줄 수 있도록 최선을 다 할게. 그렇지 않으면 이번은 그냥 넘어갔으면 해.' 진정한 친구라면 대부분은 그냥 넘어가려고 할 것입니다. 여러 번 부탁할 때는 이렇게 하는 게 괜찮습니다. 세상은 뿌린 대로 거두는 법입니다."

우리는 티모시와 마찬가지로 직업 활동 초기에 무엇을 먼저 할 것인가, 일의 범주를 어떻게 재정의할 것인가를 두고 몇 가지 대담한 승부수를 띄워야 한다. 그러나 직업 활동 전반에 걸쳐 우리 자신의 역량과 네트워크를 새로운 수준으로 올려놓는 것에만 "예"라고 대답하기 위해 스스로 노력해야 한다. 가능한 한 "예"라고 대답하려는 우리의 자연적인 성향이 활동 초기에는 도움이 될 수도 있지만 나중에는 해롭게 작용할 수도 있다.

**선택의 기술**

생산성과 의사결정의 많은 부분이 우리가 옵션을 어떻게 관리하는가에 달려 있다. 미국의 심리학자 배리 슈워츠Barry Schwartz는 의사결정에 관한 세계적인 권위자로 손꼽히는 사람이다. 그는 2004년에 출간된 명저 《The Paradox of Choice: Why More Is Less(선택의 역설: 왜 더 많은 것이 더 적은 것이 되는가)》에서, 우리가 어떻게 하여 더 많은 옵션을 고려할 때 때로는 최종적인 의사결정에 덜 만족하고 확신을 덜 갖는지를 자세히 설명한다. 예를 들어 그는 자신의 저작 전반에 걸쳐 새로운 청바지를 구매하는 사례를 들었다. 지금 우리에게는 단순히 가게에 들어가서 허리 사이즈가 32인치인 청바지를 집어오는 것이 아니라 어둡거나 밝은 색상, 해어졌거나 단정한, 하이웨이스트나 골반, 헐렁하거나 꽉 끼는, 부트 레그 혹은 스키니 레그 스타일의 청바지 등 다양한 옵션이 있다고 하자. 따라서 때로는 최종적인 선택에 덜 만족할 수도 있다. 우리는 선반 뒤쪽에 있어서 눈에 띄지는 않지만 더 잘 어울리는 청바지가 있는지 혹은 또 다른 색상의 청바지가 있는지를 항상 궁금하게 여긴다.

배리 슈워츠는 사람들을 우리가 앞에서 배웠던 두 가지 유형의 의사결정자, 즉 1956년 경제학자 허버트 사이먼Herbert Simon이 처음 만들어낸 용어로 극대화자와 만족자로 구분한다. "극대화자는 모든 구매나 의사결정이 최선의 것인지를 확인하려고 합니다. 하나의 의사결정 전략으로서 극대화는 아주 힘든 과제를 낳습니다. 이것은 옵션의 수가 증가하면서 더욱 힘들어집니다. 극대화자는 최선의 가격에 최선의 옵션을 찾아서 하루 종일 이곳저곳을 돌아다니는 유형의 사람입니다. 반면에 만족자는 충분히 괜찮은 것에서 만족을 느끼고 이보다 더 나은 것이 존재할 가능성에 대해 고민하지 않습니다. 이런 사람은 일정한 기준을 충족시키는 것을 찾을 때까지만 돌아다니고 이후로는 그러지 않습니다. 극대화자는 자신이 올바른 의사결정에 도달했다고 생각할 수 있습니다. 그러나 만족자는 때로는 이런 생각을 이보다 훨씬 더 빠르게 하고서 자신의 선택에 더 많이 만족합니다."

우리가 해야 하는 의사결정 앞에서 압도되지 않으려면 모든 옵션을 조사하고 일일이 검토하기보다는 신속하게 결정하기로 마음먹어야 한다. 심리학자 게르트 기거렌처Gerd Gigerenzer는 《생각이 직관에 묻다Gut feelings》(추수밭, 2008)의 서문에서 당신의 직관을 신뢰하고 의사결정에 관해 흔히 볼 수 있는 모델에 반론을 제기하면서 이렇게 적었다. "지난 수십 년 동안 컨설팅 회사뿐만 아니라 합리적 의사결정에 관한 저작에서는 '돌다리도 두드려 보고 건너라', '행동하기 전에 분석하라'고 가르쳐왔다. 주의를 기울여라. 깊이 생각하라. 신중하라. 분석하라. 모든 대안을 조사하고 각각의 장점과 단점을 열거하라. 가능하다면 최신 통계 소프트웨어 패키지의 도움을 받아서 대안이 발생할 확률에 따라 효용을 신중하게 검토하라. 그런데도 이러한 계획이 (저작들의 저자를 포함하여) 사람들이 실제로 추론하는 방식을 정확하게 보여주지는 않는다."

때로는 의사결정을 하기 전에 모든 옵션을 검토하고 더 많은 것을 알아내려고 하는 대신 처음에 가장 적절하다는 생각되는 옵션을 선택하는 것이 최선일 때도 있다. 그렇지 않으면 처음에 선택한 옵션보다 겨우 조금 더 이로운 (혹은 해로운) 또 다른 옵션을 찾기 위해 시간과 에너지를 낭비할 수 있고, 결국에는 확신을 갖기보다는 이미 내려진 판단에 계속 의문을 제기할 것이다.

직업 활동을 하면서 일정 시점이 되면 기회와 선택이 별로 없는 것이 문제가 되지 않을 수도 있다. 대신 언제 어떻게 "아니요"라고 말할 것인가, 훌륭한 의사결정을 하는 데는 몇 개의 옵션이 필요한가라는 새로운 문제에 직면한다. 많은 사람이 과거의 성공은 소수의 옵션에만 집중한 데 따른 결과라는 사실을 알지 못한다. 크게 성공하기를 원한다면 더욱 현명하게 선택해야 하고 더 많은 기회를 거절할 수 있어야 한다.

## 장기적 결과를 무시하고 현재 최선의 거래를 위해 최적화를 시도해선 안 된다

모든 프로젝트에서 협상은 일정한 역할을 하고, 이것은 리더가 갖춰야 할 중요한 역량이다. 팀원을 모집하든 고객과 조건에 합의하든 판매 회사와 거래를 원활히 하든, 당신이 협상을 어떻게 하는가가 관계를 형성하기 위한 분위기를 좌우한다. 물론 당신은 좋은 거래를 하고 싶어 한다(모두가 그렇다). 그러나 장기적으로 성공하기 위해 만들고 있는 관계를 최적화해야 한다. 그리고 때로는 이것이 처음에는 손해를 보는 것을 의미하기도 한다.

어떤 사람은 자신이 공정하다고 생각하는 것보다 더 많은 것을 요구하거나 더 적은 것을 제안하며 공격적인 접근 방식을 취한다. 이 전략은 상대방이 당신을 몇 걸음 더 뒤로 밀어낼 것이라고 생각하면서 의도적으로 공정성의 경계를 뛰어넘는 것이다. 그러나 당신은 이렇게 함으로써 주도권 싸움에서 기선을 제압하고 있다. 우리는 최초의 요구와 제안은 항상 받아들여지지 않을 것이라고 예상할 수 있다. 공격적인 협상을 통해 처음에는 더 많은 것을 얻을 수 있지만 이후의 관계에서 당신이 적대적이거나 신뢰하기 힘든 사람이라는 인상을 주는 위험을 감수해야 한다.

부동산 구매와 같은 일회성 협상에서는 당신이 생각하는 가치보다 더 많은 것을 요구하는 공격적인 전략이 바람직하다. 그러나 장기적 관계를 낳는 협상에서는 신뢰의 기반을 구축해야 하고 서로에게 이로운 결과를 얻어야 한다. 이러한 협상에서 비롯되는 신뢰, 존중, 충성의 가치는 교묘한 속임수로 얻어낸 금전적 가치보다 더 중요하다. 스스로 다음과 같은 질문을 하면서 협상의 효과를 평가할 수 있다.

"협상 과정에서 당사자들 간의 신뢰와 존중이 싹텄는가 그렇지 않았는가?"

"협상이 당사자들 간의 공동의 이해를 증진하는 데 도움이 되었는가, 큰 차이를 확인하게 했는가?"

"당사자들이 장기적 관계를 증진할 것이라는 믿음을 가지고 일정한 의제를 남겨 놓고서 헤어졌는가?" 당신이 협상의 성공을 평가하는 방식이 협상 과정 전반에 걸쳐서 하는 의사결정에 영향을 미칠 것이다.

나는 협상하면서 항상 공정하려고 한다. 그것은 간단하다. 상대방에게 성공적인 결과를 얻는 데 관심이 있다고 말하면서, 솔직한 자세로 냉정하게 협상에 임한다. 따라서 당사자들 모두에게 가장 공정한 거래가 되기를 바란다. 또한 모두가 후회하지 않을 결과를 얻고, 이번 거래가 공정했고 어느 누구도 이용당하지 않았다고 믿는 관계를 형성하기를 바란다. 그다음, 제안서를 준비할 때는 상대방의 입장이 되어 그들이 마땅히 무엇을 기대하는지(그리고 그럴 만한지를)를 생각해본다. 나 자신도 똑같은 생각을 해본다. 그다음에는 제안서를 제출하고, 내가 공정하다고 생각하는 가격에 이르게 된 과정을 설명한다. 이런 방법을 사용하면 상대방과 기꺼이 공유할 수 있는 명료한 분석에 바탕을 둔 가격에 이르게 될 것이다.

따라서 다음번에 협상에 임할 때는 가격뿐만 아니라 그 밖의 것들도 생각해야 한다. 협상의 끝은 관계의 시작이라는 점을 명심해야 한다. 이런 관계는 제안서에 제시된 가격을 뛰어넘어 엄청난 가치를 창출할 수 있다.

<hr/>

# 타이밍의 중요성을
# 과소평가하지 마라

추세, 신기술, 데이터, 인간의 성향에만 집중하다보면 타이밍을 고려하는 것을 잊어버리게 된다. 어쩌면 타이밍은 우리가 통제할 수 없는 것이기 때문에, 이것에 대해서는 생각을 많이 하지 않는다. 그러나 우리가 일을 한 결과는 다른 변수만큼이나 타이밍에 의해서도 많이 결정된다. 따라서 타이밍을 좀 더 철저하게 살펴볼 가치가 있다.

### 적절한 타이밍에 맞는 적절한 리더
우리가 관리자를 고용할 때는 타이밍을 고려하지 않고 특별한 리더로서 적합한가에만 집중하는 경향이 있다. 기업은 다양한 단계마다 거기에 맞는 특별한 요구와 기회를 갖는다. 제품 혁신을 이끌어갈 리더가 필요할 때가 있고, 점진적인 성장을 능수능란하게 유지할 리더가 필요할 때도 있다. 또한 재무에 밝아서 수입과 지출을 잘 관리하고 사업 모델에 변화를 가져올 CEO가 필요할 때가 있고, 비전과 제품에 뛰어난 안목을 갖고 있어서 새로운 담화를 만들어내고 새로운 목표에 맞게 제품의 전환을 꾀할 CEO가 필요할 때가 있다. 언젠가 어도비 CEO 샨타누 나라엔Shantanu Narayen이 말했듯이, 때로는 깃발을 꽂는 사람이 필요한 제품이 있고, 때로는 길을 닦는 사람이 필요한 제품이 있다. 경험한 바로는, 한 사람이 이러한 리더의 역할들을 하는 경우는 드물다. 남녀관계와 마찬가지로 훌륭한 짝을 만나는 것은 능력과 가치관의 공유만큼이나 타이밍이 중요하다.

기업이 시장을 선도하려면, 다양한 때 다양한 리더(혹은 다양한 방식의 리더십)가 요구된다. 이것은 대부분의 기업이 이미 성공한 것으로 드러난 전술을 고수하려고 하기 때문에 잘 지켜지지 않는다. 모든 전술은 시대에 뒤떨어지기 마련이고, 더욱 크게 성공할수록 특히 전술을 입안한 사람(때로는 기업을 설립한 사람)의 경우에는 여기에서 벗어나기 더욱 어려워진다. 나는 기업이 임원을 초빙하는 일을 지원하거나 CEO 교체에 관한 이야기를 들을 때는 백지 상태에서 기업의 상황을 다시 생각해보려고 한다. 그 기업은 어디에서 출발하여 어디로 가야 하는가? 그들에게 새로운 기회와 위협은 무엇인가? 지금은 누가 적절한 리더인가? 현재의 리더가 그러한 리더가 될 수 있는가 아니면 새로운 리더를 찾아야 하는가? 기업이 변하면서 기업에 이상적인 리더도 변하기 마련이다.

## 적절한 타이밍에 맞는 적절한 의사결정

지난 수년 동안 이상주의 성향을 가지고 성미가 급한 사람인 내가 배웠던 가장 중요한 교훈 중 하나는 프로세스가 전개되기를 기다리라는 것이다. 시스템을 깨지 않고 목표를 달성하려면, 주식 매입이 발생하고 철저한 검증을 하고 아이디어를 충분히 이해하고 적절한 사람들을 데려오기 위한 시간이 요구된다. 대부분의 경우, 기업과 제품이 신중하고 점진적으로 변해야 한다는 것은 안타깝지만 맞는 말이다. 일정한 속도를 유지하는 것은 아주 중요하다. 그러나 때로는 팀과 제품이 변곡점에 있을 때는 방아쇠를 신속하고 철저하게 당겨야 한다. 내가 존경하는 리더는 필요한 경우에는 변화의 충격을 가하면서도 건전한 점진주의를 유지하는 사람이다.

점진주의를 지나칠 정도로 고수하는 기업은 필연적으로 시장 규모의 한계 속에 머물게 된다. 국지적 극대점(과거에 효과가 있던 것을 계속 반복하는 지점)이 최고 한도가 되기 때문이다. 나는 조심해야 할 지형에서는 작은 걸음을 걸어야 한다고, 즉 새로운 발전을 시도하기 전에 그 타당성을 신중하게 검토해야 한다고 생각하지만 변곡점에 있는 새로운 아이디어는 철저하게 실천에 옮겨져야 한다고 생각한다. 때로는 작은 걸음이 아니라 도약을 해야 할 필요가 있다. 훌륭한 팀은 대담한 조치를 취해야 하는 때가 온 것을 알고 그것을 추진하기 위해 조직을 재편성할 수 있다. 뛰어난 리더는 대체로 안정을 유지하지만, 적절한 타이밍에 특별한 결정을 할 수 있다. 이런 결정이 일상을 깨고 불편함을 초래하더라도 말이다.

## 적절한 타이밍에 맞는 적절한 투자

투자는 오직 현재에 의해서만 결정될 수 있는 미래에 관심을 집중하는 분야다. 미래를 예측하고 내기를 거는 동안 시간이 지나면서 (당신이 알고 있는) 여러 변수가 어떻게 상호 작용을 할 것인가를 예측하기란 불가능하다. 따라서 미래에 대한 예측은 훌륭한 정신 운동이기는 하지만, 현재의 문제와 인간의 속성에 대한 깊고 정확한 이해에 바탕을 둬야 한다. 그렇지 않으면 실현 가능성이 거의 없는 미래에 내기를 걸게 된다.

타이밍에 대한 또 한 가지 중요한 요소는 순풍이 불고 있는가 역풍이 불고 있는가에 있다. 적절한 타이밍에 투자하기 위해 자신이 정해놓은 기준은 기업이 앞으로 일어나게 될 결과에 맞서고 있는가 혹은 그것을 더 나은 방식으로 실현하려고 하는가에 있다. 나는 후자의 경우에 투자한다. 내가 봤던 가장 바람직한 팀은 이미 불고 있는 순풍에 힘을 보태는 쪽으로 내기를 건다.

# 대부분 매몰 비용은
# 무시하는 게 최선이다

물론 이해가 된다. 당신이 예술 작품을 만들거나 마음속에 있는 무엇인가를 제작하기 위해 코딩 작업을 하거나 특별한 프로젝트를 위해 하드웨어를 제작하는 데 며칠, 몇 주, 때로는 몇 년을 보냈지만, 어쨌든 좋은 결실을 맺지 못하게 되었다. 비록 그 일이 가치가 없지는 않지만, 거기에 계속 매달리기보다는 이제는 손을 떼야 할 때가 되었다. 그리고 우리가 이미 가지고 있는 것을 내놓아야 할 위험에 처할 때는 그것을 과대평가하는 것은 지극히 자연스러운 현상이다.

이런 성향은 '소유 효과endowment effect'라고 불린다. 이것은 왜 우리가 이미 소유하고 있는 것에 지나칠 정도로 높은 가치를 부여하는 성향을 갖는지를 설명한다. 다른 사람이 공정한 금액을 제시하더라도, 단지 자기 것이라는 이유만으로 자기가 소유한 것에 집착하게 되는 편견을 보여주는 실험 결과는 상당히 많이 있다. BBC에 글을 자주 기고하는 톰 스태포드Tom Stafford는 우리가 소유 효과를 회피하고 어떤 대상이 실제로 얼마나 가치가 있는지를 합리적으로 결정하는 방법을 제시한다. 그는 스스로 이런 질문을 한다. "내가 이것을 소유하고 있지 않다면, 이것을 얻기 위해 얼마만큼의 노력을 하게 될 것인가?" 그는 이렇게 대답한다. "내가 그것을 소유하고 있지 않았다면 그것을 원하지도 않았을 것이라는 결론을 내리면서 대체로 그것을 버린다." 당신이 내놓기를 싫어하는 대상의 진정한 가치를 검토하는 것이 그것에서 손을 떼기 위한 첫걸음이다. 가치는 당신이 그것에 대해 모든 것을 알고 있는 상태에서 또다시 그것을 소유하기 위해 기꺼이 지출하려는 자원의 양으로 가장 정확하게 평가된다.

여기서 한 걸음 더 나아가서, 매몰 비용을 무시하면 어떠한 계획이든 그것이 이미 진행 중이더라도 혹은 당신이 예전에 가졌던 생각을 강력하게 옹호하더라도 당신 스스로 생각을 바꿀 수 있게 된다. 제프 베조스는 어느 인터뷰에서 자신은 사고의 일관성이 특별히 긍정적인 특성을 지닌다고는 생각하지 않는다고 말했다. 계속해서 그는 주로 옳은 사고를 하는 사람들이 자기 생각을 자주 바꾼다고 주장했다. 그는 주변의 임원들에게 자기모순을 장려하는 사람으로 알려져 있다. 정보가 빠르게 흘러가고 변해가는 세상에서 자기 생각을 끝까지 고수할 필요가 있겠는가? 특별한 분야의 첨단을 걸고 있는 기업이라면, 모든 신념이 신속하게 변해야 한다. 당신이 처음에 가졌던 신념을 끝까지 고수하려고 한다면 빠르게 변해가는 환경에서 안 좋은 결과를 맞이할 가능성이 높다.

우리가 처음에 가졌던 신념을 고수하려고 하는 진정한 이유는 거기에 투자했던 노력, 시간, 평판, 자본에 있다. 이런 자원은 지출되는 순간에 매몰 비용이 된다. 당신이 투자에서 손을 떼야만 다른 사람들이 필요한 경우에 생각을 바꾸게 할 수 있다.

매몰 비용을 회수하기 위해 어중간한 변화를 추진하려는 충동에서 벗어나야 한다. 당신이 완전히 새로운 방향으로 가라는 계시를 받았을 때 이전까지 했던 마케팅 전략, 신제품 기능을 개발하기 위한 노력에 집착해서는 안 된다. 그것에서 손을 떼야 한다. 그리고는 처음으로 되돌아가서 해결하려는 문제에 노력을 집중하고 거기서 다시 시작해야 한다. 위대한 제품이 효과가 나타나지 않는 것의 용도를 변경하여 나오는 경우는 거의 없다.

# 사업 감각을 정교하게 다듬는다

## 직관을 개발하려면
## 반대되는 충고와 의심을 활용한다

나는 지금까지 80개가 넘는 초기 단계의 다양한 기업에 투자를 해왔고, 변곡점을 지나는 몇몇 기업에 대해서는 이사회 이사나 자문위원으로 일을 해오면서, 어떤 상황에서는 훌륭한 충고가 다른 상황에서는 끔찍한 충고가 된다는 것을 뼈저리게 느꼈다. 냉소와 비판을 분간해야 하고, 언제 업무 처리 기준이 시대에 뒤떨어진 것이 되는지를 알아야 한다.

좋든 싫든 충고는 끊임없이 들어올 것이다. 원하지 않거나 요구하지 않더라도 사람들이 당신에게 기꺼이 충고를 해줄 것이다. 캐나다의 기술과 디자인 스튜디오 '타이니Tiny'에서 파트너로 일하는 앤드루 윌킨슨Andrew Wilkinson과 제러미 기폰Jeremy Giffon은 성공한 기업가들이 다른 사람들에게 충고해주는 것을 두고서, 누군가가 "여기 내가 복권에 당첨되기 위해 사용하던 숫자가 있습니다"라고 말하는 것과 같다고 표현했다.

　투자자들도 다년간에 걸쳐 이사회 활동을 하면서 얻은 지혜와 그동안 투자 활동을 하면서 주목했던 흐름을 공유하는 데 주저하지 않는다. 그러나 투자자문가이자 벤처캐피털 '홈브루Homebrew'의 제너럴 파트너이기도 한 나의 친구 헌터 워크Hunter Walk는 기업가들에게 이렇게 말한다. "투자자들의 충고를 절대로 따르지 말라. 당신이 실패할 수도 있다. 투자자들의 충고를 항상 따르면 반드시 실패할 것이다." 이것은 '모범 사례'라는 것이 전적으로 상황에 의존하기 때문이다. 따라서 충고를 구하여 반영은 하되 반드시 따라야 할 필요는 없다. 좋아하는 기업가 중 한 사람으로 '조이모드Joymode'와 '크라우트Klout'의 CEO이자 설립자인 조 페르난데스Joe Fernandez는 동료 기업가들에게 이렇게 권장했다. "당신이 투자자들의 충고를 항상 따르지는 않는다는 사실을 존중하는 투자자들을 찾도록 하라."

　가장 바람직한 충고는 지시하지 않고 그냥 일깨워주는 것이다. 다른 사람들에게서 지혜를 구하는 데는 분명한 장점이 있다. 그러나 충고가 갖는 진정한 가치는 반대가 되는 주장을 조화시키는 데서 나온다. 반대가 되는 견해들이 가득한 이 책의 주제는 이러한 견해들을 살펴보면서 모든 직관이 상황에 의존한다는 사실을 깨닫게 해주는 데 있다. 실제로 '모범 사례'라는 것은 주로 채택하는 것을 고려할 만한 가능성이 있는 사례에 불과하다. 고려할 만한 가능성이 높은 방향일수록 자신이 생각하는 방향과 비교하여 검토하는 것이 좋다.

　좀 더 복잡한 이야기이기는 하지만, 때로는 (초기의 고객, 투자자, 가족 등을 포함하여) 다른 사람들에게서 받은 의심이 실제로는 긍정의 신호라 할 수 있다. 이와 관련하여 아이팟이 2001년에 출시되었을 때 이에 대한 초기 리뷰가 훌륭한 사례가 될 수 있다. 누군가가《맥월드 Macworld》편집자에게 보내는 글에서는 아이팟을 이렇게 묘사했다. "이것은 애플 뉴턴Apple Newton과 마찬가지로 애플의 또 다른 실패작이 될 것이다. (중략) 애플은 단지 몇 가지 신속한 기능을 도입하고 멋지게 보이는 것보다 좀 더 혁신적인 MP3 플레이어를 만들었어야 했다." 더욱 간결하게 표현한 사례를 들자면 '슬래시닷'(Slashdot, 1997년 9월 대학생 로브 말다Rob Malda가 기술 관련 뉴스와 정보를 제공하기 위해 개발한 웹사이트-옮긴이 주)에 나오는 아이팟에 관한 리뷰에는 다음과 같은 내용이 나온다.

"무선 인터넷도 되지 않고 노매드Nomad보다 저장 공간도 적은 변변찮은 제품"

사람들은 새롭고 익숙하지 않은 것들을 깎아내리기 좋아한다.

사회는 상당히 위선적이다. 우리는 사람을 칭찬하기 전에 외면하려고 한다. 학교에서 배울 수 없는 매혹적인 것을 추구하기 위해 자퇴한 학생들을 비난한다. 그리고는 스티브 잡스, 마크 저커버그, 빌 게이츠와 같이 자퇴 이후로 크게 성공한 젊은이들을 찬양한다. 마찬가지로 새로운 아이디어는 인기를 끌기 전에는 특히 인기가 없다. 따라서 당신이 반대론자의 공격 목표가 될 때는 이것이 대체로 긍정의 신호가 된다. 모두가 당신이 미쳤다고 생각할 때는 당신이 정말 미친 사람이거나 대단한 일을 이뤄낼 사람이다.

당신이 어느 산업에서 실제로 두각을 나타낼 계획을 가지고 있다면, 사람들이 의심하는 데서 자신감을 얻는 것을 배워야 한다. 대부분의 사람들은 실용주의자들이다. 그들은 변화를 싫어하고, 자기주장을 펼치기 위해 지난 역사를 인용한다. 또한 그들은 역사는 반복되기 때문에 당신은 실패할 거라고 말할 것이다. 그들이 놓치고 있는 것은 역사는 과거에 얽매이지 않고 정보에 밝은 사람에 의해 만들어질 때까지만 반복된다는 것이다.

지금까지 나는 몇몇 기업의 라이프 사이클을 살펴보고 있다. 사람들은 처음에는 주로 '잘 모르겠다', '구매할 생각이 없다'는 식으로 의심을 하고, 대체로 '대부분의 스타트업은 망한다'고 생각한다. 그다음에는 당신의 제품 결정과 마케팅을 '이상한' 것으로 의심할 것이다. 당신이 인수나 기업공개 과정을 거치면 "대부분의 인수는 실패할 것이다", "상장기업은 혁신적이지 않다"라는 말을 들을 것이다. 여정 전반에 걸쳐 의심은 끊이지 않을 것이다. 의심으로부터 지배당하면 무기력해질 것이고, 당신의 산업은 발전을 멈출 것이다.

언젠가 조 페르난데스가 나한테 말했듯이, "다른 사람들이 이뤄낼 수 없는 것을 당신은 이뤄낼 수 있다는 믿음이 기업가들에게는 최대의 강점이면서도 약점이 된다." 건설적인 비판을 듣는 방법을 배워야 하지만 실용주의자들의 의심을 긍정의 신호로 인식해야 한다. 자신의 직관에 반하는 의심을 공격으로 여긴다면, 당신의 직감이 내는 소리에 볼륨을 높여야 한다. 내면의 무엇인가가 옳은 것으로 느껴진다면, 의심을 통해 자신감을 얻는 방법을 배워야 한다. 실용주의자들에게 불만을 갖지 말아야 한다. 그들이 놀라게 해야 한다.

당신이 얻는 충고는 실행 가능한 것이든 명백하게 부정적인 것이든, 당신의 접근 방식을 생각하는 데 반영해야 한다. 항상 당신이 들을 것을 다양한 관점에서 바라봐야 한다. 역발상을 하고, 왜 어떤 전술이 다른 사람에게는 효과가 있지만 당신에게는 그렇지 않는지를 생각해야 한다. 사물을 다양한 관점에서 바라볼수록 당신이 배운 것을 더 많이 기억할 것이다.

마지막으로, 다른 사람들이 하고 있는 것 또는 그들이 당신에게 충고 하는 것에 당신이 가진 가장 특별한 신념보다 더 많은 가치를 부여해서 는 안 된다. 자신의 직감만큼은 의심해서는 안 된다. 특별한 것이기 때 문이다. 자신의 직감보다 더 큰 울림을 주는 것은 없다. 프로젝트가 지 닌 진정으로 차별적인 요소는 가장 특별한 것이고, 다른 사람들에게 오 해받기 쉽고, 과소평가되기 쉬운 것이다.

## 최적화를 마구잡이로 해선 안 되며
## 평가 지표를 지속적으로 점검한다

우리가 지표를 사랑하고 그것에 의존하기 때문에 그것이 목표를 실제 로 측정하고 있는지를 쉽게 잊어버릴 수 있다. 가게의 유동 인구, 웹사 이트 방문자수, 광고 클릭수를 측정하고는 있지만 올해의 진정한 목표 가 판매 수치를 달성하는 것인가 아니면 브랜드를 구축하는 것인가? 지 표가 갖는 위험은 사람들이 여기에 몰입하게 만들고, 이것이 당장 일상 적인 업무를 좌우하게 된다는 것이다. 우리는 역동적인 시스템을 추적 하는 것보다 작은 것의 증가를 추적하는 것을 더 쉽게 여기면서, 때로는 그릇된 목표량을 크게 끌어올리는 데만 노력을 집중한다.

작가이자 마케팅 분야에서 젊은 나이에 귀재 소리를 들었던 세스 고 딘Seth Godin은 평가 지표를 "대역stand-in"이라고 불렀다. 그는 자신의 개인 블로그에 이렇게 적었다.

"때로는 중요한 것을 평가하기 쉽지 않을 때가 있다. 가장 손쉬운 방법은 관심을 갖고 평가하게 될 대역을 찾는 것이다. 예를 들어 웹사이트는 방문자가 몇 분을 머무르는지에 실제로는 관심이 없고, 거래나 광고 매출 혹은 사람들이 구매하게 만드는 콘텐츠의 제작에 관심을 갖는다. 그러나 이런 것들은 우선 측정하기가 힘들다. 따라서 몇 분을 머물렀는지에 집중하게 된다. 대역이 갖는 문제는 이들이 대부분 아주 정확하지는 않다는 것이다. 처음에는 대역이 괜찮게 보이지만 사람들은 실제로 변화를 이끌어내려는 대상이 아니라 대역을 맡은 수치만 끌어올리기 위한 편법을 생각하게 된다."

대역은 측정하기 쉽기 때문에 매력적이다. 그리고 우리가 대역이 대리하는 대상이 아니라 대역에만 집착하기 때문에 위험하다. 세스는 다음과 같은 질문을 하면서 당신이 사용하는 지표에 대한 훌륭한 리트머스 테스트를 제안했다. "당신이 대역을 맡은 수치를 증가시키는 것과 실제로 관심을 갖는 대상을 증가시키는 것 사이에서 선택을 해야 할 때 어느 것에 투자할 것인가?"

인위적인 지표가 진정한 목표를 잊어버리게 해서는 안 된다. 특정한 지표를 최적화할 때는 자신과 팀원들에게 당신이 측정하고 있는 지표만이 아니라 당신이 바라는 진정한 목표를 몇 번이고 되풀이해서 이야기해야 한다. 항상 이런 질문을 해야 한다. "여기서 진정한 목표는 무엇인가?" 이것은 당신이 생각하는 것과는 다르게, 측정이 가능한 경우가 거의 없다.

평가 지표가 너무 많아서도 안 된다. 추적하는 수치가 많을수록 이들에 주의를 덜 기울이기 때문이다. 함께 일했던 몇몇 대기업은 수십 개의 평가 지표가 나오는 대형 디지털 대시보드(dashboard, 한 화면에서 다양한 정보를 관리하고 찾을 수 있도록 모아놓은 기능-옮긴이주)를 설치했는데, 이것이 중역 회의가 열릴 때마다 관심의 대상이 되었다. 한꺼번에 많은 지표를 검토하게 되면, 대화가 가장 중요한 지표에 집중하기보다는 여러 곳으로 분산되는 문제가 발생한다. 다른 지표보다 증가시키기 쉬운 지표가 자연스럽게 더 많은 관심을 받게 될 것이다. 그러나 나는 당신의 사업에는 가장 중요한 지표가 많아야 두 개 혹은 하나만 있을 것으로 생각한다.

내가 아주 훌륭하다고 생각하는 팀들은 한 해 동안 달성해야 할 모든 것의 진척 상태를 보여주기 위해 한두 개의 핵심 지표를 사용한다. 예를 들어 독립 전문가를 위한 추천 네트워크로서 내가 설립 작업을 지원했던 '프리퍼Prefer'의 CEO이자 공동설립자인 홀리오 바스콘셀로스Julio Vasconcellos는 처음 2년 동안 단 하나의 지표로 '작업쌍working pair'의 숫자를 사용했다. 여기서 작업쌍은 프리퍼의 플랫폼과 도구를 사용하면서 서로 협력하는 독립 전문가와 고객을 나타낸다. 구체적으로 말하자면, 프리퍼는 제품이 사용자를 계속 보유할 능력을 나타내는 작업쌍의 총수와 제품의 네트워크 효과와 새로운 사용자를 유치할 능력을 나타내는 신규 작업쌍의 수를 매달 측정했다. 물론 홀리오가 다운로드 횟수, 월 매출액, 사용자수, 거래횟수 등과 같은 다른 전통적인 지표에 집중할 수도 있었다. 그러나 그는 오직 '작업쌍'을 평가하는 데만 집중함으로써, 직원들에게 매출액과 다운로드 횟수 같은 겉으로 드러나는 지표에 사로잡히지 않고서, 회사의 가장 중요한 지표를 증가시키기 위한 다른 전술들을 시도할 수 있게 했다.

이와 똑같은 원리가 사업이 진전하도록 사용하는 지표에도 적용될 수 있다. 가장 소중한 자원은 시간이고, 가장 중요한 지표는 이것을 어떻게 하면 효과적으로 사용하는가와 관련된다. 트위터에서 제품 관리자로 근무하다가 '프리퍼'의 첫 번째 제품 관리자가 된 라파엘 다히스Rafael Dahis 는 우리에게 투자시간수익률Return on Time Invested이 가장 중요한 지표 라는 사실을 다음과 같이 자주 상기시켜주었다. "우리는 이런 질문을 매일 해야 합니다. 우리가 시간을 가장 중요한 곳에 투자하고 있는가? (중략) 간단한 계산만으로도 투자시간수익률에 따라 기능에 우선순위를 부여하는 데 도움을 얻을 수 있습니다. 일정 기간에 그 결과가 가장 좋았는지를 확인하고서 말입니다."

지표는 당신이 의지할 수 있는 대상이고, 좋든 싫든 당신의 제품과 사고를 제한하고 당신의 약점을 결정한다. 이러한 지표를 당신이 개척하고자 하는 영역으로서 가장 적은 시간에 가장 많은 효과를 낼 수 있는 영역에 설정하고, 장기적 목표와 관련하여 유효한지 잘 부합하는지를 지속적으로 평가해야 한다.

# 데이터는 정보의 원천으로만 유효하지
# 직관을 대체할 순 없다

지표에 근거하여 하는 의사결정은 그 밑바탕에 있는 데이터만큼만 유효하다.

나는 10년에 걸쳐 제품팀과 함께 일하면서, 투자자들이 보유한 최신 정보를 검토하면서, 똑같은 통계나 데이터가 다양한 관리자들의 의제에 맞게 다양한 방식으로 사용되고 해석되는 모습에 깊은 인상을 받았다. 전후 사정이 없는 데이터는 오해를 불러일으키고 당신이 원하는 것이라면 거의 모든 것을 뒷받침하는 데 사용될 수 있다. 당신이 찾는 답을 당신이 알고 있다면 이를 뒷받침하는 데이터를 어딘가에서 찾을 수 있을 것이다.

무책임한 데이터 수집과 제시는 오해를 불러일으키는 것으로만 끝나지 않는다. 이런 행위는 상당히 위험하다. 이제 2017년의 '위대한 미국의 일식Great American Eclipse'의 사례를 살펴보자. 교육용 기사가 넘쳐나고 일식 안경이 날개돋힌 듯이 팔리고 난 다음, 인터넷은 일식 이후로 사람들이 이전에 '일식solar eclipse'을 검색했던 것만큼이나 '시력 손상my eyes hurt'을 검색했다는 것을 시사하는 어느 레딧 사용자가 만든 도표를 두고 광란의 도가니가 되었다. 이 도표는 태양을 잠깐이라도 주시하고 나면 〈우리 모두 시력을 잃는다〉는 제목으로 우리들 마음속 깊은 곳에 있는 두려움을 건드렸다.

슈퍼파오우superpaow라는 레딧 사용자가 만든 도표를 보자.

《쿼츠》기사에 따르면 태양이 아니라 이 도표가 당신의 눈을 다치게

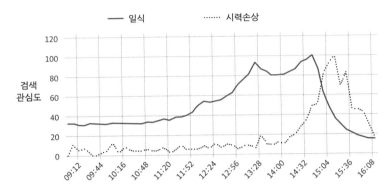

**뉴욕에서의 검색어 인기**

— 일식    ······ 시력손상

출처: 구글 트렌드, 레딧 사용자 슈퍼파오우

할 것이라고 한다. 이 데이터는 상당히 혼란스러운 구글 트렌드Google Trends 정보를 가지고 세로축을 정의하지 않고 조악하게 작성한 것이다.《쿼츠》기자 니킬 소나드는 해당 검색어의 시간대에 걸친 인기를 보여주는 구글 트렌드의 원래 데이터를 입수했다. 그는 구글 트렌드에서 '일식'과 '시력 손상'을 모두 검색하고 다음과 같은 도표를 얻었다.

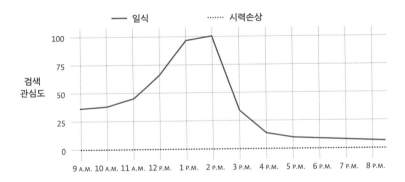

**뉴욕에서의 검색어 인기**(동일한 척도 사용)

— 일식    ······ 시력손상

출처: 구글 트렌드, 레딧 사용자 슈퍼파오우

소나드는 이렇게 설명한다. "한때 흥미진진한 추세('시력 손상'이 '일식'을 추월한다)처럼 보이던 것이 지금은 아무런 결과를 낳지 않았습니다. 두 번째 도표에서는 '시력 손상'은 전혀 변동이 없지만 '일식'은 뉴욕에서 일식이 일어나는 시간대 주변에서 최고조에 도달했습니다." 소나드가 설명하듯이 혼란은 구글이 "검색 관심도"라고 부르는 것을 그들이 어떻게 측정하는가에서 비롯되었다. 그는 이렇게 말한다. "이것은 구글 트렌드가 사용하는 용어입니다. 그리고 본질적으로 다음과 같은 것을 의미합니다. 주어진 시간대에서 사람들이 검색을 가장 많이 하는 시점의 검색 횟수를 가져와서, 여기에 검색 관심도 점수 100점을 부여합니다. 다른 모든 시점의 검색 횟수에 대해서는 100점에 대한 상대적인 점수를 부여합니다. 예를 들어 제가 만든 도표에서는 오전 11시의 '일식'이 오후 2시의 것과 비교하여 약 절반 정도의 인기를 끌었습니다(뉴욕에서 '일식'은 오후 2시 44분에 최고조에 도달했다)."

레딧 사용자가 만든 도표는 이러한 상대적인 지수를 사용하지 않았다. 소나드는 이렇게 설명한다. "이 도표에서는 세로축을 표시하지 않았습니다. 따라서 여기에 나오는 숫자가 무엇을 의미하는지를 보여주지 않았습니다. 이것은 각각의 검색어에 대하여 상대적인 검색 횟수를 나타내기는 했지만, 실제 검색 횟수가 같은 것처럼 보이도록 했습니다." 이것은 구글 트렌드의 검색 관심도 점수가 갖는 또 다른 문제를 보여준다. 소나드는 계속해서 이렇게 설명한다. "이것은 검색 횟수에 대해 아무것도 말해주지 않습니다. 특정 검색어에 대한 검색 관심도를 시간대에 걸쳐 나타내는 것은 사실상 아무런 의미가 없다는 뜻입니다."

나중에 알게 된 일이지만, 절대적인 수치에서 보면 '내가 시력을 잃을 것인가'라는 우려가 최고조에 달할 때도 뉴욕 시민들은 지하철 F노선에 대한 정보를 더 많이 검색하고 있었다. 그럼에도 조악한 데이터 때문에 모두 레딧 사용자가 말한 대로 시력을 잃을 걱정에 사로잡혀 시간을 낭비하고 있었던 것이다.

통계와 데이터에 입각한 보도는 창조성에 관한 한 엄청난 파괴를 가져올 수도 있다. 통계와 데이터는 논쟁을 중단시키고 추론의 의지를 꺾어놓기 쉽다. 데이터에 기반을 둔 사실은 다양한 의견과 직관을 조정하기 위한 건전한 토론을 장려하기보다는 대화와 함께 가능성의 완전한 영역에 대한 탐색을 중단시키는 경향이 있다. 내가 살펴본 흔한 사례로는 '사람들은 이것을 사용하지 않는다'고 선언하는 것이다. 우리가 특정 기능을 사용하는 고객수를 쉽게 측정할 수 있지만, 이런 통계는 그 기능을 원하는 고객의 총수가 몇 명이 되는지, 그들 중 몇 퍼센트가 그 기능을 알고 있는지, 다른 기능들의 사용 패턴은 어떠한지와 같은 전후 사정을 알지 못하면 아무런 의미가 없다. 데이터의 일부분이 드라마를 펼쳐 보이지만, 당신은 데이터를 어떻게 수집했는지, 데이터와 관련된 전후 사정은 어떠한지를 알게 될 때까지는 의사결정을 해서는 안 된다.

데이터에 입각한 주장은 우리를 재앙에 이르게 할 수도 있다. 2016년 미국 대통령 선거 기간에는 미국에 거주하는 이슬람교도의 25퍼센트가 지하드(jihad, 이슬람교의 옹호와 전파를 위해 이교도에 대해 벌이는 전쟁을 말한다. 성년이 된 남성 이슬람교도의 최대 의무로 지하드에서 죽은 자는 순교자가 되고 천국이 약속된다-옮긴이주)를 지지한다는 통계가 널리 유포된 적이 있었다. 당시 공화당 후보였던 도널드 트럼프를 지지하는 사람들은 '이슬람교도 입국 금지Muslim Ban'를 지지하는 근거로 이 통계를 인용했다.

이때 폴리티팩트PolitiFact처럼 이 통계의 출처 그 자체에 의문을 제기한 사람이나 기관은 거의 없었다.

이 통계는 자신이 이슬람교도라고 주장하는 수백 명을 대상으로 사전 동의를 받아서 실시한 온라인 조사 결과에 기초하여 추정한 것으로 밝혀졌다. 조사 앞부분에는 응답자들에게 지하드를 어떻게 정의하는지를 서술하라는 질문이 나오는데, 그들 중 대다수가 그것을 평화를 추구하는 집단으로 정의했고 16퍼센트만이 폭력을 추구하는 집단으로 정의했다. 지하드를 지지한다고 대답한 사람들 중 누가 그것을 폭력을 추구하는 집단으로 정의하는지는 분명하지 않았다. 심지어 온라인 조사 응답자들 중 누가 이슬람교도인지도 분명하지 않았다. 저널리스트라면 기초가 되는 데이터와 그것을 수집하고 분석하는 방법을 잠깐 훑어보기만 해도 이처럼 헤드라인을 장식하는 통계가 아무런 의미가 없다는 것을 금방 알 수 있었다.

우리는 데이터를 사랑한다. 데이터는 질문에 대답을 해준다. 그러나 데이터의 결정적인 성질은 당신이 신중하게 사용해야 한다는 것을 말해준다. 광범위한 의미를 함축하는 통계가 제시되면, 당신의 첫 번째 질문이 진실성에 관한 것이어야 한다. 데이터의 출처는 어디인가? 표본 크기는 얼마나 되는가, 시간 범위는 어떠한가, 통계에 잡힌 사람들을 어떻게 분류했는가? 데이터의 수집을 둘러싼 전후 사정은 어떠한가? 데이터에 대해 질문을 충분히 했을 때만 그것을 어떻게 사용할 것인가를 생각해야 한다.

그러나 데이터가 고품질이라고 하더라도 몇 가지 문제가 당신의 직관에 치우칠 것을 요구한다. 당신의 결정을 뒷받침하는 데이터가 있으면 그 결정을 타당하게 생각하기 더 쉬워진다. 그러나 나는 처음에는 논리에 반反하지만 결국에는 성공에 이르게 하는 직관으로 제품을 결정하는 경우를 많이 듣고 봐왔다.

한 가지 사례로는 스퀘어Square가 손가락을 사용하여 거래에 서명하는 기능을 출시한 것을 들 수 있다. 수십만 명의 중소 자영업자는 이 기능을 사용하여 신용카드 결제를 처리하고 금전 출납을 관리할 수 있었다. 지금은 이것이 평범하게 여겨질 수 있지만 스퀘어가 2011년부터 2012년까지 기능을 개발할 때만 하더라도 현실 세계에서 벌어지는 상거래에 더 나은 사용자 경험을 제공하는 것에서 개척자였다. 당시에는 상거래와 사용자 경험에 관한 연구와 데이터는 더 빠른 것이 더욱 낫다는 것을 시사했다. 그러나 스퀘어 직원들은 일반적인 논리와 이를 뒷받침하는 데이터를 그들이 고객에게 시간이 좀 더 걸리고 손가락을 사용해야 하는 수고를 끼치더라도 즐거운 경험을 제공하기 위해 품고 있는 직관에 견주어 평가했다. 그리고는 그들의 직감을 믿기로 결정했다. 이 회사는 이후로 많은 수익을 올렸다.

지금은 실리콘 밸리의 벤처캐피털 '스파크Spark'의 제너럴 파트너로 일하고 있는 미건 퀸Megan Quinn이 당시 '스퀘어'의 제품 팀장을 맡고 있었다. 그녀는 이렇게 말한다.

"비자카드와 마스터카드는 고객들에게 25달러 미만의 거래에 더 이상 서명을 요구하지 않기로 결정했습니다. 이런 조치의 목적은 가게 주인과 고객을 위해 신속한 거래를 도모하는 데 있었습니다. 그리고 그들의 데이터는 부정행위가 거의 발생하지 않는다는 사실을 뒷받침했습니다."

스퀘어에서 발생하는 거래의 대부분은 커피, 도서, 자질구레한 장신구처럼 제품 가격이 25달러 미만이었다. 따라서 신속한 거래를 위해 서명을 요구하지 않는 것이 어느 정도 타당하게 보였다. 그러나 스퀘어 직원들은 가장 상징적인 브랜드 경험이 신용카드로 거래하면서 손가락을 사용하여 서명하는 것이라고 생각했다. 이런 경험을 제거하면 그들이 경쟁 우위를 잃을 수도 있었다.

미건은 이렇게 말한다. "고객들은 자기 서명을 가지고 그림을 그리면서 창조성을 발휘합니다. 그리고 이렇게 하는 것이 실제로 재미있을 뿐만 아니라 (한번 생각해보십시오. 신용카드를 사용하여 커피를 사면서 서명을 하는 것만큼이나 단순하고 평범한 일에 재미를 느낀다는 것을 말입니다) 우리가 거래의 당사자인 고객과 가게 주인에게 스퀘어를 소개하기 위한 유일한 방법입니다." 당신이 가게 주인이라면 고객들에게 서명을 요구해야 한다. 그러나 고객이라면 이처럼 단순한 절차가 당신과 스퀘어가 처음 만나는 것이 되고, 당신이 스퀘어의 제품과 브랜드와 상호 작용하고 있다는 첫인상을 받게 된다.

스퀘어 직원들은 비자카드와 마스터카드의 손가락을 사용하여 서명하지 않아도 되는 새로운 규정을 채택할 것인가를 두고서 내부적으로 토론을 벌였다. 그들은 이것이 신속한 거래를 하는 데는 도움이 되지만, 고객들이 기억에 남을 만한 흥미로운 경험(이것이 또 다른 거래가 될 수 있다)을 하는 데는 도움이 되지 않을 것으로 판단했다. 미건은 이렇게 말한다. "따라서 우리는 새로운 규정을 채택하지 않기로 결정했습니다. 최종적으로 우리는 가게 주인이 선택하게 했습니다. 하지만 그런 경우에도 초기 설정은 모든 거래에 서명을 요구하는 것으로 되어 있습니다."

오늘날 스퀘어는 매일 수백만 건의 거래를 처리하는 상장기업이 되었고, 가게 주인과 고객을 위한 (일반적인 논리를 거스르는) 보다 나은 사용자 경험을 제공하면서 거대 규모의 카드사와 성공적으로 경쟁을 벌이고 있다.

일반적인 논리와 단기적인 지표는 제품을 점진적으로 확실하게 최적화하는 데 도움이 된다. 그러나 제품에 관한 상징적이고 획기적인 직관은 지표를 개선하기 위한 시도에서 나오는 것은 아니다. 이에 반해 위대한 변곡점은 당신의 장기적 목표에 기여하는 것에 대한 직관에서 오는 것이다. 이러한 것들은 사고가 아니라 감각에 관한 것이다. 어떤 면에서는 직관이 인식을 선행하고, 데이터가 직관의 확실성을 입증하기 수개월에서 수년 전에 의사결정을 하는 데 도움이 된다.

## 철저한 진실성을 바탕으로 자기 의견에 대한 스트레스 테스트를 한다

진실성을 철저하게 추구하면서 얻는 건전한 판단력은 차별성을 갖게 해주는 가장 결정적인 요소다. 열심히 노력하고 행운을 쌓더라도, 불명예스러운 결정으로 모든 것을 잃어버릴 수도 있고 현명한 결정으로 성과를 배가시킬 수 있다. 이 모든 것이 진실성과 관련 있다.

이것은 항상 뛰어난 실적을 기록하는 최고의 헤지펀드 '브리지워터

Bridgewater'가 설립 이후로 계속 지켜왔던 핵심 원칙이다. 설립자 레이 달리오Ray Dalio는 처음부터 진실성과 자기인식을 증진하기 위한 기업 문화와 (조금은 논란의 여지가 있는) 관행을 만들어가려고 했다. 그는 2017년 밴쿠버에서 열린 테드 컨퍼런스TED Conference에서 이렇게 말했다. "저는 실력주의를 추구하려고 했습니다. (중략) 그리고 (이것을 달성하기 위해) 진실성과 투명성을 철저하게 지켜야 한다는 것을 깨달았습니다."

나는 리더에게는 자기인식이 최고의 경쟁 우위라고 진심으로 믿는 사람으로서 이것을 증진하기 위한 도구와 규범을 개발하려는 아이디어에 관심이 많다. 만약 당신과 팀원들의 모든 의견을 공개적으로 검토하고 그것이 갖는 편견을 확인한다면 어떻게 될까? 우리는 뛰어난 아이디어와 통찰이 정략과 편견을 뛰어넘는 지점에 도달할 것이다. 불안과 두려움 그 자체에서 비롯되는 주장이 나오면 어떻게 될까? 최선의 아이디어를 실현하기 위한 절호의 기회를 갖는다면 어떻게 될까? 이처럼 여러 질문을 던지면서 높은 수준의 진실성을 실현한다면 생산성과 실적에서 이상향이 열릴 것이다.

저널리스트 롭 코프랜드Rob Copeland와 브래들리 호프Bradley Hope는 2016년 브리지워터의 전·현직 임직원 수십 명을 대상으로 인터뷰를 하고는 《월스트리트저널Wall Street Journal》에 이 회사의 신념과 실천에 관한 분석 기사를 실었다.

브리지워터 직원들을 위한 규정은 <원칙들Principles>로 알려진 123쪽짜리 공식 선언문의 형태로 작성되어 있고, 모든 직원은 이것을 숙지하고 열심히 준수해야 한다. 원칙들은 '직원들은 결국에는 자신이 노력한 만큼 성과를 얻을 것이다' 같은 격언과 '싸움을 선택하려고 해서는 안 된다. 모든 것과 싸워라' 같은 달리오가 전하는 충고들로 채워져 있다.

또한 달리오는 인간은 기계와도 같이 일을 한다고 믿었다. 이 말은 <원칙들>에서 84회나 등장한다. 그는 이런 말을 자주 한다. "문제는 사람들이 정서적 간섭으로 최선의 성과를 내지 못한다는 데 있다." 그는 이 문제는 체계적인 실천으로 극복할 수 있는 것이라고 생각했다.

그는 자신이 성공하게 된 원인은 제대로 이해되지 못하는 경제적 기계의 작동을 시장이 반영한다는 신념에 있다고 생각했다. 그리고 기계의 역학을 이해하려면, "사려 깊은 논쟁"을 통해 진실에 도달하기 위한 끈질기고 때로는 고통스러운 헌신이 요구된다고 보았다. 바로 이렇게 하여 직원들에게 주저하지 않고 거듭하여 서로 문제를 제기하도록 장려한다.


브리지워터는 이러한 진실성과 자기인식을 증진하기 위한 인상적이고 놀라운 사내 도구를 개발했다. 직원들은 심리 테스트를 받고, 동료들이 기여한 부분에 대한 평가 회의가 끝난 자리에서 즉석으로 실시되는 설문 조사에 응하고, 그들이 직면한 경영 과제와 관련된 일상적인 퀴즈를 치르고, '듣기' 같은 영역에서 상대방의 실적을 정기적으로 평가한다. 달리오는 이러한 실천을 촉진하기 위한 팀을 구성하고 사내 기술을 개발하는 데 투자를 아끼지 않았다. 브리지워터에는 '체계화된 지능 랩Systematized Intelligence Lab'이라는 별도의 팀이 있는데 IBM 인공지능 시스템인 왓슨Watson을 담당하던 IBM 임원 출신이 이 팀을 이끌고 있다. '체계화된 지능 랩'은 직원들의 행동과 설문 조사, 퀴즈, 평가에서 나온 다량의 데이터를 분석한다. 또한 직원들이 동료들의 강점과 약점을 평가하기 위한 맞춤형 아이패드 앱과 프로그램도 개발했다. 이 모든 것의 목표는 정략과 가식을 뛰어넘어 개인의 실적과 팀의 활력에 대한 날카로운 통찰을 얻는 데 있다.

그러나 나와 이야기를 나눴던 전직 직원들 중 일부가 브리지워터에서 근무한 것이 헤지펀드사에서 근무하는 것만큼이나 자신이 랩의 연구 대상이 되는 것처럼 느껴졌다고 말하는 것은 전혀 놀랍지가 않다. 직원들로 하여금 항상 경계를 늦추지 않고 겉치레를 하면서 긴장하게 만드는 규범을 실천하는 데는 일정한 대가가 따른다. 코프랜드와 호프는 그들의 분석 기사에서 다음과 같이 지적했다. "브리지워터는 신입직원의 약 5분의 1이 1년 이내에 회사를 떠난다고 말한다. 이런 압박은 전직 혹은 현직 직원 5명이 그곳에서 일하다가 화장실에서 울기도 했다고 이야기할 정도였다."

브리지워터에서 직원들에게 요구하는 가장 기본적인 원칙으로 "당신이 무엇을 모르는지, 그것에 대해 무엇을 해야 하는지를 알라"는 것이 있다. 내가 아는 전직 직원들은 이러한 메시지가 달리오의 원칙들 전반에 걸쳐 있고 매주 발송되는 사내 통신문과 교육 프로그램 동영상에 등장하는 변치 않는 주제라고 말한다. 달리오가 신봉하는 수백 개의 원칙들 중 몇 가지 사례는 그의 다년간에 걸친 경험에서 나온 것이다.

-아는 것보다는 모르는 것을 처리하는 능력이 훨씬 더 강력하다는 사실을 이해한다.
-당신의 목표는 최선의 답을 내는 것이다. 그것을 갖고 있을 가능성은 적으며,

있더라도 다른 믿을 만한 사람이 당신을 시험하지 않고서는 그것을 갖고 있다
는 확신을 가져서도 안 된다는 사실을 명심한다.

-무엇을 놓치고 있는지를 끊임없이 생각한다.

-성공한 사람은 다른 사람에게 비판을 요구하고 그것의 가치를 생각한다.


달리오가 직원들에게 그들의 주관적인 지식에 의문을 제기하고 그
들의 아이디어에 동료들의 통찰을 보충하도록 끊임없이 압박을 가한
것은 그가 무엇보다도 자기인식에 중요한 가치를 부여하고 있는 것을
보여준다. 이것은 (지금까지 내가 봤던 것들 중) 객관성을 높이고 전략
이나 감정이 실린 의견을 가공되지 않은 통찰이 되게 하는 메커니즘에
가장 가깝다. 또 다른 것들이 없다면, 이것은 팀 내에서 보기 드물게 번
창하는 피드백 루프가 될 것이다.

주변 사람들의 의견과 통찰뿐만 아니라 자신의 아이디어를 평가할
때는 피드백을 주고받기 위한 노력을 기울여야 한다. 당신이 들은 것에
반드시 동의할 필요는 없지만 다른 사람이 무슨 생각을 하는지를 알고
당신이 왜 동의하거나 반대하는지를 솔직하게 분석할 필요가 있다. 당
신의 생각을 지지하는 사람을 찾아서 그들에게 보상을 주는 것보다는
대안의 관점에 가치를 두는 문화를 조성해야 한다.

# 개방성은
# 무지에서 나온다

나의 멘토 존 마에다는 이렇게 말한다.

"당신의 경험을 언제 무시해야 하는지를 아는 것이 경험의 진정한 신호다."

또한 유명한 컴퓨터 과학자로서 그래픽 사용자 인터페이스를 위한 프로그래밍 분야의 개척자 앨런 케이Alan Kay는 이렇게 말한다.

"어떤 상황에만 몰두하고 있으면 그것조차도 볼 수가 없게 된다."

전문성은 익숙함이라는 대가를 치러야 하고, 새로운 작업 방식에 안 좋은 편견을 갖게 한다.

무지는 축복이자 모든 사실 앞에서 크게 위축되지 않는다면 대담한 프로젝트의 출발점에서 이상적인 작동 상태가 된다. 경험이 부족하다는 사실이 실제로는 산업 전문가들이 감히 거부하지 않는 가정에 의문을 제기할 수 있는 자신감을 갖게 해준다. 경험 부족이 당신이 모르는 주제에 대해 개방성과 자신감을 갖게 해줄 수 있지만 시간이 지나면서 당신의 성공이 개방성보다는 실행에 의해 좌우될 때는 무지가 단점으로 작용할 것이다.

무지가 주는 혜택을 유지하기 위한 (그리고 되찾기 위한) 최선의 방법은 주변에 다양한 사람을 두는 것이다. 다양한 배경을 갖고서 다양한 산업에서 근무한 사람들로 이뤄진 팀은 당신이 가정에 끊임없이 의문을 제기하게 해줄 것이다. 경험이 부족한 신입직원들이 업계 규범이 아니라 자신의 논리를 따르게 하기 위해서는 그들에게 권한을 줘야 한다.

신입직원이 당신의 팀에 가져온 '무지'가 특별한 종류의 통찰을 낳는다. 새로운 피가 새로운 아이디어를 제공할 뿐만 아니라 다른 모든 사람이 간과했던 것을 볼 수 있게 해줄 것이다. 신입직원들이 더 나은 방식이 있다고 생각할 때 당신은 자신이 생각하는 '옳은 방식'을 옹호하기보다는 그들이 그것을 탐색하도록 장려해야 한다. 무지는 과거에 의해 오염되지 않은 (혹은 얽매이지 않은) 개방성을 낳는다.

## 사업의 과학적 측면은 자로 잴 수 있지만 예술적 측면은 그럴 수 없다

예술은 자로 잴 수 없다는 점에서 특별한 데가 있다. 예술은 특별히 개인적이고, 감성적이고, 언뜻 보기에 희소성이 있기 때문에 우리에게 영감을 준다. 이런 요소들이 사업을 특별나게 해주지만 경영학에서는 가르치지 않는 것들이다. 그리고 이 요소들은 일반 통념을 거부한다.

안경 제조업체 '와비 파커Warby Parker'가 왜 한정판 문구류나 눈사람 만들기 세트를 제작했을까? 건강 패스트푸드 체인 '스위트그린'은 왜 지역 매장을 개장할 때마다 그 지역의 예술가들을 초청했을까? 기업가이자 작가로서 수백만 팔로워를 보유하고 있는 게리 베이너척Gary Vaynerchuk은 왜 자기에게 메일을 보내는 사람들에게 일일이 답장을 썼을까? 이런 행위들은 그 자체로는 불필요하고, 금전적으로 의미가 없는 것들이다. 단기적으로 보면 자원 낭비에 불과하다. 그러나 전체적으로 보면 이런 행위들이 브랜드의 차별성을 낳는다. 이처럼 제품의 자로 잴 수 없는 예술적 요소가 단조로운 제품이 되는 것을 거부하게 만든다.

내가 아는 최고의 기업가들은 이처럼 겉보기에는 불필요하고 측정하기 어려운 요소들이 차별적인 요소가 되기 훨씬 전에 이들에 가치를 부여하고 정교하게 만들려고 했다. 대부분의 산업 전문가, 투자자, 경영자들이 예술적 요소가 수익에 영향을 미치고 차별성의 진정한 원천이 되기 전까지는 이들을 간과한다. 그러나 진정한 혁신자는 처음부터 예술적 요소에 가치를 부여하고 사업의 (자로 잴 수 없는) 예술적 측면을 통해 경쟁력을 증진한다.

## '유별날 정도로 자로 잴 수 없는 사업'을 하라

사업의 초기 단계는 과학보다는 예술에 가깝다. 당신은 유별나게 여겨지고 결코 경제적이지 않는 새로운 아이디어를 가지고 문제 해결을 시도해야 한다. 몸소 실험을 해야 하고, 고객을 대상으로 많은 시간을 투자해야 하고, 특별한 것을 발견할 때까지 시행착오를 겪어야 한다.

'벤치마크'에서 근무하는 동료 빌 걸리는 직원들에게 처음부터 유별날 정도로 자로 잴 수 없는 일을 하라고 조언했다. 비핸스 초기 시절, 나는 날마다 몇 안 되는 고객을 대상으로 나 자신을 소개하는 이메일을 쓰곤 했다. 여기서 그들이 비핸스에 게시한 포트폴리오에 대해 몇 가지 제안을 했고, 그들이 묻는 어떤 질문에도 곧바로 답장을 보냈다. 이렇게 이메일을 주고받은 것이 오랫동안 지속되는 관계를 형성하게 했고, 대시보드로는 결코 얻을 수 없는 고객에 관한 통찰을 낳게 했다. 내가 아는 초기 단계 기업의 리더들은 초기 고객들에게 개인적으로 이메일을 보내고(일선에서 일하는 고객 서비스부서는 그들 스스로가 고객들에게 제품에 불편한 점이 없는지를 문의했다) 직원들에게는 고객의 마음을 얻는 일이라면 무엇이든 하도록 권장했다.

자로 잴 수 없는 의사결정이 처음부터 커다란 영향을 미쳤던 가장 훌륭한 사례는 '에어비앤비'의 조 게비아와 그의 팀원들에게서 찾을 수 있다. 그들은 에어비앤비의 단기 임대 사이트에 저품질의 사진들이 즐비한 것을 확인하고는 각 주택마다 고품질 이미지를 포착하기 위해 전문 사진작가를 고용하기로 결정했다. 당시 에어비앤비는 '크레이그리스트 Craigslist'와 경쟁하면서 생존에 필요한 거래량을 확보하는 데 총력을 기울이고 있었다. 그들은 비용을 절감하고 임대물 목록을 자동화하기보다는 전문 사진작가가 찍은 임대물 사진을 무료로 게시하기로 결정했다. 결과적으로 에어비앤비의 임대물이 크레이그리스트의 것보다 훨씬 더 낫게 보였다. 이렇게 고객의 마음을 얻는 행위가 경제적인 잣대로 잴수는 없지만, 품질과 미학에서 에어비앤비의 수준을 한층 끌어올렸고 이 회사의 웹사이트를 크레이그리스트와 그 밖의 동종업계의 것과 비교하여 크게 차별화시켰다.

고객들에게 소중한 것, 자로 쉽게 잴 수 없는 것, 자동화할 수 없는 것 또는 상품화할 수 없는 것을 제공해야 한다. 뛰어난 혁신 제품은 새로운 표준이 되기 전에는 이상한 것, 예술품과도 같은 것으로 치부되었다. 당신의 경쟁 기업과 현재 활동하고 있는 기업이 수익성이 없는 것으로 판단하여 시도할 생각이 전혀 없는 것을 해야 한다. 이런 탐험만을 통해 고객들을 깜짝 놀라게 할 만한 탁월한 제품을 개발하고 브랜드를 구축하기 위한 차별적인 요소(예술)를 발견하게 될 것이다.

## 기업이 성장할수록 작은 것들을 잊어선 안 된다

제품에 대한 수요가 있고 더욱 효율적인 방식을 찾게 되면, 사업에서 '과학적' 측면을 개발하고 싶은 욕구가 생길 것이다. 어떻게 하면 적은 노력으로 많은 고객을 만족시켜줄 수 있을까? 품질을 떨어뜨리지 않고 어떤 비용을 줄일 수 있을까? 초기에 성공한 새로운 프로젝트들이 때로는 애초에 성공에 이르게 했던 사업의 예술적 측면을 최적화하면서 자로 잴 수 있는 측면과 균형을 이루는 문제를 고심하게 만든다. 금전적인 지표에 따라 객관적으로 바라보면, 예술은 비용을 줄여야 하는 첫 번째 대상이다.

가장 바람직한 기업이 되려면, 예술적 측면에서 널리 알려져 있으면서 과학적 측면에서도 수익성을 지녀야 한다. 기업이 성장하면서, 브랜드와 서비스를 (자로 쉽게 잴 수 없는 것들이라고 하더라도) 차별화시켜주는 것들을 보존해야 한다. 이렇게 하기 위한 유일한 방법은 팀원들에게 이러한 프로젝트들이 당신의 전략상 핵심 부분이라는 사실을 알리고 이들을 유지하기 위한 평가 지표를 개발하는 것이다. 어떤 점에서는 예술은 대차대조표에 나오지 않는 당신의 기업 가치에 대한 일종의 투자이기도 하다.

비핸스 시절에 우리는 세계적인 포트폴리오 평가 이벤트를 개최하는 것을 전략의 핵심이 되게 했다. 당신은 수치를 들여다보면서, 회원 규모가 수백만 명에 달하는 온라인 서비스업체가 평균적으로 20명이 참석하는 세계적인 이벤트를 수백 회씩이나 개최하기 위해 그처럼 많은 자원을 지출하는 것이 과연 타당한가에 대해 의문을 품을 것이다. 매일 1만 5000명이 넘는 사람들이 회원 가입을 하고 있는데, 매년 총

5000명에 불과한 참석자들이 직접 만나는 것을 지원하기 위해 그처럼 많은 인원과 자원을 투입해야 하는가? 수치의 저변에는 우리가 처음부터 배웠던 깨달음이 있었고 비핸스가 성장하면서 더욱 중요하게 작용했다. 그것은 회원들과의 그리고 회원들 사이의 진정한 관계가 '스퀘어스페이스Squarespace, 윅스Wix' 같이 웹사이트와 온라인 포트폴리오의 상품화를 추구하는 기술 기업에 대해 우리의 경쟁 우위가 된다는 것이다. 실제로는 소수가 참석하더라도 그들과 친밀한 느낌이 들었다. 전 세계에서 총 5000명이 참석하는 이벤트가 수만 건에 달하는 소셜 미디어 포스트를 생성했고, 수십만 명에 달하는 사람들이 여기에 나오는 사진들을 보았다. 그러나 더욱 중요하게는 이러한 이벤트가 서비스업체라는 브랜드를 훨씬 뛰어넘어 일종의 삶의 방식이 되게 하는 대화와 관계를 촉진했다. 이러한 사람들이 우리의 브랜드, 제품 결정, 신입직원들을 모집하면서 우리가 공유하는 스토리, 우리의 작업을 정의하는 방식에 영향을 미쳤다.

따라서 사업에서 예술적 측면을 최적화하려고 해서는 안 된다. 큰 차이를 일으키게 되는 작은 것들을 유지하고 육성해야 한다.

## 작고 세부적인 것들이 모여 큰 차이를 낳는다

나는 기업가와 제품팀장에게서 작고 세부적인 것들에 집착하는 모습을 보고 싶어 했다. 이러한 집착은 설립자들이 자신의 사업을 예술로 바라본다는 것을 의미한다. '버즈피드' 사장 출신으로 경제 뉴스 네트워크 부문에서 최첨단을 걷는 '체다'의 설립자이자 CEO이기도 한 뉴스미디어 기업가 존 스타인버그Jon Steinberg를 처음 만났을 때 나는 그가 이처럼 집착하는 모습에서 두려움마저 느꼈다. 스타인버그는 그들이 사용하는 카메라의 종류, 자신이 서명하는 계약이 갖는 미묘한 차이, 뉴스산업에 종사하는 사람들의 변덕스러운 특징과 (물론) 콘텐츠를 포함하여 자기 사업에서 모든 세부적인 것들에 홀딱 빠져들어 있었다. 또한 그는 뉴스 산업에서 모든 확실한 것들에 열정을 가졌을 뿐만 아니라 자신이 중요하다고 생각하는 작은 것들에도 미친 듯이 집착했다. 그가 집착하는 것들이 그 자체로는 하찮게 보였다. 그러나 작고 세부적인 것들이 모여서 체다가 젊은 시청자들에게 차별적으로 다가가게 했고, 이들은 CNBC처럼 지루한 콘텐츠를 내보내는 오래된 방송사들을 외면하기 시작했다. 세부적인 것들의 개별적인 가치를 수량으로 나타내기는 어렵고, 바로 이런 이유로 여기에 관심을 갖는 사람들이 많지 않다. 그러나 이러한 것들의 가치를 모아놓으면 놀라울 정도로 크다.

당신이 하는 일에서, 다른 사람은 어느 누구도 관심을 갖지 않지만 당신이 좋아하는 것을 찾도록 해야 한다. 당신이 집착하는 것들이 시간이 지나면서 무엇이 중요한지를 보여주는 선행 지표가 될 것이다. 일과 인생에서 자로 잴 수 있는 것들은 엄청나게 많다. 그러나 예술, 인간관계, 세부적인 것들처럼 자로 잴 수 없는 것들을 만날 때는 그러한 것들에 특별한 관심을 가져야 한다. 당신의 사업에서 예술적 측면을 보존하여 거기에 사람들과의 관계를 맺게 할 영혼을 불어넣어야 한다.

# 강점을 강화한다

## 진정한 맹점은 자신이
## 어떻게 비쳐지는가에 있다

당신은 다른 사람들에게 어떤 인상을 주는지 알 수 없다. 당신이 다른 사람들을 바라보는 것과 마찬가지로, 다른 사람도 자신의 경험, 불안, 두려움, 염원에서 비롯되는 지극히 개인적인 관점에서 당신을 바라본다. 주변 사람들에게 맞추기 위해 최선의 노력을 기울이더라도 당신이 바라는 만큼 비쳐질 수는 없을 것이다. 다른 사람들이 당신을 어떻게 인식하고 있는지 알 수 없다. 그들의 인식은 주로 당신이 그들에게 어떻게 비쳐지는가에 달려 있기 때문이다.

당신과 종업원, 고객과의 관계에서도 마찬가지 원리가 적용된다. 그들에게 잘 맞춰주려고 하더라도, 명료하게 소통하고 도덕적으로 행동하기 위해 열심히 노력하더라도, 당신이 그들에게 어떻게 비쳐지는가를 결정하는 (주로 주변 환경과 심리 상태와 같은) 다른 요인들이 있다.

우리는 모든 사람마다 주변 환경이 크게 다르다는 것을 당연하게 여긴다. 예를 들어 사람들이 위험을 기피하는 정도는 그들이 자란 환경, 재정 상태, 과거의 경험이 그들의 자신감에 어떠한 영향을 미쳤는가와 밀접하게 관련 있다. 그들에게 행운이 많이 따랐다면, 불안한 상황에 침착하게 대응할 것이다. 그들에게 불운이 많이 따랐다면, 같은 기회를 다른 관점으로 바라볼 것이다. 그리고 예전에는 경험하지 못했던 완전히 새로운 문제에 불안하게 접근하는 사람들도 있다. 이런 사람들은 야망이 없는 사람으로 비쳐질 수도 있는데, 이는 다른 모든 사람이 알고 있는 전후 사정을 그들이 제대로 알고 있지 못한 데 따른 결과일 뿐이다. 다른 사람들이 과거에 어떤 일을 겪었는지를 알아내고서 그들이 갖는 불안에 공감을 하면, 그들이 실제로는 어떤 사람인지에 대해 더욱 분명한 그림을 얻을 수 있을 것이다. 그러나 이런 이해가 없이는 그들이 지닌 가치를 인식하지 못할 것이고 그들과 좋은 관계를 형성하지 못할 것이다. 다시 말해 다른 사람들의 주변 환경을 이해하지 않고서는 그들과 좋은 관계를 맺지 못할 것이다.

통제할 수 없는 또 다른 강력한 요인으로는 심리 상태를 들 수 있다. 모든 사람의 잠재의식 속으로 끊임없이 흘러드는 반작용과 편견으로 이루어진 복잡한 그물이 당신이 다른 사람들에게 어떻게 비쳐지는가를 결정한다.

모든 사람이 당신을 다르게 인식한다. 따라서 그 맹점을 인정해야 한다. 볼 수 없는 것을 인식하려면 자신이 어떻게 비쳐지고 있는가를 이해하려고 노력해야 한다. 예를 들어 사람들에게 이런 질문을 해보자. "당신이 지금의 나라면 어떻게 하시겠습니까?" 이와 같은 질문은 당신이 조언을 얻게 해줄 뿐만 아니라 다른 사람들이 당신의 입장과 행동을 어떻게 바라보는가를 이해하는 데 도움을 준다. 물론 그 어떤 것도 인간관계를 형성하고 두려움과 불안에 대해 서로 익숙해지는 것보다 맹점을 더욱 효과적으로 사라지게 해주지는 않는다.

당신이 의도하는 대로 인식되지는 않을 것이다. 따라서 자신이 대단한 통제력을 가지고 있다고 생각하더라도 주제넘게 처신해선 안 된다. 사람들이 당신의 의견을 그대로 받아들인다고 혹은 당신 자신에게 투영하는 방식대로 해석한다고 생각해선 안 된다. 그보다는 주변 사람의 관점에서 자신과 자신의 메시지를 바라보려고 해야 한다. 완전한 해상도에 도달할 수는 없다. 그러나 모든 대비는 도움이 된다.

## 하기로 한 것이면
## 제대로 한다

우리는 두 종류의 헌신을 한다. 하나는 '능동적 헌신'이고 다른 하나는 '수동적 헌신'이다. 당신이 나와 같은 사람이라면, 아마도 두 종류의 헌신을 많이 해왔을 것이다.

능동적 헌신은 좋아하고 추구하려는 분야에 시간, 에너지, 자원을 기꺼이 투자하는 것을 말한다. 기업을 설립하거나 드림팀을 구성하고 있다면, 인재를 영입하기 위해 이메일을 셀 수도 없이 쓰고 미팅도 그만큼 많이 갖는 데 헌신할 것이다. 팀에 적합한 인재의 영입을 마무리지으려고 한밤중에 걸려오는 전화도 받을 것이고, 종친회에 이메일을 은밀하게 보낼 것이다. 마찬가지로 가족을 부양하고 있으면 자녀들을 위해 학교 행사에 참석할 것이고 그들의 생일파티도 준비할 것이다. 진정한 관심과 가치에서 비롯되는 능동적 헌신을 하고 있을 때는 어떠한 기회든지 잡으려고 할 것이다. 따라서 자연스럽게 실천하게 된다.

그러나 관심을 갖지 않는 일을 할 때는 수동적 헌신을 하게 된다. 어쩌면 "아니요"라고 말할 용기가 없기 때문에 과거의 제품이나 까다로운 고객을 유지하고 있는지도 모른다. 그렇지 않으면 차라리 낮잠이나 자는 것이 더 나은 시간에 잡담이나 하는 행사에 참석하기로 했거나 문제가 있는 사람이지만 당신에게서 추천서를 받으려고 하는 전직 직원을 만나야 하는지도 모른다. 의지가 아니라 죄의식에서 행동할 때도, 수동적 헌신을 하게 된다. 이것은 당신이 원하지는 않지만 도와야 한다는 의무감을 느끼는 무엇인가에 대한 일종의 약속이다.

여기서 이상적인 조언은 "아니요"라고 말하는 법을 배우라는 것이다. 우리는 수많은 책과 블로그를 통해 수동적 헌신은 하지 말고 능동적 헌신이 요구되는 과제를 가능한 한 적게 두라는 조언을 얻는다. 당신에게 가장 중요한 소수의 과제에 집중하는 것이 효과를 얻기 위한 가장 좋은 방법이기 때문이다. 그러나 현실적으로는 어떤 기회가 궁극적으로는 얼마만큼의 가치가 있는지가 분명하지 않다. 결국에는 당신이 마음에 드는 사람을 만날 때까지 소개팅은 시간낭비인 셈이다. 그리고 사업을 하면서 사람을 소개받는 것도 이와 다르지 않다.

나는 마티아스 코레아Matias Corea를 우연한 기회에 비영리기관에 다니는 친구의 소개로 만났다. 벤 실버만도 그가 제품에 관한 조언을 해줄 사람과 엔젤 투자자를 찾기 위해 뉴욕을 방문한 사실을 알게 된 비핸스의 첫 번째 인턴사원의 부탁으로 만났다. 이렇게 두 차례에 걸친 우연한 만남이 내가 전혀 생각하지 않았던 방식으로 나의 직업 활동에 영향을 미쳤다. 내 삶에서 많은 부분은 확실한 수익이 보장되지 않은 상태에서 (때로는 수동적 헌신을 포함하여) 더 많은 헌신을 한 데서 나온 결과물이었다. 내가 다른 많은 사람처럼 "그냥 '아니요'라고 말하라"는 주문呪文을 받아들였더라면, 내 인생에서 가장 중요한 기회들을 놓쳐버렸을 것이다.

어떤 기회가 주어지면 그것이 당신의 진정한 관심에 잘 부합되는지를 생각해야 한다. 무엇인가를 해야 할 것인가 혹은 그렇지 않을 것인가에 관한 훌륭한 리트머스 테스트는 그것이 당신의 주의를 빼앗고 있는가에 있다. 삶에서 다른 모든 것으로부터 당신의 주의를 빼앗지 않는 것은 다른 사람들에게서도 충분한 관심을 받지 못할 것이고, 당신에게서 관심을 받을 만한 가치가 있는가에 대해서는 전혀 신경 쓰지 않아도 된다. 주의를 빼앗는 것은 일종의 자연 선택이다. 무엇인가나 누군가가 마음속에 계속 남아 있을 때는 그곳에 더 많은 에너지를 투입해야 한다. 그러나 새로운 프로젝트에 참여하고 있거나 누군가를 알고 나서 관심이 부족해지면, 능동적 헌신으로 시작했던 것이 수동적 헌신이 될 수 있다는 사실을 스스로 인정해야 한다.

하기로 했던 것이라면 제대로 해야 한다. 무엇인가에 영양분을 공급하길 중단하면, 거기에서 손을 떼야 한다. 수동적 헌신은 기껏해야 보잘것없는 대상에 에너지를 낭비하는 것이고, 최악의 경우에는 고통만 남고 나쁜 평판을 얻게 된다. 모든 일에 능동적 헌신을 하거나 아무것도 하지 않는 것 중에서 선택해야 한다.

사업과 인생에서 엄청난 생산성과 행복은 수동적 헌신을 중단할 수 있는가에 달려 있다. 이를 위해서는 수동적 헌신을 사실 그대로 인정하고, 무엇이 당신으로 하여금 이러한 헌신을 하게 만드는지를 이해해야 한다. 다른 사람들을 실망시키는 것에 대한 두려움 때문인가? 일에 흥미가 없더라도 단기적으로 돈을 벌기 위한 욕구에서 비롯된 것인가? 장기적으로 훨씬 더 많은 이익을 얻기 위해 약간의 단기적 고통을 마지못해 견뎌내려는 결심에서 나온 것인가? 특정한 프로젝트나 관계, 사업에서 특정한 부분을 계속 유지하고 싶을 때는 관심의 대상이 갖는 가치와 지금과는 다르게 당신이 할 수 있는 능동적 헌신에 대한 기회비용이 변수가 되는 객관적인 비용편익 분석을 해보자.

## 신호를 증폭하는
## 네트워크를 구축한다

더 많은 것을 성취할수록 더 많은 소음에 노출된다. '소음Noise'은 흔히 당신이 이미 알고 재담, 마케팅 메시지 등의 끊임없는 되풀이를 의미한다. 소음은 당신의 받은 메일함과 삶으로 흘러 들어와서는 당신을 위해 아무것도 하지 않는다. '신호Signal'는 당신이 다른 사람들에게서 듣고 배우는 것으로 당신에게 영향을 미치는 것을 의미한다. 당신의 계획을 변경시키는 정확한 질문, 피드백, 새로운 사람과의 만남이 여기에 해당

한다.

자기 분야에서 일정 수준의 성공을 거두면서, 당신이 다른 사람들을 찾아가야 할 상황에서 다른 사람들이 당신을 귀찮게 할 정도로 찾아오는 상황으로 바뀌게 된다. 이제 당신은 신뢰할 만한 신호의 원천을 확장하는 방법을 배워야 한다. 성공을 계속 이어가기 위한 최선의 길은 정보의 원천을 정확히 식별하고 소음을 걸러내고 신호를 찾아서 안내하는 역할을 훌륭하게 수행하는 데 있다. 최선의 의사결정과 투자 결정은 결국에는 정보에 입각한 직관, 다른 사람들에게서 나오는 기회, 당신이 관심을 갖는 신호의 원천에서 비롯된다.

네트워크와 신호의 원천을 구축하는 데는 두 가지 방법이 있는데, 하나는 표면적을 넓히는 것이고 다른 하나는 깊이를 더하는 것이다. 직업 활동의 초기에는 표면적을 최적화하는 것이 좋다. 동종업계와 관련 업계에 종사하는 사람들을 가리지 않고 많이 만나는 것이 좋다. 당신이 팀을 구성하고 전문가 네트워크를 구축하고 당신의 관심 분야와 비교하여 검토하면서, 때로는 주변 환경의 영향을 받기 쉽다. 배우는 것과 만나는 사람의 표면적을 확대하면 신호를 더 많이 찾아낼 가능성이 높아진다. 비핸스를 설립하던 시절, 나는 광고와 디자인 업계 사람들이 참석하는 컨퍼런스를 찾아다니면서, 인맥을 넓히기 위해 최대한 많은 사람과 점심 식사 시간을 가지려고 했다(나처럼 내성적인 사람에게는 상당히 무리한 요구였다!). 그들과의 대화가 당장 중요한 결실을 이뤄내지는 않았지만, 업계를 더욱 깊이 이해하는 데는 확실히 도움이 되었다. 나는 광고 기획사가 어떻게 활동하는지, 프리랜서들이 일을 어떻게 찾는지, 그들이 어떤 도구를 사용하는지를 알게 되었고, 어떤 사람들과 함께 일을 해야 하는지, 어떤 사람들을 피해야 하는지에 대한 판단력을 키울 수 있었다. 프로젝트나 기업의 초기에는 신호와 소음을 구분하기 어렵다. 그러나 자신을 소음에 더 많이 노출시킬수록 이 두 가지를 더 잘 구분할 수 있다.

자신의 능력으로 신호의 원천에 더욱 집중할수록 표면적을 넓히기보다는 당신이 관계를 맺은 소수와의 관계의 깊이를 더하고 싶어 할 것이다. 가능한 한 많은 사람을 만나려고 하기보다는 유능하다고 생각하는 사람들에게 집중하기를 원할 것이다. 유능한 사람들은 자기 분야를 잘 이해하고 있고, 강력한 의견을 가지고 있고, 자기 일에 헌신해온 이력을 가지고 있다. 그들은 최고의 신호를 보낸다. 그들이 공유하는 정보와 피드백은 정확하고 요긴하게 쓰일 수 있다. 그들이 하는 말은 항상 내가 읽은 책이나 다른 사람들에게서 들은 말보다 더 중요하다.

물론 다른 사람들에게서 소음보다 신호를 더 많이 받으려면, 우선 당신이 음파를 흡수할 준비가 되어 있는지를 확인해야 한다. 새롭게 부상하는 리더들이 자신의 네트워크를 구축하면서 흔히 저지르는 오류는 창조적이고 직관에 반하는 통찰을 듣고 공유하기보다는 자기주장을 펼치는 방식으로 동료들과 관계를 맺으려고 한다는 것이다. 최고의 신호를 보내는 사람들은 인기 있는 것을 가지고 토론하기를 원하지 않는다. 그들은 인기가 없는 것을 가지고 혹은 인기가 있는 것이 왜 문제가 있는가를 가지고 토론하기를 원한다. 유능한 사람을 만나서 관계를 맺기를 바란다면, 우선 질문을 하고 그 사람이 하는 이야기를 들으려고 해야 한다. 자신에 대해 알리려고 하기보다는 그들이 하는 말을 열심히 듣고, 어느 분야에 관심을 갖고 폭넓은 지식을 갖추고 있는지를 확인해야 한다.

당신의 네트워크가 확대되면서 소음도 많아질 것이다. 직업 활동의 절정기에 있는 리더들이 갖는 육감과 같은 직관은 네트워크를 구축하고 소음 대비 신호의 비율을 높이는 필터를 갖춘 데서 나온다. 가장 유능하다고 생각하는 사람들을 대상으로 관계의 깊이를 더해가면, 당신 삶에서 신호의 위력을 증폭하게 만들 것이다.

## 가치를 측정할 때 당신이 시간을
## 어떻게 쓰는가보다 나은 지표는 없다

가치에 관한 한, 우리가 자신에게 말하는 것의 대부분은 실제로 행하는 것과는 다르다. 예를 들어 당신이 기업에서 "사람보다 더 중요한 것은 없다"라는 믿음을 가지고 있지만 일과의 대부분을 스트레드시트에 몰두하고 있다면, 인간관계보다는 분석과 서류 작업에 더 많은 가치를 두고 있는 것이다. 그 믿음을 정말 중요하게 생각한다면, 대부분의 시간을 직원들의 역량을 개발하고 일대일 면담을 하는 데 투입하는 것으로 이에 대한 가치를 보여줄 수 있다.

우리는 주로 보상이 신속하게 주어지는 과제에 시간을 많이 쓴다. 시간을 어떻게 쓸 것인가에 대한 의사결정은 대체로 우리가 생각하는 가치를 고수하기보다는 생산성을 증진하기 위한 욕구에 의해 더 많은 영향을 받는다. 이메일을 확인하거나 작은 문제를 신속하게 해결하는 데서 오는 잠깐의 즐거움이 이보다 더 중요하게 생각하는 것들에 우선한다.

자신이 하루를 보내는 방식을 합리화하기 위해 온갖 종류의 이야기를 할 수 있지만, 일정표는 거짓말을 하지 않는다. 시간을 어떻게 쓰는가에 대한 회계는 당신이 생각하는 가치에 대한 냉엄한 진실이다.

몇 년 전부터 나는 한 주가 끝날 때마다 일정표를 되돌아보며 어떤 회의와 체험이 내가 중요하게 생각하는 과제에 도움이 되었는지 아닌지를 스스로에게 묻는 습관을 갖기 시작했다. 언제 아이가 다니는 학교에서 시간을 보냈는지 혹은 가족들과 저녁 식사를 했는지를 확인하려고 일정표를 보면 즐거운 기분이 들었다. 마찬가지로 팀원들이 서로 협력하도록 지원했거나 훌륭한 리더를 초빙하도록 지원했던 회의도 내 기분을 즐겁게 했다. 그러나 때로는 너무 많은 일이 (가족, 친구들과 시간을 보내는 것과 팀을 구성하고 제품을 개발하는 것처럼) 내가 가장 집중하고 있는 과제와는 관련이 없다는 사실을 확인하기도 했다. 사실 나는 다른 사람들의 마음을 달래려고 수동적 헌신을 유지하고 있었고, 그것을 중단할 용기가 없었다.

시간을 어떻게 쓰고 있는지를 검토하길 주저하는 한 가지 이유는 냉엄한 진실을 인정하기 힘들다는 데 있다. 매일 우리는 업무에 이끌려서 다른 사람의 마음에 들기 위해 그리고 당장의 만족을 얻기 위해 시간을 쓰고는 주말에 후회한다. 일정표를 다시 살펴보는 것이 불쾌한 깨달음이 될 수도 있다. 그러나 이것은 다음 주를 더 알차게 보내기 위한 유일한 방법이다.

물론 하루의 시간을 어떻게 할당하는가가 인생에서의 우선순위를 정확하게 반영하는 것은 아니다. 눈앞에 닥친 문제를 해결해야 하는 날도 있고 쾌락에 빠져든 날도 있을 것이다. 균형을 추구하는 것과 마찬가지로, 우선순위에 있는 과제는 모든 순간이 아니라 장기적으로 달성되는 것이다. 당신의 일과 인생에서 핵심 가치가 무엇이든, 관심의 많은 부분을 차지한다. 그곳에 더욱 가까이 갈수록 후회를 적게 할 것이다.

시간을 어떻게 쓰는지 계속 검토하며 사실을 직시하고 있는가?

시간을 좀 더 현명하게 쓰기 위해 해야 할 또 다른 것으로는 무심코 하는 판에 박힌 행동이 습관이 되기 전에 미리 확인하는 것이다. 아마도 당신은 매주 월요일 오전에 직원들과 회의를 갖거나 특정한 형식에 따라 노트를 작성할 것이다. 또는 날마다 몇 가지 소셜 미디어 사이트에 들어가거나 매시간 대시보드를 확인할 것이다. 결국 이런 행동을 하고 왜 그렇게 하기 시작했는지를 잊어버린 자신을 깨닫게 될 것이다. 의도를 갖고 시작하여 반복하게 되는 행동이 (그것이 효과가 있든 없든) 무심코 하는 판에 박힌 것이 될 수도 있다.

'단지 무엇 때문에' 하는 행동을 확인하고 검토하기 위한 노력을 기울여야 한다. 월요일 오전 회의는 실행할 만한 가치가 충분히 있는가? 준비하는 회의 자료들은 작성할 만한 가치가 충분히 있는가? 매일 방문하는 웹사이트나 대시보드에서 실행 가능한 정보를 얻고 있는가? 판에 박힌 행동을 고수해선 안 된다. 이들이 과연 적절한지 효과가 있는지에 문제를 제기해야 한다. 그 중 일부는 시대에 뒤떨어진 것들이고, 잠시 시간을 내어 이들에 문제를 제기하면 대부분은 최적화될 수 있다. 가끔은 판에 박힌 행동을 중단하고 이렇게 하는 것이 어떤 식으로든 자유를 얻게 해주는지를 판단해봐야 한다.

판에 박힌 행동은 아무 생각 없이 시작했을 땐 역효과를 낸다. 가끔은 판에 박힌 것들을 중단해야 한다.

## 예상 못한 상황을 활용하기 위해 여유분을 남겨둔다

모두가 생산적인 날을 보내고 싶어 한다. 회의를 몇 번 더 열고 이메일을 몇 번 더 쓰도록 압박을 가하는 것은 성취감을 얻기 위함이다. 나는 내가 가진 한정된 자원으로 최대한의 것을 성취하려는 동기를 갖고 있다. 그러나 생산성을 증진하기 위한 이처럼 끊임없는 압박에는 융통성을 포기해야 하는 문제가 뒤따른다. 남겨 놓은 자원이 없으면 예상하지 못한 상황에서 발생하는 기회를 활용할 수 없게 된다. 융통성이 없으면 새로운 상황에 적응할 수 없다. 당신이 가진 잠재력을 모두 활용하려면 약간의 여유 시간을 남겨둬야 할 것이다.

빡빡한 일정을 보면서 활력을 갖는 것은 어려움을 무릅쓰고 도박을 하는 것에 지나지 않는다. 예상하지 못한 오류에 대비해 여유 시간을 남겨두지 않고 일정을 꽉 채우면 위험한 상황에 처할 수 있다. 이런 상황을 맞이하지 않으면 운이 좋은 것이다. 그러나 한 가지 일이라도 잘못되면 일정 전체가 뒤로 밀리게 된다.

또한 예상하지 못한 기회를 활용하기 위해 여유분을 남겨둬야 한다. 패션 디자이너 아이작 미즈라히Isaac Mizrahi는 자기가 생각해낸 뛰어난 아이디어는 '착시 혹은 착각'에서 비롯된 것이라고 설명한다. 유명한 혁신들 중에는 발명가가 더욱 깊이 탐구하기 위해 스스로 허용한 오차에서 시작된 것이 많다. 예를 들어 약한 접착제는 접착식 메모지에 사용되었고, 녹은 초코바는 전자레인지가 가열 식품을 조리할 가능성을 보여주었다. 예상하지 못한 상황과 두려워하지 않을 정도로 운신의 폭이 충분히 있는 상황에 직면할 때, 당신은 당장 처음으로 되돌아와서 잃어버린 시간을 만회하려고 하거나 상황을 받아들이고 일을 계속 진행하는 것 중 선택한다. 점심 식사를 하면서 우연하게도 새로운 프로젝트나 획기적인 돌파구를 찾을 만한 대화를 나눌 시간이 있는가? 주변 사람을 통해 새로운 통찰을 낳게 하는 예상하지 못한 결과를 얻기 위한 여유 시간이 있는가?

시간을 빈틈없이 쓰려고 해선 안 된다. 하루의 계획을 수립하면서, 이동 시간을 두 배로 잡고 예상하지 못한 변화에 대비해 여러 곳에 여유 시간을 남겨둬야 한다. 새로운 발견의 가능성을 높이려면 오류에 대비하고 예상하지 못한 기회를 활용하기 위한 자원을 남겨둬야 한다. 당신이 가진 생산성을 최대한 활용하려면 항상 여유분을 남겨둬야 한다.

시간을 세심하게 관리하고 검토하는 것은 어디에 있든 자신의 능력을 최대한 활용하기 위해서다. 당신과 완전히 다른 분야에 종사하는 사람과 우연한 자리에서 저녁 식사를 할 때는 그들이 가진 전문 지식을 배우려고 해야 한다. 야망을 품고 바쁘게 지낼수록 시간을 철저하게 관리한다. 그러나 때로는 지나칠 정도로 그렇게 한다. 야망이 기회를 압도해서는 안 된다.

## 단절되지 않으면
## 상상력이 고갈된다

나는 집중이 일정 수준을 넘어가면 수확이 체감한다는 법칙에 오랫동안 마음이 끌렸다. 집중이 일정 수준에 도달하면 주변 시야가 좁아지면서 당신의 집중력이 오히려 장애가 된다. 지난 수년 동안 성숙 단계에 있는 기업들을 위해 제품 자문가로 일하면서, 뛰어난 직원들로 구성된 팀이 어떻게 하여 이제까지 잘 걸어온 길과 처음 품었던 신념에서 벗어나려고 분투하고 있는지를 이해하는 데 도움이 되었다. 외부 자문가의 역할은 생각을 공유하고, 리더에게 분명하게 보일 수도 있지만 단순히 팀의 시야에서 벗어나 있다는 이유만으로 간과되었던 문제들을 제기하는 것이다.

리더들은 가끔은 잠시 쉬는 시간을 가질 필요가 있다. 여정에서 잠시 벗어나 있으면 새로운 것들이 보일 수 있다. 무도장에서 벗어나 발코니에서 창 밖을 내다보는 것과 마찬가지로, 처한 상황을 넓은 시야에서 바라볼 수 있다. 자신의 관점이 얼마나 근시안적인가를 깨닫고 나면 자신을 낮추게 된다. 그리고 자신을 둘러싼 가능성이라는 광활한 지형을 바라보며 영감을 얻게 된다. 매일 벌어지는 전투로부터 일정한 거리를 두면 활력과 상상력을 회복시킬 수 있다. 주변을 못 보게 하는 눈가리개는 떨어져나가고 부수적인 아이디어가 주목을 받게 된다. 단절되는 것은 당신의 상상력이 활발하게 작동하게 해준다.

불행히도 단절되는 것이 점점 어려워지고 있다. 계획이 항상 우리와 함께 있을 때는 쉬는 시간에도 다른 사람들이 무엇을 하는지를 열심히 관찰하면서 주변에서 어떤 일이 일어나고 있는지를 제대로 인식하지 못한다. 적자를 내지 않으려고 하면서, 곁에 쌓인 미결 서류함이나 건드리면서 살아가고 있다. 깊이 있는 생각을 하기 위한 시간을 내지 않으면서 그 심각성은 훨씬 커진다.

우리는 다른 사람들이 해야 할 일들의 목록을 가지고, 우리의 관심을 요구하는 최근에 벌어지는 사건에 반응하며 살아가고 있다. 나는 이것을 "반응적 작업 흐름"이라고 부른다. 우리는 서로 끊임없이 연결되고 주변에서 계속 쏟아져나오는 정보에 노출되면서, 점점 더 반응적, 수동적 인간이 되어간다. 가장 중요하다고 생각하는 것이 아니라 다른 사람들이 가장 최근에 전해준 것에 반응한다. 먼 미래를 내다보는 창조적 추구에 실질적인 영향을 미치려고 하지 않고서 해야 할 일들의 목록을 완수하는 것이 가장 생산적이라고 생각한다. '제너럴 일렉트릭'에서 최고 마케팅경영자CMO를 지내다가 부회장 자리까지 올랐던 베스 콤스톡 Beth Comstock은 (자기 앞으로 끊임없이 몰려오는 일에서 벗어나서) 한 걸음 물러나서 회사 일을 생각할 필요가 있을 때는 중국 여행을 떠나곤 했다. 10시간이 넘는 비행과 이와 함께 따라오는 업무와의 단절은 그녀에게 능동적 사고를 위한 오아시스와도 같았다.

그러나 아시아 국가로 잠시 여행을 떠날 시간이나 돈이 없다면, 우리가 할 수 있는 것은 무엇인가?

어떤 사람은 하루 중 아무런 자극을 받지 않는 시간대를 정해둔다. 그들은 이 시간대에 이메일을 열어보지 않고, 소셜 네트워크에 귀를 기울이지 않고, 깊이 생각해야 할 문제와 장기 프로젝트만을 생각한다. 아마도 이런 시간대는 매일 2시간 정도나 매주 하루 정도가 될 것이다. 이 때 지금 하는 일에서 벗어나서 깊은 생각을 할 수 있다.

　나한테도 업무에서 벗어나지 못하는 문제가 세속적인 일로부터의 단절을 의미하는 안식일의 중요성을 일깨워주었다. 여러 종교는 저마다의 안식일을 가지고 있지만, 모두가 일로부터의 단절을 명령한다는 점에서 공통점을 갖는다. 2008년 '리부트Reboot'라는 비영리기관이 주도하는 '안식일 선언Sabbath Manifesto' 운동이 시작되었는데, 그 첫 번째 프로젝트가 '언플러그 챌린지Unplug Challenge'였다. 이것은 참가자들이 하루에 기술을 사용하지 않고서 보내는 과제에 공개적으로 도전하는 것이었다. 저널리스트, 작가, 블로거들이 이 프로젝트에 참가하여 하루 동안 기술을 사용하지 않고 보내고는 그 결과를 보고했다. 거의 모든 사람이 새로운 깨달음을 얻었고 최소한 새로운 활력을 얻었다고 한다. 그다음 해에는 '내셔널 언플러깅 데이National Day of Unplugging' 운동을 전개했다. 이 운동은 세계적으로 주목받았는데, 아이러니하게도 트위터에서는 'nationaldayofunplugging'이 화제가 되었다. 뜻밖의 일이었다.

　리부트는 내셔널 언플러깅 데이에 '21세기를 위한 안식일 선언'을 새롭게 들고 나왔다. 이 선언에는 다음과 같이 현대 세계로부터 효과적으로 단절되기 위한 열 가지 원칙이 포함되어 있다.


　1. 기술을 피하라.

　2. 사랑하는 사람과 함께 지내라.

　3. 건강을 돌봐라.

　4. 밖으로 나가라.

　5. 상거래를 피하라.

6. 촛불을 밝히라.

7. 와인을 마셔라.

8. 빵을 먹어라.

9. 고요함을 발견하라.

10. 원상태로 회복하라.

어떤 방법을 사용하든 우리는 단절을 위해 힘써야 한다. 그러나 어떤 식으로 정의하든, 의식儀式은 하던 일을 중단하고 깊은 생각을 하기 위한 시간을 갖는 데 상당히 효과적인 방법이다. 기술은 나쁜 것이 아니다. 다만 상상력을 펼치는 데 도움이 될 수 있도록 사용되어야 하고, 우리를 통제하기보다는 우리를 위해 작용해야 한다.

21세기의 가장 위대한 과제는 당신이 집중력을 유지하고 당신에게 가장 중요한 것을 창조하고 궁극적으로는 그것에 영향을 미치는 데 필요한 정신의 존엄성을 보존하는 것이다. 상상력은 당신의 정신이 어느 누구도 통제할 수 없는 자유를 얻을 때만 발현된다. 언제나 업무로부터 단절되지 않고 답을 찾을 수 있다면, 사물을 궁금하게 여기지도 않고 무엇인가를 찾기 위해 이리저리 헤매지도 않는다. 불행하게도 반응적 작업 흐름이 만연한 오늘날에는 우리의 정신은 좀처럼 자유롭지 않다.

우리는 단절되지 않는 데 따르는 피해를 인식해야 한다. 긴 안목을 가지고 상상력을 키우려면, 하루 중 아무런 자극을 받지 않는 시간대를 정하고, 단절을 위한 의식을 치르며, 삶에서 업무와의 단절을 위한 시간을 가지고 새로운 질문을 하고 호기심을 갖도록 해야 한다.

# 수용할 수 있는
# 상태를 유지하고
# 관계를 맺는다

## 신용을 갈망할수록
## 영향력을 덜 갖는다

태양은 우리가 사는 곳을 따뜻하게 하고, 농작물이 성장하게 하고, 지구가 거주하기 적합한 곳이 되게 한다. 우리의 운명은 에너지를 제공하는 태양광선에 달려 있다. 그러나 결국 50억 년 정도 지나면 태양은 다른 별과 마찬가지로 폭발할 것이고, 그 주변을 도는 위성들은 먼지가 될 것이다. 하지만 태양이 존재하는 한 괜한 걱정을 할 필요는 없지 않은가?

우리를 먹여살리는 것은 결국 우리를 죽게 만든다. 이것은 자연과 우리의 사회적 삶을 지배하는 의존성의 본질이다. 이러한 과학의 보편적 진리가 사업에도 적용된다. 우리의 발전(수익, 자아, 자부심)에 필요한 영양분을 제공하는 힘은 때로는 그것을 죽게 만든다.

자아는 녹슬기 마련이다. 따라서 그처럼 대단하던 가치와 가능성은 서서히 부식되어 파괴된다. 녹을 계속 제거하지 않으면, 업적이 오래가는 경우는 드물다.

나는 자신의 재능을 널리 알리지 않으면서 조용히 드러내는 사람을 가장 존경한다. 이런 사람들은 뛰어난 인재를 고용하여 그들에게 권한을 주고, 직원들에게 그들의 공적을 널리 알린다. 그들은 의미 있는 콘텐츠를 창조하고 수준 높은 발표회를 개최한다. 또한 자신을 공격적으로 알리지 않고 자연스럽게 입소문이 나게 한다. 그들은 여전히 붙임성이 있고, 그들을 향한 존경의 마음은 점점 더 커지기만 한다. 이런 리더들은 훨씬 큰 영향력을 갖는다.

당장 인정받기를 바라는 것은 자연스러운 모습이고, 성공의 원인은 자신에게서 찾고 실패의 원인은 다른 사람에게서 찾기 쉽다. 그러나 반대로 행동하면, 자신의 불안을 진정시키기보다는 팀의 잠재력을 높일 수 있다. 당신은 질투, 자존감의 역풍을 받지 않고, 신용을 얻기 위한 자연적인 성향과도 무관하게 무대의 이면에서 영향력을 발휘할 더 나은 기회를 가질 것이다. 신용이 팀이 아니라 개인에게 부여될 때 협력과 실행을 촉진하는 공동 소유 의식과 개방성이 희석된다. 어느 한 사람에게만 부여되는 신용은 공동 소유 의식을 약화시킨다.

벤처기업을 설립할 때는 자신을 낮춰야 할 상황이 많이 발생한다. 겸손은 기반을 잡게 해주고, 끈끈한 동료애를 갖게 해주며, 미래 고객과의 공감대를 형성하는 데 도움이 된다. 기업을 처음 설립하면서 나한테서 도움을 받았던 사람들은 여론에 귀를 기울이면서 대단히 민감하게 받아들였다. 그들은 새로운 고객들이 전하는 어떠한 건설적인 피드백에도 고심했고, 직원들의 감정과 정서적 상태에도 민감했다. 이처럼 민감한 태도가 생산적이고 적극적으로 참여하는 집단의 공감대를 형성하는 데 많은 도움이 되었다.

기업이 성공하면, 설립자가 더 많은 자신감을 갖는다. 성공은 설립자의 겸손한 태도, 열심히 노력하는 모습, 적절한 타이밍, 행운 등을 포함하여 다양한 요인에 기인하지만, 그들은 (실패는 다른 사람 또는 그들이 통세할 수 없는 힘이 작용한 탓으로 돌리고) 성공은 자신의 공으로 여기는 경향이 있다. 따라서 리더들은 자기 과신에 빠진 나머지, 다른 사람들이 하는 말을 듣지 않게 된다. 피드백은 무시된다. 직원들의 우려는 받아들여지지 않는다. 제품 생산에서 차질이 빚어진다.

팀원들의 역할을 경시하면서 자신의 자존감을 강화하려고 해선 안 된다. 나는 자신의 자존감을 강화하려다가 팀을 파괴하는 리더들을 보며 놀라움을 금치 못했던 적이 많다. 또한 경영권과 관련된 문제를 두고 어느 한쪽 당사자가 다른 쪽 당사자를 배제시키려다 막대한 소송비용이 발생해 가족 기업이 분리되는 모습도 많이 봤다. 모두 자존감과 관련된 문제들이다.

권력 싸움에서 밀려나서 낮은 직책을 맡기보다는 자기 지분을 헐값에 판매하도록 강요당하는 공동설립자들도 봤다. 이 모든 상황에서, 자존감이 미래의 성공 가능성에 불리하게 작용할 뿐만 아니라 실제로는 리더들에게도 금전적인 불이익을 발생시킨다.

성공은 자신의 것이 아니라는 사실을 계속 상기시킴으로서 유지된다. 이러한 사실을 머릿속에 고정시켜야 한다. 이처럼 겸손한 태도가 당신의 잘못을 인정하고 환멸에서 벗어나 '팀원들은 생각보다 더 많은 것을 하고 당신이 더 적은 것을 한다'는 중요한 진실을 인정하는 데 도움이 된다. 주변 환경은 당신이 보유한 단 한 가지의 기술이 아니라 다수의 더욱 강력한 요인들에 의해 영향을 받는다. 가장 유능한 사람은 이것을 최대한 활용한다.

우월감보다 더 빠르게 팀의 잠재력을 손상하는 것은 없다. 주변 사람들의 가치를 낮게 평가하고 자신의 능력을 미화하는 순간, 기회는 사라진다. 당신이 우월감을 느끼면 주변 환경에 무감각해지고, 고객과 인재들을 소개받거나 다른 사람들의 경험에서 교훈을 얻고, 고객의 요구에 공감하고, 시장의 힘에 민감하게 반응할 수 있는 기회를 놓쳐버린다. 타이밍이 자신에게 유리하게 작용한 사실과 당신이 알고 있는 것 때문이 아니라 모르고 있는데도 불구하고 성공한 사실을 잊어버린다.

자신의 금욕적이고 획일화된 고상한 이야기를 구성하려고 해선 안 된다. 그런 이야기는 자신을 친구뿐만 아니라 가족들도 가까이 다가가기 힘든 사람이 되게 한다. 본능적으로 자신을 실제 모습보다 더 낫게 보이고 싶어 하지만, 이렇게 하는 것은 사업적 감각뿐만 아니라 정신적 격려의 측면에서 당신이 살아온 궤적을 유지하는 데 필요한 주변 사람들과 세력으로부터 거리가 멀어지게 한다. 당신에게 얼마나 많은 행운이 따르고 있는지, 당신이 얼마나 많은 자기회의에 빠져 있는지를 제대로 인식해야만 많은 사람과 관계를 맺을 수 있다. 당신은 이처럼 해결해야 할 문제들이 많은 거칠고 무작위적인 세상에 놓인 한 사람일 뿐이다. 혼자 힘으로 그 문제를 해결했다고 생각하는 그 순간에 성공이 역효과를 낼 것이다.

성공은 당신이 무엇을 하는지 안다는 것을 의미하진 않는다는 사실을 상기해야 한다. 성공은 많은 요인이 당신에게 유리하게 작용한 것, 당신의 팀이 뛰어난 능력을 발휘한 것, 당신이 팀을 망치지 않았다는 것을 의미한다. 자신이 어느 누구도 꺾을 수 없는 강한 사람이 되었다고 생각한다면, 자신에게만 관심을 집중할 것이 아니라 팀원들에게 관심을 가져야 한다.

지금 이 순간에 신용을 갈망하고 있다면, 장기적인 관점에서 투자를 해야 한다. 적어도 자신의 잠재력을 위해서라도 다른 사람들에게 주의를 집중하기 위한 시간을 가져야 한다.

## 다른 사람이 아이디어를 제안할 수 있도록 스스로 회의실에서 나와야 한다

성공한 크리에이티브 기업의 설립자는 창조적 에너지가 넘쳐서 강력한 힘을 발휘하는 경우가 많다. 이처럼 대단한 리더를 위해 일하거나 투자하는 것은 신나는 일이기도 하지만, 권위적인 분위기에서는 다른 사람들이 아이디어를 제안하는 데 어려움이 따를 수 있다.

록 그룹 '위저Weezer'의 보컬을 맡은 리버스 쿼모Rivers Cuomo는 아티스트들이 곡의 창작과 관련된 이야기를 풀어놓는 〈송 익스플로어Song Exploder〉 팟캐스트 시리즈에 출연하여 자신이 초안을 작사, 작곡한 '서머 엘레인 앤드 드렁크 도리Summer Elaine and Drunk Dori'라는 곡의 이면에 작용하던 창조적 과정을 설명한 적이 있었다. 나는 그가 자기 곡의 첫 번째 버전을 그룹의 다른 구성원들이 자기가 없는 스튜디오에서 연주하게 하면서 그들에게 공을 넘겨주는 모습에 진한 감동을 받았다.

그는 이렇게 말한다. "저는 민주주의가 갖는 힘을 충분히 인식하고 있습니다. 최고의 음악적 아이디어를 가진 작곡자(이 곡은 바로 제가 작곡자입니다)가 오리지널 데모 버전에 애착을 갖기 때문에 밴드의 다른 구성원들의 창조성을 제한할 수 있습니다. 당신은 곡의 방향에 대한 아이디어를 가지고 있지만, 어쨌든 이것은 한 사람에게서 나온 아이디어에 불과하고 한 사람의 제한된 관점을 가지고 있습니다. 정치적으로 말하자면, 스튜디오에서 당신은 최고의 아이디어와 다른 사람보다 더 많은 권력을 가지고 있습니다. 그들은 이렇게 생각할 것입니다. '저 사람이 이 곡을 썼다. 따라서 저 사람이 내 생각을 좋아하지 않는다면 굳이 이야기할 필요가 없다.' 따라서 멤버들이 이 스튜디오에서 내가 아니라 우리 프로듀서인 제이크 싱클레어Jake Sinclair와 함께 있는 것이 그들이 맡은 부분에 대해 제안을 하는 데 도움이 됩니다. 저는 그들이 자기가 맡은 부분을 마칠 때까지 곡을 듣지 않습니다. 그다음에 다시 듣습니다. 대체로 모든 요소가 멋지고 신선하고 겹겹이 쌓여 종합적으로 전개되는 모습에 감동을 받습니다."

팀이 가진 잠재력을 최대한 활용하려면 때로는 고삐를 풀고 팀원들이 자기만의 창조적 과정을 갖도록 해야 한다. 당신이 만든 초안이 (그럴 리는 없겠지만) 완벽하다고 생각하더라도, 동료들이 당신이 없는 자리에서 아이디어를 제안할 수 있도록 해야 한다. 이것은 실행을 촉진하기 위한 주인의식과 협력정신을 증진한다. 위대한 아이디어는 좋은 아이디어들이 모여서 나오는 경우가 많다(그리고 이것이 이 밴드가 서로 협력하게 만든다).

# 관심을 받는 것은 주의를 기울이지 않게 되는 위험이 따른다

관심을 받는 것은 주의를 산만하게 만든다. 기업의 초기에는 고립과 익명성이 끊임없이 집중하게 만드는 장점을 낳는다. 널리 알려지고 찾는 이들이 많은 사람은 질문에 대답을 하고 온라인으로 자신에 관한 이야기를 읽으면서 시간을 보내게 되고, 결과적으로 조직 구성, 제품 개발, 기획, 학습을 위한 시간이 얼마 남지 않게 된다.

앞에서 나는 제품을 최적화하기 위한 전술을 탐색하면서, 자아 분석의 중요성을 설명했다. 이것은 초기 사용자들이 친구들의 '좋아요' 혹은 게임의 리더보드(leaderboard, 최고 선수들의 명단 및 점수를 적은 판-옮긴이주) 등을 계속 돌아와서 살펴보게 하면서 자기 과시 욕구를 채워준다. 인스타그램과 트위터 사용자들은 그곳에 글을 남기고선 다른 사람들이 자신의 콘텐츠와 어떻게 상호 작용 하는지를 알고 싶다는 오직 한 가지 이유로 이 제품을 더 많이 사용하는 것으로 알려져 있다. 그러나 다른 사람들에게서 관심을 듬뿍 받으면, 남들이 게시하는 콘텐츠에는 관심을 덜 갖게 되는 대가가 따른다. 자신의 콘텐츠에 누가 '좋아요'를 클릭했는지 댓글을 달았는지를 알아보기 위해 시간을 보내니 검색을 위한 시간은 얼마 남지 않는다.

삶에도 마찬가지 원리가 적용된다. 프로젝트를 착수하고 언론이나 대중의 찬사를 받을 때 다른 사람들에게서 얼마나 많은 관심을 받고 있는지를 알아보려고 시간을 보내면, 다른 사람들에게 관심을 가질 시간은 얼마 남지 않는다.

나 역시 살아오면서 언론의 관심을 받은 적이 몇 번 있었다. 당시 많은 사람이 이메일을 보내고 소셜 미디어에 글을 남기면서 내가 하는 일에 관심을 보였다. 나는 친절한(때로는 그다지 친절하지 않은) 내용의 글을 검색하고서 모든 사람에게 답장을 쓰는 데 많은 시간을 보냈다. 이런 식으로 하루가 끝날 무렵이면, 처음에는 우쭐한 기분이 들었지만 그다음에는 하루 동안 아무것도 하지 않았다는 사실을 깨달았다. 나는 많은 관심을 받았지만 주변에서 벌어지고 있는 일에 주의를 기울이지 않았다. 성공은 마음을 들뜨게 하지만 널리 알려지는 것이 발전에 방해가 되기라도 하듯이, 이상하게도 좌절감을 갖게 할 수도 있다.

또한 관심은 창조적 과정에 방해가 된다. 주변에 있는 모든 것을 수용할 때 상상력을 발휘할 수 있다. 감수성이 가장 예민할 때 우연한 마주침과 착시 현상이 아이디어가 될 수 있다. 그러나 새로운 무엇인가를 창조할 때는 (잠깐이라면 좋을 텐데) 주변 환경에 무감각해진다. 당신은 작품의 여파에 모든 관심을 집중한다. 좋은 평가를 향한 근원적 욕구가 자리잡게 되면서, 누가 당신의 작품을 감상하는지 작품에 대해 무슨 말을 하는지에 관심을 갖는다.

매일 세상의 주목을 받으면서 일하는 사람 혹은 기업은 그들을 향한 관심을 따로 떼어놓기 위한 방법을 찾아야 한다. 일부 CEO들이나 유명 인사들은 사람들의 호기심에서 비롯되는 유명세를 극복할 줄 안다. 나는 여러 사람과 함께 비핸스의 초기 투자자이기도 한 제프 베조스와 저녁 식사를 한 적이 있었다. 그가 무엇보다도 우리가 하는 일과 새로운 디자인과 기술 추세에 관해 많은 것을 물었을 때 깊은 감명을 받았던 것을 기억한다. 그가 설립한 민간 우주탐사기업 '블루 오리진Blue

Origin'이나 소유한 언론사 '워싱턴포스트Washington Post'에 대해서는 전혀 언급하지 않았던 것으로 기억한다. 마지막 개척지를 탐사하기 위해 로켓을 제작하고 미국에서 가장 규모가 큰 언론사 중 하나를 소유하고 있었지만, 스타트업에 관해 질문하는 데 더 많은 관심을 가졌던 것이다.

아마존이 꾸준히 성장하고 베조스가 다양한 산업을 확실히 이해한 것은 다른 사람들의 자신을 향한 관심을 압도하는 호기심에서 비롯된 것이라는 생각이 들었다. 많은 사람이 자기 분야의 전문가로 알려져서 수많은 스토리를 공유하기를 바라지만, 베조스의 다른 기업에 대한 식을 줄 모르는 호기심이 학습과 탐색을 계속하게 만들었다(그리고 자신을 향한 관심을 따로 떼어놓았다).

〰〰〰〰〰〰〰〰〰

## '계속 소란을 피워라'

몇 년 전 멘토 중 한 사람인 세스 고딘이 간단한 메모를 내게 주었다.

스콧, 계속 소란을 피우게.

이 메모는 지난 수년 동안 내게 다양한 의미로 다가왔다. 무엇보다도 내가 갈등을 피하지 않게 만들었고, 쉬지 않고 싸우게 만들었다. 투쟁을 받아들이고, 편안함이 주는 자기 만족을 경계하게도 만들었다.

때로 멘토가 주는 조언은 시간이 지나서야 그 가치가 드러난다. 이번 경우에는 "계속 소란을 피우라"는 팀과 제품의 최적화를 실행하기 위한 내가 받는 최고의 조언이라는 사실이 입증되었다. 어도비에서 근무하던 시절, 회사는 아주 잘나가고 있었고 내가 해결하려 했던 문제가 중요하지만 긴급하지는 않을 때 어려운 질문을 하면서 자극을 가해야 하는 상황에 직면한 적이 있었다. 이런 상황에서는 평화를 유지하며 겉으로는 아무렇지 않게 보이는 위험에 관해 말하고 싶지 않은 것이 우리의 본성이다. 어떤 회의에서는 수치로 나타난 실적이 훌륭하게 보이지만 근원적인 문제가 감춰져 있다는 생각이 들면서, 마음 한구석에서 세스의 조언이 들리는 듯했다. "아니라는 생각이 들면 질문하라!" 어떤 때는 이런 질문이 아무런 의미가 없기도 했지만, 다른 때는 방안의 코끼리를 자극한 것이 되기도 했다.

비영리기관 이사회 이사로 일하면서 이와는 완전히 다른 이유로 비슷한 상황에 직면하기도 했다. 중요한 문제를 해결하기 위해 많은 사람이 자원봉사를 하거나 임금을 적게 받으면서 일하는 비영리기관에서는 전략에 문제를 제기하거나 리더십을 비판하기 특히 어렵다. 이런 여건에서는 큰 소리로 말할 용기를 갖는 것이 훨씬 더 중요하다. 문제를 외면하면 직원들을 멀리하게 되고, 길게 보면 주변에 있는 사람들을 해롭게 할 수 있다. 사람, 전략, 전술, 가정은 모두 시간이 지나면서 변화를 요구한다. 책임 있는 리더라면, 촉매 역할을 하는 데 따르는 고통을 참아낼 수 있어야 한다.

그러나 소란을 얼마나 피워야 지나친 것이 되는가? 모든 시스템은 무너지기 전에 견뎌낼 수 있는 임계응력臨界應力이라는 것을 가지고 있다. 비결은 싸움을 현명하게 하고, 사람들에게 그들 나름의 프로세스를 인정하면서 압박을 가하는 방법을 터득하는 것이다. 때로는 변화를 일으키기 위한 최고의 방법은 씨앗이 되는 질문을 심어두고, 이것이 한동안 동료들의 머릿속에 뿌리를 내리게 하는 맨투맨 방식이다. 반응은 이성을 압도하는 경향이 있다. 따라서 규모가 큰 회의가 열리기 전에 암시나 우려의 말을 남기면서 논란이 되는 질문에 대한 감정적인 반응을 피해갈 수 있다. 당신만이 의혹이나 어려운 문제를 제기하기를 자제하는 사람은 아닐 것이다. 일이 올바른 방향으로 진행하게 하려면 소란을 피우는 사람이 되어야 한다.

진실을 밝히기 위해 어려운 질문을 하면서 자극하는 사람은 다른 사람들을 화나게 하기 마련이다. 따라서 사람들은 갈등을 피하고 싶어 한다. 그리고 나중에 가서 장기적인 문제에 직면하는 것이 항상 더 쉽다. 그러나 진실을 밝히려면 다른 사람들을 실망시키는 것을 견뎌내야 한다. 이것은 최적화를 위한 유일한 방법이다. 소란을 피워야 한다.

# CHAPTER THREE

## 마지막 마일

### FINAL MILE

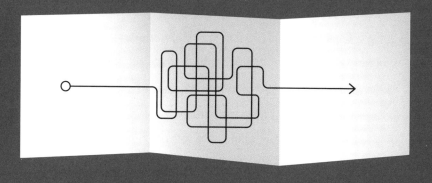

# 마지막 마일의 의미

2012년 12월 중순, 뉴욕시에서 크리스마스를 불과 며칠 앞둔 날이었다. 그 어느 때보다도 잠을 이루기 힘들었고, 면도도 하지 않고, 친구와 가족들과도 연락하지 않고서 마치 큰 병을 치르기 직전과도 같은 모습을 하고 있었다. 한 달에 걸친 치열한 협상과 실사, 구체적인 사항에 대한 정의와 고심의 시간을 보내고 나서 우리는 어도비에 매각되기 전날 밤에 최종합의서에 서명했다. 어도비는 5년 동안 혼자 힘으로 사업을 하다가 벤처 자본금 600만 달러를 모집한 작은 규모의 회사를 인수하는 조건으로 1억 5000만 달러를 내놓았다. 우리 회사 직원들은 좋은 조건으로 고용 승계를 보장받았고, 이후로도 함께 일할 수 있었다. 우리 중 열두 명은 백만장자가 되었다.

인생에서 활동이 완전히 정지될 때가 있다. 나의 뇌는 주기를 반복하면서 항상 출발점으로 되돌아온다. 골드만삭스에서 근무하던 시절, 하루 일과를 마치고 유니온 스퀘어의 어느 커피숍에서 나의 미친 생각을 끝까지 밀어붙이기 위해 처음 고용했던 마티아스를 만났다. 우리는 6개월에 걸쳐 각자의 생업을 마치고 와인과 중국 음식을 주문하고는 비핸스의 설립 계획과 사업 모델을 가지고 밤늦게까지 논의했다. 그리고 7년이 지나 우리의 삶을 변화시킬 변곡점에 도달했다.

오전 8시 30분에 비핸스 소호 사무실에 출근하려고 엘리베이터에 몸을 싣고 7층으로 올라갈 때는 마음속으로 많은 생각이 떠올랐다. 세상이 고요하게 느껴졌다. 감정은 목이 멜 정도로 치솟았고 눈에는 의기양양함과 의혹이 혼재되어 있었으며 웃음과 깊은 흐느낌이 교차했다(이것이 내가 몇 주에 걸쳐 협상을 하느라고 과로한 나머지, 극심한 감기와 고열에 시달렸다는 사실 때문은 아니었다). 7년에 걸친 불확실성, 의혹, 두려움이 내 마음속에 치솟았다가 마침내 출구가 되는 결정적인 지점에 도달했다. 우리가 해냈다는 것이다.

　나는 사무실에 들어가서 직원들을 불러모았다. 그들은 조용하지만 신속하게 모여들었다. 그들도 최근 벌어진 일들을 이미 알고 있었지만 그들에게 직접 소식을 전하는 것도 내가 해야 하는 일이었다. 최고운영책임자인 윌 알렌을 곁에 두고서, 20명 남짓한 직원들을 바라보며 마티아스와 내가 무료 와이파이가 되는 커피숍을 찾아 헤매던 날들을 떠올렸다. 이야기를 시작하기도 전에 목이 메었다.

　정확하게 무슨 말을 했는지는 기억이 나지 않는다. 그날 제정신이 아니었다. 그러나 내가 감사하다는 말을 한 것은 뚜렷이 기억난다. 우리가 여기까지 오게 해준 것에 대해 그리고 이날이 있기까지 그들의 노고에 대해 감사의 말을 전했다. 또한 우리 직원들은 이런 말을 들을 자격이 충분히 되고, 비핸스 구성원들과 그들이 해왔던 일들을 자랑스럽게 생각한다는 말도 전했다. 그리고 눈가에 이슬이 맺히기 시작하면서 직원들과 함께 일한 것이 내 인생에서 가장 큰 축복이라는 말도 했다.

　그러나 모든 것이 행복하기만 했던 것은 아니었다. 나는 후회할 지도 모른다는 걱정이 들었다. 어도비가 우리가 만든 제품과 공동체를 보호해줄 것인가? 우리의 문화가 바뀌지는 않을까? 새롭게 얻는 부가 우리의 야망과 가치를 손상시키지는 않을까? 그날 나는 몹시 흥분했지만 우리의 삶이 어떻게 변할 것인가를 생각하면 두렵기도 했다.

　이러한 우여곡절이 언론과 대중이 간결한 헤드라인과 달러로 표시된 숫자로만 전하는 소식에 질감을 더했다. 언론은 '뉴욕시에서 아홉 자리 숫자의 기술 기업 인수'라는 헤드라인을 달았고, 이에 대한 소감을 묻거나 앞으로도 행운이 있기를 바라는 오지랖 넓은 사람들에게서 전화가 빗발쳤다. 이번 인수가 수십억 달러에 달하는 출구는 아니었지만, 불과 1년 전에 인수 가치의 일부에 투자했던 우리 투자자들도 축하의 말을 아끼지 않았다. 직원들 모두 처음 입사했을 때는 이런 일이 있을 것이라고는 전혀 생각하지 못했다. 대다수가 학자금 융자를 받았고 집 장만을 꿈꾸고 있었다. 나는 우리의 삶이 (최소한 조금은) 변하게 될 것이라 생각했다.

어떤 기억들은 내 곁을 떠나지 않는다는 사실이 우습기도 했다. 기억하지 못하는 흔한 일들도 수없이 많지만, 우리의 사업 모델을 인쇄할 때처럼 결코 잊지 못하는 순간과 행동 방식도 더러 있다. 우리가 계획하고 있는 것들의 제작을 실질적으로 지원하게 될 엔지니어들을 고용하기 오래 전이라 할 2006년에, 웹사이트를 처음 제작하기 위해 고객 여정의 모든 단계를 인쇄하여 벽에 걸어두고는 표시를 하고 수정을 가하고, 그다음에 또다시 인쇄하여 벽에 걸어둔 적이 있었다. 프린터에서 가장 최근의 것을 뽑아낼 때의 감동이 지금도 기억에 남아 있다. 아직은 종이 위에서만 놀고 있지만 우리가 발전하고 있다는 기분이 들었다. 그때 나는 배송비를 아끼려고 우리가 만든 종이 제품(회사를 혼자 힘으로 꾸려가기 위해 사용한 '실행 지침서')을 직접 배달하는 것도 생각했다. 나는 우리가 만든 수첩을 광고기획사와 헤지펀드사 직원들에게 전달하기 위해 맨해튼 고층 빌딩의 출입구에서 택배 직원들과 함께 서 있기도 했다. 이처럼 한 푼이라도 아껴야 하는 어려운 시절에도 경리직원 브릿 앤셀과 비용 지출을 조정하여 직원 월급을 제때 지급할 수 있는 방법을 의논하기도 했다.

또한 "내가 하나라도 더 많이 해야 우리가 해낼 수 있다"는 생각을 계속 가졌다. 매일 아침마다 모니터 앞에서 눈이 감길 것 같은 기분이 들었지만, 이메일을 하나라도 더 보내야 한다는 생각을 했다. 계속 연락을 주고받을 고객이 한 사람이라도 더 생길 수 있기를, 온라인에서 우리 제품을 살펴봐줄 디자이너를 한 사람이라도 더 찾을 수 있기를 바랐다. "하나라도 더 많이 하자"고 생각하던 시절은 오랫동안 지속되었다.

창조자들이 가장 겸손하게 생각해야 할 부분은 그들이 결코 진정으로 끝을 낼 수는 없다는 것이다. 마지막 마일은 오랜 여정을 좀 더 쉽게 요약할 수 있게 해주는 추상적인 이정표에 불과하다. 창조의 주기에서 당신이 어디에 있

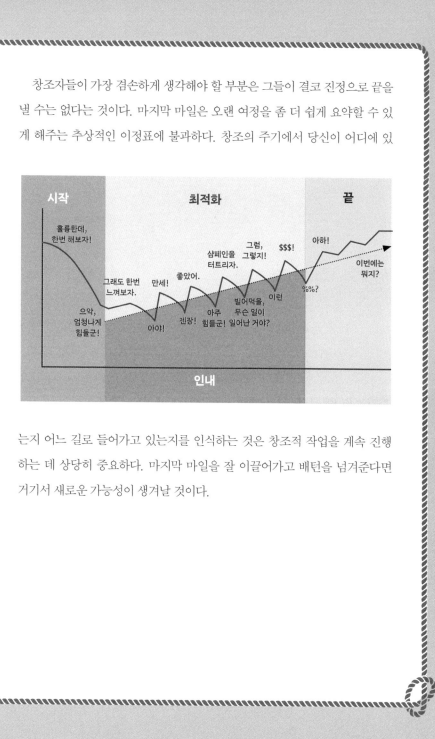

는지 어느 길로 들어가고 있는지를 인식하는 것은 창조적 작업을 계속 진행하는 데 상당히 중요하다. 마지막 마일을 잘 이끌어가고 배턴을 넘겨준다면 거기서 새로운 가능성이 생겨날 것이다.

# 결승선을 향해!

## '마지막 마일'은
## 다른 종류의 게임이다

투자자가 CEO에게서 "지금 빨리 따라잡기 위해"라는 구절이 적힌 메일을 받았다면, 이것은 대체로 다음 세 가지 중 하나를 의미한다. 설립자가 인수 제안을 받았을 수도 있고, 회사가 문 닫을 상황에 처해 있거나 자금이 부족할 수도 있고 미래에 큰 영향을 미치게 될 그 밖의 중요한 의사결정을 해야 할 상황에 처해 있을 수도 있다. 2016년 말에 보안 기술 분야에 종사하는 어느 기업가에게서 이런 연락을 받았다. 그는 격정도 하고 오두방정도 떨면서, 자기는 '페이스북'과의 인수 협상에서 마지막 단계에 있다고 말했다. 나는 "아주 신나겠는데요"라며 몇 가지 질문을 했다. "협상 조건은 어떻습니까? 페이스북이 당신의 회사 직원들에 대한 고용 승계를 보장합니까? 인수 의향이 있는 다른 회사의 관계자들과도 이야기를 나누었습니까?"

그는 잠시 멈칫 하다가 이렇게 말했다. "글쎄요, 우리가 협상을 시작한 지는 얼마 되지 않았습니다. 하지만 저는 이 과정을 통해 페이스북의 몇몇 경영진과 아주 잘 알고 지내게 되었습니다. 그리고 지난주에 그쪽 개발팀이 우리 회사를 찾아왔습니다."

나는 또 물었다. "우리라고요? 그들은 당신 회사 직원들을 만나기 위해 왔었죠? 벌써 협상을 마쳤습니까?"

그는 답했다. "아니요. 아직 그 정도까지 진행된 것은 아닙니다. 그래서 몇 가지 조언을 구하고 싶습니다."

이제야 나는 상황이 어떻게 전개되고 있는지를 알고는 한숨을 쉬고 고개를 떨구었다. 좀 더 자세한 설명을 듣고 싶었다.

"그러니깐, 당신은 페이스북과 제품에 관해 논의하고 로드맵을 공유했죠. 그곳 경영진이 당신의 회사 직원들을 만나게 했고, 그런데도 아직 인수 가격이나 조건에 대한 이야기는 없었다는 말입니까?"

이 기업가는 페이스북이 인재를 영입하기 위한 곳으로 자기 회사를 바라본다는 사실을 인식하지 못했다. 이것은 그가 뜻하지 않게 회사 직원들을 혼란스럽게 하고 결국에는 그들에게 실망하게 된다는 것을 의미했다. 그는 협상 과정에서 잠재적 인수자를 효과적으로 활용할 수도 있었지만 그러지 못했고, 마침내 협상은 결렬되고 말았다. 결국에는 시간만 낭비한 셈이고 회사는 몇 달 동안 작업에 차질을 빚었다. 이렇게 경주를 잘 펼치다가 마지막 마일을 망치고 실패할 수도 있다.

훌륭한 설립자가 반드시 마무리를 훌륭하게 하는 것은 아니다. 마지막 마일은 다른 종류의 게임이다. 이것은 당신이 새로운 교육 방식과 훈련 전략을 도입해야 한다는 것을 의미한다. 결승선이 눈에 보이면 본능적으로 당신이 하고 있는 것을 계속하면서 그곳을 향해 달려간다. 그러나 사업의 마무리 단계에서는 모든 것이 변한다. 여정의 과정에서 많은 것을 달성했더라도, 새로운 전략과 수많은 지침이 필요할 것이다. 인내하고 최적화하기보다는 마무리를 잘 해야 한다.

비핸스의 마지막 마일은 어도비와의 파트너십 가능성에 대한 3차 회담이 결렬되면서 시작되었다. 비핸스와 어도비가 서로 협력하는 데는 많은 이유가 있었지만, 우리가 파트너십 결성을 제안할 때마다 어도비는 그보다는 자체적으로 포트폴리오 네트워크를 구축하고 운영하는 것이 최선이라고 생각했다. 구독 서비스업체인 어도비가 창조적 커뮤니티와의 관계를 형성할 필요가 있었기 때문에 그들이 이렇게 생각하는 것은 옳았다. 커뮤니티와 포트폴리오 관리와 같은 온라인 서비스가 크리에이티브 클라우드의 중심으로 자리잡아가고 있었고, 이것이 어도비의 주요 사업이었다. 그들은 자체적으로 네트워크를 구축하거나 외부에서 최선의 옵션이 되는 기업을 인수할 필요가 있었다.

이후로 몇 달이 지나서, 당시 어도비에서 디지털 미디어 사업을 총괄하던 수석 부사장 데이비드 와드와니를 만날 기회를 가졌다. 그는 크리에이티브 클라우드에 대한 자신의 비전을 공유하며 비핸스가 어도비의 한 부분이 되어 중요한 역할을 할 수 있다고 말했다. 그것은 수천만 명의 크리에이티브 전문가들을 실시간으로 연결하고, 그다음에는 그들이 포토샵 같은 창조적 도구를 사용하여 작품을 제작하고 발표하는 것이었다. 이후로도 나는 데이비드와 어도비 개발팀과 몇 차례에 걸쳐 대화를 나누면서, 이것이 중요한 기회라는 사실이 분명하게 다가왔다. 당장 나는 이러한 과정에서 나에게 은밀하게 조언을 해줄 만한 사람들을 떠올려보았다.

예를 들어 우리에게 투자하기로 결정하고 이사회 이사이기도 한 '유니온 스퀘어 벤처스'의 알베르트 벵거Albert Wenger와 함께 다양한 옵션을 그려봤다. 대기업과의 인수 협상을 완료했거나 그냥 계속 남아서 투자설명회를 개최하기로 결정했던 기업가들에게도 여러 차례에 걸쳐 전화를 했다. 우리의 엔젤 투자자 중 한 사람인 크리스 딕슨Chris Dixon과도 밤늦게까지 이야기를 나누었다. 당시 나는 협상 조건을 고민하며 유능한 직원들에게는 더 나은 대우를 보장하기 위한 방법을 찾고 있었다.

그러는 동안 나 자신이 안전지대 밖에 있다는 것을 느꼈다. 지난 7년 동안 쌓아왔던 전문성이 갑자기 쓸모없어졌다. 직업 활동에서 가장 중요한 순간을 맞이하여 완전히 초보자가 된 것이다. 나는 (직업 활동 초기에는 전혀 그렇지 않았지만) 도움을 요청하는 것이 두렵지 않았고, 기꺼이 그렇게 했다.

마지막 마일에 가서는 시장 경험과 일상적인 관리에서 얻은 자신감에 의존해서는 안 된다. 생산 능력을 확대하고 있다는 생각이 들 때도 속도를 줄이고, 도움을 요청하고, 옵션을 '예' 혹은 '아니요'라는 식의 간단한 질문으로 요약해야 한다. 프로젝트를 끝낼 준비가 되어 있는가, 아직은 그렇지 않은가? 이러한 움직임이 고객들에게 좋은가, 나쁜가? 이제 목표를 달성했는가? 이렇게 끝내는 것이 팀원들에게 적절한 보상을 제공하는가? 적절한 질문을 분명하게 제시하고 이에 대한 답을 고민하면서, 신뢰하는 조언자에게 크게 의지해야 한다.

어떠한 여정이든 마지막 마일에서는 지형이 변하기 마련이다. 당신은 심리적으로 끝내기가 갖는 의미를 깊이 생각하고 복합적인 감정을 느낄 것이다. 자기 자신과 자신의 동기에 대한 질문을 하기 시작할 것이다. 내면으로 들어가 새로운 지형을 드러내고 싶은 생각이 들 수도 있지만 그렇게 할 순 없는 노릇이다. 마지막 마일은 혼자서 갈 수 없는 구간이다.

<br>

## 초기 단계를
## 계속 유지한다

'일에 헌신하라'는 조직 문화로 유명한 페이스북의 본사를 거닐다보면, 직원 노트북에 "이번 여정의 1퍼센트를 완수했다"고 적힌 스티커가 붙어 있거나 같은 내용의 포스터가 벽에 걸린 것을 끊임없이 볼 수 있다.

전진의 역설은 우리가 앞으로 나아가는 속도를 높이기 위해 대담한 조치를 취하고자 하는 의지가 가장 강렬했던 과거의 초기 단계로 되돌아가게 한다는 것이다. 대부분의 기업은 소셜 네트워크 '마이스페이스'처럼 행동한다. 그들은 '성공한' 제품으로 가던 길을 반복하고 이것을 유지하는 데만 끈질기게 집중한다. 이에 반해 페이스북은 그들이 항상 초기 단계에 있는 것처럼 행동한다.

"우리는 지금도 여전히 시작 단계에 있다"는 자세를 유지하면, 직원들이 가정에 의문을 제기하고 폭넓은 사고를 하게 만든다. 나는 페이스북이 2004년 설립된 이후로 수년 동안 여러 번에 걸쳐 철저한 변화를 이루지 않았더라면 그처럼 오랫동안 성장하지는 않았을 것으로 생각한다. 페이스북은 대학교생 출석부에서 출발하여 다른 웹사이트와 서비스에 로그인하는 것이 가능한 플랫폼으로 발전했고, 그다음에는 각종 행사를 찾고 집단의 구성원들이 협력하기 위한 수단이 되었다. 또한 페이스북은 '인스타그램', 글로벌 메시징 플랫폼 '왓츠앱', 가상현실 기업 '오큘러스Oculus'를 인수할 정도로 성장했다. 페이스북은 계속 진화하고 있다. 하지만 직원들이 결승선이 가까워지고 있다고 생각하고 행동하는 순간, 진화는 멈추게 될 것이다.

사람들은 페이스북이 왓츠앱을 인수했다는 소식을 듣고 귀를 의심했다. 아무리 그래도 수익이 전혀 없는 회사를 190억 달러라는 터무니없는 가격에 사들였다고? 그러나 페이스북이 자체적으로 메시징 기능과 사람들이 메시징 플랫폼을 뛰어넘어 서로 연결할 수 있는 수단을 확보할 생각이 있다면, 메시징 앱의 최고 강자 왓츠앱을 인수할 필요가 있었다. 이번 인수는 엄청난 결과를 낳았다. 2018년 2월, 왓츠앱은 매월 활동 유저수가 15억 명이 넘는다고 발표했다. 1퍼센트만 완수했다고 생각하는 기업만이 이처럼 대담한 내기를 걸 수 있었다.

초기 단계는 가장 창조성이 풍부하고 유연한 시기다. 이 시기에 당신은 성공한 사람이라는 소리를 듣지 못하고 모험을 하면서 오류도 범하게 된다. 제품은 개발 단계에 있고 그 과정에서 크게 달라질 수도 있다. 잠을 자다가도 앞으로 큰 변화를 일으키게 될 작은 변경을 위한 아이디어와 통찰을 떠올리기도 한다. 그리고 초기 단계에서 당신은 항상 자신을 알리고 있다. 당신이 만나는 사람들은 미래의 후원자, 투자자, 직원, 교사, 고객이다. 초기 단계는 그냥 지나가는 단계가 아니라 조직의 사고방식을 형성하는 단계.

프로젝트의 후기 단계에 진입하더라도, 초기 단계에 가졌던 개방적이고 겸손한 자세와 자신감을 계속 유지해야 한다. 가능한 한 멀리 내다보기 위해 최종 목표를 계속 다시 설정하고, 성공하면서 맹점도 커진다는 사실을 잊지 말아야 한다. 마음과 정신에서 초기 단계를 계속 유지해야 한다.

## 뛰어난 성과에 따르는 저항을 극복한다

프로젝트에 많은 시간을 쏟아붓다보면, 마지막 마일에서 감성적으로 변하기 쉽다. 어쨌든 좋아서 하는 일은 당신이 어떤 사람인지를 보여준다. 결승선에 가까이 다가가면서 당신의 벤처 사업이 당신을 변화시킨 것에 경이로움을 느끼는 것은 지극히 당연한 일이다. 앞으로 이것이 자신의 정체성에 미치는 영향을 극복해야 하는 과제에 직면하게 될 것이다.

어도비가 비핸스를 인수한 것이 우리 팀원들에게 미치는 영향은 저마다 매우 다르게 다가왔다. 모두가 이번 일을 맞이하여 대체로 강해지려고 했지만, 일부는 자신감을 가졌던 반면 또 다른 일부는 자괴감을 갖기도 했다. 일부는 생활 방식을 업그레이드하여 명품을 구매했지만, 또 다른 일부는 지금까지 살아온 방식을 고수하기 위해 안간힘을 썼다. 모두 금전적 성과와 승리감에 만족했지만 나는 마지막 마일에서 몇 가지 특이한 행동을 관찰했다.

비핸스 인수가 마무리되면서 임원 중 한 사람이 부적절한 행동과 잘못된 판단을 하며 이상한 모습을 보여줬다. 냉소적인 발언은 사람들을 불편하게 했고 때로는 분노하게 했다. 직원들은 계속 나에게 불만을 호소했고, 이 문제를 해결하려고 했지만 그 사람의 이런 행동은 그칠 줄을 몰랐다. 나는 몹시 당혹스러웠다. 그 임원은 협상을 하고 정밀 조사를 받던 중요한 시기에 일을 망치는 데 따르는 엄청난 결과를 잘 이해하고 있었다. 그런데도 이상한 행동은 계속 반복되었다.

어느 날 밤, 집에서 임상심리학자인 아내 에리카Erica에게 그 사람에 대한 나의 불신과 좌절에 관해 이야기했다.

"그 사람은 싸움을 하고 있네." 아내는 이렇게 말했다.

나는 혼란스러웠다. "그게 무슨 말이야? 그는 지난 수년 동안 열심히 일했고, 지금은 엄청난 성공을 눈앞에 두고 있어. 자기가 그렇게도 원하던 것을 대상으로 무엇 때문에 싸우려고 하겠어?"

어떤 결과를 받아들일 마음의 준비가 되어 있지 않을 때 혹은 그만한 자격이 있는지가 의심스러울 때 자기도 모르게 그것에 맞서 싸우려 할 수도 있다. 우리의 잠재의식은 의식적이고 합리적인 자아를 기꺼이 인정하지 못하게 만드는 불안과 의심에 따라 작동한다. 그리고 우리가 잠재의식적으로 자신이 그만한 자격이 없다고 생각하면, 이에 따라 행동하기 쉽다.

문제를 일으켰던 임원은 잠재의식적으로 자신을 파괴하고 있음이 분명했다. 지금까지 그는 그렇게 행동하지 않았다. 나는 우리가 문제보다는 원인을 해결해야 한다고 생각했다.

다음날 저녁, 우리는 다른 직원들이 눈치채지 않도록 회의실 구석에 마주 앉았다. 처음에는 그가 도전적인 자세로 자신의 행동을 합리화하면서, 회사를 어도비에 넘기지 말아야 하고 그러면 내가 전혀 걱정하지 않아도 된다고 주장했다. 잠시 지나 앉은 의자를 그에게 가까이 가져가서는 그의 눈을 주시했다. 그리고는 이렇게 말했다. "지금까지 당신은 열심히 일했습니다. 그럴 자격이 충분히 됩니다."

처음에 그는 당혹스러워했다. 그는 여전히 도전적인 자세를 취했다. 나는 그와는 완전히 다른 차원으로 말했다. "당신은 이번 성공을 누릴 자격이 됩니다. 그것에 맞서 싸울 필요 없어요. 당신은 성공하기 위해 열심히 노력했습니다." 그의 태도가 변하기 시작했다. 눈가에는 이슬이 맺히고 있었다. 나는 그날에 느꼈던 감정을 결코 잊지 못한다. 단 한 순간에 우리는 마음속 깊은 곳에 있는 문제를 해결할 수 있었다. 우리는 일어나서 포옹을 했다. 그는 사과의 말을 했고 회의실에서 함께 나왔다. 그날 그 회의실에서 실제로 어떤 일이 일어났든, 그것은 그가 자기 자신의 발전을 인정하기에 충분했다.

판단 착오는 주로 마음속 깊은 곳에 있는 심리적 요인에서 비롯된다. 나는 사업과 인생이 큰 변화를 맞이하는 시점에서 평소의 모습과는 완전히 다르게 행동하는 리더들을 많이 봐왔다. 우리 모두 자신의 발전을 인정하지 않으려는 경향이 있다. 이런 저항을 극복하는 것은 당신의 마지막 마일을 준비하기 위한 첫걸음이 되어야 한다.

당신은 그만한 자격이 있다. 그것을 인정해야 한다.

# 벽돌 한 장 보태는 것의 가치를
# 과소평가하지 마라

2009년에 나는 쿠퍼휴잇국립디자인박물관 이사회 이사로 취임하는 기쁨을 맛보았다. 스미소니언박물관 소속인 쿠퍼휴잇은 정부, 뉴욕시 그리고 다양한 지역과 세대의 기부자들과의 복잡한 관계를 갖는 일종의 헤리티지 기관이다. 내가 이 이사회에 참여하기로 결심한 것은 디자인, 특히 새롭게 부상하는 분야인 인터랙티브 디지털 디자인에 대한 관심 때문이었다. 나는 이처럼 디자인의 새로운 영역이 박물관에까지 뻗어나갈 가능성에 몹시 흥분했지만, 첫 번째 회의에 참석하고는 몹시 실망스러웠다.

속도와 실행을 중시하는 스타트업 환경에서 일했던 사람이라면, 프로세스를 중시하는 100년 전통의 비영리기관의 이사회 회의에 참석하는 것이 실망스러울 수 있다. 어떤 사람은 재정적 기여를 한 덕분에 비영리기관 이사회에 참석하고, 또 다른 사람은 자신의 전문성 덕분에 그 자리에 참석한다. 따라서 그 자리는 때로는 대단한 배경을 가진 사람들로 가득하지만 그들의 자격, 관심사, 생각의 수준, 커뮤니케이션 방식은 상당히 이질적이다. 이 조직의 사무총장은 그 자리에 모인 모든 사람이 즐거운 마음으로 회의에 참여할 수 있도록 토론을 조화롭게 이끌어가려고 한다. 이런 회의를 마치면서 "도대체 무엇을 했지? 시간만 낭비한 것은 아닌가?"라는 기분이 드는 것은 당연한 일이다.

박물관 홀에서 출구로 걸어나올 때 존 마에다가 나에게 다가와서는 그날 기분이 어땠는지를 물어봤다. 나는 회의가 느리고 비효율적으로 진행된다는 느낌을 받아 실망스러웠다고 말하고는 로드아일랜드 디자인스쿨 학장을 역임한 것이 이처럼 규모가 크고 느릿느릿하게 움직이는 기관에서 자신의 기대를 관리해야 하는 힘든 과정을 견뎌내는 데 도움이 되는지를 물어봤다.

그는 미소를 지으며 늘 그랬던 것처럼 조용하고 사려 깊은 목소리로 내가 디지털 제품과 스타트업 같이 일시적인 것들을 창조하는 데 너무 익숙해져 있다면서 말했다.

"그런 창조물들이 지금은 아무리 훌륭하더라도 100년이 지나면 사라지거나 무의미한 것들이 될 거야. 하지만 진정한 기관은 사라지지 않지. 그리고 자네가 일으키는 모든 변화는 영원히 존재하는 기관을 대상으로 하는 것이지. 비록 이런 기관에 겨우 벽돌 한 장을 보태더라도 이런 기여는 영원토록 보탬이 되는 거야."

존의 지적은 내 생각을 완전히 바꿨다. 어쩌면 이런 기관이 변화에 저항하는 것이 건전할 수도 있다. 이것은 약점이 아니라 강점이 될 수도 있다. 결국 당신은 막연한 리더십과 유행을 뒤쫓는 일시적 기분을 유지하기 위해 변화를 일으키며 엄청난 내기를 하고 있는 셈이다.

더욱 중요하게는 존은 내가 벽돌 한 장을 보태는 (제조업자가 아니라 기여자가 되는) 인생에서 흔치 않은 기회를 소중히 여기게 했다. 또한 그는 스타트업 세계에 내가 얼마나 많이 빠져들어 있는지를 깨닫게 했다. 새로운 것을 창조하고 최근의 문제를 해결하려는 우리의 목표 중에는 영원히 존재하는 공동체와 사회를 위해 완전히 다른 차원에서 기여할 수 있는 것들이 있다. 물론 벽돌 한 장을 보태는 것이 크게 느껴지지 않고, 일상적인 발전을 측정하기 위해 사용하는 보통의 지표를 가지고는 파악이 안 될 수도 있다. 그러나 세상을 위한 이러한 기여는 보통의 지표를 초월한다.

영원히 지속되는 것을 개선하기 위한 인내력을 가져야 한다. 새로운 것을 창조하기 위해 끊임없이 탐색하는 대신 벽돌 한 장을 보태면서 하는 기여는 당신이 이 세상에 머문 것보다 더 오래간다.

마지막으로 당신의 창조물이 세월의 시련을 견뎌내는 기관을 위한 것이 되게 하려면, 스스로 제조업자가 아니라 기여자가 되어야 한다. 때로는 이것이 어느 정도는 미완의 상태로 내버려두는 것을 의미한다. 후손들이 당신이 하던 것을 기반으로 계속 만들어갈 수 있도록 하여 그들이 계승하게끔 해야 한다. 거기에 당신의 이름을 새기려고 해서는 안 된다. 후손들이 당신이 시작한 것에 주인 의식을 갖는다면 그것을 자신들이 해야 할 사업으로 인식하고 계속 이어갈 것이다.

# 배턴을 넘겨준다

## 훌륭하게 끝낼 수 없으면
## 우아하게 끝내야 한다

생각대로 진행되는 벤처 사업은 없다. 기대가 실현되는 경우는 거의 없다. 일을 서서히 끝낼 때가 다가오면, (특히 그 일이 계획에 따라 진행되지 않을 때) 그것을 빨리 끝내고 다른 일을 하려는 욕구에 맞서 싸워야 한다. 마지막 마일에서는 받아들여야 할 교훈과 당신에 대한 평판을 유지하고 도움을 준 사람들을 보살피기 위해 해야 할 일들이 많아진다.

어떤 기업가들은 프로젝트를 조용히 끝내기를 원한다. 그들은 자신의 실패를 부각시키거나 불편한 질문에 대답하는 것을 원하지 않는다. 이런 경우, 예전의 고객이나 투자자에게는 침묵이 유일하게 공식적인 표현이 되고 이에 따라 그들이 당혹스러워하거나 분노하게 된다. 다른 기업가들은 일이 제대로 되지 않은 것의 핑계를 찾거나 회사 문을 닫고 자신이 다른 회사에서 일을 하게 된 것이 '인수'에 해당한다는 식의 얼토당토않은 주장을 펼친다. 그러나 내가 존경하는 기업가들은 결과가 어찌되었든 이를 인정한다. 그들은 사업을 우아하게 끝낼 줄 안다.

나는 기업가들에게서 나쁜 소식을 담은 이메일이나 전화를 더러 받는다. 그 중에는 '겟터블Getable' 설립자이자 CEO인 팀 하이어Tim Hyer가 보낸 이메일도 있었다. 이 회사는 고객들이 차고에 비치하고 많이 사용하지 않는 잔디 깎는 기계, 바비큐 조리 기구, 전동 공구처럼 가격이 비싸고 공간을 많이 차지하는 제품을 빌릴 수 있는 세상을 꿈꾸었다. 2012년에 나는 밀레니얼 세대가 소유보다는 빌리는 것을 선호할 것으로 예상하고는 겟터블의 미래를 밝게 보며 여기에 투자했다. 그러나 2년이 지나도록 그들은 출발하기에 적합한 시장을 찾아서 고객을 확보하는 데 어려움을 겪었다. 결과적으로 팀은 우리 주변에서 목공에 취미를 갖는 사람이 아니라 건설업자를 주요 고객으로 삼으려고 했다. 그러나 이런 방향 전환으로는 충분하지 않았다. 시장 여건은 우호적이지 않았고 팀이 수익을 창출하기 어려웠다. 결국 팀이 사업을 중단해야 하는 어려운 결정에 이르렀다. 그는 투자자들에게 깊은 고민과 솔직한 태도와 감사의 마음을 담은 이메일을 보냈다.


저는 8년에 걸쳐 롤러코스터를 타고 겟터블에 대한 해산 신청을 했습니다. 스타트업과 관계를 맺은 분이라면 누구든지, 창업 이후로 겪게 되는 온갖 우여곡절을 잘 알고 있을 것으로 생각합니다. 주변 여건은 항상 우호적이지 않지만, 이에 맞서 싸워야 합니다. 그동안 저는 겟터블 직원들과 공동설립자들과 함께, 겟터블을 위해 거의 10년에 걸쳐 혼자 힘으로 사업을 꾸려가고, 초기 팀을 구성하고, 사업 모델을 개발하고, 자금을 모집하고, 이사회를 결성하고, 초기 고객들과 계약을 하고, 팀을 키우고, 더 많은 자금을 모집하고, 사업 모델을 다시 개발하고, 회사의 브랜드를 다시 구축하고, 팀을 다시 구성하고, 직원을 고용하고 해고하고, 이정표를 세우고, 사업에 재투자하고, 인수 기회를 탐색하는 등 여건에 맞서 싸워왔다고 자부합니다. 겟터블은 하늘 높은 줄 모르고 상승하다가 끝없이 하락하기를 반복했습니다. 그리고 우리는 생각보다 더 많은 노력을 기울였습니다. 그러나 이것으로는 충분하지 않았습니다. 이런 사실을 인정하기 어려웠지만, 이번 여정에서 저를 후원하던 분들은 더욱 그랬을 것입니다. 여러분은 우리가 성공하는 데 필요한 모든 것을 지원했지만, 제 자신이 부족하여 그러지 못한 것에 대해 죄송하다는 말씀을 전합니다.

이것은 메시 미들에 대한 평범하지만 우아한 끝내기다. 나는 투자자의 한 사람으로서 공감 능력이 있고, 문제에 시달리는 고객들을 보유하고, 그들의 문제를 해결하기 위한 열정이 가득하고, 자기 인식이 뚜렷하고, 앞으로의 여정을 견뎌내고 이를 최적화하는 데 도움이 될 만한 현실 세계의 역경을 헤쳐나온 기업가들을 찾는다. 팀은 이 모든 조건을 갖췄다. 단지 그에게 행운이 따르지 않았을 뿐이다. 하지만 그는 비관하지도 핑계를 찾지도 않았고, 자신의 실패를 인정하고 이에 휘말려든 사람들에게 죄송하다는 말을 전했다. 팀이 자신의 첫 번째 벤처 사업을 끝내는 방식은 이후로 그가 무엇을 하든 틀림없이 도움이 될 것이다.

책이나 영화의 끝내기처럼, 프로젝트를 어떻게 끝낼 것인가가 당신이 이후 진행하게 될 프로젝트의 성공 가능성을 결정한다. 분노, 수치심, 불안이 끝내기를 우아하게 하는 데 방해가 되어서는 안 된다. 끝내기를 잘하면, 실패는 옳은 방향으로 가기 위한 하나의 단계에 불과하다.

◦◦◦◦◦◦◦◦◦◦◦◦◦◦◦◦◦◦◦◦◦◦

## 정체성은 당신이 하는
## 일이 아니다

성공한 기업가들과 예술가들이 공통적으로 처한 어려움은 그들의 정체성이 그들이 하고 있는 일과 깊은 관련이 있는 데서 비롯된다. 아티스트의 감성이 10년 전에 자신의 밴드가 성공한 것에 따라 영원히 규정되든, 기업가가 인생의 초기에 벤처 사업이 성공한 것에 따라 널리 알려지든, 뛰어난 작품과 제품은 자아의식을 빼앗는 경향이 있다.

어린 시절에 나의 할아버지 스탠리 카플란Stanley Kaplan에게서 이러한 모습을 보았다. 할아버지께서는 1930년대 후반에 부모님댁 지하실에서 대학교수학능력시험Scholastic Aptitude Test 같은 표준화된 시험을 준비하는 학생들을 가르치기 시작했다. 그는 이민자 집안의 아들로서 이런 일을 하면서 가족들을 부양하고, 나중에는 집안의 첫 차를 구매하기도 했다.

그는 50년 동안 교육 사업을 운영하면서 '카플란' 자체로 통했다. 나는 어린 시절 뉴욕시에서 할아버지와 택시를 탔던 기억이 난다. 할아버지께서는 택시 운전사에게 항상 자녀들이 SAT시험을 봤는지를 묻곤 하셨다. 그는 웃는 얼굴로 "아이들이 시험을 잘 봤습니까? 준비는 어떻게 했습니까?"라고 물으시며 대답을 기다리셨다. 이렇게 인터뷰한 것을 녹음하고는 회사와 하나가 되는 자신의 정체성을 즐거운 마음으로 확인하셨다. 할아버지께서는 돌아가실 무렵이 되어 수백 개의 카세트 테이프를 뒤지면서 인터뷰를 했던 날짜순으로 정리하셨다. 할아버지는 회사와 떼려야 뗄 수 없는 분이셨다.

사업가라기보다는 가정교사이신 할아버지께서는 1980년대 초반에 사업체를 워싱턴포스트컴퍼니Washington Post Company에 팔아넘기고는 수익금의 대부분을 비영리재단에 출자하셨다. 워싱턴포스트컴퍼니는 카플란을 100여개의 영어 학교와 매출이 수십억 달러에 달하는 온라인 사업체를 가진 오늘날의 글로벌 기업으로 발전시켰다. 이것은 배관공 이민자의 아들로서, 당시 의과대학이 유대인 학생들을 많이 받지 않는 관계로 입학을 거부당하고 어쩔 수 없이 가정교사가 된 할아버지로서는 대단한 업적이었다.

그러나 할아버지는 카플란이 실제로 성장하기 시작했을 때 매각했기 때문에 자신의 노후를 대비한 돈이 거의 없었고, 이번 매각으로 많은 것을 잃으셨다. 노년에 그는 우울증으로 고생하시면서 많은 어려움을 겪으셨다. 주로 슬픈 표정을 하고 계시다가 내가 사업의 초창기에 관해 물을 때만 눈이 반짝이셨던 것으로 기억한다. 할아버지께서는 자신의 사업체를 팔아넘긴 것(자신을 강력하게 규정했던 대상이 사라진 것)을 두고 마치 자신의 인생이 끝난 것처럼 생각하고 계셨다.

비핸스를 매각하려고 할 때 이런 기억이 나를 괴롭혔다. 비핸스를 설립하고는 할아버지처럼 인생 전체가 아니라 겨우 7년이 지났지만, 나의 정체성은 비핸스와 깊은 관련이 있었다. 내 친구들은 나처럼 디자인 분야에서 활동하고 있었고, 내가 누렸던 영광은 무엇보다도 비핸스 덕분이었다. 나는 내가 할아버지처럼 되는 것, 즉 나 자신의 정체성이 비핸스에 의해 결정되는 것이 두려웠다.

나는 화려한 직업이나 자신이 설립한 회사를 떠나서 할아버지와 비슷한 어려움에 처한 친구들을 많이 봐왔다. '홈브루'의 헌터 워크는 자신을 업계에 널리 알리게 했던, 유튜브에서 수년 동안 맡았던 직책을 그만둔 이후의 심정을 블로그에 솔직하게 적었다. 그는 '자신이 일하는 곳'과 '자신이 어떤 사람인가, 즉 자신의 가치'를 떼어놓고 생각하는 데 큰 어려움을 겪은 사실을 인정했다. 그는 다음과 같이 적었다. "경력은 당신이 애벌레 단계를 지나서 세상에 자신을 보여주고 그동안 어떻게 발전해왔는가를 알리기 위한 기회를 갖게 하는 의사결정들이 모여서 이루어진 것이다. 당신의 조직도, 부서 예산, 직함은 당신 자신이 아니다. 기업에서의 성공이 두렵지만 멋진 새로운 기회를 추구하는 데 방해가 되어서는 안 된다. 나는 이런 깨달음을 얻는 데 시간이 좀 걸렸지만 어쩌면 이것은 굉장히 훌륭한 깨달음이다."

예전의 정체성을 버리고 자신감을 갖는 것은 말하기는 쉽지만 실천하기는 어렵다. 인생의 대부분을 차지하는 여정을 견디고 나면 이런 여정이 당신의 한 부분이 된다.

당신이 창조한 것에서 자신의 가치를 떼어놓는 것은 특히, 자신을 표현하는 일을 하는 크리에이티브 전문가에게는 쉽지 않은 일이다. 명상 분야의 심오한 사상가이자 '부디파이Buddhify, 카라Kara, 슬리펄니스Sleepfulness'를 포함하여 명상과 관련된 일련의 앱을 제작한 로한 구나틸라케Rohan Gunatillake가 2015년 99U 연례회의에서 발표한 적이 있었다. 그는 주로 크리에이티브 전문가들에게서 나타나는 두려움에 관해 이야기했는데, 마지막에 가서는 세대계승성(generativity, 세대를 의미하는 generation과 창조성을 의미하는 creativity의 합성어로 세대를 창조한다는 의미이며, 보통 중년기에 나타나는 다음 세대를 양성하는 것에 대한 관심을 의미한다-옮긴이 주)의 발현에서 필수적인 단계라 할 자아와 일의 분리에 대한 두려움을 집중적으로 파헤쳤다. 자신에 대해 창조적으로 표현하는 것을 제작하지만 이것이 실패하더라도 궁극적으로는 실패하지 않는 방법은 무엇인가? 로한은 청중들에게 중요한 첫 번째 단계를 제시했다. 그것은 몇 가지 확언들을 암송하면서 이것들이 우리에게 어떻게 느껴지는가에 주의를 기울이는 것이다.

그는 첫 번째 확언이 나오는 슬라이드로 넘어갔다.

"나는 나의 트위터 바이오가 아니다."

청중들이 웃었고 로한은 설명했다.

"이것은 쉽습니다. 물론 당신은 당신의 트위터 바이오가 아닙니다."

그는 그다음 확언을 보여주었다.

"나는 나의 이력서가 아니다."

사람들이 웃었지만, 이전보다는 덜 했다.

세 번째 확언으로 넘어갔다.

"나는 나의 회사가 아니다."

나는 무대 뒤에서 이 말을 듣고 숨이 막힐 것만 같았다. 내 인생의 대부분이 나의 직업 활동이고, 비핸스는 나의 한 부분으로 느껴졌다. 아마도 다른 기업가들도 이 말이 머릿속을 계속 맴돌았을 것이다. 회사의 설립자로서 오랫동안 헌신해왔다면 회사가 자기 자신으로 여겨질 것이다. 회사는 자신의 관심사, 강점, 약점의 연장선에 있다. 따라서 당신이 만든 것과 당신을 떼어놓고 생각하는 것은 상당히 어렵다.

로한은 마지막으로 남은 확언을 보여주었다.

"나는 나의 일이 아니다."

청중들은 쥐죽은듯이 조용했다.

그는 이렇게 말한다. "이 말을 머릿속에 새기십시오. 당신은 '하지만 나는 나의 일이다. 나는 거기에 모든 것을 쏟아부었다'라고 생각할 것입니다. 자신을 일에서 떼어놓는 것은 매우 힘든 작업이고 여기에는 고통이 따를 것입니다."

퇴직을 할 때 당신의 운명과 당신 일의 운명이 서로 갈라지지만, 정체성은 자신의 것이다. 그리고 그것은 당신이 하고 있는 일이 아니다. 일이나 예술품은 당신이 만든 것이다. 그것은 실패할 수도, 판매될 수도, 후세에 전해질 수도 있지만 자신이 될 수는 없다. 성공적인 마지막 마일은 만든 것을 놓아주고 자신과 자신의 가치 그리고 이후로 불타오르게 될 자신의 호기심으로 돌아갈 것을 요구한다.

<hr/>

## 자기 방식대로 끝낸다

2017년에 제품 디자이너들과 함께 일본을 방문했을 때 나는 이수주 사쿠라다Isuzu Sakurada와 그가 교토에서 창업하여 나중에는 미슐랭 등급을 받은 레스토랑에 관한 이야기를 그의 사위에게서 들었다. 10대 시절에 사쿠라다는 선종 사원에서 공부하면서 훌륭한 요리사가 되겠다는 포부를 가졌다. 20대가 된 이 젊은 요리사는 교토 뒷골목에서 테이블 4개에 총 좌석수가 10석인 '사쿠라다'라는 작은 레스토랑을 열었다. 이곳은 일본의 여러 전통 요리 중에서 다시로 유명하여, 일본의 많은 젊은 요리사들이 그에게서 배우려고 교토를 찾곤 했다. 그의 뛰어난 창조물에 대한 입소문이 났고, 이후로 수십 년이 지나서 사쿠라다는 미슐랭 등급 투스타two star를 받고서 세계적으로 알려진 레스토랑이 되었다.

미슐랭 등급을 받고 얼마 지나지 않아 100일 후에 레스토랑을 폐업할 것이라고 선언하며 직원들과 공동체, 요리업계를 깜짝 놀라게 했다.

최고의 자리에 오르는 것과 세계적인 명성을 얻고 나서 곧 레스토랑을 폐업하는 것은 별개의 것이다. 세계의 미식가들은 100일이 지나기 전에 사쿠라다에서 식사를 하려고 긴 여행을 떠났다. 그의 단골 고객들은 마지막 식사를 위해 사쿠라다를 찾고는 눈물을 흘렸다고 한다. 그의 선언은 많은 관심을 끌었고, 심지어 사쿠라다의 폐업 과정을 날짜순으로 기록한 다큐멘터리 영화가 제작되기에 이르렀다. 이 영화는 그가 일본 레스토랑들이 출입문 위에 걸어놓은 전통 깃발을 내리는 장면으로 마무리된다.

뛰어난 재능을 가진 사람이 그것을 더 이상 발산하지 않기로 하는 모습을 보기는 어렵다. 그러나 내가 이수주 사쿠라다의 사위를 만났을 때 그는 장인께서 얼마나 만족하면서 살았는지에 대해서만 말해주었다. 이수주 사쿠라다는 지역 사회에서 대단한 존경을 받았고, 미슐랭을 통해 세계적으로 호평을 받았다. 그의 사위의 말에 따르면, 이 모든 것이 그가 포만감을 느끼게 했다. 그가 레스토랑 문을 닫기로 결심한 것이 최고의 자리에 있을 때 떠나는 본보기가 될 수도 있다. 그러나 그것은 그가 지금까지 했던 것에 대한 기쁨과 만족이 충만하여 더 이상 바랄 것이 없게 된 데 따른 결과일 뿐이었다. 이제 그는 자연 속에서 가족들과 더 많은 시간을 보내고 싶어 한다. 어쩌면 이것이 그의 삶에서 아직 채워지지 않은 욕구인지도 모른다.

교토에서의 하루가 지날 무렵, 우리는 전혀 예상치도 않게 사쿠라다가 작은 마당에서 손녀와 함께 노는 모습을 볼 수 있었다. 그는 행복하고 편안해 보였다. 이런 모습은 웃는 얼굴이나 행동에서 자연스럽게 묻어났다. 그는 자신의 세계에 대단히 만족하고 있었다.

이것이 바로 자기 방식대로 끝내기를 하는 모습이다. 그것은 당신이 항상 원하던, 널리 알려진 수준에 올랐을 때 떠나는 것, 즉 정상에서 떠나고자 하는 욕구를 의미할 뿐만 아니라 충분히 만족하고 스스로 다른 것을 추구할 수 있을 때 떠나는 것을 의미한다.

나의 아버지가 정형외과의로서 명성을 얻고 나서 퇴직한 것도 (미슐랭 등급을 받은 것을 빼고는) 사쿠라다와 많이 닮았다. 아버지는 레드삭스와 패트리어츠 팀 닥터가 된 것을 포함하여 본인이 원하던 모든 직함을 얻었다. 그 어느 때보다도 더 바쁘게 지내던 60대의 어느 날에 손자를 돌보거나 취미 활동을 하는 시간이 수술실에서 보내는 시간보다 훨씬 더 의미 있다고 생각했다. 그는 젊은 의사 두 명에게 시간제 근무를 제안했고, 결국에는 병원 일을 완전히 중단하고 개업의가 아닌 멘토가 되기로 했다. 이것은 쉬운 결정이 아니었지만, 아버지께서는 이전까지 의사로서 충실하게 살아왔고 이제는 자신의 에너지와 관심이 다른 곳으로 옮겨가고 있는 것을 깨달았다. 의사 생활이 힘들게 여겨질 때까지 기다리기보다는 새로운 것을 추구하기로 결심하셨던 것이다.

나는 아버지가 훌륭한 결정을 했다고 생각한다. 이것이 어려운 결정이기는 했지만 아버지는 생각을 많이 하고는 자기 방식대로 끝내기를 한 것이다. 아버지는 끝내기 과정을 자신이 직접 지배했지 그것이 자신을 지배하게 내버려두지는 않았다. 훌륭한 끝내기는 그것을 자기 방식대로 하는 것이고, 당신이 원하던 것에 충분히 만족할 때 시작된다. 자신의 정체성과 새로운 관심을 과거의 업적과 따로 떼어놓을 수 있다면, 인생에서 새로운 장을 쓸 준비가 되어 있는 것이다. 업적은 결코 사라지지 않는다. 그것은 누군가에게 넘겨줄 기록에 남게 될 것이다.

내가 좋아하는 예로부터 내려오는 '부는 결국에는 당신이 포만감을 느끼는 것이다'라는 속담이 있다. 나는 프로젝트를 끝내고 나면 포만감을 느끼기를 바란다. 그리고 내가 죽는 날에는 지난날을 되돌아보며 충실한 삶을 살았다고 자부할 수 있기를 바란다.

# 끝을 내서는 안 된다

## 배움을 지속하는 것은
## 인생의 영약이다

구십 살이 넘은 워렌 버핏Warren Buffett은 여전히 세상에서 가장 위대한 투자자로 여겨지고 있다. 그가 설립한 '버크셔 해서웨이Berkshire Hathaway'는 시가총액이 6000억 달러가 넘고, '가이코Geico, 넷젯NetJets, 데어리 퀸Dairy Queen' 같은 기업을 소유하고 있으며, '아메리칸 익스프레스, 애플, 코카콜라, 웰스 파코'의 주요 주주이기도 하다. 그가 버크셔 해서웨이의 투자자들에게 보내는 연례 편지는 그가 왜 투자의 귀재인지를 알게 해준다. 편지들 중 몇 개만 읽어도 중요한 특징들이 눈에 띈다.

워렌 버핏은 상당히 내성적이고 겸손한 사람이다. 때로는 자신의 투자 결정을 "멍청한 짓"이라고 불렀고, 자기가 틀렸고 자신이 '매직 플랜'을 갖고 있는 것도 아니며, 무엇인가를 이해하기 위해 열심히 노력한다는 말을 자주했다. 또한 새로운 모델을 배우고 생각을 바꾸는 데 대단히 개방적이었다. 1990년대 말까지는 기술주에 전혀 투자하지 않았지만 2016년에는 애플의 주요 주주가 되었다. 구글과 아마존 같은 기업에 미리 투자할 기회를 놓친 것에 대해서는 자기가 다양한 방식으로 질문을 하며 공부했지만 기회를 날린 것을 인정했다.

깊이 간직했던 신념이 잘못되었다는 사실을 깨달으면, 삶에 새로운 활력을 불어넣을 수 있다. 이것은 당신이 여전히 배우는 학생이고 배움이 끝나지 않았다는 것을 의미한다. 워런 버핏도 예외가 아니다. 젊은 시절에 대단한 성공을 거두고 이제는 직업 활동의 마지막 단계에 있는 많은 사람이 실수를 통해 교훈을 얻은 것을 아쉬워하기보다는 자신의 승리를 기념하고 업적을 강조하는 데 더 많이 집중한다. 그러나 그는 그렇게 하지 않는다. 잘못한 것에 집착하고 예전부터 간직해오던 신념을 버림으로써 직업 활동이 거의 끝나가는 사람이 아니라 방금 시작한 사람처럼 수용성과 융통성을 갖는다.

워런 버핏을 만난 사람들은 그의 지칠 줄 모르는 호기심을 이야기한다. 그는 직업 활동의 초기에 관심 분야의 책을 하루 600~1000쪽이나 읽었고, 지금도 여전히 하루의 80퍼센트 정도를 책을 읽는 데 보낸다. 누군가가 그를 찾아와서 성공의 비결을 묻자 그는 서재에 있는 책을 보여주며 이렇게 말했다.

"매일 이런 책을 500쪽씩 읽으세요. 그러면 지식이 효력을 발휘합니다. 지식은 복리이자처럼 쌓입니다. 여러분 모두 그렇게 할 수 있습니다. 그러나 여러분 중 그렇게 하는 사람이 많지는 않을 것으로 생각되는군요."

호기심, 자기 반성, 신념을 기꺼이 바꾸려는 의지가 끊임없이 배우려

는 욕구를 낳는다. 배움은 인생의 영약이다. 그리고 버핏은 그것을 매일
복용한다.

〰〰〰〰〰〰〰〰〰

## 당신은 삶의 한 부분이거나
## 죽음의 한 부분이다

우리는 언젠가는 죽게 되어 있다. 최소한 죽음을 그렇게 바라보고 있다.
다르게 표현하자면, 우리는 지금 살아 있고 가까운 미래에도 그럴 것이
다. 삶과 죽음을 어떻게 바라보는가는 시간과 역량을 어떻게 사용하는
가에 영향을 미친다.

시련이 새로운 방식으로 당신의 노력을 억누르거나 강화할 것이지
만, 이 두 가지가 함께 작용하는 것은 아니다. 당신이 시련을 기분 나쁜
시선으로 바라본다면 일찍 세상을 떠날 것이다. 그러나 매 순간을 최대
한 활용한다면 더 오래 살 것이다.

나의 이모, 아리스 아론은 무려 15년씩이나 말기암과 싸웠다. 이모는
수십 명의 의사에게서 사형 선고를 받을 때마다 정원을 꾸미고, 가사를
돌보고, 여행도 하고, 주변 사람들과 관계를 형성하는 일을 더욱 열심히
했다. 이모는 이제는 생을 정리할 때가 되었다는 말을 들을 때마다 삶
에 더욱 빠져들었다. 돌아가시기 한 달 전에도 여전히 정원의 꽃에 대해
말했고, 아침에 꽃의 무늬와 색상을 빤히 쳐다보다 길을 잃었다는 말도
했다.

흔한 감기를 앓다가도 죽음을 생각하는 나 같은 사람으로서는 이모에게서 배울 점이 상당히 많았다. 내가 아는 중병을 앓던 사람들 중 어느 누구보다도 이모는 삶의 한 부분이 되는 것을 선택했다. 이모는 매 순간 아름답고 재미난 것을 찾았고, 하루가 더 주어지는 것을 자신이 좋아하는 것을 더 많이 하기 위한 기회로 생각했다. 나는 회사 일에서 사소한 부분을 걱정하거나 서류를 보면서 좌절하거나 아이들을 유치원에 보낼 준비를 할 때마다, 그날 이모가 나보다도 더 활력이 넘친다는 것을 깨닫곤 했다.

이모가 돌아가셨을 때 용기와 삶에 대한 사랑을 남기셨다. 모든 장례식이 사람들을 슬프게 하지만(특히 이모처럼 젊고 활기찬 사람의 경우에는 더욱 그렇다), 모두가 이모의 용기와 삶에 대한 태도가 커다란 희망이 되었다는 말을 잊지 않았다. 나는 이모가 살아 있는 날을 죽어가며 보내기를 거부했기 때문에 의사가 말하는 확률에 맞서 15년씩이나 더 살았다고 생각한다.

어떤 시련을 겪고 있든, 그것을 더 살기를 원하는지 덜 살기를 원하는지를 결정하는 데 활용할 수 있다. 스스로 여정의 끝을 깊이 생각하면서 그날의 즐거움과 호기심을 충족시키는 데 몰두해야 한다. 이런 것들이 삶의 진정한 모습일 뿐만 아니라 더욱 풍요로운 삶을 향한 길로 안내한다.

## 젊은 시절에는 돈을 위해 시간을 내놓지만
## 노년에는 시간을 위해 돈을 내놓는다

우리는 젊은 시절에는 앞으로 살아갈 날이 많고 돈이 시간보다 유한하게 보이기 때문에 돈을 위해 시간을 기꺼이 내놓는다. 젊은 시절에 친구들과 나는 가족들을 부양하고 자리를 잡아야 한다는 책임감 때문에 직장을 다니면서 얼마 안 되는 보수를 받기 위해 사무실에서 엄청나게 많은 시간을 보냈다.

그러나 나이가 들면서 시간이 점점 부족하게 느껴진다. 세월이 흐르면서 예전보다 더 많이 바빠졌다고 생각하는 대부분의 사람들과 마찬가지로, 나 역시 시간이 좀 더 있었으면 하는 생각이 간절하다. 아버지에게는 시간이 자녀들과의 관계를 형성하기 위한 유일한 수단이다. 사랑하는 사람들과 경험을 공유할 시간이 있어야만 자원을 향유할 수 있다. 젊은 시절을 돌이켜보면, 내가 엄청나게 많은 시간을 낭비한 것이 놀랍기만 하다.

인생이 짧다고 혹은 길다고 생각하면서 살고 있는가? 짧다고 생각하면 매 순간을 즐기면서 살아야 하고, 길다고 생각하면 장기적인 보상을 위해 단기적인 즐거움을 포기할 줄 알아야 한다. 우리가 생각을 어떻게 하는가는 당신의 의사결정과 상충 관계에 영향을 미친다.

나의 멘토들은 궁극적인 목표가 시간을 원하는 대로 쓸 수 있는 것이라고 말한다. 그러나 시간에 자율성을 부여하는 것은 자율성을 실천하는 것과는 다르다. 내가 거래하는 회계사의 할아버지이자 회사의 설립자인 앨런 애시Allan Ash는 고객들에게 많은 격언을 남겼다. 그 중 하나가 후손들에게 전해져 내려오다 결국에는 내 귀에도 들어왔다. 그의 손자인 닐 애시Neil Ash에 따르면, 앨런이 이런 말을 자주 했다고 한다. "나는 1000달러를 잃을 수 있다. 그리고 이런 사실이 그만큼 나를 괴롭힌다. 나는 항상 잃은 돈을 만회할 수 있다. 그러나 내가 하루나 일주일을 잃으면 그것을 만회하기 위해 할 수 있는 것이 아무것도 없다. 이거야말로 진정한 손실이다."

다른 사람들이 우리를 위해 시간을 쓰게 하면, 우리는 시간을 잃게 된다. 시간을 어떻게 쓰길 원하는지를 알더라도 자신이 원하는 대로 하기 위한 용기나 자제력이 부족할 것이다. 차라리 다른 일에 시간을 쓰더라도 친구에게 "아니요"라고 대답하고 싶지는 않을 것이다. 다른 사람들이 간절하게 바라는 직업적인 기회가 당신에게 꼭 적합하지 않다는 생각이 들더라도, 그것을 놓치려고 하지는 않을 것이다. 주변 사람들이 당신에게 더 중요하게 여겨지더라도, 당신이 속한 산업에서의 활동이나 좋아하는 스포츠 팀의 경기를 놓치려고 하지는 않을 것이다. 그러나 사람들이 당신에게 직접 또는 전화로 부탁하는 일이 당신이 기억하고 싶은 경험이 아니라면, 뭐하러 잊어버릴 만하거나 잊고 싶은 일에 시간을 쓰겠는가? 내가 들었던 가장 실행 가능한 조언은 자녀나 연인과 함께 있을 때 주의를 뺏는 대상으로 마음이 산란해지면, 당신이 지금보다 마흔 살이 더 많아졌다 생각하고 그들을 한 번이라도 더 보길 간절히 원하는 모습을 생각해보자. 확실히 도움이 될 것이다.

인생에서 어떤 부분은 자원 집약적이어서 이에 필요한 시간을 투자해야 할 것이다. 제품이 되었든 자녀가 되었든, 새로운 대상을 개발하려면 길을 찾기 위한 시간을 요구하는 마찰이 불가피하게 발생한다. 당신이 팀을 이끌고 신제품에 대한 비전을 개발하고 있다면, 팀원들이 당신의 계획과 함께 하도록 하기 위해 끊임없이 시간을 투자해야 한다. 자녀 양육은 여러 해에 걸쳐 엄청난 시간과 에너지가 소요된다. 그리고 가족과 보내는 시간을 줄이려는 어떠한 시도도 그 대가를 치러야 한다. 시간에 가치를 둘수록 그것을 현명하게 사용해야 하는 압박을 더 많이 받을 것이고, 인생에서 지름길이 없는 부분과 더 많이 씨름할 것이다. 인생에서 이 부분이 속도를 내고 통과해야 하는 곳은 아니라는 사실을 명심해야 한다. 인생에서 당신이 선택한, 이처럼 시간 집약적이고 마찰이 가득한 부분들을 그 경험들을 기억에 영원히 새겨두기 위한 노력으로 보내는 시간으로 생각해야 한다. 알다시피 인생에서의 마찰은 시간을 쓰는 것과는 별개로 또 다른 목적이 있다. 마찰은 인생에서 기억에 남을 만한 부분을 만든다. 어떤 경험이 기억에 남으려면 마찰이 있어야 한다. 우리가 해변에서 보낸 모든 휴가를 기억할 수 없는 것처럼 마찰이 없는 경험은 기억하기 어렵다.

시간 방정식에 대한 답을 찾는 것은 당신이 시간을 보내길 원하는 것에 "예"라고 대답하고 그렇지 않은 것에 "아니요"라고 대답하는 것만큼이나 간단하지는 않다. 인생에서 가장 중요하고 기억에 남을 만한 부분 중 일부는 시간이 가장 오래 걸린 것들이다. 오히려 시간 투자에 대한 시험은 경험이 기억하기를 원하는 것인가 그렇지 않은 것인가에 있다. 인생이 끝날 무렵 지난날을 회고하면서 특정 프로젝트에 악착같이 매달리던 시절을 기억하고 싶은가? 자녀를 양육하던 시절을 기억하고 싶은가? 아내와 연애하던 시절을 기억하고 싶은가? 직원들에게 업무를 가르치던 시절을 기억하고 싶은가?

단지 성취하고는 싶지만 그 과정을 기억하고 싶은 것이 아니라면, "아니요"라고 대답하는 것을 고려해야 한다. 그러나 그것이 기억하고 싶은 경험이라면 결코 잊지 못할 기억을 창출하기 위한 마찰을 견뎌내는 데 시간을 써야 한다. 인생에서 최고의 부분은 마찰을 가지고 있고 기억은 우리가 가진 모든 것이기 때문이다.

## 끝났다는 것은
## 죽음을 의미한다

끝났다는 말은 당신의 관심이 중단된다는 것을 의미한다. 그러나 자기가 하는 일을 좋아하는 사람에게는 결코 이런 일이 일어나지 않는다. 창조적 추구는 결코 끝나지 않는다. 창조성은 결코 끝나지 않는다.

뉴욕을 기반으로 활동하면서 '버브Virb, 웨이워드 와일드Wayward Wild, 심플캐스트Simplecast' 등의 기업을 설립한 연쇄 창업가 브래드 스미스는 벤처기업의 주식 가치에서 오르내림을 경험했다. 그는 여정의 롤러코스트를 회고하면서, 앞으로는 좋은 시절이 더 많이 있을 것이라 생각했다.

"벤처기업을 네 번 설립할 때까지 저는 항상 최종 목표를 생각하고 있었습니다. 그러나 그 목표에 도달한 적은 한 번도 없었습니다. 최종 목표가 쉽게 달성할 수 있는 것이 아니라거나 어느 한 챕터에 대한 적절한 마무리가 아니라는 말을 하려는 것은 아닙니다. 여정 그 자체가 항상 바람직한 결과를 변하게 만든다고 생각합니다. 매번 그렇습니다. 저는 목표에 도달하기 전에 프로젝트를 끝냅니다. 하지만 이것이 실제로 의미하는 것은 새로운 프로젝트를 시작할 때가 되었다는 것입니다. 기업가로서의 삶은 계속됩니다. 재는 재가 되고, 먼지는 먼지가 되고, 스프레드시트는 손익계산서가 됩니다. (실제로 하는) 프로젝트는 프로젝트가 아닙니다. 그것은 열정입니다. 열정을 가진 사람은 죽지 않습니다."

실제로 재는 재가 되고, 먼지는 먼지가 된다. 프로젝트와 열정이 죽을 수도 있다. 그러나 식물이 죽어서 새로운 성장을 위한 토양이 되는 방식으로만 죽는다. 모든 죽어가는 프로젝트의 타다 남은 불은 그다음 프로젝트에 필요한 에너지가 된다. 창조물을 제작하여 발송할 때는 이를 기념해야 한다. 당신은 그만한 영예를 누릴 자격이 된다. 그러나 이럴 때도 끝났다는 기분이 들지 않도록 해야 한다. 새로운 것을 통해 그런 기분이 생기지 않도록 해야 한다.

힌두교 교리에는 똑같이 중요하게 조화를 이루면서 존재하고 작용하는 세 개의 주요 신이 있다. 브라마Brahma는 창조주이고 새로운 사상과 사물의 원천이다. 비슈누Vishnu는 이미 존재하는 것을 유지하고 보존하는 신이다. 시바Shiva는 모든 사물을 끝장내는 파괴의 신이다. 그러나 이 신들은 (브라마가 창조하고, 비슈누가 보존하고, 시바가 파괴하는 식으로) 일정한 순서대로 작용하지는 않는다. 이들은 모두 동시에 작용하고 서로에게 끊임없이 도움을 준다. 시바는 악의 신으로 잘못 알려져 있다. 오히려 재생의 힘과 새롭고 더 나은 것을 위한 양보의 중요성을 보여준다. 성 삼위일체에서 세 번째로 등장하는, 똑같이 중요한 부분을 고려하지 않는다면 전체 순환이 파괴된다.

프로젝트가 완전히 일회전을 끝내고 처음 출발했던 곳으로 되돌아올 때 재생을 해야 한다. 이제까지 성취했던 것들을 되돌아봐야 한다. 내가 가장 존경하는 기업, 리더, 디자이너는 그들의 위대한 창조물이 시대에 뒤떨어진 것이 되게 하는 방법을 찾는다. 애플이 아이폰을 출시하여 이전까지 엄청나게 성공한 아이팟을 잠식한 것이든, 아티스트가 새로운 스타일을 개발하여 자신의 예전 작품이 구식이 되게 한 것이든, 최근의 창조물이 이제는 시대에 뒤떨어진 것이 되게 하기 위한 노력을 기울여야 한다. 이것은 크리에이티브 전문가가 되기 위한 건전하고 기초적이며 도발적인 방법이다. 소매를 걷어붙이고 다음으로 넘어가야 한다. 자기 자신과 경쟁하는 것이 지닌 장점은 스스로 결코 끝나지 않게 하는 데 있다.

인생에서 주요 결승선에 접근하면서, 초기 단계의 마음가짐으로 되돌아가고, 불만과 호기심을 끌어내고, 하고 싶은 일의 목록에 더 많은 것을 보탬으로써 끝났다는 기분이 들지 않도록 해야 한다. 이탈리아 소설가이자 철학자 움베르토 에코Umberto Eco는 말했다.

"우리는 죽는 것을 원하지 않기 때문에 하고 싶은 일들의 목록을 작성한다."

이런 목록이 우리에게 끝났다는 기분이 들지 않도록 한다. 그리고 더 많은 것을 하고 싶다는 생각이 우리가 계속 배우고 노력하게 만드는 데 큰 역할을 한다. 목록은 우리가 계속 살아 있게 한다. 당신의 인생에 만족해야 한다. 그러나 이제까지 했던 것에 만족하지는 말아야 한다. 그것보다는 지금 하고 있는 것에 더 많은 성취감을 갖도록 노력해야 한다. 무엇이든 하고 싶은 것을 계속해야 한다.

새로운 시작이 가장 훌륭한 끝내기이고, 끝났다는 기분은 가장 큰 장애물이다. 마지막 마일은 새로운 일을 또다시 시작하기 위한 첫 마일을 경험하게 하는 것이어야 한다. 당신은 모든 가능성을 수용할 만큼이나 그 일에 경험이 없으며 당신을 매료시키거나 좌절시키는(어떤 사람은 이 두 가지를 모두 원한다) 문제로 고통 받는 사람들에 공감할 때 그 일에 관해 생각하는 것을 멈출 수가 없기 때문이다. 관심이 가는 일을 계속해야 하고, 수용성을 유지해야 하고, 과거에는 효과가 있었던 것이 계속 그럴 것이라는 생각을 버려야 한다.

여정을 통해 견뎌내고 최적화하는 메시 미들이 미래에 대한 비전과 현실 사이에 있는 해자와도 같은 것이라서 결코 더 쉬워지지도 않고 스스로 반복되지도 않는다. 메시 미들은 일생의 과업이다. 그리고 누군가가 결승선을 지나서 뛰어난 창조물을 세상에 내놓았을 때 우리 모두 혜택을 얻는다. 이런 의미에서 우리는 모두 한 배를 타고서 우리의 메시 미들을 극대화하는 데 도움이 되도록 열심히 배우고, 자신의 여정을 통해 얻은 통찰을 공유해 훌륭한 아이디어들이 더 많이 빛을 보게 해야 한다. 미래는 메시 미들을 견뎌내고 최적화하는 사람들에 의해 만들어진다. 당신뿐만 아니라 모두를 위해 끝났다는 기분을 버려야 한다.

# 감사의 글

내가 공동설립자이자 투자자, 자문위원, 절친한 친구, 배우는 사람이 되어 기업에 참여할 수 있도록 허락해준 기업의 설립자와 팀원들이 없었더라면, 이 책은 빈껍데기에 불과했을 것이다. 책을 위해 직접 면담했거나 조사했던, 특히 지난 수년 동안 함께 일했던 수많은 기업가와 경영자에게 감사의 마음을 전한다. 그들이 나에게 전해준 경험, 공유한 지혜가 이 책을 쓰는 데 커다란 영감이 되었고, 다른 사람들도 나처럼 많은 혜택을 얻을 수 있기를 바라는 마음에서, 그들을 올바르게 평가하기 위해 최선을 다했다. 팀원들과 나를 따뜻하게 맞이해주고 우리가 훌륭한 제품을 만들 수 있도록 힘을 실어준 어도비의 뛰어난 디자이너, 엔지니어, 경영자에게도 감사의 뜻을 표한다. 나는 크리에이티브 세계에서 어도비와 그들의 사업 목표를 사랑하게 되었고, 그들과 함께 일한 것이 행운이라고 생각했다.

특히 메시 미들을 함께 지내왔던 비핸스의 마티아스 코레아, 데이브

스타인, 크리스 헨리, 브라이언 라텐, 재키 볼저, 잭 맥컬로우, 클레먼트 파이디, 알렉스 크루그를 비롯하여 여러 사람에게 감사의 마음을 전하고 싶다.

초고 전반에 걸쳐 편집자 역할을 해주고, 내가 도중에 절필감으로 고통을 받으면서 이번 프로젝트를 과연 끝낼 수 있을 것인가를 걱정할 때 생각 파트너의 역할을 멋지게 해주며, 때로는 치어리더의 역할도 해준 조지아 프랜시스 킹에게도 감사한 마음이다. 또 출처가 필요한 부분에 대한 연구 결과를 수집하여 종합하는 데 도움을 준 레아 페슬러, 이 책의 디자인과 표지 디자인을 맡았고 지난 수년 동안에 온갖 종류의 커뮤니케이션 디자인에 대하여 지원을 아끼지 않았던 래원 브랜든에게도 감사의 마음을 전한다. 이 책에 나오는 모든 직관이 아무렇게나 메모되어 있는 엉성한 수집물에 불과했는데도 나에게 이번 프로젝트를 맡아서 끝을 맺게 해준 편집자 스테파니 프레리히에게도 대단히 감사한 마음이다. 오랫동안 저작권 대리인의 역할을 해준 레빈 그린버그 로스탄 저작권사Levine Greenberg Rostan Literary Agency의 짐 레빈에게도 감사의 뜻을 전한다. 그는 10여 년 전에 나에게 모험을 걸고는 《그들의 생각은 어떻게 실현됐을까》의 출간을 지원했고, 이번에도 이 책이 결실을 맺도록 지원했다.

또한 멘토가 되어주고 (그들이 알든 모르든) 이번 프로젝트를 지원해준 아타이 디노어, 마이클 슈월비, 마이크 브라운, 어린 브라난, 알렉스 샵세스, 개릿 캠프, 티모시 페리스, 이브 베하르, 데이브 모린, 젠 하이먼, 조슬린 글라이, 페레시타스 예스케, 마이클 메이어, 벤치마크 팀, 홈브루의 헌터 워크와 사트야 파텔, 프레드 윌슨, 조안 윌슨, 앨버트 웽

거, 파운더 컬렉티브, JB 오즈번, 에밀리 헤이워드, 베키 그로스먼, 벤 그로스먼, 포스터낵 패밀리, 조시 엘먼, 세밀 샤, 줄리오 바스콘셀로스, 앤드루 바, 프레퍼 팀, 어도비의 대단한 능력을 지닌 제품 리더십 팀, 스위트그린 직원들, 뮤직나우치즈샵의 마이크, 라비 엘리엇 코스그로브, 제임스 히가, 엘리엇 자이젤, 존 마에다, 사이먼 시넥, 세스 고딘을 포함한 여러 사람에게도 감사의 마음을 전한다. 또한 오랫동안 나의 비서로 근무해온 니나 빙햄에게도 감사의 뜻을 표한다. 그녀의 판단력과 헌신, 재능은 내가 하루하루를 가장 잘 활용하는 데 큰 도움이 되었다.

부모님 낸시와 마크 그리고 분명히 나의 능력을 능가하는 자신감을 심어주던 치어리더들이라 할 줄리와 길라에게도 감사의 마음을 전하고 싶다. 나의 다사다난했던 직업 활동과 그 과정에서 수많았던 창조적 프로젝트 전반에 걸쳐 지원을 아끼지 않았던 엘렌 로이젠과 어레인 로이젠, 앤드루 웨인스타인과 레미 웨인스타인, 알렉스 모델, 수즌 카플란, 아후비 골덴을 비롯한 친척들에게도 이 자리를 빌려 감사의 마음을 전하고 싶다.

무엇보다도 이번 프로젝트를 지원해주고 여러 해에 걸쳐 주말과 늦은 밤에 또는 휴양지에서 내가 이 책을 마무리 짓는 것을 묵묵히 참아준 부인 에리카, 딸 클로에, 아들 마일즈에게 고마운 마음을 전한다. 가족들은 내가 우선순위와 가치를 두는 대상에 계속 몰입할 수 있도록 의욕을 북돋아주었고, 결국에는 이것이 이루어지게 했다. 나는 가족들을 몹시 사랑한다. 메시 미들을 함께 인내하고 최적화하고 즐길 수 있는 이보다 더 나은 팀은 없다고 생각한다.

# 참고자료

## Chapter 1. 인내

### 보상 시스템을 어떻게든 꾸려가야 한다

- Monica Mehta, "Why Our Brains Like Short-term Goals," *Entrepreneur*, January 3, 2013, https://www.entrepreneur.com/article/225356.
- "Medicine and Health," *Stratford Hall*, accessed March 22, 2018, https://www.stratfordhall.org/educational-resources/teacher-resources/medicine-health.
- "Death in Early America," *Digital History*, December 30, 2010, https://web.archive.org/web/20101230203658; http://www.digitalhistory.uh.edu/historyonline/usdeath.cfm.

### 현실을 무시하며 긍정적인 피드백을 얻으려거나 가짜 승리를 기념해선 안 된다

- Ben Horowitz, "How to Tell the Truth," *Andreessen Horowitz*, accessed March 22, 2018, https://a16z.com/2017/07/27/how-to-tell-the-truth.

### 마찰은 더 가깝게 만들어준다

- Hugo Macdonald, "Friction Builds Fires, Moves Mountains, and Makes Babies— And May Be the Key to Social Progress," *Quartz*, March 29, 2017, https://qz.com/944434/friction-builds-fires-moves-mountains-and-makes-babies-and-may-be-the-key-to-social-progress/.
- Richard F. Taflinger, "Taking ADvantage: Social Basis of Human Behavior," *Social Basis of Human Behavior*, May 28, 1996, https://public.wsu.edu/~taflinge/socself.html.
- E. O. Wilson, "Why Humans Hate," *Newsweek*, April 02, 2012, https://www.newsweek.com/biologist-eo-wilson-why-humans-ants-need-tribe-64005.
- Sarah Green Carmichael, "Sheryl Sandberg and Adam Grant on Resilience,"

*Harvard Business Review*, April 27, 2017, https://hbr.org/ideacast/2017/04/sheryl-sandberg-and-adam-grant-on-resilience.html.
· Eric Ravenscraft, "The Impediment to Action Advances Action," *LifeHacker*, October 9, 2016, https://lifehacker.com/the-impediment-to-action-advances-action-1788748064.

## 기존의 것에 맞추려고 하면 아무도 기억 못하거나 영감을 못 받는다

· Maria Popova, "Do: Sol LeWitt's Electrifying Letter of Advice on Self-Doubt, Overcoming Creative Block, and Being an Artist," *Brain Pickings*, accessed March 22, 2018, https://www.brainpickings.org/2016/09/09/do-sol-lewitt-eva-hesse-letter.
· Tim Ramsay, Sarasa Togyama, Alexander Tuttle, et al, "Increasing placebo responses over time in U.S. clinical trials of neuropathic pain," *Pain* 156, no. 12(December 2015): 2616–26, https://journals.lww.com/pain/pages/articleviewer.aspx?year=2015&issue=12000&article=00027&type=abstract.

## 포기하기 전에 새로운 관점에서 시도해본다

· Angela Duckworth, *Grit: The Power of Passion and Perseverance*(New York: Scribner, 2016).
· Angela Duckworth, "Grit: The Power of Passion and Perseverance," filmed April 2013 in Vancouver, Canada, TED video, 6:09, https://www.ted.com/talks/angela_lee_duckworth_grit_the_power_of_passion_and_perseverance.
· Julie Scelfo, "Angela Duckworth on Passion, Grit and Success," *New York Times*, April 8, 2016, https://www.nytimes.com/2016/04/10/education/edlife/passion-grit-success.html.

## 때로는 리셋이 앞으로 나아가는 유일한 방법이다

· Jennifer Wang, "How 5 Successful Entrepreneurs Bounced Back After Failure," *Entrepreneur*, January 23, 2013, https://www.entrepreneur.com/article/225204.
· Kathryn Minshew, "The Muse's Successful Application to Y Combinator (W12)," *The Muse*, accessed March 22, 2018, https://www.themuse.com/advice/the-muses-successful-application-to-y-combinator-w12.

- Wang, "How 5 Successful Entrepreneurs Bounced Back."
- "Women of Character: Kathryn Minshew," *Anthropologie*, September 30, 2015, https://www.youtube.com/watch?v=M32tPGYzCXs.

## 장기전에 돌입하면 생산성보다 다른 면들을 평가받는다

- Derek Thompson, "The Amazon Mystery: What America's Strangest Tech Company Is Really Up To," *The Atlantic*, November 2013, https://www.theatlantic.com/magazine/archive/2013/11/the-riddle-of-amazon/309523.

## 전략은 인내력으로 강화된다

- Jeffrey P. Bezos, "1997 Letter to Shareholders," *Amazon*, accessed March 22, 2018, https://www.amazon.com/p/feature/z6o9g6sysxur57t.
- Arjun Kharpal, "Amazon CEO Jeff Bezos Has a Pretty Good Idea of Quarterly Earnings 3 Years in Advance," *CNBC*, May 8, 2017, https://www.cnbc.com/2017/05/08/amazon-ceo-jeff-bezos-long-term-thinking.html.
- Aaron Levie (@levie), "Startups win by being impatient over a long period of time," *Twitter*, January 12, 2013, 5:17 p.m., https://twitter.com/levie/status/290266267682758656.
- Marc Graser, "Epic Fail: How Blockbuster Could Have Owned Netflix," *Variety*, November 12, 2013, http://variety.com/2013/biz/news/epic-fail-how-blockbuster-could-have-owned-netflix-1200823443.
- Greg Satell, "A Look Back at Why Blockbuster Really Failed and Why It Didn't Have To," *Forbes*, September 5, 2014, https://www.forbes.com/sites/gregsatell/2014/09/05/a\_look-back\_at\_why-blockbuster-really-failed-and-why-it-didnt-have-to/#223776561d64.
- Paul R. La Monica, "Netflix Is No House of Cards: It's Now Worth $70 Billion," *CNN Money*, May 30, 2017, https://money.cnn.com/2017/05/30/investing/netflix-stock-house-of-cards/index.html.
- Alexandra Appolonia and Matthew Stuart, "Wonder Woman Director Patty Jenkins on the Biggest Challenge She Faced Bringing the Hero to the Big Screen," *Business Insider*, May 30, 2017, https://www.businessinsider.com/wonder-woman-director-patty-jenkins-biggest-challenge-faced-pressure-2017-5.

### 전문가가 되려면 꽤나 오래 살아남아야 한다

• Jason Fried (@jasonfried), "Outlasting is one of the best competitive moves you can ever make. Requires a sound, sustainable business at the core which is why it's so hard for so many to do." *Twitter*, January 28, 2018, 5:25 p.m., https://twitter.com/jasonfried/status/957786841821802496.

### 누구의 일인지는 상관없이 기꺼이 하라

• James Murphy, "The Best Way to Complain Is to Make Things," *Startup Vitamins*, accessed March 22, 2018, http://startupquotes.startupvitamins.com/post/41941517470/the-best-way-to-complain-is-to-make-things-james.

# Chapter 2. 최적화

### 자원보다는 지혜

• James Temple, "Everything You Need to Know About Skybox, Google's Big Satellite Play," *Recode*, June 11, 2014, https://www.recode.net/2014/6/11/11627878/everything-you-need-to-know-about-skybox-googles-big-satellite-play.
• Jessica Livingston, "Subtle Mid-Stage Startup Pitfalls," *Founders at Work*, April 29, 2015, http://foundersatwork.posthaven.com/subtle-mid-stage-pitfalls.

### 다양성은 차별성을 촉진한다

• Nicholas Negroponte, "Being Decimal," *Wired*, November 1, 1995, https://www.wired.com/1995/11/nicholas.
• John Maeda, "Did I Grow Up and Become the Yellow Hand?" *Medium*, January 25, 2016, https://medium.com/tech-diversity-files/did-i-grow-up-and-become-the-yellow-hand-dea56464237c.
• Peter Schulz, "Introducing The Information's Future List," *The Information*, October 6, 2015, https://www.theinformation.com/articles/introducing-the-informations-future-list.

- Gabrielle Hogan-Brun, "People Who Speak Multiple Languages Make the Best Employees for One Big Reason," *Quartz*, March 9, 2017, https://qz.com/927660/people-who-speak-multiple-languages-make-the-best-employees-for-one-big-reason.
- Gabrielle Hogan-Brun, "Why Multilingualism Is Good for Economic Growth," *The Conversation*, February 3, 2017, http://theconversation.com/why-multilingualism-is-good-for-economic-growth-71851.
- Simon Bradley, "Languages Generate One Tenth of Swiss GDP," *Swiss Info*, November 20, 2008, https://www.swissinfo.ch/eng/languages-generate-one-tenth-of-swiss-gdp/7050488.
- Hogan-Brun, "People Who Speak Multiple Languages."
- Angela Grant, "The Bilingual Brain: Why One Size Doesn't Fit All," *Aeon*, March 13, 2017, https://aeon.co/ideas/the-bilingual-brain-why-one-size-doesnt-fit-all.

## 인재를 접목하는 것은 뽑는 것만큼 중요하다

- Amy Edmondson, "Psychological Safety and Learning Behavior in Work Teams," *Administrative Science Quarterly* 44, no. 2 (June 1999), https://www.iacmr.org/Conferences/WS2011/Submission_XM/Participant/Readings/Lecture9B_Jing/Edmondson,%20ASQ%201999.pdf.
- Erica Dhawan, "The Secret Weapon for Collaboration," *Forbes*, April 14, 2016, https://www.forbes.com/sites/ericadhawan/2016/04/14/the-secret-weapon-to-collaboration/#54a66efa7b50.
- Charles Duhigg, "What Google Learned from Its Quest to Build the Perfect Team," *New York Times*, February 25, 2016, https://www.nytimes.com/2016/02/28/magazine/what-google-learned-from-its-quest-to-build-the-perfect-team.html.

## 정상 상태는 지속 가능하지 않다, 사람들이 계속 옮겨 다니게 하라

- Tim Ferriss (@tferriss), "The more voluntary suffering you build into your life, the less involuntary suffering will affect your life," *Twitter*, January 15, 2017, 1:28 p.m., https://twitter.com/tferriss/status/820744508778246144.

## 문화는 팀이 전하는 스토리로 조성된다

• Ben Thompson, "The Curse of Culture," *Stratechery*, May 24, 2016, https://stratechery.com/2016/the-curse-of-culture.


## 팀원들의 관심을 얻고 이를 지속하기 위해 선전한다

• Johana Bhuiyan, "Drivers Don't Trust Uber. This Is How It's Trying to Win Them Back," *Recode*, February 5, 2018, https://www.recode.net/2018/2/5/16777536/uber-travis-kalanick-recruit-drivers-tipping.
• Teresa Amabile and Steven J. Kramer, "The Power of Small Wins," *Harvard Business Review*, May 2011, https://hbr.org/2011/05/the-power-of-small-wins.


## 모형을 이용하라

• Peep Laja, "8 Things That Grab and Hold Website Visitor's Attention," *Conversation XL*, May 8, 2017, https://conversionxl.com/blog/how-to-grab-and-hold-attention.


## 위임하고 보고를 듣는 순환을 반복한다

• David Marquet, "The Counterintuitive Art of Leading by Letting Go," *99U*, accessed March 23, 2018, https://99u.adobe.com/articles/43081/the-counter-intuitive-art-of-leading-by-letting-go.


## 언제 어떻게 말해야 할지를 알아야 한다

• Marshall McLuhan, *Understanding Media: The Extensions of Man*, (New York: McGraw-Hill, 1964).
• Vanessa Van Edwards, "3 Tips for Women to Improve Their Body Language at Work," *Forbes*, May 21, 2013, https://www.forbes.com/sites/yec/2013/05/21/3-tips-for-women-to-improve-their-body-language-at-work/#7d8f65c98153.


## '조직의 부채'를 해결한다

• Scott Belsky, "Avoiding Organizational Debt," *Medium*, September 12, 2016, https://medium.com/positiveslope/avoiding-organizational-debt-

3e47760803a0.

- Aaron Dignan, "How to Eliminate Organizational Debt," *Medium*, June 30, 2016, https://medium.com/the-ready/how-to-eliminate-organizational-debt-8a949c06b61b.

## 큰 문제가 해결되지 않는 것은 작은 문제를 신속하게 해결할 수 있기 때문이다

- Charles Duhigg, *Smarter Faster Better* (New York: Random House, 2016), Kindle location 80.
- Jocelyn Glei, *Unsubscribe: How to Kill Email Anxiety,* Avoid Distractions, and Get Real Work Done (New York: Public Affairs, 2016), 11.

## 창조성을 가로막는 벽은 진실을 회피한 것에서 비롯된다

- Paul Graham (@paulg), "It's easier to tell Zuck that he's wrong than to tell the average noob founder. He's not threatened by it. If he's wrong, he wants to know," *Twitter,* May 8, 2017, 1:31 a.m., https://twitter.com/paulg/status/861498777160622080.
- Paul Graham (@paulg), "What distinguishes great founders is not their adherence to some vision, but their humility in the face of the truth," *Twitter,* May 8, 2017, https://twitter.com/paulg/status/861498048949735424.

## 천천히 요리하는 것의 장점을 인식해야 한다

- Daniel Gilbert, "Humans Wired to Respond to Short-term Problems," *NPR,* July 3, 2006, https://www.npr.org/templates/story/story.php?storyId=5530483.

## 승인이 아니라 양해를 구한다

- Pauline de Tholozany, "Paris: Capital of the 19th Century," *Brown University Library Center for Digital Scholarship*, 2011, https://library.brown.edu/cds/paris/worldfairs.html.
- CBS Team, "Eiffel Tower—The Fascinating Structure," *CBS Forum*, January 14, 2013, https://www.cbsforum.com/cgi-bin/articles/partners/cbs/search.cgi?template=display&dbname=cbsarticles&key2=eiffel&action=searchdbdisplay.
- Phil Edwards, "The Eiffel Tower Debuted 126 Years Ago. It Nearly Tore Paris Apart,"

*Vox*, March 31, 2015, https://www.vox.com/2015/3/31/8314115/when-the-eiffel-tower-opened-to-the-public.

- Oliver Smith, "Eiffel Tower: 40 Fascinating Facts," *Telegraph*, March 31, 2014, https://www.telegraph.co.uk/travel/destinations/europe/france/paris/articles/Eiffel-Tower-facts.
- CBS Team, "Eiffel Tower."
- Paul Goldberger, "Pei Pyramid and New Louvre Open Today," *New York Times*, March 29, 1989, https://www.nytimes.com/1989/03/29/arts/pei-pyramid-and-new-louvre-open-today.html.
- Elizabeth Evitts Dickinson, "Louvre Pyramid: The Folly That Became a Triumph," *Architect*, https://www.architectmagazine.com/awards/aia-honor-awards/louvre-pyramid-the-folly-that-became-a-triumph_o.
- Richard Bernstein, "I. M. Pei's Pyramid: A Provocative Plan for the Louvre," *New York Times*, November 24, 1985, https://www.nytimes.com/1985/11/24/magazine/im-pei-s-pyramid-a-provative-plan-for-the-louvre.html.
- "The Louvre Pyramid: History, Architecture, and Legend," *Paris City Vision*, accessed March 23, 2018, https://www.pariscityvision.com/en/paris/museums/louvre-museum/the-louvre-pyramid-history-architecture-legend.
- Dickinson, "Louvre Pyramid."
- "Life of Pei: Creator of Famous Louvre Pyramid Survived the Critics, and Today He Turns 100," *South China Morning Post*, April 26, 2017, https://www.scmp.com/news/world/europe/article/2090450/life-pei-creator-famous-louvre-pyramid-paris-was-savaged-then.
- M. P. Singh, *Quote Unquote*(Detroit: Lotus Press, 2005), 85.

## 합의보다는 신념

- Charalampos Konstantopoulos and Grammati Pantziou, eds., *Modeling, Computing and Data Handling Methodologies for Maritime Transportation* (New York: Springer, 2017), 2.
- Mark Suster, "My Number One Advice for Startups or VCs: Conviction > Consensus," *Both Sides of the Table*, May 3, 2015, https://bothsidesofthetable.com/my-number-one-advice- for-startups-or-vcs-conviction-consensus-7a73d7d8b45b.

## 애착 가는 것을 잘라내야 한다

- Forrest Wickman, "Who Really Said You Should 'Kill Your Darlings'?" *Slate*, October 18, 2013, https://www.slate.com/blogs/browbeat/2013/10/18/_kill_your_darlings_writing_advice_what_writer_ really_said_to_murder_your.html.
- Scott Belsky, *Making Ideas Happen* (New York: Portfolio, 2010), 75.

## 대단하다고 생각하지 않으면 그만둔다

- Aaron Levie (@levie), "To make everyone happy with the decision, you'll make no one happy with the outcome." *Twitter*, April 23, 2013, 5:06 A.M., https://tweetgrazer.com/levie/tweets/6.
- Jeffrey P. Bezos, "2016 Letter to Shareholders," SEC, accessed March 23, 2018, https://www.sec.gov/Archives/edgar/data/1018724/000119312516530910/d168744dex991.htm.

## 지나치게 관찰하면 문제가 발생한다

- Becky Kane, "The Science of Analysis Paralysis: How Overthinking Kills Your Productivity & What You Can Do About It," *Todoist*, July 8, 2015, https://blog.todoist.com/2015/07/08/ analysis-paralysis-and-your-productivity.
- Barry Schwartz, "The Tyranny of Choice," *Scientific American*, December 2004, https://www.scientificamerican.com/article/the-tyranny-of-choice.
- "Herbert Simon," *Economist*, March 20, 2009, https://www.economist.com/node/13350892.
- Kane, "The Science of Analysis Paralysis."

## 최고의 디자인은 눈에 보이지 않는 것이다

- Muriel Domingo, "Dieter Rams: 10 Timeless Commandments for Good Design," *Interaction Design Foundation*, March 9, 2018, https://www.interaction-design.org/literature/article/dieter-rams-10-timeless-commandments-for-good-design.

## 열정을 갖기 전에 먼저 공감하고 겸손해야 한다

- Daniel McGinn, "Life's Work: An Interview with Jerry Seinfeld," *Harvard Business Review*, January–February 2017, https://hbr.org/2017/01/lifes-work-jerry-seinfeld.

## 번영하는 커뮤니티의 리더는 주인이 아니라 머슴이어야 한다

- Austin Carr, "I Found Out My Secret Internal Tinder Rating and Now I Wish I Hadn't," *Fast Company*, January 11, 2016, https://www.fastcompany.com/3054871/whats-your-tinder-score- inside-the-apps-internal-ranking-system.
- Bo Burlingham, "Jim Collins: Be Great Now," *Inc.*, May 29, 2012, https://www.inc.com/magazine/201206/bo-burlingham/jim-collins-exclusive-interview-be-great-now.html.

## 사람을 끌어들이는 신비한 마력

- Alice Calaprice and Trevor Lipscombe, *Albert Einstein: A Biography* (Westport, CT: Greenwood, 2005), 2.
- Russell Golman and George Loewenstein, "An Information-Gap Theory of Feelings About Uncertainty," Carnegie Mellon University, January 2, 2016, https://www.cmu.edu/dietrich/sds/docs/golman/Information-Gap%20 Theory%202016.pdf.
- George Loewenstein, "The Psychology of Curiosity: A Review and Reinterpretation," *Psychological Bulletin*, 116, no. 1 (July 1994): 75~98, https://pdfs.semanticscholar.org/ f946/7adac17f3ef6d65cdcf38b46afb974abfa55.pdf.
- Eric Jaffe, "Upworthy's Headlines Are Insufferable. Here's Why You Click Anyway," *Fast Company*, https://www.fastcodesign.com/3028193/upworthys-headlines-are-insufferable-heres-why- you-click-anyway.
- Jonah Lehrer, "The Itch of Curiosity," *Wired*, August 3, 2010, https://www.wired.com/2010/08/the- itch-of-curiosity.
- Jaffe, "Upworthy's Headlines Are Insufferable."
- Lehrer, "The Itch of Curiosity."
- 84 Lumber, "84 Lumber Super Bowl Commercial—The Entire Journey," February 5, 2017, YouTube video, 5:44, https://www.youtube.com/watch?v=nPo2B-vjZ28.
- Victor Luckerson, "Tesla's New 'Ludicrous Speed' Might Make Your Brain Explode," *Time*, July 17, 2015, http://time.com/3963205/tesla-ludicrous-speed.

## 계획을 수립하되, 그것에 집착하지 마라

- Tom Kendrick, *Identifying and Managing Project Risk: Essential Tools for Failure-Proofing* (New York: AMACOM, 2015), 335.

## 집중하지 않으면 크게 성공하지 못한다

- Barry Schwartz, *The Paradox of Choice: Why More Is Less* (New York: Ecco, 2004).
- Gerd Gigerenzer, *Gut Feelings: The Intelligence of the Unconscious* (New York: Viking, 2007), 5.

## 대부분 매몰 비용은 무시하는 것이 최선이다

- Tom Stafford, "Why We Love to Hoard … and How You Can Overcome It," *BBC*, July 17, 2012, https://www.bbc.com/future/story/20120717-why-we-love-to-hoard.
- Jason Fried, "Some Advice from Jeff Bezos," *Signal v. Noise*, October 19, 2012, https://signalvnoise.com/posts/3289-some-advice-from-jeff-bezos.

## 직관을 개발하려면 반대되는 충고와 의심을 활용한다

- Joe Fernandez (@JoeFernandez), "Look for investors that respect the fact you're not always going to follow their advice," *Twitter*, May 20, 2016, 7:03 A.M., https://twitter.com/JoeFernandez/status/733659372535091200.
- Macworld Staff, "What They Said About the iPod: 'Another One of Apple's Failures Just Like the Newton,' " *Macworld*, October 23, 2006, https://www.macworld.com/article/1053500/consumer-electronics/ipodreax.html.

## 최적화를 마구잡이로 해선 안 되며 평가 지표를 지속적으로 점검한다

- Seth Godin, "Measure What You Care About (Re: The Big Sign over Your Desk)," *sethgodin.typepad.com*, February 14, 2015, http://sethgodin.typepad.com/seths_blog/2015/02/measure-what-you-care-about-avoiding-the-siren-of-the-stand-in.html.

## 데이터는 정보의 원천으로만 유효하지 직관을 대체할 순 없다

- superpaow, "My eyes hurt," Reddit, August 2017, https://www.reddit.com/user/superpaow.
- Nikhil Sonnad, "The Misleading Chart Showing Google Searches for 'My Eyes Hurt' After the Eclipse," *Quartz*, August 23, 2017, https://qz.com/1060484/solar-

eclipse-2017-solar-eclipse-2017-google-search-data-for-my-eyes-hurt-didnt-really-spike-after-the-solar-eclipse.

- "Poll of U.S. Muslims Reveals Ominous Levels of Support for Islamic Supremacists' Doctrine of Shariah, Jihad," *Center for Security Policy*, June 23, 2015, https://www.centerforsecuritypolicy.org/2015/06/23/nationwide-poll-of-us-muslims-shows-thousands-support-shariah-jihad.

- Lauren Carroll and Louis Jacobson, "Trump Cites Shaky Survey in Call to Ban Muslims from Entering US," *PolitiFact*, December 9, 2015, https://www.politifact.com/truth-o-meter/statements/2015/dec/09/donald-trump/trump-cites-shaky-survey-call-ban-muslims-entering.

## 철저한 진실성을 바탕으로 자기 의견에 대한 스트레스 테스트를 한다

- Ray Dalio, "How to Build a Company Where the Best Ideas Win," *TED talk*, April 2017, https://www.ted.com/talks/ray_dalio_how_to_build_a_company_where_the_best_ideas_win/transcript?language=en.

- Rob Copeland and Bradley Hope, "The World's Largest Hedge Fund Is Building an Algorhythmic Model from Its Employees' Brains," *Wall Street Journal*, December 22, 2016, https://www.wsj.com/articles/the-worlds-largest-hedge-fund-is-building-an-algorithmlc-model-of-its-founders-brain-1482423694.

- Ray Dalio, "Full Text of 'Bridgewater Ray Dalio Principles,'" *archive.org*, 2011, https://archive.org/stream/BridgewaterRayDalioPrinciples/Bridgewater%20-%20Ray%20Dalio%20-%20Principles_djvu.txt.

## 개방성은 무지에서 나온다

- John Maeda (@johnmaeda), "Knowing *when* to ignore your experience is a true sign of experience," *Twitter*, May 1, 2016, 8:32 P.M., https://twitter.com/johnmaeda/status/726977556008701952.

## 예상 못한 상황을 활용하기 위해 여유분을 남겨둔다

- Behance Team, "Seek Stimulation from Randomness," *99U*, accessed March 23, 2018, http://99u.adobe.com/articles/5693/seek-stimulation-from-randomness.

## 단절되지 않으면 상상력이 고갈된다

- "Sabbath Manifesto," www.sabbathmanifesto.org, 2010, https://www.sabbathmanifesto.org.
- "Join Our Unplugging Movement," *sabbathmanifesto.org*, 2010, https://www.sabbathmanifesto.org/unplug_challenge.
- "National Day of Unplugging," accessed March 23, 2018, http://www.nationaldayofunplugging.com.
- "Sabbath Manifesto."

## 다른 사람이 아이디어를 제안할 수 있도록 스스로 회의실에서 나와야 한다

- Hrishikesh Hirway, "Episode 70: Weezer," *Song Exploder*, April 18, 2016, https://songexploder.net/weezer.

# Chapter 3. 마지막 마일

## 초기 단계를 계속 유지한다

- Josh Constine, "A Year Later, $19 Billion for WhatsApp Doesn't Sound So Crazy," *TechCrunch*, February 19, 2015, https://techcrunch.com/2015/02/19/crazy-like-a-facebook-fox.
- Rani Molla, "WhatsApp Is Now Facebook's Second-biggest Property, Followed by Messenger and Instagram," *Recode*, February 1, 2018, https://www.recode.net/2018/2/1/16959804/whatsapp-facebook-biggest-messenger-instagram-users.

## 정체성은 당신이 하는 일이 아니다

- Rohan Gunatillake, "You Are Not Your Work," *99U*, 2015, https://99u.adobe.com/videos/51943/rohan-gunatillake-you-are-not-your-work#.

## 자기 방식대로 끝낸다

- Isuzu Sakurada, Sakurada: *Zen Chef*, directed by Hirokazu Kishida, Seattle, 2016, http://zenchef.strik ingly.com.

## 배움을 지속하는 것은 인생의 영약이다

- "Warren Buffett: Latest Portfolio," *Warren Buffett Stock Portfolio*, February 14, 2018, http://warrenbuffettstockportfolio.com.
- Henry Blodget, "Here's the Real Reason Warren Buffett Doesn't Invest in Technology—Or Bitcoin," *Business Insider*, March 26, 2014, http://www.businessinsider.com/why-buffett-doesnt-invest-in-technology-2014-3.
- Chuck Jones, "Apple Is Now Warren Buffett's Largest Investment," *Forbes*, February 15, 2018, http://www.forbes.com/sites/chuckjones/2018/02/15/apple-is-now-warren-buffetts-largest-investment/#35e572fb4313.
- Jen Wieczner, "Not Buying Google Is Berkshire Hathaway's Biggest Mistake," *Fortune*, May 6, 2017, http://fortune.com/2017/05/06/warren-buffett-berkshire-hathaway-apple-google-stock.
- Andrew Merle, "If You Want to Be Like Warren Buffett and Bill Gates, Adopt Their Voracious Reading Habits," *Quartz*, April 23, 2016, https://qz.com/668514/if-you-want-to-be-like-warren-buffett-and-bill-gates-adopt-their-voracious-reading-habits.
- Steve Jordon, "Investors Earn Handsome Paychecks by Handling Buffett's Business," *Omaha World-Herald*, April 28, 2013, http://www.omaha.com/money/investors-earn-handsome-paychecks-by-handling-buffett-s-business/article_bb1fc40f-e6f9-549d-be2f-be1ef4c0da03.html.

## 끝났다는 것은 죽음을 의미한다

- Susanne Beyer and Lothar Gorris, "We Like Lists Because We Don't Want to Die," *Spiegel*, November 11, 2009, http://www.spiegel.de/international/zeitgeist/spiegel-interview-with-umberto-eco-we-like-lists-because-we-don-t-want-to-die-a-659577.html.

# THE MESSY MIDDLE
# 어도비 CPO의
# 혁신전략

**초판 1쇄 발행** 2022년 3월 30일

**지은이** 스콧 벨스키
**옮긴이** 안세민

**펴낸이** 김현태
**펴낸곳** 해의시간
**등록** 2018년 10월 12일 제2018-000282호
**주소** 서울시 마포구 잔다리로 62-1, 3층(04031)
**전화** 02-704-1251
**팩스** 02-719-1258
**이메일** editor@chaeksesang.com
**광고·제휴 문의** creator@chaeksesang.com
**홈페이지** chaeksesang.com
**페이스북** /chaeksesang **트위터** @chaeksesang
**인스타그램** @chaeksesang **네이버포스트** bkworldpub

ISBN 979-11-5931-835-1 03320

* 잘못되거나 파손된 책은 구입하신 서점에서 교환해드립니다.
* 책값은 뒤표지에 있습니다.
* 해의시간은 책세상의 경제경영·자기계발·에세이 브랜드입니다.